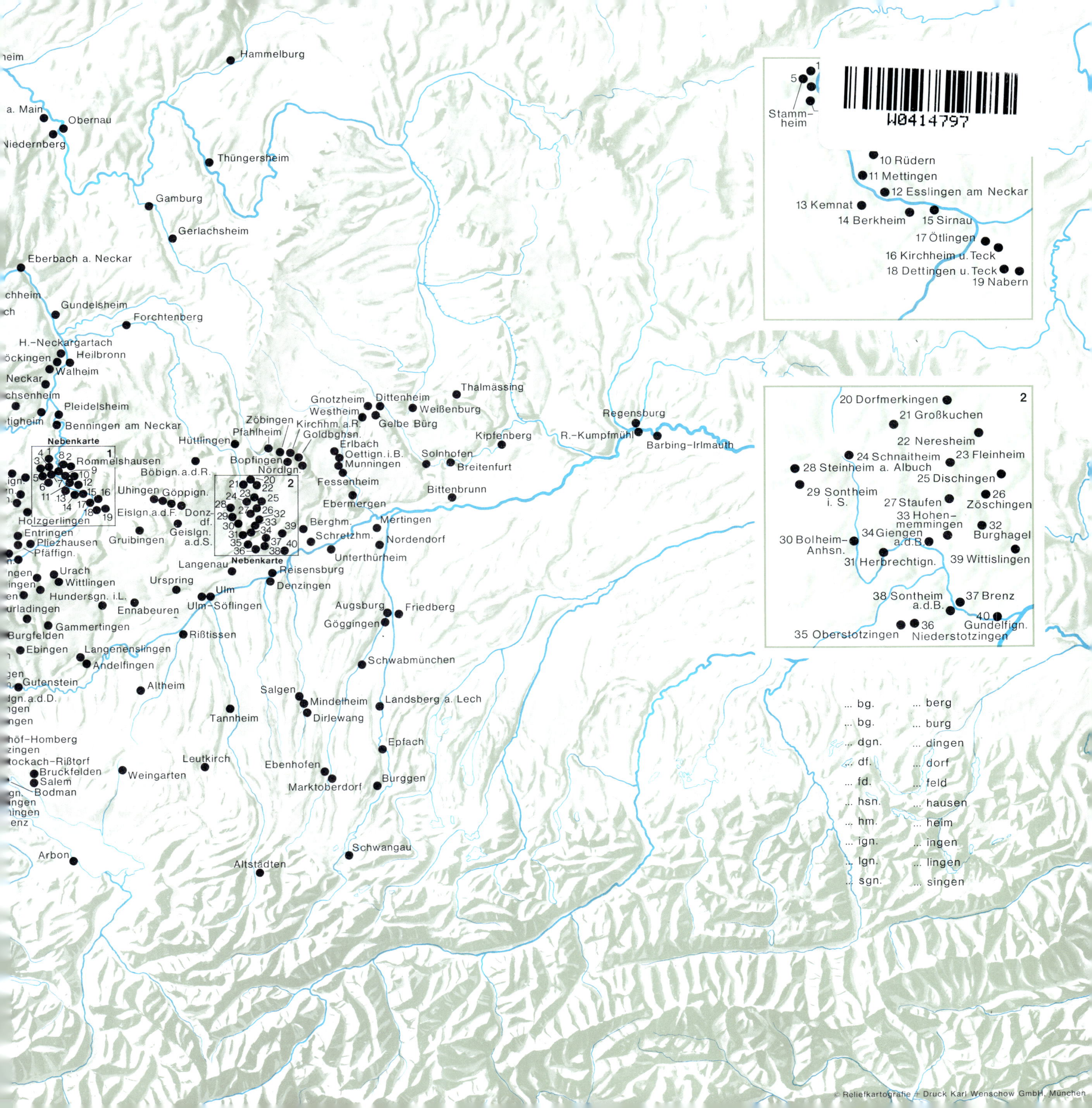

Hammelburg
a. Main
Obernau
Niedernberg
Thüngersheim
Gamburg
Gerlachsheim
Eberbach a. Neckar
Gundelsheim
Forchtenberg
H.-Neckargartach
Heilbronn
Walheim
Neckar
Pleidelsheim
Benningen am Neckar
Nebenkarte
1
Rommelshausen
Böbign. a.d.R.
Hüttlingen
Uhingen
Göppign.
Eislgn. a.d.F.
Donz-df.
Geislgn. a.d.S.
Gruibingen
Holzgerlingen
Entringen
Pliezhausen
Pfäffign.
Urach
Wittlingen
Hundersgn. i.L.
Ennabeuren
Gammertingen
Burgfelden
Ebingen
Langenenslingen
Andelfingen
Gutenstein
Altheim
Tannheim
Leutkirch
Weingarten
Bruckfelden
Salem
Bodman
Arbon
Altstädten
Zöbingen
Pfahlheim
Gnotzheim
Westheim
Dittenheim
Weißenburg
Kirchhm. a.R.
Goldbghsn.
Gelbe Burg
Bopfingen
Nördlgn.
Erlbach
Oettign. i.B.
Munningen
Solnhofen
Breitenfurt
Fessenheim
Ebermergen
Bittenbrunn
Thalmässing
Kipfenberg
Regensburg
R.-Kumpfmühl
Barbing-Irlmauth
Berghm.
Schretzhm.
Mertingen
Nordendorf
Unterthürheim
Langenau
Reisensburg
Denzingen
Urspring
Ulm
Ulm-Söflingen
Rißtissen
Augsburg
Göggingen
Friedberg
Schwabmünchen
Salgen
Mindelheim
Dirlewang
Landsberg a. Lech
Epfach
Ebenhofen
Marktoberdorf
Burggen
Schwangau
Stamm-heim
10 Rüdern
11 Mettingen
12 Esslingen am Neckar
13 Kemnat
14 Berkheim
15 Sirnau
17 Ötlingen
16 Kirchheim u. Teck
18 Dettingen u. Teck
19 Nabern
2
20 Dorfmerkingen
21 Großkuchen
22 Neresheim
23 Fleinheim
24 Schnaitheim
28 Steinheim a. Albuch
25 Dischingen
29 Sontheim i. S.
26 Zöschingen
27 Staufen
33 Hohen-memmingen
32 Burghagel
34 Giengen a.d.B.
30 Bolheim-Anhsn.
31 Herbrechtign.
39 Wittislingen
38 Sontheim a.d.B.
37 Brenz
40 Gundelfign.
35 Oberstotzingen
36 Niederstotzingen
... bg. ... berg
... bg. ... burg
... dgn. ... dingen
... df. ... dorf
... fd. ... feld
... hsn. ... hausen
... hm. ... heim
... ign. ... ingen
... lgn. ... lingen
... sgn. ... singen
© Reliefkartografie + Druck Karl Wenschow GmbH, München

KTV

Rainer Christlein

Die Alamannen

Archäologie eines lebendigen Volkes

Fotografie:
Karl Natter und Irene Nägele

Konrad Theiss Verlag Stuttgart und Aalen

Gedruckt mit Unterstützung des Ministeriums
für Wissenschaft und Kunst Baden-Württemberg

2., durchgesehene Auflage 1979

ISBN 3 8062 0231 1

Satz, Druck und Reproduktion:
Grafische Betriebe Süddeutscher Zeitungsdienst, Aalen
Printed in Germany

Inhalt

Die Alamannen, ihre Archäologie und ihre Archäologen

Die Archäologie, so will es zunächst scheinen, ist ihrem Wesen nach kein Gegenstand für eine mittelalterliche Landesgeschichte, ist kein Thema, wenn es im Geschichtsunterricht um das Werden unserer heutigen Staatengebilde geht, ist schließlich nichts, was sich beispielsweise zwischen Calw und Herrenberg hätte abspielen können. Allzusehr gibt sich die Archäologie gemeinhin in fremdartigem Gewande: Obzwar unbestritten interessant, so ist es doch zuerst der Reiz des Ungewohnten, der sie kennzeichnet, ist es sodann die schier unerreichbare Ferne, aus der sie zu uns spricht, und die zunächst einmal ästhetische Empfindungen anrührende Monumentalität, welche zusammen unser Bild von der Archäologie prägen. Nährboden der Archäologie sind gewöhnlich längst versunkene Kulturen und ausgestorbene Völker. Deren oft erstaunliches Zeugnis, von der Archäologie eingefangen, scheint bei aller Prägnanz für uns Heutige im Grunde genommen unbedeutend; es muß froh sein, auf freundliche Aufmerksamkeit rechnen zu können. Was will da heißen: Archäologie eines lebendigen Volkes? Kann nicht eine heute noch lebende Volksgemeinschaft alle an sie gerichteten Fragen nach ihrer Geschichte authentisch beantworten und mit Beurkundungen belegen? Ist doch die Kette der Überlieferung nie abgerissen, sind doch die Archive des Landes voll der mannigfaltigsten Äußerungen. Begeben wir uns dann auf die Suche nach den Ursprüngen unserer heutigen Staatswesen und deren Träger, so begegnen wir zuerst dem breiten Strom der Schriftlichkeit, in der Neuzeit mit seiner Flut von Gedrucktem schon beinahe einem Meer gleichend. Stromaufwärts rücken die Ufer dann bald näher zusammen, mit zunehmender Entfernung von der Gegenwart weist die Überlieferung – nunmehr ausschließlich Handschriften, oft ohne geschichtliche Intention abgefaßt – immer größere Lücken auf. Fehlende Informationen aus erster Hand müssen durch die Interpretationen zweitrangiger Quellen ergänzt werden, und für den Historiker gilt es, die sich mehrenden Klippen und Untiefen zu umschiffen. 1000 Jahre von unserer heutigen Zeit entfernt befinden wir uns immer noch auf dem Gewässer, das wir alamannischer Geschichtlichkeit gleichgesetzt haben, und aus dem ehemals breiten Strom der Überlieferung ist ein schmaler Gebirgsfluß geworden, voller Riffe und Strudel. Mehr und mehr ist der Historiker in seinem Bemühen, zu den Ursprüngen vorwärtszukommen, auf Hilfe angewiesen, mehr und mehr muß alamannische Geschichte sich auf Berichte und Interpretationen nichtalamannischer Zeugen und schriftloser Zeugnisse stützen. Schließlich hilft auch alles Treideln nicht mehr, das Schiff sitzt fest, und von seinem Deck aus sieht der Historiker sein Ziel, die Anfänge der Alamannen, noch in weiter Ferne. Auf dem nunmehr zum Rinnsal gewordenen Strom der Schrift-

lichkeit kann er sein Ziel zu Schiff nicht mehr erreichen. Er sucht sich tunlichst einen neuen Weg. Wir sind im 8. Jahrhundert angelangt.
In dieser Situation erinnert sich der Historiker wohl des Pfades, der die Ufer seines bisherigen Bemühens stets begleitet hatte, oft überwuchert, manchmal schon als Treidelpfad genutzt. Es ist die Spur, welche die Menschen ungewollt, ohne Traditionsabsichten, jedoch deutlich ausgeprägt und zu allen Zeiten als Zeugnis ihres Lebens und Handelns im Boden hinterlassen haben und hinterlassen werden, und die wir als archäologische Geschichtsquellen zu benennen und zu nutzen gewohnt sind. Zu nutzen freilich noch nicht für alle Zeiten unseres historischen Interesses. Die Geschichte der Revolution von 1848 ist beispielsweise noch kein Thema, bei dem die Archäologie zu Hilfe genommen wird; hier befindet sich der Historiker noch auf dem breiten Strom der schriftgenährten Historie unfern seiner Mündung. Wir sahen jedoch, daß er schon für das Mittelalter auf Unterstützung von außen zählen durfte, daß ihm die Archäologie schon manchmal helfen konnte, sein Schifflein wieder flott zu bekommen. Wir möchten ihn nunmehr, da er im 8. Jahrhundert seine Mission in der gewohnten Weise kaum noch befriedigend erfüllen kann, einladen, sich des Pfades der Archäologie zu bedienen, anstatt mühsam bachaufwärts zu waten. Der Pfad ist weit davon entfernt, ausgetreten zu sein, er führt im Gegenteil als ein ansehnlicher Weg weiter. Einmal wird man diesen Pfad wohl auch ausbauen, die Wegstrecke zu den Anfängen alamannischer Geschichte ist dann rascher und bequemer zurückzulegen als heute, und auch die vielen Windungen, welche die Archäologie zum gegenwärtigen Zeitpunkt immer wieder einmal vom Gewässer historischer Überlieferung wegführen, werden wohl einmal zu begradigen sein. Das Ziel bleibt jedoch schon jetzt das Gleiche: die Erhellung der Anfänge der Alamannen in Alamannien. Der Beschreibung des archäologischen Weges dorthin dient dieses Buch. Wir wollen hierbei als Anfangspunkt die Einwanderung alamannischer Stämme in ihre neue Heimat nehmen und den Weg dieses Volkes bis in die Zeit um 700 weiterverfolgen. Es ist dies eine Zeitspanne, in der einem – theoretischen – Optimum an archäologischen Geschichtsquellen ein – relatives – Minimum an schriftlicher Überlieferung gegenübersteht.
Die archäologischen Geschichtsquellen der Alamannen unterscheiden sich in ihrer Eigenart grundsätzlich nicht von denen anderer Zeiten und anderer Stämme. Ihre eine Hälfte bilden die Überreste der Häuser und Siedlungen. Vor allem wenn diese aus Holz bestanden, wie es die Regel war, sind die Fundamentrelikte äußerst bescheiden und nur bei sorgfältiger Aufdeckung durch den Fachmann zu erkennen. Frühmittelalterliche Siedlungen treten als archäologische Objekte ausgesprochen selten in Erscheinung, viel seltener beispielsweise als Siedlungen anderer vorgeschichtlicher Perioden mit gleichen Überlieferungsbedingungen. Die Ursache ist darin zu suchen, daß diese Siedlungen eben zumeist ohne Unterbrechung in die heutigen Städte und Dörfer übergingen. Ihre archäologische Substanz liegt, wenn sie nicht schon im Mittelalter durch Steinbauten und Keller großenteils beseitigt wurde, unter dem Asphalt unserer Straßen, bestenfalls im Hofraum und unter den Vorgärten der Bauernhöfe. Hier hat die archäologische Forschung bislang noch wenig zu suchen und zu finden gehabt, und die Aussagen, die sie uns zu Fragen des Wohn- und Siedlungswesens geben kann, wurden an solchen Orten gewonnen, die in der Zwischenzeit wieder wüst geworden sind. Und dies waren offenbar weniger, als man gemeinhin annimmt.
Ganz anders die zweite große Quellengattung, aus der Nachrichten über die alamannische Frühzeit fließen: die Grabfunde. Bestattungsplätze waren zu den meisten Zeiten als Wohnstatt der Toten gedacht, an der der Verstorbene nur zeitweilig ruhte, ehe er sein irdisches Leben anderswo fortsetzte. Dem Bestattungsvorgang kam eine große Bedeutung zu, er war ein Markstein im Leben, ähnlich Geburt und Initiation. Was Wunder, daß sich so viele und eindrucksvolle Monumente des Todes in unserem Lande erhalten haben. Die umfangreichste Gruppe von Grabstätten bildet die der alamannischen Frühzeit. Sie liegen, zu sogenannten Reihengräberfriedhöfen zusammengefaßt – weil man früher ihre mehr oder weniger regelmäßige Reihung als determinierendes Indiz nahm – draußen vor den seinerzeitigen Siedlungen und gerieten mit zunehmender Bautätigkeit seit etwa 150 Jahren immer mehr in den Blickpunkt der Interessenten und ins Bewußtsein der Forscher, wurden entdeckt, gelegentlich fachkundig ausgegraben, häufig auch unerkannt oder böswillig zerstört. So dürfte nur ein kleinerer Teil der ursprünglich vielleicht an die 500000 alamannischen Bestattungen bis heute erhalten sein, ein noch kleinerer Teil davon in dem Zustand, der landesgeschichtliche Ergeb-

nisse verspricht. Ihn zu schützen und seine Aussagemöglichkeiten noch rechtzeitig zu nutzen ist das Gebot der Stunde.
Die geschichtliche Bedeutung dieser Grabfunde liegt nämlich in dem Umstand begründet, daß die Toten in großem Umfang Beigaben erhielten, die ihnen ein standesgemäßes Leben im Jenseits ermöglichen sollten. Nach anfänglichen Schwankungen übte man vom Ende des 5. Jahrhunderts an diese Beigabensitte mit großer Regelmäßigkeit und Konsequenz zwei Jahrhunderte hindurch, bis um 700 die Reihengräberfelder aufgelassen wurden. Für uns ist es nur schwer zu fassen, daß über 200 Jahre lang alles an persönlicher beweglicher Habe der Alamannen in den Boden geriet: Tracht, Schmuck, Bewaffnung, häufig noch dazu Geräte und Gefäße, alles oft von großer Kostbarkeit. Was davon aus unvergänglichen Materialien war – Metall, Glas, Ton –, hat sich bis heute erhalten und bildet eine unerschöpfliche Quelle für die verschiedensten Wissenschaftszweige, beispielsweise für die Volkskunde, die sich einer dichten Materialfülle von Trachtbefunden gegenübersieht, oder für die Wirtschaftsgeschichte, für die eine Unmenge an Fundstücken zur Befragung auf Handwerker- und Handelsstruktur hin bereitsteht. Die Sozialgeschichte vermag Gewinn aus der Tatsache zu ziehen, daß eine Grabausstattung den Habitus der Verstorbenen, also einen in der Regel von sozialen Vorgegebenheiten abhängigen Wert widerspiegelt, die Summe aller Bestatteten eines Friedhofes somit die Sozialstruktur der zugehörigen Siedlung ablesen läßt, Veränderungen sichtbar macht; und dies alles mit einer Objektivität, wie sie kaum von modernen empirischen Erhebungen erreicht wird. Daneben bezeichnen die ältesten Belegungsschichten eines Friedhofs in der Regel auch den Beginn der zugehörigen Siedlung. Die Summe derartiger Beobachtungen hilft entscheidend beim Entschlüsseln von Besiedlungsvorgängen. Schließlich geben die prächtigsten Ausführungen der Schmuckstücke Einblick in das Kunsthandwerk und in das Stilempfinden ihrer Zeit.
Diese vielfältigen Auswertungsmöglichkeiten werden freilich erst in der jüngeren Forschung voll ausgeschöpft. Verfolgt man deren Weg rückwärts, so begleitet vor allem der kunsthistorische – oder vielmehr kunstgewerbliche – Aspekt dominierend die Beschäftigung mit jenen oft prachtstrotzenden Gegenständen, die der Boden hergab. Überhaupt war der Glanz des Goldes seit jeher ein sehr wesentlicher Motor, im Boden zu graben – wie er es in den Augen der Bevölkerung vielfach auch heute noch ist. Ganz ungeniert stellte schon 1490 Abt Georg von Isny zwei Bürgern der Stadt eine Grabungsgenehmigung aus, um auf dem Gelände des spätrömischen Kastells zu forschen: nach verborgenen Schätzen, goldenen und silbernen Vasen, Geschmeide und Buntmetallen. Wesentlich ernsthafter und ehrenwerter waren noch ältere, seit dem 10. Jahrhundert verstärkt einsetzende Bemühungen, im Boden nach den Körpern von Heiligen zu suchen. Gar mancher Germane mag dabei zur Ehre der Altäre erhoben worden sein. Und wenn die heilige Verena von Zurzach, deren Grabstätte im Bereich eines zum spätantiken Kastell Tenedo gehörenden Gräberfeldes gesucht und gefunden wurde, als Attribute einen Tonkrug und einen Kamm aufweist, somit die auf spätrömischen Friedhöfen geläufigsten Beigaben, so mag man im Zweifel darüber sein, welches Grab bei der Suche im hohen Mittelalter wirklich gefunden worden war. Die Heiligenverehrung und -suche führte dann so weit, daß man der Auffindung von menschlichen Leichnamen ganz allgemein eine zumeist göttliche Fügung unterstellte. So auch bei der ältesten »amtlichen« Ausgrabung eines alamannischen Grabfundes, der Auffindung eines Baumsarges im Friedhof von Zöbingen durch den Pfleger von Hohenbaldern im Jahre 1261. *Taf. 2* An der Grabungsstelle geschahen bald Wunder, eine Wallfahrt setzte ein, die Errichtung einer Kirche über dem Fundort blieb nicht aus. Dies war lange vor der Zeit, da der Humanismus die Bodenfunde als ein im wesentlichen heidnisches Element der heimischen Geschichte auszuscheiden wußte.
Derartige Altertümer unserer heidnischen Vorzeit begegneten dennoch dem wissenschaftlichen Interesse einzelner Forscher. Als einen Mann, dem die römische Vorzeit seiner Heimat am Herzen lag, können wir jenen Toten bezeichnen, der in Grab 3 von Weilstetten bestattet worden war, die älteste alamannische Forscherpersönlichkeit überhaupt. Er war in der zweiten Hälfte des 7. Jahrhunderts gestorben und hatte neben den üblichen Abzeichen alamannischen Wohlstandes drei ungewöhnliche Grabbeigaben mitbekommen: eine unversehrte Sigillatabilderschüssel des 2. Jahrhunderts, welche in diesem Erhaltungszustand gar nicht häufig zu finden war (und ist). Bereits sie kann kein Ersatz für ein alamannisches Tongefäß sein, da die Gefäßbeigabe als rituelle Übung in jenem Teil Alamanniens lange vor der Grab-

Abb. 1. In seinem 1768 erschienenen grundlegenden Buche über den „Beweiß, wie weit der Römer Macht, in den mit verschiedenen teutschen Völkern geführten Kriegen, auch in die nunmehrige Ost-Fränkische, sonderlich Hohenlohische, Lande eingedrungen“ stellte Christian Ernst Hansselmann als Randfiguren zu seiner Tafel 16 auch die Alamannen dar: als Menschen, deren Altertümlichkeit durch ihre mittelalterliche Waffenausrüstung, deren Fremdartigkeit durch eine der chinesischen nicht unähnliche Tracht gekennzeichnet war. Man spürt in Details wie den Suebenknoten der Haartracht die Kenntnis taciteischer Berichte. Grabungsergebnisse sind trotz einschlägiger Unternehmungen nicht in das Alamannenbild Hansselmanns eingeflossen.

legung des Weilstettener Mannes praktisch ungebräuchlich geworden war. Ohne jede Parallele ist sodann die Beigabe einer unversehrten Tonlampe der mittleren Kaiserzeit. Und schließlich findet auch der Denar des Vespasian nichts Vergleichbares in den gerade aus dem 7. Jahrhundert so zahlreichen alamannischen Grabfunden. Seine Deutung als Totenobolus oder als ein irgendwie gültiger Währungsersatz kommt in dieser Spätzeit nicht mehr in Frage. So dürfte denn die kleine Gruppe von römischen Gegenständen jenem wohlhabenden Alamannen ins Grab gegeben worden sein, weil er sie zu Lebzeiten schätzte und liebgewonnen hatte, einem Manne übrigens, der sich auch in Tracht und Bewaffnung als Verehrer, wenn nicht gar als Kenner romanischer Bildung auswies: Sein Leibgurt trug als Inschrift den Anfang des Psalm 91 Vers 11 in lateinischer Sprache, und lateinische *Abb 98*
Schriftzeichen wiesen auch die silbernen Zierknöpfe an der Lederscheide seines Saxes auf.

Die Fürsorge für das Alte und seine Denkmäler blieb auch in den folgenden Jahrhunderten stets Sache weniger Gebildeter. Für sie in erster Linie schrieb Sebastian Münster in seiner Cosmographia 1544: »Dieweil wir nichts Ganzes von der deutschen Nation mögen haben, wollen wir dennoch das klein wenig und Stücke, die wir davon

finden, nicht verderben lassen, sondern zusammenlesen und in Ehren halten.« Unter den Funden, die in den folgenden drei Jahrhunderten bemerkt und zusammengelesen wurden, befanden sich auch immer wieder alamannische Gräber, fast stets ob ihres robusten Skelettmaterials bewundert, selten mitsamt ihren Beigaben geborgen, nie in ihrer historischen Bedeutung richtig eingeordnet. Die aus den antiken Schriftstellern geschöpfte Kenntnis der römischen Vergangenheit des Landes und die mit Hanßelmanns Veröffentlichungen seit 1768 einsetzende Erforschung des Limes verdrängten zunächst die Frage nach den germanischen Erben des römischen Reiches. Diese schienen doch wohl rohe, ungeschlachte Barbaren gewesen zu sein und zogen bei Vergleichen mit der römischen Antike stets den kürzeren. Die wissenschaftliche Auseinandersetzung mit ihnen spielte sich bloß in der Theorie ab. Ihre archäologischen Relikte – stets die Grabfunde – waren freilich häufig Anlaß zur Reflexion. So setzte Kurfürst Karl Theodor von der Pfalz zwei frühmittelalterlichen Gräbergruppen, auf die man 1765 und 1777 im Schloßpark zu Schwetzingen gestoßen war, jeweils ein Denkmal. Und einen Denkstein erhielt auch jenes Grab, das 1789 in den Weinbergen südöstlich Unter-
Abb. 2 türkheim aufgefunden worden war: »Anno 1789 ist dieses Grab geöffnet worden.« Eine sich jeder Interpretation enthaltende Inschrift von lapidarer Kürze. Die Beigaben, Reste von silbernem Gürtelbeschläg und Teile eines Goldblattkreuzes, gerieten in die Kunstkammer des Herzogs Karl und wurden in einem Taschenuhrgehäuse aus vergoldeter Bronze aufbewahrt, wie das Sammlungsinventar vermeldet.

Das beginnende 19. Jahrhundert mit seinen nationalen Bestrebungen und den alle geschichtsforschenden Interessen vereinigenden Sammelbecken der historischen Vereine konnte sich mit bloßem, unreflektierten Auflesen der Bodenfunde bald nicht mehr zufrieden geben. Nach den Ursprüngen und Überbleibseln des germanischen Volkes, des neugefundenen Urahns, wurde immer nachdrücklicher gefragt. Die 1830 gegründete »Sinsheimer Gesellschaft zur Erforschung der vaterländischen Denkmale der Vorzeit« verlangte von ihren Mitgliedern, »über altdeutsche Todtenhügel, zumahl auf flachen Waldhöhen, und über Gegenstände daraus« Erkundigungen einzuziehen. Über das Aussehen solcher germanischer Gräber war man sich in Gelehrtenkreisen freilich noch lange uneins. Während vor allem der Süden des Landes vehement dafür eintrat, mit Ferdinand Keller und Heinrich Schreiber, die überwiegende Zahl antiker Grabstätten dem Urvolk der Kelten zuzuweisen, sprach Karl Wilhelmi die Grabhügel von Wiesenthal bereits 1830 als alamannisch an. Der Streit ließ sich auch nicht abstellen, als sich in der Folgezeit die Funde von Reihengräbern mehrten. Vor allem der Bau der Eisenbahnstrecken brachte die bis dahin umfangreichsten Erdbewegungen im Lande mit sich und führte beispielsweise 1843 zur Entdeckung des erstaunlichen alamannischen
Gräberfeldes von Nordendorf. Bis 1844 und 1854/55 Abb. 3
wurden daraus etwa 450 Gräber ausgegraben, eine für lange Zeit nicht übertroffene Anzahl. Eine solche Menge Volks konnte nicht gut einem einzigen Stamm angehört haben, und so kam der Ausgräber, J. N. von Raiser, zu dem Schluß, daß hier romanisierte Kelten bestattet worden seien, vermehrt um römische Kolonisten, römische

Abb. 2. Eine Form der Veröffentlichung amtlicher Grabungsergebnisse war die auf Gedenksteinen. Ihr verdanken wir durch diese steinerne Inschrift die Kenntnis eines nicht unbedeutenden Bestattungsplatzes des 7. Jh. südöstlich von Stuttgart-Untertürkheim (Reg. 347).

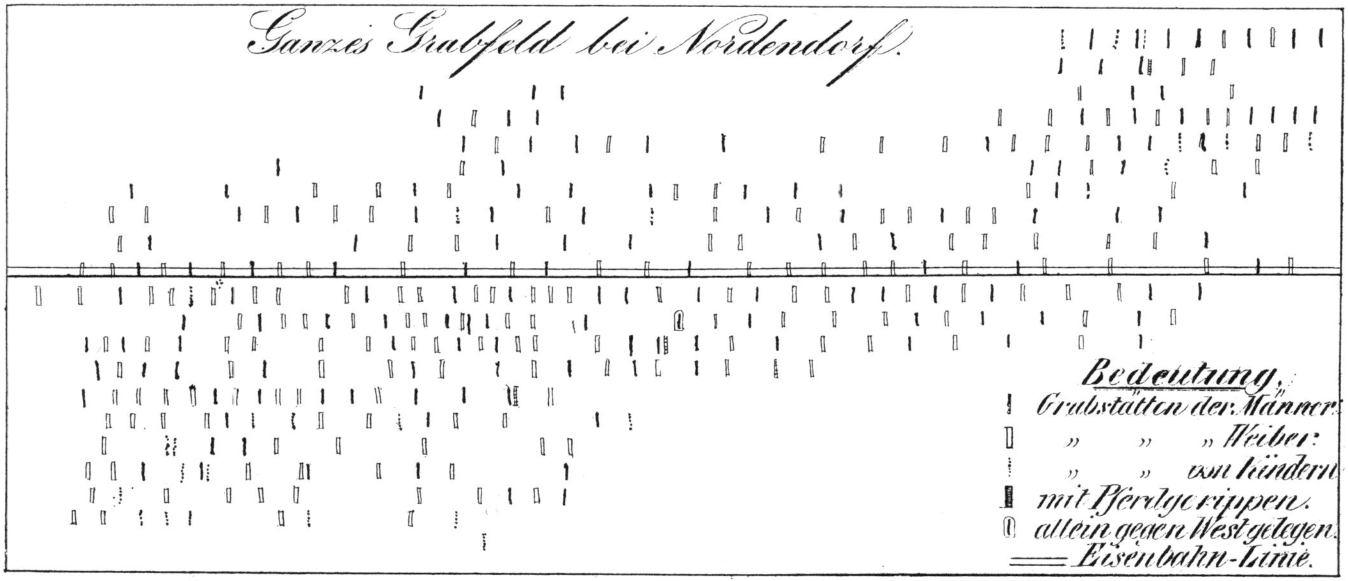

Abb. 3. Der Plan des Gräberfeldes von Nordendorf (Reg. 265) nach Abschluß der ersten, durch den Bau der Eisenbahnlinie Augsburg–Donauwörth – dies ist die Doppellinie in Bildmitte – ausgelösten Grabungskampagne ist bewundernswert: in ihm kommt die konsequente Verfolgung des Ziels, einen frühzeitlichen Friedhof ganz auszugraben, auch wenn man sich über Details seiner Zeitstellung nicht einig war, deutlich zum Ausdruck. Ein Jahrhundert später war dieses Grabungsunternehmen immer noch Gegenstand intensivster, bis heute noch nicht abgeschlossener Forschungen. Nach J. N. von Raiser.

Garnisonsoldaten und römische Flüchtlinge von jenseits der Donau samt deren Sklaven. Noch wurde die Meinung des Münchner Kunsthistorikers Markgraf abgetan, der in der Beilage 325 zur Augsburger Allgemeinen Zeitung vom 20. November 1844 die Nordendorfer Gräber als alamannisch und aus dem 6. Jahrhundert stammend erklärt hatte. Doch hatte Karl Wilhelmi – von diesem Gelehrten war übrigens ebenfalls die Nordendorfer Grabstätte für alamannisch, und zwar für christlich-alamannisch erklärt worden – bereits viele Anhänger im Lande gefunden, so daß Wolfgang Menzels Ansicht, die von ihm
Taf. 3 und Hauptmann von Dürrich 1846 am Lupfen bei Oberflacht ans Licht geförderten Toten dürfe man »für die unmittelbaren Vorfahren der heutigen Einwohner, also für Alamannen halten«, kein ernstzunehmender Widerstand mehr entgegentrat. Die Ausgrabungen in Oberflacht waren, was ihre Durchführung, die Ergebnisse und ihre Veröffentlichung anbetrifft, ein Markstein in der Archäologie der Alamannen und blieben lange Zeit ohne ebenbürtige Nachfahren. Aus der seinerzeitigen Ausgrabung zieht die Forschung heute noch Gewinn. Mit berechtigtem Stolz schrieb damals der Ausgräber Menzel: »Altertumskennern wird es nicht entgehen, daß es sich hier von ganz neuen Funden handelt, von etwas, das noch nie dagewesen ist.« Zur gleichen Zeit hatten die Gebrüder Lindenschmit im fernen Selzen bei Mainz Teile eines fränkischen Gräberfeldes erforscht. Bei zwei Toten fanden sie Silbermünzen des byzantinischen Kaisers Justinian, die Gräber konnten also nicht vor dem 6. Jahrhundert angelegt worden sein. Die Veröffentlichung dieser Ausgrabung 1848 und die an sie geknüpften Erörterungen schufen Klarheit und ließen die älteren Zuweisungen bald vergessen. Über die Zugehörigkeit der 1860 von Haßler veröffentlichten alamannischen Gräber von Ulm und des von M. Wanner 1867 edierten Gräberfeldes von Schleitheim bestanden denn auch keine Zweifel mehr. Einen Schlußstrich zog der zwischen 1880 und 1889 von Ludwig Lindenschmit herausgegebene Band 1 des Handbuchs der deutschen Altertumskunde, der den Altertümern der merowingischen Zeit gewidmet war. Von da an galten alle mit den alamannischen Grabfunden zusammenhängenden Fragen für lange Zeit als gelöst oder

zumindest für lösbar. In den folgenden Jahrzehnten verlagerte sich das Interesse der archäologischen Forschung dann mehr und mehr auf die älteren Perioden ihres Arbeitsgebietes. Die immer wieder auftretenden frühmittelalterlichen Grabfunde wurden zwar registriert und ob ihrer Ansehnlichkeit gerne dem Museumsgut zugeführt, doch blieb ihre systematische Durcharbeitung, von einem Versuch E. Brenners von 1915 abgesehen, bald ein dringendes Desiderat. Einen ganz eigenen Weg hierzu hatte schon 1904 E. Salin eingeschlagen, der in seinem Buch »Die altgermanische Thierornamentik« zu einer typologischen Ordnung der Verzierungsformen und dadurch auch der Fundstücke selbst gelangte. Die Betrachtung des Einzelobjektes blieb dabei selbstverständlich weiterhin vorrangig. Um 1930 begannen sich neue Impulse der Forschung abzuzeichnen. Zum einen versuchte J. Werner in seiner 1935 erschienenen Arbeit über die münzdatierten austrasischen Grabfunde ein allgemeingültiges Chronologiesystem aufzustellen, gewebt aus zeitgenössischen Münzen in frühmittelalterlichen Gräbern und allgemeinen Überlegungen zu historischen Entwicklungen und Beziehungen. Ist diese Arbeit in ihren Grundzügen zwar noch stark den Untersuchungen E. Salins und E. Brenners verpflichtet, so führt sie doch ganz wesentlich weiter: zum erstenmal wird mit großem Nachdruck auf den Quellenwert des sogenannten geschlossenen Fundes hingewiesen, also des Grabinventars als Ganzes, freilich primär in Hinsicht auf antiquarisch-chronologische Erörterungen. In ganz anderer Absicht hatte wenige Jahre zuvor Walther Veeck auf diese archäologische Einheit abgezielt: für ihn war das Inventar eines (Männer-)Grabes zunächst die Funktion der rechtlichen Stellung des Bestatteten, Ausdruck einer Gesellschaftsordnung, wie sie in den Leges des frühen Mittelalters zutage trat. Das daraus entwickelte System hatte in der Folge unter seiner eigenen mangelnden Flexibilität und unter der Vernachlässigung antiquarischer Aspekte – etwa chronologischer – seitens seines Urhebers zu leiden, und auch Verbesserungsvorschläge und Verfeinerungen, wie sie 1939 durch Hermann Stoll vorgebracht wurden, änderten nichts am latenten Mißtrauen, das Veecks Überlegungen stets entgegengebracht wurde. Jedoch ist unbestritten, daß Veeck sehr verdienstvoll handelte, als er ab 1925 in Holzgerlingen daranging, einen alamannischen Friedhof ganz auszugraben, und daß er sehr weitsichtig urteilte, als er 1931 in seinem großen Inventarwerk über »Die Alamannen in Württemberg« schrieb: »Die erste Forderung an die Forschung ist die, daß sie mit Nachdruck an die weitere Untersuchung der Reihengräberfriedhöfe herangeht. Sie darf sich nicht wie bisher mit der Aufdeckung einzelner Gräber und mit der Bergung von Funden begnügen. Solche kleine Teilgrabungen können die Fragen, deren Lösung uns am Herzen liegt, nicht klären. Freilich, die zur Verfügung stehenden Mittel sind beschränkt, aber man sollte diese doch lieber zu gründlicher Untersuchung einiger weniger noch erreichbarer Friedhöfe verwenden, als sie bei kleineren Grabungen aufbrauchen. Wer einmal sich eingehender mit unseren Reihengräberfriedhöfen beschäftigt hat, der wird zugeben, daß hier Gefahr im Verzuge ist. Bei dem raschen Wachstum unserer Ortschaften wird das Gelände schnell, auf dem die Friedhöfe in der Regel liegen, überbaut. Die Zahl der unberührten oder fast unberührten Grabfelder nimmt immer mehr ab. Der Zeitpunkt ihrer Entdeckung ist ja auch der Beginn ihrer Zerstörung. Es wird dem Leser dieser Abhandlung immer wieder vor Auge treten, daß viele Fragen mit dem heutigen Material nicht zu lösen sind, vielmehr der Aufklärung durch neue Grabungen bedürfen.«

So selbstverständlich uns diese Forderungen heute scheinen, und so berechtigt Veecks Mahnungen leider waren, so ungewohnt mögen sie 1931 geklungen haben, zu einem Zeitpunkt, da beispielsweise das berühmte Gräberfeld von Bülach 1919 bis 1928 fast unbemerkt von der Forschung durch D. Viollier und F. Blanc mit dankenswerter Hartnäckigkeit vollständig ausgegraben worden war; das fachliche Urteil über die Ausgrabungen war dies, daß sie »nicht wesentlich neue wissenschaftliche Resultate mit Bezug auf die Kultur unseres Landes vom 6. bis 8. Jahrhundert« brachten. Heute kann man die Ergebnisse dieser Ausgrabungen und ihrer Bearbeitung durch J. Werner 1952 in der Frühmittelalterforschung Europas nicht missen. Veecks Anliegen war dennoch nicht in den Wind gesprochen. In Südbaden beispielsweise trieb K. Kraft mit großem Elan die Erforschung frühmittelalterlicher Friedhöfe voran; es kam zur Ausgrabung großer Friedhöfe bei Mengen und Herten und schließlich zu einer katalogmäßigen Veröffentlichung: »Die Alamannen in Südbaden«, von F. Garscha in den frühen dreißiger Jahren begonnen und 1970 im Druck erschienen. In Württemberg stand die 1921 bis 1933 erfolgte Untersuchung des großen Reihengräberfeldes von

Abb. 7

Hailfingen lange Zeit ebenso alleine da wie die Veröffentlichung der Ergebnisse durch Hermann Stoll im Jahre 1939. Der auf private Initiative hin 1936 ausgegrabene Bestattungsplatz von Esslingen-Sirnau wurde beispielsweise erst 1969 veröffentlicht. Nicht viel besser stand es damals in anderen Landschaften.

Bei der Aufarbeitung der alamannischen Grabfunde zwischen Iller und Lech konnte sich M. Franken 1944 lediglich auf einen modern ausgegrabenen Gräberfeldausschnitt, den von Göggingen, stützen. Inzwischen wurden hier weitere alamannische Friedhöfe möglichst vollständig *Abb. 13* erforscht und teilweise ediert: Dirlewang, Epfach, *Abb. 7, 26* Friedberg, Marktoberdorf, Mindelheim, Schwangau. Nördlich der Donau ist es vor allem der große Friedhof *Abb. 4–6* von Schretzheim, der 1890 bis 1901 und 1927 bis 1934 ausgegraben und 1977 veröffentlicht wurde; seine Befunde haben seit jeher die Diskussion der Forschung bereichert. Den alamannischen Fundstoff auf dem Gebiet des heutigen Mittelfranken legte 1962 H. Dannheimer vor. Hier und im Donauraum sind seitdem die vollständig *Abb. 7* untersuchten Friedhöfe von Bittenbrunn und Dittenheim hinzugekommen. Im Bundesland Baden-Württemberg wurden nach 1950 zahlreiche neue Gräberfelder er- *Abb. 34* forscht, beispielsweise Weingarten und Fridingen im Süden, Munzingen im Westen, Kirchheim am Ries im Norden. Veröffentlicht liegen die Gräberfelder bzw. Friedhofteile von Donzdorf, Giengen, Güttingen, Hemmin- *Abb. 27* gen, Niederstotzingen und Sontheim/Brenz vor. In diesen Gebieten mehren sich die Ausgrabungen frühalamannischer Siedlungen, so in Mengen/Breisgau, Sont- *Abb. 24* heim/Stubental, Urspring, Großkuchen, Runder Berg *Taf. 6* bei Urach und Breisach-Hochstetten.

Hier hat ebenso wie in der Schweiz die archäologische Erforschung der Kirchenbauten nach 1950 einen großen Aufschwung erlebt und manchen überraschenden frühmittelalterlichen Befund zutage befördert, beispielsweise *Abb. 93* in Brenz, Kirchheim/Teck, Lahr-Burgheim, Bülach, Tuggen und Spiez. Alamannische Funde der Schweiz wurden schon früh in kantonalen Übersichten kursorisch vorgestellt, so 1925 von K. Keller-Tarnuzzer und H. Reinerth (Thurgau), 1934 von E. Tatarinoff (Solothurn) und 1945 von O. Tschumi (Bern). Vollständige Gräberfelder legten 1932 E. Vogt (Basel-Gotterbarmweg), 1940 O. Tschumi (Bern-Bümpliz), 1952 J. Werner (Bülach), 1958 und 1965 W. U. Guyan (Beggingen und Schleitheim) sowie 1976 M. Martin (Basel-Bernerring und Kaiseraugst) vor. R. Moosbrugger-Leu bearbeitete die beiden Bände des Handbuchs »Die Schweiz zur Merowingerzeit« (1971).

Die alamannischen Funde des Elsaß wurden bildlich von R. Henning 1912 und raisonnierend 1934 von R. Forrer gestreift. Ein Teil von ihnen bearbeitete 1976 B. Arbogast, wobei es sich herausstellte, daß die Erschließung der archäologischen Quellen des Elsaß im Frühmittelalter weniger weit fortgeschritten ist als beispielsweise in der Schweiz oder in Südbaden, und daß in dieser Hinsicht noch große Entdeckungen zu erwarten sind.

Mit dieser, zunächst etwas langatmig erscheinenden Aufzählung neuerer Grabungen soll verdeutlicht werden, wie sehr das archäologische Quellenmaterial zur alamannischen Geschichte in den letzten Jahrzehnten angeschwollen ist und noch weiter wächst. Nur zu verständlich wird dabei, daß die Aufbereitung und Durcharbeitung des Fundstoffs mit dieser rasanten Entwicklung kaum noch Schritt halten konnte. Bald hatte sich gezeigt, daß die in den dreißiger Jahren erarbeiteten Schemata zur Erfassung des Neuen nicht ausreichten, es gab und gibt immer wieder Einbrüche, und die bald offen zutage tretenden Widersprüche in den archäologischen Instrumentarien machten gar manches Mal einem Historiker die ganze Quellengattung reichlich suspekt. Beispielsweise erwies sich das auf J. Werner zurückgehende Chronologieschema spätestens seit der Untersuchung der Grabfunde des Trierer Landes durch K. Böhner als zu unscharf und in seinen absoluten Zahlen um bis zu einem Jahrhundert retardierend. Das Fehlen eines engmaschigen relativen Chronologiesystems im Bereich der süddeutschen Reihengräber, also der Mangel einer strengen zeitlichen Staffelung der Altertümer und die Feststellung von Zäsuren zwischen den einzelnen »Stufen« der Sachgruppen ohne sofortige Verknüpfung mit absoluten Daten, im übrigen eine in der prähistorischen Archäologie längst geläufige Methode, das Fehlen eines solchen Systems zwang bei jedem Neufund zu neuen ausführlichen und umständlichen Erörterungen. Bei ganzen Gräberfeldern bediente man sich seit Beginn der fünfziger Jahre der Erkenntnis, daß solche Friedhöfe ja »gewachsen« sein können, daß ihre Belegung von einem Kern aus ihren Anfang genommen haben wird und sich dann in eine oder mehrere Richtungen ausgedehnt haben kann, sofern nicht häufige Nachbestattungen in den Grabgruben das Gegenteil bezeugten. War mit dieser Methode der

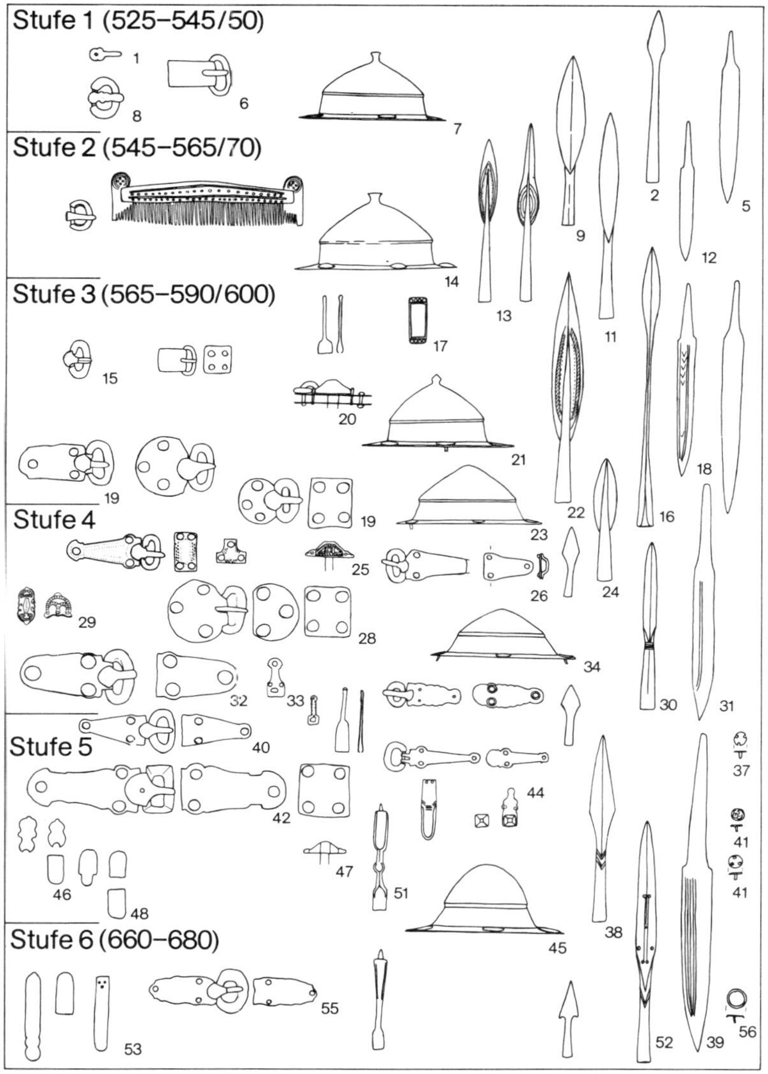

Abb. 4. Die chronologische Reihung der Fundstücke aus den Männergräbern des Friedhofs von Schretzheim (Reg. 311). Nach U. Koch.

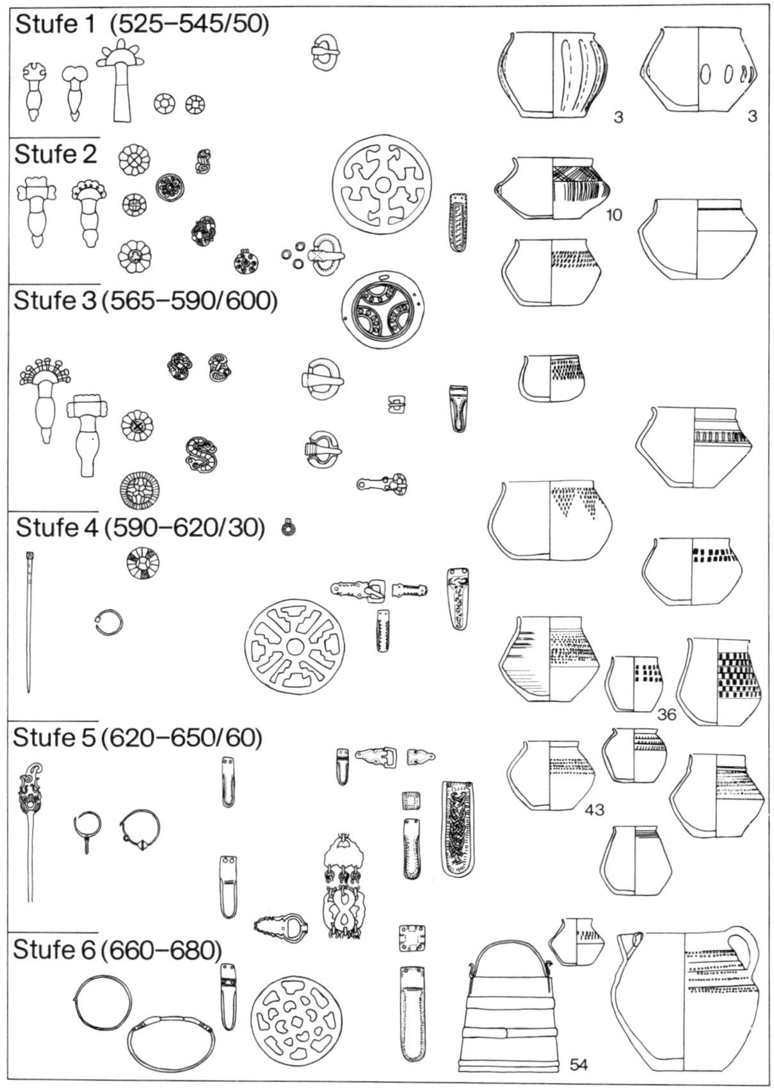

Abb. 5. Die Stufengliederung der Frauengräberinventare aus dem Friedhof von Schretzheim (Reg. 311). Nach U. Koch.

»Horizontalstratigraphie« einmal der Belegungsablauf eines Gräberfelds anhand einiger Beigabengattungen, deren zeitliches Nacheinander bekannt und auf den Gräberfeldplan zu projizieren war, in seinen Grundzügen festgelegt, so fiel es nicht schwer, auch andere Fundgruppen und Gräber lediglich aufgrund ihrer Lage im – entschlüsselten – Gräberfeldplan zu datieren. Solche mit Hilfe von Kartierungen gewonnenen Belegungsabläufe gehen im Bereich der alamannischen Reihengräberfelder auf die Veröffentlichungen J. Werners über Bülach *Abb. 7* (1952) und Mindelheim (1956) zurück und führten zu einer feinen zeitlichen Reihung des Fundmaterials im 7. Jahrhundert, bezogen vor allem auf die sich ablösenden Modephasen der Männergürtel. Auf der Basis dieser

Gliederung wurden weitere Gräberfelder horizontalstratigraphisch bearbeitet (Dirlewang, Esslingen-Sirnau, Güttingen, Marktoberdorf, Merdingen). Ein relatives Chronologieschema erwuchs dabei vor allem bei der Untersuchung des Reihengräberfeldes von Schretzheim durch U. Koch (1977) in Fortführung der Vorarbeiten R. Kochs am Gräberfeld von Esslingen-Sirnau (1969). Der rekonstruierte und in sechs Stufen gefaßte Belegungsablauf von Schretzheim möge hier den Hintergrund und Maßstab bilden für andere alamannische Reihengräberfelder; beispielsweise für das zwei Generationen vor Schretzheim einsetzende Bittenbrunn. Auf den ersten Blick wird klar, wie grundverschieden die zugehörigen Siedlungen gewesen sein müssen. Dem von Anfang an dorfähnlichen Ort bei Schretzheim, der seine Einwohnerzahl in den 150 Jahren, während der wir ihn beobach-

Abb. 4–6 *Abb. 7*

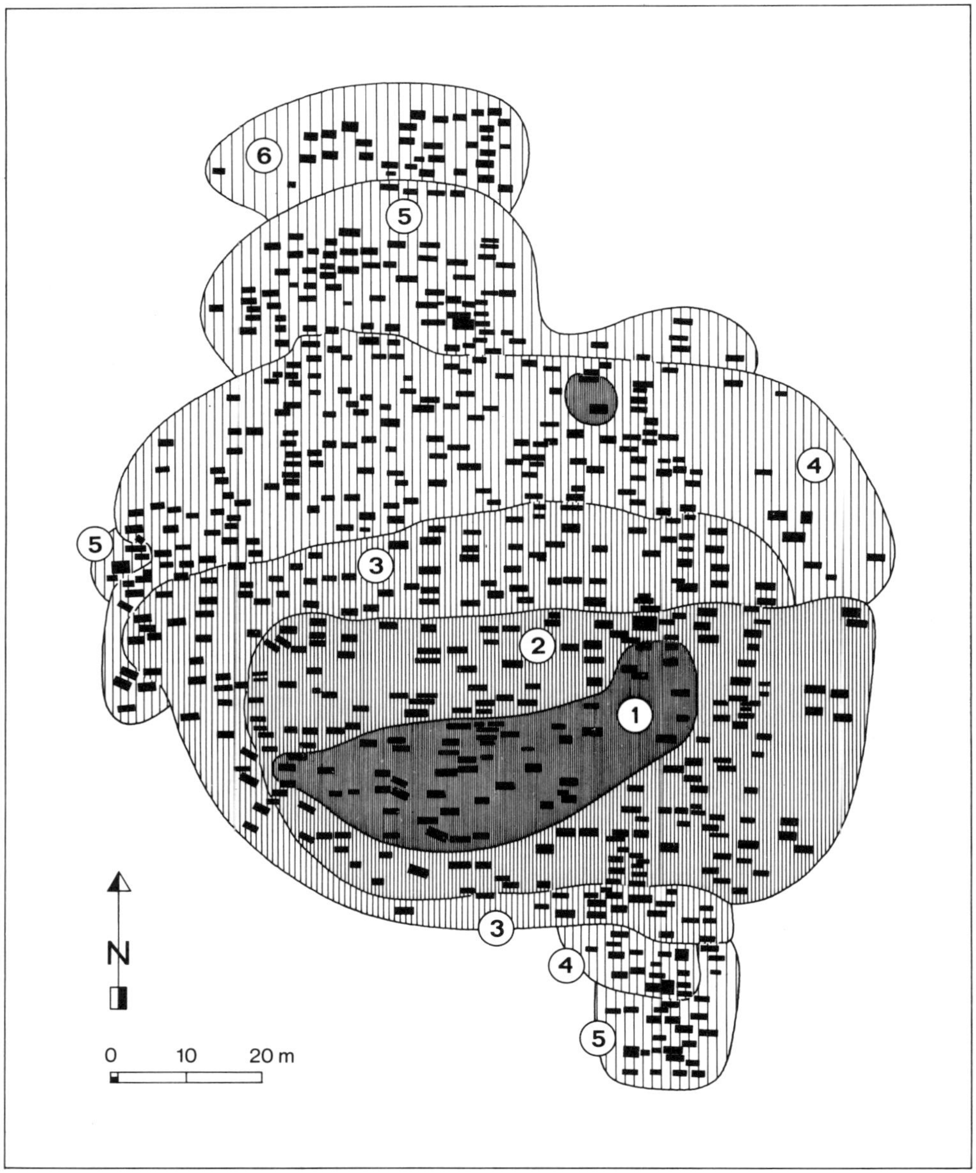

Abb. 6. Die Verbreitung der Gräber verschiedener, in den Abb. 4 und 5 erläuterter Zeithorizonte im Gräberfeld von Schretzheim (Reg. 311) läßt deutlich den Gräberfeldkern und die Erweiterungen des Friedhofsareals erkennen. Maßstab 1:1000.

Tafel 1 Bügelfibeln aus Grab 78 von Donzdorf. Silber, vergoldet, mit Goldblechauflagen, darauf Golddraht- und Steinauflagen in Goldfassungen (*Reg. 82*). Länge 13,9 cm. Württ. Landesmuseum Stuttgart

Vom Rand der Ostsee kam das Prunkfibelpaar auf unbekanntem Wege in den Besitz einer bedeutenden alamannischen Familie, die in der 2. Hälfte des 6. Jahrhunderts in Donzdorf residierte. Die ungewöhnlich prächtige Ausführung, die gewandte Stilisierung von menschlichen und tierischen Darstellungen auf der Schauseite und die Runen der Rückseite machen es nur zu verständlich, wenn bei diesen wie bei den meisten der alamannischen Bodenfunde nach einem zunächst am wenigsten gefragt wurde: nach der Bedeutung dieser Gegenstände als Quellen für die Geschichte des Landes. Wie berechtigt eine solche Frage jedoch ist, geht schon aus dem simplen Tatbestand hervor, daß 98% der im 6. Jahrhundert lebenden Alamanninnen der Besitz solcher kostbaren Zierate schon aus Mangel an materiellen Voraussetzungen für immer versagt blieb.

Tafel 2 Zöbingen. Auffindung eines alamannischen Baumsarges im Jahre 1261 auf einem Ölbild des 17. Jahrhunderts (*Reg. 400*).

Tafel 3 Oberflacht. Der Wanderer im Vordergrund rechts weist seinem gelehrten Freund die Stelle des berühmten Gräberfeldes am Kreuzbühl bei Oberflacht (*Reg. 271*) zu Füßen des Lupfen. Nach einer Lithographie von 1847.

Tafel 4 Münchhöf. Die Geländemulde im Vordergrund war einst ein Quellmoor (*Reg. 254*); sie wurde im 4. Jahrhundert als Opferstätte benutzt.

Tafel 5 Gültlingen, heute ein eher unscheinbarer Ortsteil von Wildberg, war im 5. Jahrhundert ein politisches Zentrum Alamanniens (*Reg. 151*). Die Grabstätten einer der führenden Familien des Landes lagen im Bereich der Häuser im Vordergrund rechts.

Tafel 6 Urach, Runder Berg. Das Gipfelplateau mit der frühalamannischen Siedlung von Westen (*Reg. 367*). Deutlich sind die 1976 in Arbeit befindlichen Grabungsflächen, Rechtecke von 10x10 Meter Seitenlänge, zu erkennen. Auf eine dünne Humusschicht folgt schon bald der Kalkfels des Jura. In ihn sind die sichtbaren Befunde, vor allem Pfostenlöcher, eingehauen. Im bereits ausgegrabenen und wieder zugeschütteten östlichen Gipfelteil wurden die Pfostenstellungen der Befestigung des 5. Jahrhunderts und eines großen Holzbaues des 7./8. Jahrhunderts durch Rundhölzer über dem Erdboden sichtbar gemacht. Vgl. auch den Grundrißplan Abb. 24.

Tafel 7 Urspring. Pfostenlöcher und Wandgräbchen einer frühalamannischen Siedlung (*Reg. 371*) im Bereich einer modernen Wohnbebauung.

Tafel 8 Fridingen. Ringförmige Gräben um die – eingeebneten – Grabhügel eines alamannischen Adelsgeschlechtes am Westrand des Ortsfriedhofs (*Reg. 120*). Um 700.

Tafel 9 Mengen. Das Grab 23 aus der Zeit um 500 in zwei aufeinanderfolgenden Phasen seiner Aufdeckung (*Reg. 245*). Links: Neben der Verfärbung der hölzernen Grabkammer ist nur der außerhalb des Sarges niedergelegte Schild sichtbar. Rechts: Grabsohle mit dem Leichnam samt allen Waffenbeigaben.

Tafel 10 Friedberg. Grab 24 mit Verfärbungsspuren von hölzernen Unterlagbalken im Bereich von Oberkörper und Füßen (*Reg. 122*).

Tafel 11 Mengen. Trocken gemauerte Grabkammer 36 und einfaches Erdgrab 35 (*Reg. 245*).

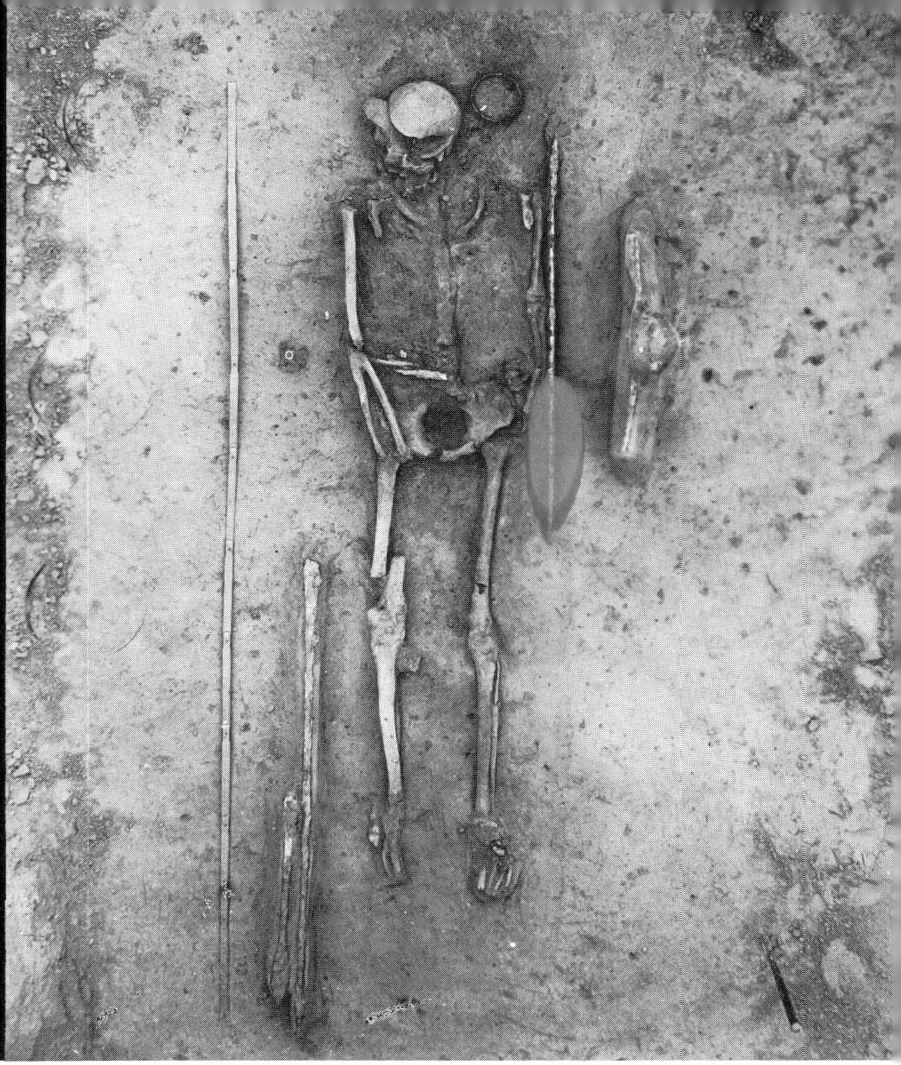

Tafel 12 Pleidelsheim. Die Grabsohle des Grabes 140 barg in ihrer rechten, nördlichen Hälfte das Skelett einer nach 500 verstorbenen Frau (*Reg. 285*), im linken Grabteil Utensilien, Behälter und Gefäße, beispielsweise die beiden Schuhbecher von Tafel 63.

Tafel 13 Niederstotzingen. Die Dreifachbestattung aus Grab 3 erweist sich bei näherem Zusehen (vgl. Abb. 61) als die Grablege eines reichen Adeligen (links) samt seinem Mundschenk (Mitte) und Marschalk (rechts) (*Reg. 264*). Von dem gewaltigen, aus massiven Bohlen gezimmerten Grabgehäuse hat sich nichts erhalten.

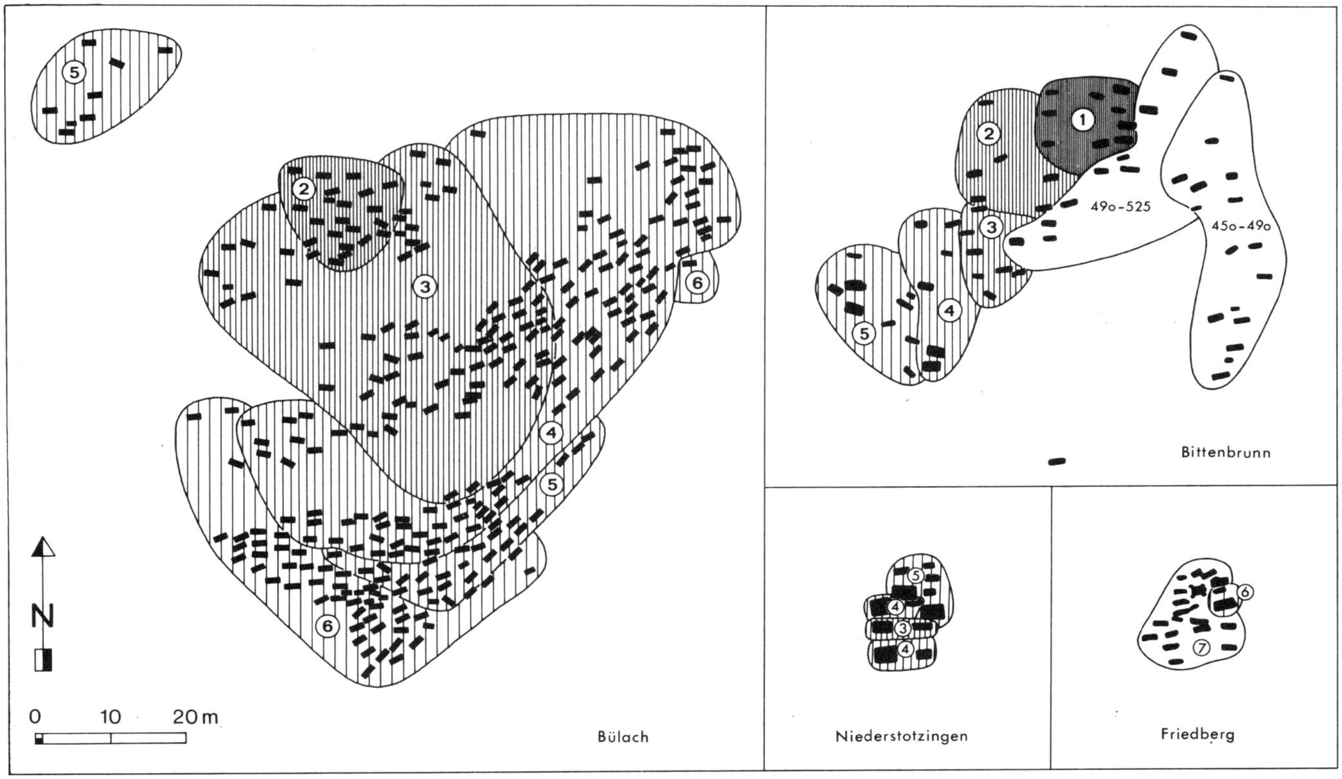

Abb. 7. Der Belegungsablauf verschiedener alamannischer Gräberfelder, gemessen an dem von Schretzheim (Abb. 4–6), gibt die Verschiedenartigkeit der jeweiligen Siedlungsentwicklungen wieder. Bülach (Reg. 61) wurde später gegründet als Schretzheim, war anfangs von geringerer Einwohnerzahl und erreichte erst gegen Ende des 7. Jh. die Größe Schretzheims. Bittenbrunn (Reg. 36) wurde etwa zwei Generationen vor Schretzheim gegründet und blieb stets ein Einzelhof. Niederstotzingen (Reg. 264) enthielt während seiner etwa dreißigjährigen Belegungszeit die Gräber nur weniger Angehöriger einer Familie, ausgestattet mit den Inventaren dreier Schretzheimer Chronologiestufen. Es wird deutlich, daß noch nicht einmal alle Familienmitglieder des zugehörigen Hofes hier begraben liegen können, zumal der kleine Friedhof noch die Gräber von sechs Gefolgsleuten und drei Pferden barg. Friedberg (Reg. 122), sicher auch der Bestattungsplatz eines Hofes, enthält dagegen nicht nur alle innerhalb eines oder zweier Jahrzehnte verstorbenen Mitglieder einer Familie, sondern dazu noch Gesinde und Gefolge. Der Belegungszeitraum lag nach dem Ende des Schretzheimer Friedhofs. Würde man die sozialen Schichtenbefunde auf die Belegungsabläufe projizieren, gewänne das Bild der frühen Siedlungen weiter an Plastizität. Maßstab 1:1000.

ten können, nicht wesentlich änderte, steht der nur als Einzelhof zu interpretierende Ort Bittenbrunn gegenüber, dessen geringe Bevölkerung über 200 Jahre hinweg das Minimum dessen darstellte, was zum Überleben einer Siedlung erforderlich war. Auf Hofsiedlungen gehen *Abb. 7* auch die beiden Adelsfriedhöfe von Friedberg und Niederstotzingen zurück. Letzterer weist Bestattungen der *Abb. 6* Schretzheimer Stufen 3, 4 und 5 auf und wurde von etwa 590 an zunächst nur vom jeweiligen Führer des Familienverbandes selbst (samt Gefolge), erst in der Spätzeit seiner Benutzung ab etwa 520 auch von weiblichen und im Kindesalter verstorbenen Familienangehörigen belegt. Die Möglichkeiten der Interpretation werden gerade im Vergleich zum nahegelegenen Schretzheimer Friedhof besonders klar. Anders wiederum der Adelsfriedhof von Friedberg. Auf ihm bestattete nur für kurze Zeit, gerade noch mit den ältesten Gräbern die Stufe 6 von Schretzheim tangierend, eine Familie samt Gefolge und Gesinde. Alle diese beliebig vermehrbaren Beispiele wären ohne eine enge relativchronologische Aufschlüsselung überhaupt nicht für die Landesgeschichte nutzbar zu machen; sie offenbaren ganz nebenbei auch die Vielgestaltigkeit der oberflächlich betrachtet so eintönigen Reihengräberfelder und warnen davor, eine weitere Vermehrung dieser Quellengattung als überflüssig, weil in ihrer Auswertungsmöglichkeit nicht mehr zu steigern, zu betrachten.

Aussagen der eben skizzierten Art hätte man zunächst auch ohne absolute Chronologie treffen können. Will man jedoch den einen oder anderen archäologisch gewonnenen Befund, etwa den Beginn einer Siedlung mit auffallend viel Fremdgut oder das abrupte Ende einer sozial führenden Bevölkerungsgruppe, an Fakten und Ereignissen messen, die uns von Schriftquellen her bekannt sind, so wird die archäologische Datierung des Fundstoffs bald unentbehrlich. Die von J. Werner auf eine erste methodisch vertretbare Basis gestellten Bemühungen in dieser Richtung erfuhren seit K. Böhners Arbeit über die Grabfunde des Trierer Landes (1958) immer wieder Korrekturen, nicht zuletzt von J. Werner selbst. Diese Korrekturen ließen als einen der wenigen unverrückbaren Fixpunkte das Inventar eines zu Tournai bestatteten Mannes unbehelligt, der durch einen goldenen Siegelring als der 481 verstorbene fränkische König Childerich ausgewiesen war. Weitere königliche Grabausstattungen, wie das Grab der »Arnegunde« in der königlich-fränkischen Grabkirche St. Denis, die Gräber unter dem Kölner Dom, der in Sutton Hoo bestattete ostanglische König Rędwald und das Grabgut der Königin Theodolinda in Monza gaben dem Fundstoff absolute Daten oder regten zumindest die Diskussion darüber stark an, so daß über die absolute Zeitbestimmung der Tracht- und Schmuckentwicklung zumindest des 6. und 7. Jahrhunderts seit einigen Jahren weitgehende Einigkeit besteht.

In eben diesen Jahren entwickelte sich eine naturwissenschaftliche Methode, die sich auf das Jahrringwachstum der Hölzer beziehende Dendrochronologie, zu einem immer zuverlässiger werdenden Korrektiv der Archäologie. Untersuchungen der Holzfunde aus den Gräbern

Abb. 29, 30, 32 von Oberflacht, Zöbingen und Hüfingen erbrachten absolute Zahlen für die Fällungsjahre der zu Baumsärgen oder Grabkammern verarbeiteten Holzstämme, beispielsweise das Jahr 606 für die Grabkammer des Hüfin-

Abb. 31 ger Reitergrabes. Dieses Datum wäre noch vor 15 Jahren manchen Forschern um bis zu zwei Generationen zu früh erschienen, erst seit etwa einem Jahrzehnt fügt es sich in das mit rein archäologischen Kriterien gewonnene Chronologiegerüst ein. All dies ist wiederum ein Hinweis darauf, wie sehr wir noch auf die Vermehrung des Fundstoffs angewiesen sind, wenn wir auf seiner Grundlage auch nur die Grundfragen frühalamannischer Geschichte angehen wollen.

Schlagend wird dies deutlich, wenn die zeitliche Einordnung der ältesten alamannischen Funde aus den beiden ersten Jahrhunderten nach der Einwanderung versucht wird. Die beiden Zusammenstellungen der einschlägigen Bodenfunde durch R. Roeren (1960) und den Verfasser (1974) mußten mangels ausreichender Fundmengen auf ein in sich gegründetes relatives Chronologieschema verzichten, und auch der entsprechende Versuch E. Kellers (1974) holte seine Datierungsvorschläge von weit her: aus den innergermanischen Chronologiesystemen H.-J. Eggers' und K. Godlowskis. Seine Ergebnisse, etwa das fast völlige Fehlen von Grabfunden der ersten Einwanderungsgeneration im Süden der Alamannia, kann nur zu verstärkter Ausgrabungstätigkeit ermuntern.

Bei den Überlegungen zur Sozialstruktur anhand des neu hinzugekommenen Fundstoffs herrschte zunächst die Skepsis gegenüber den zu mechanisch erscheinenden Gleichsetzungen W. Veecks und H. Stolls vor. Es schien nicht statthaft, bestimmte Waffenausstattungsgruppen mit den sozialen Gliederungen der Volksrechte einfach zu kongruieren, zumal sich bald genügend Gegenbeispiele und Mischinventare namhaft machen ließen. Freilich waren solche Belege nur zu oft das Ergebnis mangelnder chronologischer Durchdringung des Fundstoffs. Schließlich blieben als sozialgeschichtlich ergiebige Fundkomplexe kaum mehr als die sogenannten Adels- oder Fürstengräber übrig, freilich ob ihres Reichtums an Beigaben dankbare und gern aufgegriffene Forschungsobjekte. Die Bearbeitung der Fürstengräber von Ittenheim (1943) und Wittislingen (1950) durch J. Werner sowie das Werk von F. Stein über die Adelsgräber des 8. Jahrhunderts in Deutschland (1967) sind kennzeichnend für diese Behandlungsweise, der gegenüber die vergleichende Analyse mehrerer solcher Adelsgräber durch G. Fingerlin anläßlich der Veröffentlichung des Grabes 38 aus Güttingen (1964) bereits ein Fortschritt darstellt. Fast unbemerkt von der Archäologie hatte sich in der Zwischenzeit die Anthropologie als Helfer zu einer sozialen Gliederung alamannischer Grabfunde angeboten. Ausgehend von einer – zwar noch unrichtig ethnisch interpretierten – Feststellung R. Straubs (1956), wonach im alamannischen Bereich die mit reichen Waffenbeigaben versehenen Toten eine andere Schädelform aufwiesen als die einfacher ausgestatteten Männer, verfeinerte und ergänzte N. M. Huber 1967 anhand von Material aus dem Gräberfeld Weingarten diesen Befund dahingehend, daß die Spathaträger dieses Friedhofs absolut lang- und schmalschädliger sowie im Durchschnitt um 5 bis 6 cm größer waren als die unbewaffneten Männer. Die nur mit einem Sax Bewaffneten lagen in ihrer Körpergröße zwischen beiden Extremen. Dieses seither immer wieder bei anthropologischen Bearbeitungen frühmittelalterlicher Friedhöfe bestätigte Ergebnis kann doch nur – auch ohne große Diskussion über seine Ursachen – auf die tatsächliche Verbindung von Waffenausstattung mit einem durch Geburt und/oder Lebensweise errungenen sozialen Status zurückzuführen sein. In der Tat erwies sich bei der Untersuchung des Gräberfeldes von Marktoberdorf (1966) die Abhängigkeit der Waffenausstattung vom Ausführungs- und Verzierungsgrad der Gürtelgarnituren und damit vom Reichtum deren Träger. Der Reichtum, so scheint es jetzt, bestimmte in erster Linie die Waffenausstattung, und nicht ein davon unter Umständen unabhängiges, rechtlich-soziales Gliederungssystem der alamannischen Gesellschaft. In der Verfolgung dieses Gedankens wurde durch den Verfasser (1975) vorgeschlagen, zunächst die Grabinventare auf ihre qualitätsmäßige Zusammensetzung und mögliche Gruppierung hin zu überprüfen. Es ergab sich ein Schema von vier »Qualitätsgruppen«, welche ganz ähnlich wie die gebräuchlichen chronologischen Gruppierungen (»Stufen«) durch Kombination verschiedener Merkmale – hier der qualitativen, dort der formalen – zustande gekommen waren und auch ähnlich zu behandeln sind. Selbstverständlich gibt es kleinere landschaftliche Unterschiede, doch schälen sich – von unten nach oben fortschreitend – archäologische Merkmale heraus, welche in etwa für das 6. und 7. Jahrhundert Gültigkeit besitzen (siehe Tabelle Seite 20).

Mit einem solchen Schema können zwar Personengruppen ungefähr gleichen Besitzstandes ausfindig gemacht werden, jedoch noch nicht rechtlich-soziale Gliederungen. Nur in Ausnahmefällen gelingt dies, dann nämlich, wenn der Besitzstand einer Familie sich in deren Status und Verhalten gegenüber der Mitbevölkerung äußert, beispielsweise durch die Beanspruchung eines separaten Bestattungsbezirks innerhalb des gemeinsamen Ortsfriedhofs, oder durch die vollständige Absonderung der Familiengrablege vom allgemeinen Gräberfeld. In der Tat lassen sich Beispiele für diese Vorgänge der Nobilitierung aufzeigen, etwa in den schon im Plan vorgestellten Separatfriedhöfen von Niederstotzingen und Friedberg. Aber auch die Aussonderung und Erfassung der *Abb. 7* untersten Bevölkerungsgruppen ist gelegentlich zu beobachten. Der Rang der Waffe scheint somit doch bis zu einem gewissen Grad den sozialen Status des Mannes anzuzeigen. Bemühungen, die Waffenausstattungen des frühen Mittelalters zu systematisieren, werden u. a. H. Steuer (1968), J. Werner (1968) und W. Hübener (1975) verdankt, antiquarische Erörterungen zu einzelnen Waffengattungen H. Ament (1970) und S. v. Schnurbein (1974).

Für die Zeiten des 3. und 4. Jahrhunderts reicht der alamannische Fundstoff zur Erstellung eines in sich gegründeten Qualitätsgruppenschemas nicht aus. Es ist jedoch statthaft, die entsprechenden Gliederungen mitteldeutscher Grabfunde auf den alamannischen Raum zu übertragen.

Bei den übrigen Aspekten alamannischer Altertümer ist eine Beschränkung ihrer Erforschung auf das Fundgut des südwestdeutschen Raumes nicht nur nicht mehr möglich, sondern wäre sogar absolut fehl am Platze. Die einzig richtige Betrachtungsweise des germanischen Tierstils, wie sie 1904 B. Salin lehrte, hat auch heute noch ihre Gültigkeit. Wenn hier die Fortschritte vergleichsweise gering blieben, so ist die Schuld hierfür weniger als bei den vorhin betrachteten Themen der alamannischen Archäologie anzulasten. Erst andeutungsweise ist etwa der Einfluß des romanischen Kunsthandwerks, sind die Nachwirkungen konkreter bildlicher Darstellungen im alamannischen Formenschatz des 6. und 7. Jahrhunderts als Forschungsproblem abgehandelt worden. Die große Bedeutung des Magischen und in seinem Gefolge des christlichen Symbolschatzes im Bereich der in den Grabfunden überlieferten Sachkultur ist zwar in letzter Zeit mehr und mehr als erforschenswert anerkannt worden. Eine eingehendere Behandlung haben jedoch allein die mit dem Christentum zusammenhängenden Fragen erfahren. Wenn hierbei Erörterungen darüber, welche Altertümergattung als christlich und welche als heidnisch zu betrachten sei, häufig genug im Vordergrund standen, dann zeigt dies genug, wie weit wir noch von einer wirk-

Qualitätsgruppe	archäologische Merkmale		gemeinverständliche Bezeichnung
	Männergrab	Frauengrab	
A	beigabenlos Sax Pfeil und Bogen unverzierter Gürtel	beigabenlos Glasperlen Messer	arm, ausgesprochen ärmlich
B	Spatha Sax Lanze Schild verzierter Gürtel Glasgefäß (6. Jh.)	Fibelschmuck Haarnadel (Bronze) Ohrringe (Bronze, Silber) Perlenkette Amulettanhänger Gürtelgehänge Wadenbinden Schuhschnallen Silberfingerring Glasgefäß (6. Jh.)	wohlhabend, durchschnittlich wohlhabend
C	Spatha Sax Lanze Schild Ango verzierter Gürtel Trense und Pferdegeschirr Goldfingerring Bronzegefäß bronzebeschlagener Holzeimer Glasgefäß (7. Jh.)	vollständiger Fibelschmuck Haarnadel (Bronze oder Silber) Ohrringe (Silber, Gold) Perlenkette Amulettanhänger Gürtelkettengehänge Wadenbinden Schuhschnallen Goldfingerring Bronzegefäß bronzebeschlagenes Holzkästchen Glasgefäß (7. Jh.)	überdurchschnittlich wohlhabend
D	wie C, dazu sonderangefertigte Ausstattungsdetails		ungewöhnlich reich

lich fruchtbaren Diskussion über die Anfänge des Christentums und das Ende des Heidentums bei den Alamannen entfernt sind. Einigkeit dürfte inzwischen darüber bestehen, daß die bisherige Skepsis, was einen vor 700 anzunehmenden Beginn christlichen Geistes und kirchlicher Institutionen bei den Alamannen anbetrifft, nicht notwendig war.

Ein methodischer Konsens über die ethnische Deutung frühmittelalterlicher Fundgruppen ist bislang noch nicht gefunden worden. Eine Zeitlang nach 1945 schien es, als ob die Fragen der Historiker nach dem Nachweis von Völkerbewegungen und Stammesgrenzen mit dem archäologischen Instrumentarium nie würden beantwortet werden können. Dann aber mehrten sich Fälle, in denen eine ganz offensichtlich fremdartige Trachtausstattung in einem Grabe den Wanderweg der dort bestatteten Person über große Räume hinweg nachzeichnen ließ. Die vordem – zuweilen aus politischen Gründen – diskreditierte Deutungsweise wurde stillschweigend rehabilitiert, freilich nicht ohne der Begründung neue Begriffe hinzuzufügen: Exogamie beispielsweise hätte für die Verbreitung von Trachtbestandteilen gesorgt. Die oft erstaunlich großräumige Streuung von Schmuckstücken gleicher Herkunft erfuhr so manche überraschende, oft mit historischen Nachrichten be- und unterlegte Deutung. Auf diese Weise wurden auf archäologischem Wege Ansiedlungen der Alamannen in Oberitalien und Baiern, der Franken in Alamannien und der Thüringer in Franken und Alamannien vorgeschlagen. Trotz alledem, und obwohl die Wanderung der Langobarden aus Pannonien nach Italien einen brauchbaren archäologischen Modellfall abgeben konnte, steht die methodische Basis noch nicht, auf welcher ein so erwünschtes Gebäude wie der archäologische Wanderungsnachweis zu errichten wäre. Bereits die Voraussetzung, nämlich die Festlegung von Trachtsitten und -eigentümlichkeiten ethnisch verschiedener Bevölkerungsgruppen, steckt nach vielversprechenden Versuchen etwa E. Vogts (1960), H. Hinz's (1966), R. Moosbrugger-Leus (1967 und 1971), M. Martins (1970 und 1977), M. Schulzes (1977) und J. Werners (1977) noch in den Anfängen und beschränkt sich selbst dort, wo sie beispielsweise im Grenzbereich zwischen Germanen und Romanen auf die Hilfe benachbarter Wissenschaftszweige rechnen kann, archäologisch lediglich auf Andeutungen.

Die Frage, auf welche Weise die Metallgegenstände der Tracht ihre Verbreitung erfahren haben, ist im Zusammenhang mit der Produktions- und Handelsgeschichte des frühen Mittelalters vor allem von J. Werner mehrfach (vor allem 1962 und 1970) und den alamannischen Raum berücksichtigend behandelt worden. Man wird hierbei in Zukunft stärker dem gewaltigen Zuwachs an Fundstoff Rechnung tragen müssen. Die beiden großen Einzelbearbeitungen alamannischer Altertümergruppen, die von W. Hübener über die Keramik (1969) und von H. Kühn über die Bügelfibeln (1974) haben dies nicht in einer alle Forscher befriedigenden Weise getan, weil sie ebenso wie die zuvor genannten Erörterungen ihren methodischen Ausgang noch an den unzureichenden Befunden der zwanziger und dreißiger Jahre nahmen. Fortschritte sind vor allem auf Wegen zu erwarten, wie sie R. Koch mit seiner Untersuchung zur Keramikverbreitung (1973) und H. Vierck aufgrund von Überlegungen zur Herstellungsweise von Metallschmuck (1971, 1975, 1976) eingeschlagen haben. Generelle Erörterungen zum Bedarf während der Merowingerzeit, zur Veränderung dieser Größe und zum Einfluß der im 6. und 7. Jahrhundert rapide wachsenden Bevölkerungszahl auf Produktions- und Vertriebsformen werden in Zukunft bei einem Ausbau dieser deduktiven Betrachtungsweise einmal unerläßlich sein.

Die Anfänge und die Grenzen alamannischer Besiedlung an Rhein und Donau

Im Jahre 213 wird zum ersten Male eine »gens Alamannorum« von Kaiser Caracalla besiegt. Der Name bezeichnet einen lockeren Stammesverband, der sich wohl erst kurz zuvor weit im Inneren Germaniens gebildet hatte, und dessen Kern aus Sueben (= »Schwaben«) bestand. Eine gewisse politische Unverbindlichkeit, doch auch ein gemeinsames, offensives Ziel spricht aus dem Namen: »Alle Mannen« sollten es sein, die im Zeichen einer einsetzenden Polarisierung den römischen Truppen am obergermanischen und raetischen Limes entgegentraten. Mit dem sich selbst verliehenen Namen wollten die Alamannen gerade dem entgegenwirken, was sie in den Augen der Römer kennzeichnete: ein »zusammengelaufenes und gemischtes Volk« (Agathias) zu sein. Die Namengebung war also bereits ein politischer Akt. Die Kraft, die hinter dieser Willensäußerung stand, vermochte es denn auch innerhalb kurzer Zeit, einen germanischen Staat auf römischem Boden zu errichten, den ersten überhaupt, und den einzigen, der seither nahezu unverändert Bestand hat.

Vom Jahre 213 an bildeten die Alamannen eine immer ernstere Bedrohung römischen Reichsgebietes. Die Einfälle der Jahre 233 bis 235 brachten erstmals tiefe Einbrüche ins Hinterland auf breiter Front zwischen Inn und Mosel mit sich, Städte und Kastelle wurden verwüstet, zahlreiche Gutshöfe aufgegeben. Münzschatzfunde dieser Jahre lassen die breite Spur der Zerstörung nachzeichnen. Die raschen militärischen Erfolge der Alamannen waren freilich zunächst nicht von Dauer. Vielmehr gelang es den Römern, die Verteidigungsanlagen am Limes wieder instandzusetzen und auch trotz der sich bald darauf wieder häufenden Übergriffe der Germanen funktionstüchtig zu erhalten. Es war jedoch eine sehr brüchige pax Romana, die nochmals einkehrte. Schon bald nach 233 muß unter der Zivilbevölkerung des Landes zwischen Rhein und Donau die Einsicht eingekehrt sein, daß das Gebiet auf die Dauer nicht zu halten sein werde. Der nächste große Alamanneneinfall des Jahres 260 traf dort denn auch kaum noch Bevölkerung an; zumindest fehlen Münzschatzfunde, welche stets am untrüglichsten das Überraschungsmoment, und durch den Verbleib des Versteckten im Boden die nachhaltige Wirkung des Angriffs aufzeigen können, im Gebiet zwischen dem obergermanischen Limes und dem Rhein nahezu vollständig. Es sei dahingestellt, ob sich dieser Absatzbewegung in den Jahren zwischen 233 und 260 bereits vereinzelt militärische Einheiten der Limesverteidigung angeschlossen hatten. Nach 260 kehrte jedenfalls keine Einheit der römischen Limestruppen auf der Strecke zwischen dem Rhein bei Koblenz und der Donau bei Kelheim in ihre früheren Garnisonen zurück. Von den Stämmen, die 259/260 in breiter Front den Rhein *Abb. 8*

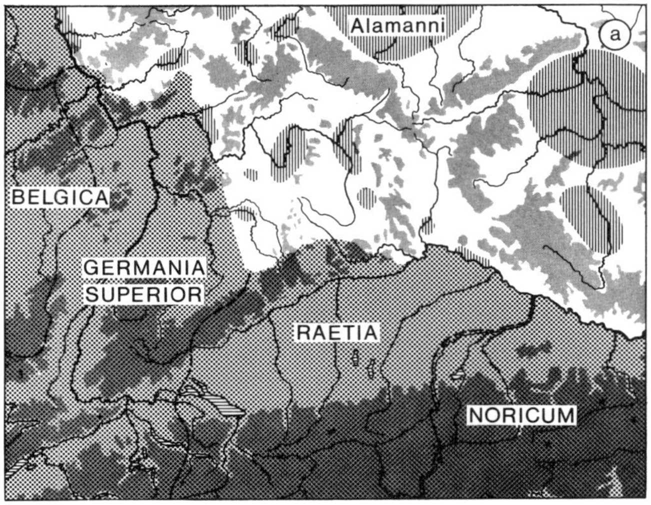

Abb. 8. Die Bildung des alamannischen Stammesgebietes und seine Grenzen vom 3.–7. Jh. Vor dem Fall des obergermanisch-raetischen Limes 259/60 (Karte a) war den römischen Provinzen (gerasterte Fläche) ein in zahlreiche kleine Siedlungskammern zersplittertes germanisches Siedlungsgebiet (senkrechte Schraffur) vorgelagert, darunter vermutlich das der 213 genannten Alamannen. Nach dem Fall des Limes (b) sind die Grenzen Alamanniens zum römischen Reichsgebiet zunächst noch nicht festgelegt, erst unter Kaiser Probus (c) werden Rhein, Iller und Donau als Grenze bestimmt. Vom gleichen Zeitpunkt an beginnt der langsame Rückzug romanischer Bevölkerung aus den Siedlungen des flachen Landes hinter dem Limes. Dennoch finden sich um die Mitte des 5. Jh. (d) nur wenige germanische Siedlungen hinter der einstigen Limeslinie. Erst zu Beginn des 6. Jh. wird der Limes an Ober- und Hochrhein überschritten, nachdem den Alamannen keine andere Expansionsmöglichkeit mehr offenstand.

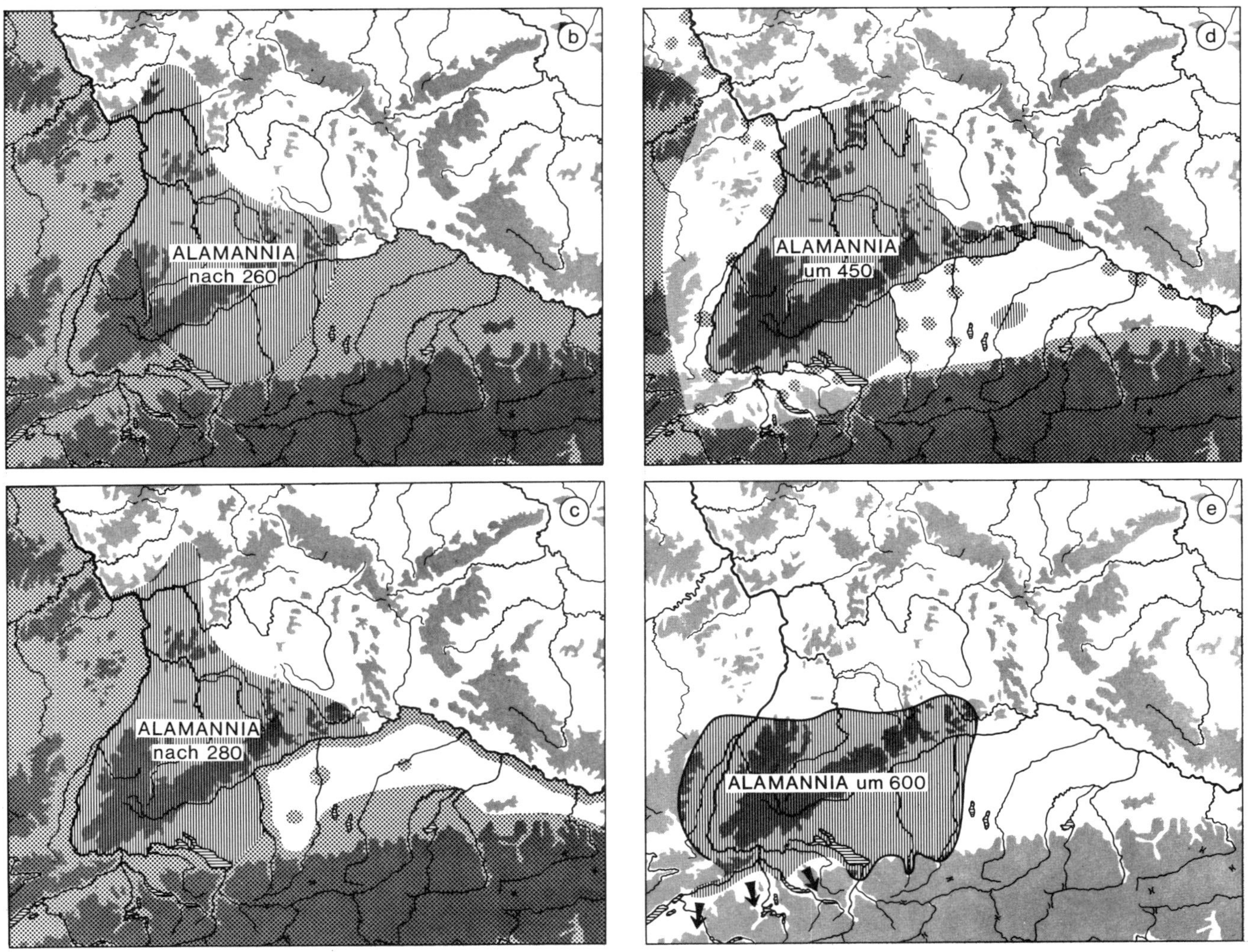

und die Donau bis hinab nach Ungarn überschritten hatten – Franken, Alamannen, Goten, Quaden und Sarmaten –, konnten sich allein die Alamannen in einem Gebiet hinter dem Limes festsetzen, und dies an einer Stelle, die für die Römer besonders empfindlich war, weil sie dem italischen Mutterland am nächsten lag.

Das Jahr 260 ist die Geburtsstunde des alamannischen Stammes als Staatsgebilde. Nun waren ihm auf mehreren Seiten feste Grenzen auferlegt, die es gegenüber Nachbarn – in erster Linie den Römern – zu rechtfertigen und zu behaupten galt. Zunächst gab es allerdings für etwa zwei Jahrzehnte an der alamannischen Einbruchstelle eine große Unsicherheit; das Land stand den Eindringlingen im wahrsten Sinne des Wortes unbegrenzt offen, und Alamannen schickten sich zur Besetzung von Gebieten an, die später noch für lange Zeit römisch sein sollten, beispielsweise von Teilen der Provinz Raetien südlich der Donau zwischen Iller und Lech. Hier zeigen in der Tat zahlreiche Münzschatzfunde dieser Zeit an, daß dort – im Gegensatz zu Raetien östlich des Lechs – im Jahre 260 eine bis dahin weitgehend ungestörte Entwicklung gewaltsam und dauerhaft unterbrochen worden war. Die militärischen Einrichtungen an der gesamten raetischen Donaufront waren damals so sehr in Mitleidenschaft gezogen, daß sie bei der Restitution der Grenzbefestigungen nicht mehr zu gebrauchen waren und von Grund auf und an anderer Stelle neu erbaut werden mußten, ein auch in jenen unruhigen Zeiten einmaliger Vorgang, der für eine nachdrückliche Zäsur spricht. Die 260 ebenfalls überrannten Kastelle Pannoniens beispielsweise wurden danach lediglich durch Türme und Bastionen verstärkt, im übrigen aber an alter Stelle und in alter Größe belassen. Erst in den achtziger Jahren des 3. Jahrhunderts scheint eine Konzeption zur Errichtung einer neuen, vielleicht nur als provisorisch gedachten Grenzsicherung entwickelt und in die Tat umgesetzt worden zu sein. In
Abb. 8 die Regierungszeit des Kaisers Probus fallen die ersten literarischen und archäologischen Zeugnisse eines spätrömischen Limes: die Erbauung von »urbes« und »castra« entlang einer Linie, die nunmehr bis auf ein kurzes Stück unwegsamen Allgäus durch schützende Flußläufe gebildet wurde: vom Beginn des bisherigen, nun aufgegebenen »Landlimes« bei Eining donauaufwärts bis zur Illermündung, dann illeraufwärts bis Kempten; von Bregenz an entlang des Südufers des Bodensees und des Hochrheins bis Basel, von da an nordwärts dem Rhein entlang bis zu seiner Mündung. Ein kleiner Teil Raetiens war somit zurückgewonnen, andere Teile ehemaligen römischen Gebietes, etwa nördlich des Hochrheins, möglicherweise freiwillig preisgegeben. Das Land vor dem neuen, spätrömischen Limes wurde nie mehr zurückerobert. Schon vor dem Jahre 300 reichte Alamannien »a ponte Rheni usque ad Danuvii transitum Guntiensem«, von Mainz bis Günzburg an der Donau: es ist die denkbar knappste und zutreffendste Umschreibung des Gebietes, das der neue, jetzt schon fest etablierte spätrömische Limes ausschloß und das sich zum größten Teil mit dem heutigen Staatsgebiet von Baden-Württemberg deckt. Die Grenzen Alamanniens zum Freien Germanien im Nordosten und zu dem ehemaligen römischen Reichsgebiet in der Wetterau und am Unterlauf des Mains sind weniger eindeutig festzulegen. Die anfängliche Unverbindlichkeit des Stammesbundes mag durchaus dazu geführt haben, daß sich der eine oder andere peripher liegende Stammesteil je nach der politischen Opportunität verhielt. So scheint sich auch archäologisch eine gewisse Selbständigkeit der Bukinobanten im Mainmündungsgebiet abzuzeichnen. Diese Bevölkerungsgruppe wird dann freilich wieder zu den Alamannen gerechnet, als sie 406 in den Sog der Westwanderung von Wandalen und Alanen geriet. Zahlreiche Gräberfunde und Siedlungen, beispielsweise der Friedhof von Lampertheim, brechen in dieser Zeit ab. Die bald darauf neu entstehenden Ansiedlungen mögen zwar zum Teil auf Burgunder zurückgehen, waren jedoch gegen Ende des 5. Jahrhunderts dem Alamannengebiet einverleibt.

Der Nordostgrenze sind im 4. Jahrhundert im Einzugsgebiet des Mains Völkerschaften benachbart, die hier schon seit der Zeit um Christi Geburt saßen. Es scheint vorerst, als ob sie sich nicht an den Alamanneneinfällen der ersten Hälfte des 3. Jahrhunderts beteiligten. Ihre Siedlungen lassen keine Zäsuren und Bewegungen um die Wende zur alamannischen Einwanderung ins Limesgebiet erkennen. Doch ist es möglich, daß sie sich den Juthungen zurechneten; vor allem die dem ostraetischen Limes gegenüberliegenden Bevölkerungsgruppen in den heutigen Landschaften Oberfranken und Oberpfalz kämen für eine solche Zuweisung am ehesten in Betracht. Um die Wende zum 5. Jahrhundert spielt sich auch hier die gleiche Siedlungsunterbrechung ab wie am unteren Maingebiet. Die Neubesiedlung im 5. Jahrhundert, als deren Vertreter die Grabfunde von Thüngersheim und

Hammelburg stehen können, wird man trotz ihrer sichtbaren Beziehungen zu Thüringen weitgehend den Alamannen zuzurechnen haben. Der alamannische Stammesverband integrierte auch nach der Eroberungsphase des 3. Jahrhunderts immer wieder neu hinzugekommene Germanenverbände der unterschiedlichsten Herkunft, ein Vorgang, der anderswo im 6. Jahrhundert sich sogar noch zu einer Stammesbildung kristallisierte, derjenigen der Bajuwaren.

Waren also die Grenzen Alamanniens nach Norden und Nordosten zu variabel, so lagen sie nach Süden und Westen zu durch den spätrömischen Limes an Rhein, Iller und Donau seit dem Ende des 3. Jahrhunderts fest. Das römische Land hinter dieser Grenze litt seit den Alamanneneinfällen des 3. Jahrhunderts an steter Auszehrung. Schritt für Schritt wich die flächige Dauerbesiedlung des Landes zurück, beginnend mit der Aufgabe der zahlreichen raetischen Gutshöfe zwischen Iller und Lech im Gefolge der längeren alamannischen Besetzung seit 260. Weniger flächig, doch auf die Dauer nicht minder gravierend wirkte sich dieser Wüstungsprozeß in der Nordschweiz und hinter der mittleren Rheingrenze aus. Parallel hierzu mögen die Bevölkerungszahlen und das politische Gewicht der befestigten Städte, vor allem der an der Grenze, stetig gewachsen sein. Deren Position blieb von der faktischen Preisgabe der Reichsgrenze kurz nach 400 unberührt. Die römische Reichsgrenze muß damals für die Alamannen mehr als nur eine Sperre, sie muß eine de iure anerkannte Schranke gewesen sein, denn trotz aller immer wieder unternommener Angriffe auf das Land hinter ihr kam es lange Zeit zu keiner Dauerbesiedlung, obwohl ein solcher Schritt zweifelsohne durchsetzbar gewesen wäre und hier und da wenigstens verbal vollzogen wurde. Der erste Ausgriff auf römisches Reichsgebiet erfolgte um die Mitte des 5. Jahrhunderts am Ostrand des bisherigen alamannischen Herrschaftsbereiches, wo es nach Neugründungen wie Kipfenberg im Altmühltal und Bittenbrunn (nördlich der spätrömischen Station Neuburg/Donau) zu einer Besiedlung des Raumes um Regensburg und Straubing kam, offenbar das archäologische Zeugnis der in der Vita des heiligen Severin genannten Alamannen unter ihrem König Gibuld. Es ist fraglich, aber durchaus im Bereich des Möglichen, daß auch die spätestens zur gleichen Zeit beginnende Wiederbesiedlung der Münchner Schotterebene durch Germanen von Alamannen getragen wurde. Auf Gebiete, die damals noch flächig von Romanen besiedelt oder zumindest von romanischen, urbanen Siedlungsinseln durchsetzt waren, stieß noch keine alamannische Landnahme vor, und so finden wir nahezu den gesamten spätrömischen Limes zwischen Mainz und der Lechmündung als ethnische Grenze bis gegen 500 unangetastet. Dies änderte sich erst, als im Gefolge der alamannischen Niederlage bei Tolbiacum im Jahre 497 der nördliche Teil Alamanniens an die Franken fiel. Die angenommene Grenzziehung quer durch das heutige Nordwürttemberg, an den Bistumsgrenzen noch zu erkennen, ist in der Forschung nicht unumstritten, wird jedoch glaubhafter, wenn man feststellt, daß sie mit einer uralten verkehrsgeographischen Scheide identisch ist: dem Grenzbereich zwischen den Einflüssen aus dem Mittelrheingebiet um Mainz auf der einen und dem bereits für das Voralpenland offenen Raum an oberem Neckar und oberer Donau. An den alamannischen Siedlungen nördlich dieser Grenzziehung gingen die politischen Folgen des Jahres 497 weitgehend spurlos vorüber, wie das Beispiel Pleidelsheim anzeigt. Nirgendwo setzte ein ausgreifender Wüstungsprozeß ein. Lediglich auf einige Orte mit einer gehobenen politischen Führungsschicht scheinen die neuen Machtverhältnisse dahingehend eingewirkt zu haben, daß dieser Personenkreis später nicht mehr in seiner früheren Gestalt nachweisbar wird. Heilbronn (Gräberfeld Cluß), Hemmingen, Gültlingen, Urach sind solche Orte. Die Aufzählung zeigt, daß dieser Vorgang sich auch südlich der neuen Nordgrenze abspielte und möglicherweise erst auf den alamannischen Aufstand von 506 gegen die fränkische Oberhoheit zurückzuführen ist. Die Veränderungen um die Wende zum 6. Jahrhundert betrafen jedoch nicht nur die alamannische Nordgrenze. In eben diesen Jahrzehnten greift zum erstenmal alamannische Ansiedlung großflächig auf Gebiete hinter dem spätrömischen Limes aus und wird dort archäologisch evident. Dies ist einmal der Landstrich zwischen Iller und Lech der ehemaligen Provinz Raetia II mit den um 500 einsetzenden Gräberfeldern von Nordendorf, Augsburg-Lechhausen, Schwabmünchen und Salgen. Das Gebiet war mit dem Erbe des spätrömischen Reiches an die Interessensphäre der Ostgoten geraten. Deren König Theoderich hatte sich um die in Bedrängnis geratenen Alamannen bemüht und sich für diese bei seinem fränkischen Amtskollegen Chlodwig verwendet. Das Gebiet zwischen Iller und Lech mag den alamannischen Flüchtlingen als Ausweichquartier von Theoderich angeboten worden sein, ein Gebiet, über dessen romanische Bevölkerungsreste er durchaus verfügen konnte. Die östlich anschließenden Regionen waren damals teils von Romanen, teils von Germanen (möglicherweise alamannischer Herkunft) besiedelt. Sie wurden bald darauf zum Stamm der Baiuvarii geschlagen, ein politisches Kunstgebilde, dessen Grenze mit den Alamannen seit deren enger Bindung an die Franken (537) feststand: im Landstrich östlich des Lech. Seit den dreißiger Jahren des 6. Jahrhunderts gab es dann für die Ostgrenze der Alamannen so gut wie keinen Spielraum mehr.

Das zweite ursprünglich römische Gebiet, das zu Beginn des 6. Jahrhunderts flächig von Germanen aufgesiedelt wird, ist das Elsaß. Es fällt schwer, diese Tatsache von den allgemeinen Ereignissen der Jahre 497 und 507 zu trennen. Dies hat auch die bisherige historische Forschung zumeist nicht getan, freilich dabei diesen Vorgang oft allein den Franken zugeschrieben, wobei die »fränkische« Ortsnamenmonotonie auf -heim ein gewichtiges Argument darstellte. Das häufige Vorkommen der gleichen Ortsnamenbildungen auf rechtsrheinischem, badischen Gebiet schien auf die gleichen Gründe zurückzugehen. Hier jedoch, bei einem ausreichenden archäologischen Forschungsstand, kann man nach wie vor am alamannischen Ursprung eines Teiles der heute noch bestehenden Orte festhalten, so daß ähnliches für den elsässischen Teil des Oberrheintales nicht einfach abzulehnen ist. Die zweifelsohne mögliche und sogar wahrscheinliche Durchdringung alamannischen Altsiedellandes mit fränkischen Staatskolonisten und Beamtenhöfen sei damit keinesfalls in Abrede gestellt.

Noch später beginnt die Südgrenze der Alamannen in Bewegung zu geraten. Sie wurde von 260/280 bis gegen Mitte des 6. Jahrhunderts, also nahezu drei Jahrhunderte lang, vom Hochrhein gebildet und blieb ebenfalls von den Ereignissen der Jahre 401/406 unberührt. Erst um 530/540 beginnt unter Schonung der noch vorhandenen *Abb. 12*
romanischen Volkstumsinseln, beispielsweise der um Kaiseraugst oder Zürich, die alamannische Aufsiedlung der seit mindestens 140 Jahren wüst liegenden Wirtschaftsflächen der römischen Gutshöfe. Ihre archäologischen Zeugnisse sind Gräberfelder wie Bülach oder Zürich (Bäckerstraße). Wir dürfen annehmen, daß auch dieser Ausgriff die Reaktion auf die Beschneidung anderer Expansionsmöglichkeiten der Alamannen war, wobei in erster Linie an die zu dieser Zeit stattfindende Konkretisierung des bajuwarischen Herrschaftsbereiches gedacht werden muß. Diese Staatenbildung verhinderte eine mögliche Ausweitung des alamannischen Siedlungsraumes nach Osten. Geschah sie, wie häufig behauptet, auf Betreiben der Ostgoten, so ist sogar denkbar, daß das ehemals romanische Gebiet in der Nordschweiz von Staats wegen offiziell als Ersatzland zur Verfügung gestellt wurde. In der Folgezeit erweist sich der nordschweizerische Raum als das einzige alamannische Gebiet mit extensivem Landausbau. Während das übrige Alamannien, im Osten, Norden und Westen an einer Expansion gehindert, sich an die Intensivierung des Binnenausbaues macht, schreitet die Landnahme im Süden vorwärts und hat um 700, am Ende unseres Beobachtungszeitraums, das Aaretal und die Gebiete um Zürcher, Vierwaldstätter und Thuner See erreicht. Ihr weiteres Fortschreiten ist vorerst mit archäologischen Mitteln nicht mehr zu verfolgen.

Die Erschließung des Landes

In den Berichten der antiken Schriftsteller werden die Alamannen als »gens populosa«, also als eine große Menge Volks geschildert. Die militärischen Erfolge bestätigen dieses Bild. Wie hätte man im 4. Jahrhundert von den alamannischen Unterabteilungen der Brisigavi, Lentienses und Raetobarii sprechen können, wenn nicht im Breisgau, im Linzgau und im Ries, also in sehr grenznahen und dadurch den Römern gut bekannten Landschaften, sich tatsächlich Alamannen in nennenswerter Zahl befunden hätten? Die von dort bisher bekannt gewordenen Gräber dieser Leute kann man jedoch an den Fingern einer Hand aufzählen. Um Siedlungsvorgänge sichtbar zu machen, dazu reichen sie natürlich nicht aus. Wie begrenzt der Forschungsstand ist, wird bald klar, wenn man an ihn Fragen stellt wie diese: In welcher gesellschaftlichen Formation vollzog sich ein Besiedlungsvorgang? Innerhalb einer Familie? Eines Familienverbandes? Mehrerer Familienverbände? Schon zur Beantwortung dieser simplen Fragen wäre ein vollständig ausgegrabener Friedhof der Landnahmezeit notwendig. Dann ein zweiter, nämlich derjenige der Nachbarsiedlung. Und schließlich ein benachbarter dritter, vierter. Dann das gleiche in einer etwas entfernteren Region. Selbstverständlich müßte das jeweils zugehörige Siedlungsareal untersucht werden. Ein gleiches engmaschiges Netz von Grabungsbefunden ist notwendig, um Veränderungen des festgestellten Zustandes sichtbar zu machen: die Mechanik des Landausbaus ist ohne stichprobenhafte Ausgrabung wenigstens jedes zweiten oder dritten Bestattungsplatzes eines größeren Landstrichs gar nicht denkbar, zumal die Siedlungen dieser Zeit bereits weitgehend der Erforschung unzugänglich sind. Aus diesen Postulaten wird klar, daß die gestellten Fragen bislang nur in ein, zwei extrem günstigen Fällen zu lösen sein werden, daß im übrigen der Forschungsstand noch gewaltig angehoben werden muß, daß dies aber auch vielerorts selbst beim besten Willen nicht mehr möglich sein wird, weil die Zerstörung der Denkmäler zu weit fortgeschritten ist.

Für den Beginn alamannischer Landnahme können wir uns aushilfsweise eines Befundnegativs bedienen, das die zahlreichen archäologischen Untersuchungen der kaiserzeitlichen Siedlungen des flachen Landes erbrachten. Nirgendwo ließ sich das Fortleben romanischer Bevölkerung wahrscheinlich machen; vor allem das Abbrechen der mittelkaiserzeitlichen Brandgräber im 3. Jahrhundert ist – wie meist – das Zeichen eines Kontinuitätsbruchs. Die romanischen Bevölkerungsteile, die uns von antiken Schriftstellern gelegentlich als von Germanen Abhängige im 3. und 4. Jahrhundert vermeldet werden, waren zum einen stets ad hoc in die Alamannia transferiert worden und ohne Kontinuität mit der romanischen

Vorbevölkerung des 1. bis 3. Jahrhunderts, zum anderen zahlenmäßig – relativ – so gering, daß sie nur zu leicht durch das grobmaschige Netz archäologischer Forschung rutschen konnten. Ein Erbe der Römerzeit des Landes wirkte jedoch nach: die gerodeten und gepflegten landwirtschaftlichen Nutzflächen der verlassenen kaiserzeitlichen Gutshöfe. In dieser Hinsicht ergibt die Summe archäologischer Nachrichten ein verläßlich dichtes Bild. Danach beuteten die einrückenden Alamannensippen zunächst einmal die landwirtschaftliche Nutzfläche aus, welche die abziehende romanische Bevölkerung hinterlassen hatte: die Feldfluren um die Villae rusticae und die offenen Flächen um militärische und zivile Vici. Gewiß war zu dieser Zeit eine regelrechte Neurodung noch die Ausnahme. Hatte man noch vor nicht allzu langer Zeit gemeint, die Alamannen hätten die leerstehenden, verfallenden römischen Gebäude, weil aus dem ungewohnten Material Stein errichtet, gemieden, so mehren sich zunehmend die Grabungsbefunde, nach denen sich die neuen Bewohner nicht nur des Ackerlandes, sondern auch der angetroffenen Baulichkeiten bedienten. Jedoch sind auch diese Befunde wiederum nicht zu verallgemeinern. Römische Villen, wie die jüngst ausgegrabene von Bondorf mit ihrer intensiven nachrömischen alamannischen Nutzung, stehen unvermittelt neben gut erschlossenen Anlagen, welche gewiß keine germanische Nachfolge gefunden hatten und bald verödet sein müssen. Beim derzeitigen Stand der Forschung ist anzunehmen, daß die letzteren Fälle der Diskontinuität des Siedlungsplatzes weit überwogen. Mit anderen Worten: auch ohne nähere Untersuchung zum zahlenmäßigen Umfang der ersten germanischen Siedlergrüppchen ist mit einem bedeutenden Rückgang der Siedlungs- und Einwohnerdichte gegenüber der Zeit um 200 zu rechnen.
Auf den ersten Blick mag es dabei überraschen, daß sich diese Entwicklung nicht ausschließlich im sicheren Hinterland am oberen und mittleren Neckar und dessen Einzugsgebieten abspielte. Vielmehr finden wir um 300 bereits Landstriche im unmittelbaren Vorfeld des neuen Limes an Rhein, Iller und Donau von Alamannen besiedelt. Beispiele hierfür lieferte der Breisgau ebenso wie der Hochrhein und die Landschaft nördlich der Donau um Dillingen. Dieses Verhalten ist germanischen Stämmen jedoch keinesfalls neu und fremd. Seit jeher lebten Teile von ihnen in engster Nachbarschaft mit den Römern unmittelbar vor dem jeweiligen Limesverlauf, so auch in Südwestdeutschland. Sie waren es vor allem, welche stets einen kleinen Grenzverkehr aufrecht erhielten. Aus ihren Kreisen war denn auch kaum ein Angriff auf Rom zu erwarten. Die Verknüpfung von germanischer und romanischer, nur durch den Limesverlauf getrennter Lebensführung mag bisweilen so eng geworden sein, daß sie zur Schicksalgemeinschaft wurde. Manche Anzeichen deuten darauf hin, daß die eine oder andere germanische Siedlungsgruppe, beispielsweise die im Kochertal um Niedernhall, den Untergang römischer Herrschaft im Dekumatland ebenfalls nicht überlebte.
Ein Blick auf Siedlungskarten in Landstrichen beiderseits des neuen Limes vermag verdeutlichen, wie die Bevölkerungsverdünnung im 3. Jahrhundert römisches und ehemals römisches Gebiet in gleicher Weise betraf. Sehen wir einmal von den in den Kastellen stationierten Truppenkontingenten ab, dann wird sich die Bevölkerungsdichte jeweils zumeist die Waage gehalten haben. Allenfalls die Nordschweiz (ebenso wie die Pfalz und Rheinhessen) dürfte gegen Ende des 3. Jahrhunderts dichter besiedelt gewesen sein als ihr germanisches Vorland, wenn auch mit stetig abnehmender Tendenz.
Die meisten der germanischen Siedlungen waren – wie in der alten Heimat an mittlerer und unterer Elbe – Einzelgehöfte oder Weiler, gegründet und bewohnt von der Familie als kleinster politischer Einheit, wobei wir uns eine solche Familie als einen Personenverband vorstellen müssen, der nicht nur durch Blutsverwandschaft, sondern auch durch funktionelle und ethische Abhängigkeit zu einer Wohn- und Arbeitsgemeinschaft zusammengewachsen war. Dessen begrenzten Umfang spiegeln die seltenen ganz ausgegrabenen Friedhöfe mit ihren nur wenigen Dutzend Bestattungen ebenso wider wie die ebenso spärlich archäologisch erforschten Siedlungen. Es wurde bereits erwähnt, welche Anziehungskraft die verlassenen römischen Gutshöfe als Wohnplätze auf die Alamannen ausübten. Aus den durch Grabungen erschlossenen wiederbenutzten Villengebäuden, beispielsweise denen von Frankfurt-Praunheim und von Bondorf, wissen wir, daß sich die Alamannen bald der Notwendigkeit gegenübersahen, die verfallenden Steinbauten instand zu halten, ein ihnen ungewohntes Unterfangen, dem sie auf Dauer offenbar nicht gewachsen waren. So braucht es nicht zu verwundern, wenn sich solche germanischen Ansiedlungen auf römischen Hofgütern bislang noch nicht als Keimzellen alamannischer Dauer-

siedlungen erwiesen, sondern zumeist schon im 4. Jahrhundert wieder verödeten. Dieser Wüstungsprozeß betraf zunächst einmal nur die germanische Wohnstätte; ob auch stets die Feldflur darin mit einbezogen war, muß zunächst fraglich bleiben.

Im alamannischen Kernland, vor allem im Süden, ist das Veröden einzelner Siedlungen, beispielsweise der von Mengen oder Bondorf, keineswegs als flächig wirksame ethnische Zäsur zu werten, wie dies zweifelsohne im Norden der Alamannia am Beispiel von Lampertheim mit seinen beiden Friedhöfen des 4. und 5. Jahrhunderts deutlich wird. (*Abb. 25*) Dem um 400 aufgegebenen Lampertheimer Brand- und Körpergräberfeld frühalamannischer Prägung folgte in der gleichen Gemarkung schon bald ein Friedhof mit ganz anderen Tracht- und Bestattungssitten. Die zugehörigen Siedlungen benutzten nacheinander die gleiche Feldflur. Im Gegensatz hierzu liefert der Süden in einigen Gräberfeldern – Ulm, Gammertingen – und bezeichnenderweise noch mehr in Siedlungen – Runder Berg, Urspring, Lochenstein, Gelbe Bürg – Beispiele einer ungebrochenen Bevölkerungskontinuität vom 4. bis ins 5. Jahrhundert. (*Abb. 23, 24; Taf. 6, 8*) Wenn irgendwo sich Teile des im 3. Jahrhundert eingewanderten Ethnikums an suebischen Alamannen erhalten haben, dann hier.

Mit dem 5. Jahrhundert tritt der Reihengräberfriedhof als archäologische Geschichtsquelle erstmals nachdrücklicher in Erscheinung. Seine siedlungsgeschichtliche Aussagemöglichkeit liegt in der Überlieferung des Siedlungsbeginns – im Gräberfeldkern –, der Größe der Siedlung bei ihrem Beginn und in der Folgezeit und in der Erfassung der Sozialstruktur. Immer freilich vorausgesetzt, daß der Friedhof die Bevölkerung der ganzen Siedlung und nicht bloß eines Teiles aufnahm. Zwei grundsätzliche Möglichkeiten sind zu unterscheiden. Bei der einen Variante besteht der Friedhofskern aus den Bestattungen mehrerer Familien. Der zugehörige Ort war also von einer Siedlungsgemeinschaft gegründet worden, welche sich *vor* ihrer Niederlassung in der neuen Heimat zusammengeschlossen hatte, sei es freiwillig und aus Eigeninitiative, sei es im Zuge einer planmäßig gelenkten Kolonisation; um dies zu erklären, bedarf es der Kenntnis der Siedlungsstruktur. Die andere Möglichkeit besteht in der am Friedhofskern ablesbaren Gründung der Siedlung als Einzelhof. Dieses Phänomen, das uns vom neuzeitlichen Siedlungsbild der Vereinödung her so geläufig ist, gehört überraschenderweise im archäologischen Befund des 5. bis 7. Jahrhunderts zu den größten Seltenheiten. Auf eine persönliche Einzelinitiative hin war damals anscheinend kaum Neuland zu gewinnen. Wo, muß man sich fragen, fanden die zahlreichen nachgeborenen Bauernsöhne ihr gewiß auch auf Landwirtschaft gegründetes Auskommen? Die eine und zunächst am einfachsten erscheinende Möglichkeit war die Ansiedlung am Geburtsort durch die Gründung eines neuen Hofes. Dies bedeutet historisch die Teilung der vorhandenen Wirtschaftsflächen, wenn die Expansionsmöglichkeit der Ortsflur erschöpft war, historisch und archäologisch eine stetige enorme Steigerung der Bevölkerungszahl, archäologisch die stetige Vermehrung der Gräber eines Friedhofs von Generation zu Generation. Ist ein solcher Fall für uns archäologisch evident zu machen, so läßt dies auf ein entsprechendes Erbrecht schließen, das zur Zersplitterung des Grundbesitzes führte. Landteilung scheinen die Adelsfriedhöfe nicht bezeugen zu können, freilich nur bedingt, denn hier ist stets mit der Möglichkeit überörtlichen Streubesitzes zu rechnen.

Es scheint nützlich, einmal in Form einer Liste alle diejenigen Ortsgräberfelder – nicht die Separatfriedhöfe – zusammenzufassen, von denen aufgrund großflächiger Ausgrabung und gründlicher Aufsammeltätigkeit die oben geforderten Einzelheiten über das Datum des Siedlungsbeginns, die Größe der Ursiedlung und Anhaltspunkte über die Bevölkerungsentwicklung vorliegen. Nicht in die Liste sind diejenigen Fundplätze aufgenommen, von denen der eine oder andere Teilbefund bekannt ist. Zum Beispiel lassen sich mühelos wesentlich mehr Siedlungs- und Friedhofsgründungen im 6. Jahrhundert namhaft machen, als in unseren Kärtchen verzeichnet sind. (*Abb. 9*) Doch versichern uns die flächige Streuung und die Dichte der Fundplätze eine repräsentative Gültigkeit der Aussagen, wobei als Minimum eine Aussage zum Trend erwartet werden darf. Es handelt sich dabei um folgende gut erforschte Plätze:

Reg.-Nr.	Gräberfeld	Gründungszeit	Ortsgröße zur Gründungszeit	weitere Bevölkerungsentwicklung
3	Altstädten	Ende 6. Jh.	Hof?	progressiv
16	Barbing-Irlmauth	5. Jh.	Weiler	–
20	Basel (Gotterbarmweg)	Mitte 5. Jh.	Weiler	–
21	Basel-Kleinhüningen	1. H. 5. Jh.	Weiler	nicht bekannt
22	Beffendorf	Ende 6. Jh.	Weiler	nicht bekannt
23	Beggingen	Anfang 7. Jh.	Weiler	stagnierend
31	Bern-Bümpliz	Ende 6. Jh.	Weiler	progressiv
36	Bittenbrunn	Mitte 5. Jh.	Hof	stagnierend
49	Bopfingen	1. H. 6. Jh.	Dorf	stagnierend
61	Bülach	1. H. 6. Jh.	Hof / Weiler	progressiv
73	Dirlewang	Mitte 7. Jh.	Weiler	progressiv
75	Dittenheim	1. H. 6. Jh.	Weiler	nicht bekannt
80	Donaueschingen	ab Mitte 6. Jh.	Weiler	nicht bekannt
87	Ebenhofen	1. H. 7. Jh.	Weiler	nicht bekannt
93	Eichstetten	Gegen 500	Weiler	nicht bekannt
103	Epfach	2. H. 6. Jh.	Weiler	progressiv
113	Esslingen-Sirnau	ab 550	Weiler	stagnierend
120	Fridingen	1. H. 6. Jh.	Weiler	stagnierend
125	Gammertingen	um 400	Weiler / Dorf	nicht bekannt
144	Grimmelshofen	Mitte 7. Jh.	Weiler	progressiv
158	Hailfingen	Anfang 6. Jh.	Weiler / Dorf	stagnierend
185	Hemmingen	Mitte 5. Jh.	Weiler / Dorf	stagnierend
190	Herten	Anfang 5. Jh.	Hof	progressiv (ab 7. Jh.)
196	Holzgerlingen	Mitte 6. Jh.	Hof / Weiler	stagnierend
198	Hüfingen	1. H. 6. Jh.	Weiler / Dorf	nicht bekannt
212	Kipfenberg	Anfang 5. Jh.	nicht erfaßbar	nicht bekannt
216	Kirchheim u. T.	2. H. 5. Jh.	Weiler / Dorf	stagnierend
232	Lampertheim	4. Jh.	Weiler	nicht erfaßbar
240	Lörrach-Stetten	Mitte 7. Jh.	Hof / Weiler	stagnierend?
242	Marktoberdorf	Mitte 6. Jh.	Weiler	progressiv
245	Mengen	Ende 5. Jh.	Weiler / Dorf	nicht bekannt
246	Merdingen (Gans)	Anfang 6. Jh.	Weiler	nicht bekannt
247	Merdingen (Schönberg)	ab Mitte 6. Jh.	Weiler	progressiv
252	Mindelheim	Ende 6. Jh.	Weiler	progressiv
265	Nordendorf	1. H. 6. Jh.	Dorf	stagnierend
267	Nusplingen	ab Mitte 6. Jh.	Weiler	nicht bekannt
271	Oberflacht	1. H. 6. Jh.	Weiler	stagnierend
281	Pfullingen	Mitte 5. Jh.	Weiler / Dorf	nicht bekannt
285	Pleidelsheim	Mitte 5. Jh.	Dorf	stagnierend
305	Sasbach	Ende 5. Jh.	Dorf	nicht bekannt
307	Schleitheim	Ende 5. Jh.	Weiler	nicht bekannt

Reg.-Nr.	Gräberfeld	Gründungszeit	Ortsgröße zur Gründungszeit	weitere Bevölkerungsentwicklung
311	Schretzheim	1. H. 6. Jh.	Dorf	stagnierend
315	Schwangau	Ende 6. Jh.	Hof / Weiler	progressiv
319	Sindelfingen	Mitte 5. Jh.	Weiler / Dorf	nicht erfaßbar
320	Singen	1. H. 6. Jh.	Dorf	nicht erfaßbar
323	Sontheim/Brenz	bis Mitte 6. Jh.	Weiler	stagnierend
354	Tiengen	2. H. 5. Jh.	Weiler	nicht bekannt
361	Ulm	ab 300	Weiler / Dorf	nicht erfaßbar
366	Unterthürheim	1. H. 6. Jh.	Weiler / Dorf	stagnierend
375	Weingarten	2. H. 5. Jh.	Weiler	progressiv

Bei einer Addierung der Siedlungsanfänge werden zunächst unterschiedliche Verdichtungen deutlich. Offensichtlich brachte nach einer normalen Landausbauphase des 5. Jahrhunderts dann die erste Hälfte des 6. Jahrhunderts einen Höhepunkt an Siedlungsneugründungen mit sich, und zwar nicht nur in den neu hinzugekommenen Landstrichen des Elsaß und zwischen Iller und Lech, sondern auch in hohem Maße im alamannischen Altsiedelland selbst. Für die Oberen Gäue, das Oberrheintal und das Donautal scheint das 6. Jahrhundert überhaupt erst die flächige Aufsiedlung mit sich gebracht zu haben. Danach freilich gab es dort kaum noch frei verfügbare Flächen. Die Verbreitung der in der zweiten Hälfte des 6. Jahrhunderts und im 7. Jahrhundert neu gegründeten Siedlungen läßt nunmehr deutlich eine Verlagerung der Initiative in den Süden des alamannischen Raumes erkennen. *Abb. 9* Gerade hier muß man jedoch die große Lückenhaftigkeit unseres Befundnetzes in Rechnung stellen, durch welches manches Ausbaugebiet des 7. Jahrhunderts, beispielsweise das der Schwarzwaldrandtäler, einfach hindurchfällt. Überhaupt ist, angesichts der wenigen als gesichert in unserer Liste auftauchenden Neugründungen des 7. Jahrhunderts, zu vermuten, daß sich unter den zahlreichen aufgedeckten Gräbergruppen dieser Zeit mancher abgeschlossene kleine Ortsfriedhof befindet, der dann nur aus allgemeiner Skepsis für vermutlich unzureichend erforscht gehalten wird; ein Beispiel dieser Art könnte der Friedhof von Hintschingen sein. Freilich ist auch hier wieder zu betonen, daß die Zahl und flächige Verbreitung der berücksichtigten Plätze doch die historischen Tendenzen annähernd richtig wiedergeben wird: den zurückgehenden intensiven Landausbau in den Altsiedelgebieten an Neckar, Rhein und Donau und die stetig nach Süden vorrückende extensive Landnahme. Man möchte natürlich gerne die Siedlungsvorgänge im Detail studieren, stößt dabei jedoch bald an die engen Grenzen des Forschungsstandes. Bis Landschaften wie der Breisgau mit seinen zahlreichen modernen Friedhofsgrabungen einmal überschaubar vorliegen, muß man sich mit Regionen wie dem mittleren Mindeltal (in Bayerisch-Schwaben) begnügen und die Lücken der archäologischen Befunde durch die verfügbaren historischen Quellen, insbesondere der Ortsnamen, ergänzen. *Abb. 10*

Die Ortsnamenschichten sind – seit langem allgemein anerkannt – der Archäologie eine wesentliche Ergänzung und Kontrolle bei der Rekonstruktion der Besiedlungsvorgänge. Ihre zeitliche Staffelung ergibt sich aus der Datierung der Ortsgründungen durch die Reihengräberfelder. Allerdings muß bei jedem Gräberfeld untersucht werden, ob der zugehörige Ort nicht inzwischen abgegangen ist oder umbenannt wurde. Aus der oben gegebenen Liste der auswertbaren Gräberfelder scheiden gerade aus diesen Gründen unter den ältesten Belegen viele aus, z. B. Lampertheim, Herten, Kipfenberg, Hemmingen, Merdingen. Umbenennungen hatten beispielsweise die Orte Kirchheim u. T., Weingarten (Altdorf) und Altstädten erfahren. Ortsnamen auf -ingen sind durch unzweifelhaft zugehörige Friedhöfe für die Zeit vom 4./5. Jahrhundert (Gammertingen, Kleinhüningen, Pfullingen etc.) bis ins 7. Jahrhundert hinein (Beggingen) datiert. Ähnlich früh setzen Orte ein, deren Namen auf -heim enden (Pleidelsheim, Schleitheim);

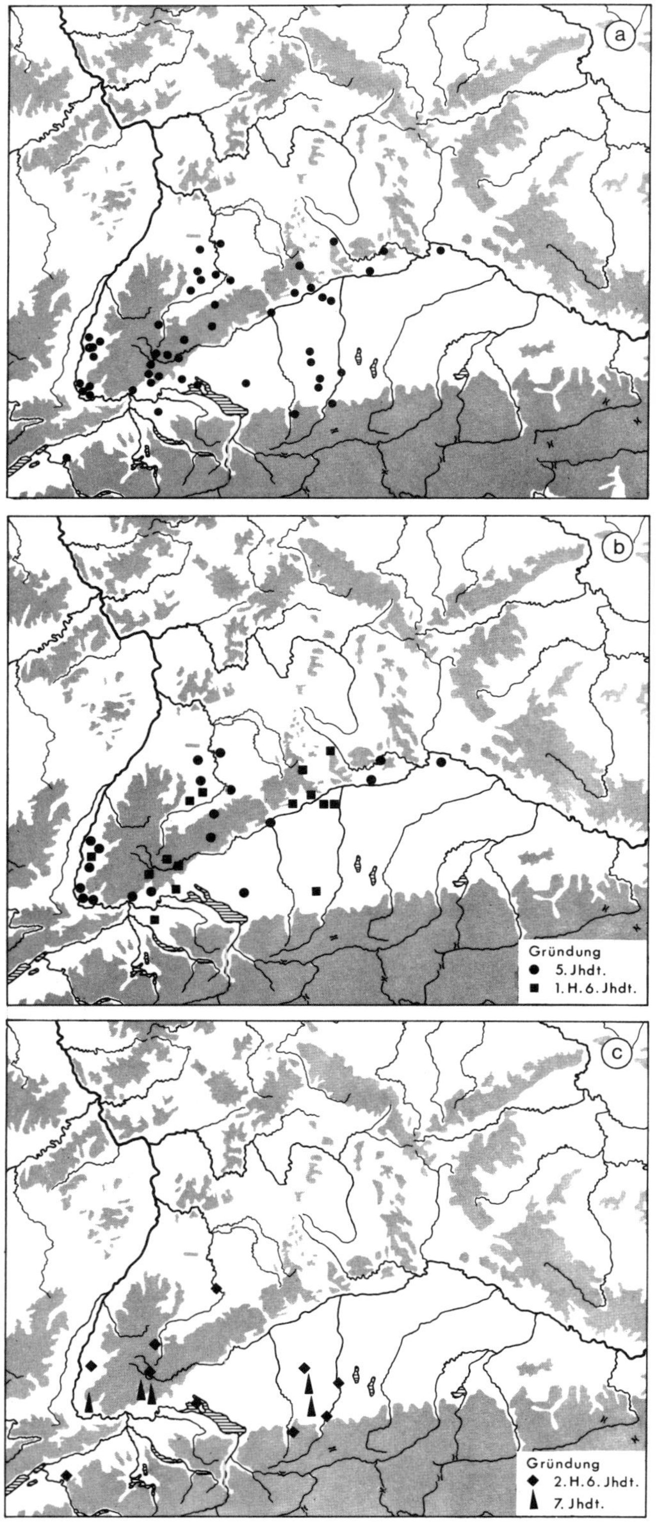

Abb. 9. Die Verteilung annähernd vollständig erschlossener und in Hinsicht auf Siedlungs- und Sozialgeschichte auswertbarer Gräberfelder Alamanniens (Karte a) und der fürs 5. Jh. (Kreis) oder für die 1. H. 6. Jh. (Quadrat) bezeugten Belegungs- und Siedlungsanfänge (b) streuen fast gleichmäßig über das gesamte Siedlungsgebiet. Jedoch besitzt die Verteilung der Gräberfelder mit Belegungsbeginn in der 2. Hälfte des 6. Jh. (Raute) und im 7. Jh. (Dreieck) einen deutlichen Schwerpunkt im Süden des Stammesgebietes (Karte c), ein Hinweis auf den Schwerpunkt des Landausbaus in dieser Zeit.

auch diese Ortsnamenform scheint noch zu Beginn des 7. Jahrhunderts gebräuchlich gewesen zu sein, wie die Benennung des Ortes Kirchheim unter Teck nach der dort vorhandenen und seit der Zeit um 600 nachweisbaren Kirche St. Martin anzeigt. Um 700 waren beide Ortsnamenschichten jedoch – bis auf einige Randgebiete – im wesentlichen außer der Mode, und ihre Verbreitung zeigt untrüglich das Siedlungsbild dieser Zeit an; es deckt sich mit dem der Reihengräberfelder. Bereits im 6. Jahrhundert könnte mit den Ortsnamen auf -dorf ein neuer Namentypus entstanden sein; die Belege der zugehörigen Friedhöfe sind zu zahlreich, als daß jeweils an eine spätere Umbenennung zu denken wäre. Doch finden sich Orte dieses Namens auch in Gebieten, die nachweislich erst nach 700 aufgesiedelt wurden. Gleiches gilt für die Orte auf -hofen und -inghofen (später -ikon), welche seit der 1. Hälfte des 7. Jahrhunderts auftreten. Auch die von ihnen bezeichneten Siedlungen bedürfen jeweils zur Datierung vor 700 eines Reihengräberfriedhofes, wenn sie nicht außerhalb der Altsiedellandschaften liegen. Nur wenig später, noch im 7. Jahrhundert, setzen die archäologischen Belege für -stetten, -hausen, -beuren, -wang und -felden ein. Diese Ortsnamenschichten gehen dann bruchlos ins 8. Jahrhundert über. Außerhalb unseres Betrachtungszeitraums beginnen dann Siedlungen auf -weiler, -bach und vor allem alle Ortsnamen, die auf vorausgegangene Rodungstätigkeit schließen lassen. Wo man sie findet, war im 7. Jahrhundert noch Wald.

Mit diesen Bemerkungen kehren wir zur Betrachtung des mittleren Mindeltals zurück. Der Talgrund weist auf 20 km Länge immer wieder trockene, zum Ackerbau taugliche Flächen auf, die von den sehr feuchten Flußniederungen der Mindel und ihrer Nebenbäche und von den tertiären Höhenrücken Mittelschwabens eingefaßt sind. Nicht lange nach 500 wird das Tal erstmals von Alamannen besiedelt, und zwar nicht gleichzeitig an mehreren *Abb. 10*

Stellen, sondern nur ganz im Norden. Hier lag in der Ortsflur des heutigen Salgen eine Siedlung, deren Friedhof bekannt ist. Unter den Bestattungen findet sich während der ganzen Belegungszeit eine Familie von überdurchschnittlichem Reichtum. Im Zusammenhang mit dieser Frühbesiedlung sind sodann die beiden einzigen -ingen-Orte des Talabschnittes zu sehen, das 1420 genannte und heute abgegangene Übermüetingen und das 1067 bzw. 1365 als Moringen bzw. Möhringen erwähnte heutige Mörgen. Letzterer Ort verrät durch seine Lage bereits am Rande des tertiären Hügellandes, jedoch an die Flur von Salgen angrenzend, seine Abhängigkeit von letzterem sehr deutlich. Reihengräberfelder sind von beiden -ingen-Orten nicht bekannt, und so kann man ihre Gründung als Ausbauten von Salgen um die Mitte des 6. Jahrhunderts vorerst lediglich vermuten. Die laut Ausweis ihrer Friedhöfe danach gegründeten Orte des Mindeltals gehören dann nicht mehr dieser Namenschicht an. Um 580 entstand Mindelheim. An seiner Gründung, als deren Ausgangsort wir nur Salgen annehmen können, waren nur Familien durchschnittlichen Wohlstandes beteiligt, also keine Angehörigen der führenden Familie des Tales. In den Rahmen dieser zweiten Ausbauphase scheint dann auch ganz am Nordrand der Salgener Urmark die 1067 erstmals als Kiricheim genannte Ortschaft Kirchheim zu gehören, auch ohne ar-

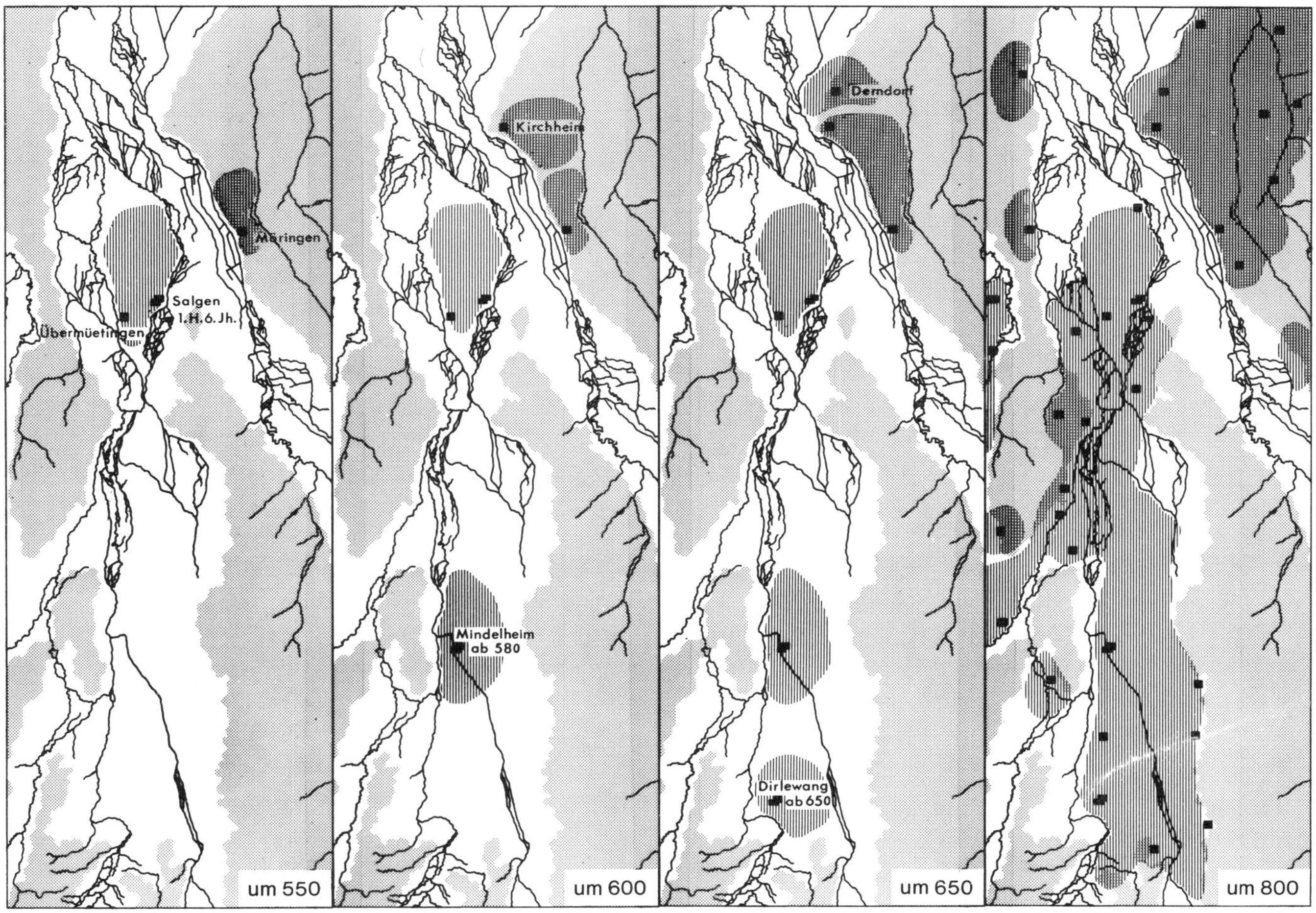

Abb. 10. Der Gang der Besiedlung im mittleren Mindeltal in Bayerisch-Schwaben vom Beginn des 6. Jh. bis um 800. Quadrat = Siedlung, Rechteck = Grab bzw. Gräberfeld. Schraffur: Bewirtschaftete Landflächen in der jeweiligen Zeitepoche. Gerastert: Tertiäres Hügelland. Maßstab 1:400000.

chäologische Bestätigung durch das Bestimmungswort »Kirch« – vor das allgemeine Errichten von Kirchen in der Zeit um 700 datiert. Das Suffix -heim möchte man in diesem Teil Alamanniens als nicht nach der Mitte des 7. Jahrhunderts entstanden ansehen. So spricht einiges dafür, in Kirchheim als einem topographisch hervorragenden, damals jedoch am Rande des besiedelten Landes gelegenen Platze eine Kirchengründung des in Salgen sitzenden Herren anzusehen. Zum Verfügungsbereich der Salgener Herrschaft gehörte schließlich ganz im Süden *Abb. 10* die Gemarkung von Dirlewang (ca. 1130 Durniwanc), um die Mitte des 7. Jahrhunderts ebenfalls von nur durchschnittlich wohlhabenden Familien aufgesiedelt. Die wohl schon grundherrschaftliche Abhängigkeit der im 6. und 7. Jahrhundert im mittleren Mindeltal entstandenen Ausbauorte von Salgen ist vorerst nur zu vermuten. Diese Vermutung stützt sich – außer auf den Besitzstand der jeweiligen Ortsgründer – auch auf die Tatsache, daß die Ausbauorte Mindelheim und Dirlewang im 7. Jahrhundert anscheinend selbst nicht expandierten, im Gegensatz zu der Aktivität um Salgen. Dies änderte sich erst, als an beiden Ausbauorten jeweils eine oder zwei Generationen nach der betreffenden Siedlungsgründung eine Familie besitzmäßig über die übrigen Ortsbewohner hinauswuchs. Als um 700 auch in der Umgebung von Mindelheim und Dirlewang – teilweise schon durch Rodung – neue Siedlungen entstanden, braucht dies dann nicht mehr ausschließlich von Salgen aus geschehen sein. Die Besiedlung des mittleren Mindeltals wurde deshalb etwas ausführlicher behandelt, weil hier bislang eines der wenigen Beispiele vorliegt, an dem mit einer gewissen Fruchtbarkeit die archäologischen Quellen zur Klärung historischer Fragen benutzt werden können. Die vielen Einschränkungen hierbei sollen zugleich auf die Notwendigkeit hinweisen, selbst in scheinbar gut durchforschten Landstrichen nicht in der Ausschöpfung der archäologischen Möglichkeiten nachzulassen. Für unser Exempel bedeutet dies: Die Gräberfelder zu Mörgen (Möringen) und zu Kirchheim müssen gesucht und erforscht werden, ebenso die ältesten Kirchen zu Kirchheim und Pfaffenhausen (am Westrand der Urmark Salgen). Urkundlich und archäologisch sollte nach dem Hof gefahndet werden, an dem das Salgener Herrengeschlecht saß. Erst nach Beantwortung dieser Fragen wird man mehr Klarheit über die Mechanik der Siedlungsausbreitung im 6. und 7. Jahrhundert erhalten. In welche

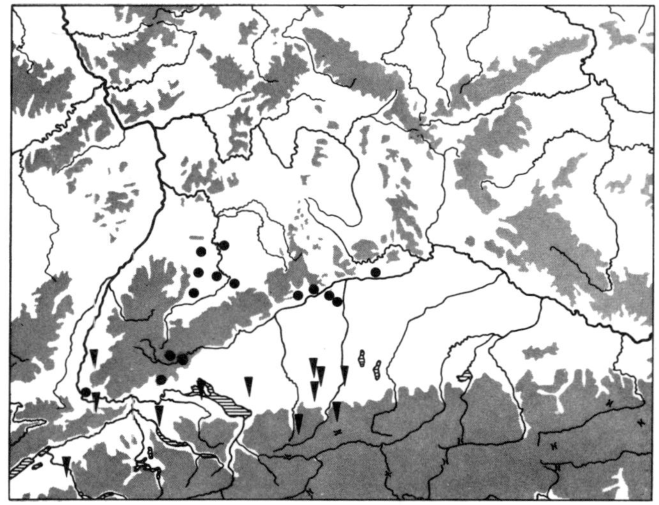

Abb. 11. Alamannische Reihengräberfelder mit Hinweisen auf stagnierende (Kreis) oder steigende Bevölkerungszahlen (Dreieck).

Richtung die Lösungen tendieren dürften, deutet sich jetzt schon an: Sie zielen ab auf eine frühzeitig ausgebildete grundherrschaftliche Abhängigkeit der Neugründungen, somit auf eine von Herrschaftszentren ausgehende planmäßige Aufsiedlung der noch öden Landstriche und wohl auch schon auf eine weitgehende Aufteilung selbst des unerschlossenen Landes an einzelne Herrschaftskomplexe. Ferner könnte die Hauptrichtung des Ausbaus von Nord nach Süd ganz allgemeiner Natur sein. Und schließlich mag es auf das generell begrenzte Menschenpotential kleinerer Grundherrschaften – wie Salgen – zurückgehen, wenn der von diesen ausgehende Landausbau nicht in mehreren gleichzeitigen Neugründungen, sondern in periodischen Schüben erfolgte. Inwieweit die deutlich in Mindelheim, weniger ausgeprägt in Dirlewang faßbare Zunahme der Einwohner im 7. Jahrhundert ein Zeichen von rechtlicher Abhängigkeit ist, etwa von der Unfreiheit in der Wahl des Wohnortes, bleibt zu überprüfen. Das Vorherrschen dieser Bevölkerungsvermehrung gerade im Süden Alamanniens könnte für eine solche Verknüpfung sprechen. Die Streuung derartiger *Abb. 11* Siedlungen, wieder auf der oben gegebenen Liste gut erforschter Friedhöfe beruhend und mit den bereits referierten Unsicherheiten behaftet, zeigt auf jeden Fall den enormen Bevölkerungsdruck auf den Nordrand der romanisch besiedelten Alpentäler an.

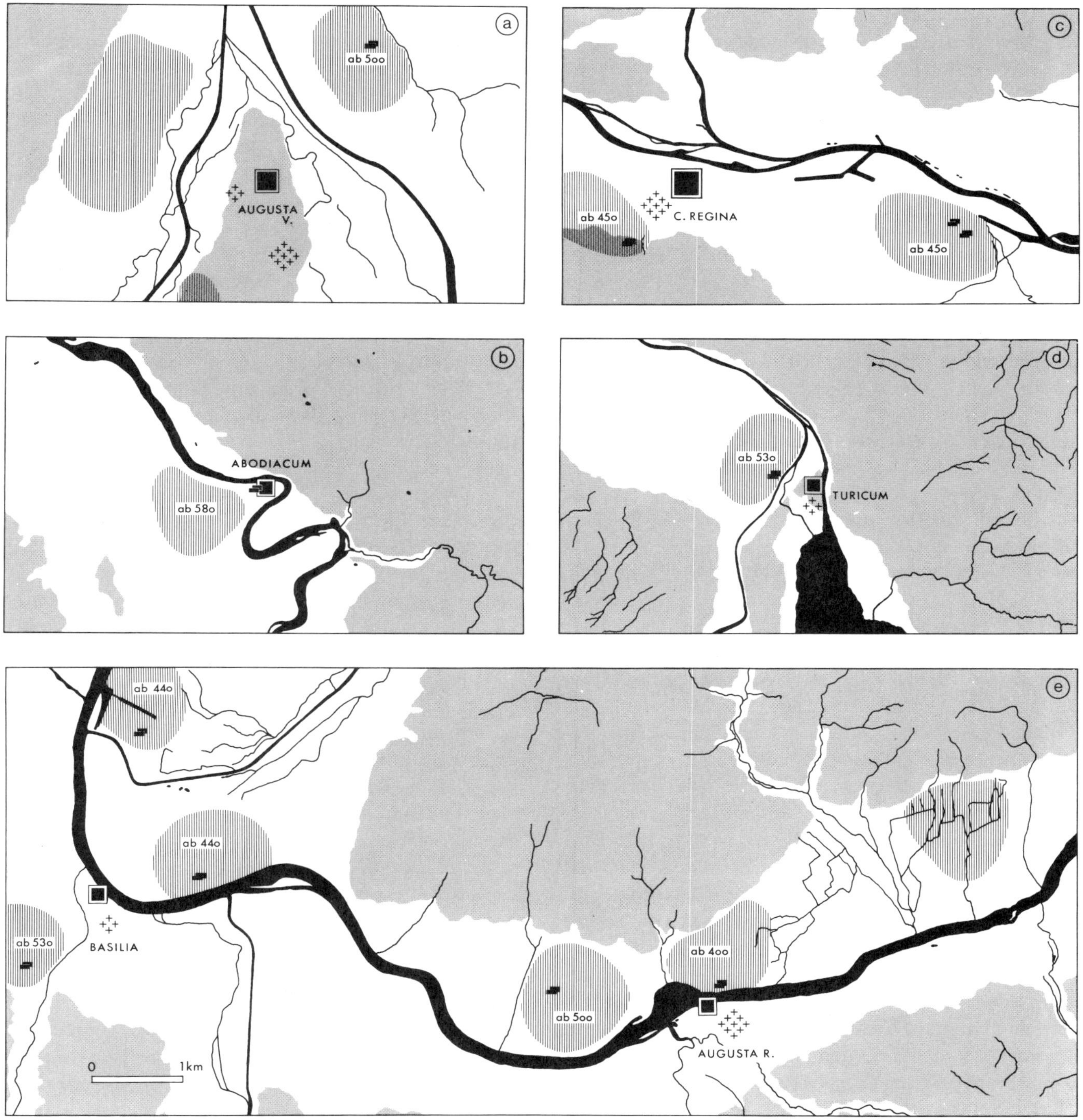

Abb. 12. Die jeweils ältesten alamannischen Siedlungsgebiete (Schraffur) und Reihengräberfelder (Rechtecke) im Vorfeld romanischer Kastelle (Quadrate) und Gräberfelder (Kreuze). a = Augsburg (Reg. 6–8). b = Epfach (Reg. 103–105). – c = Regensburg (Reg. 287–289, dazu 15–17). – d = Zürich (Reg. 402–404). e = Basel (Reg. 18–21) und Kaiseraugst (Reg. 209, dazu 190 und 398). Siedlungsstand etwa Mitte 6. Jh.

Die Auseinandersetzung mit den romanischen Bevölkerungsteilen war weit friedlicher und pragmatischer, als es die Dynamik des alamannischen Landausbaus vermuten lassen könnte. Die römische Bevölkerung des flachen Landes hinter dem spätrömischen Limes hatte sich längst zurückgezogen, teils in die Alpentäler oder ins italische Mutterland, teils in die zum Überleben entschlossenen festen Städte. Es kann kein Zweifel daran bestehen, daß die seit dem 3. Jahrhundert langsam zu Inseln werdenden romanischen Siedlungsflächen noch lang de iure das rö-
Abb. 12 mische Imperium repräsentierten, auch als de facto der Zusammenhalt der einzelnen urbes und oppida immer schwieriger wurde. Das dünne Band der gemeinsamen Traditionen und des persönlichen und auch wirtschaftlich-kulturellen Verkehrs hielt jedoch zumeist. Im 5. Jahrhundert begriff sich dieses fragile Netzwerk zweifelsohne noch als Romania und wurde als solche akzeptiert. Wir sahen dies nicht nur daran, daß die spätrömischen Grenzen, bis auf eine gleich zu besprechende Ausnahme, »hielten« und von Alamannen nicht übergangen wurden. Auch die Einfälle der Hunnen und der mit ihnen verbündeten ostgermanischen Völkerschaften in der 1. Hälfte des 5. Jahrhunderts zielten so offensichtlich auf romanische Siedlungsgebiete ab, daß man sich diese nur als einen fest umgrenzten, politischen Faktor
Abb. 14 jener Zeit vorstellen kann. Die Verbreitung der Grabfunde dieser östlichen Provenienz macht deutlich: die Hunnen waren für Alamannien unmittelbar ohne Belang, allenfalls eine kurze Episode. Ihre kulturellen Nachwirkungen erreichten die Alamannen denn auch erst auf Umwegen.

Der erste alamannische Übergriff auf römisches Reichsgebiet fand um die Mitte des 5. Jahrhunderts statt, und zwar in einem Grenzabschnitt, dem besonders früh militärischer Schutz entzogen worden war: im exponierten Nordteil des raetischen Donaulimes beiderseits der alten
Abb. 12c Legionsfestung Regina (Regensburg). Von hier aus bedrängte der Alamannenkönig Gibuld die römischen Donaustädte Quintanis (Künzing) und Batavis (Passau). In der gleichen Zeit entstanden unmittelbar vor den Toren Regensburgs germanische Siedlungen, im Fundmaterial der Stadt selbst ist starker germanischer Einfluß spürbar; in den Gräberfeldern vor den Toren Regensburgs dokumentiert sich freilich die Ungebrochenheit eines romanischen Gemeinwesens über alle Jahrhunderte hinweg. Hier blieben die Alamannen Gibulds eine Episode, ihre Siedlungen erloschen schon vor der Mitte des 6. Jahrhunderts wieder, vielleicht aufgesogen von der wirtschaftlichen Anziehungskraft einer großen Stadt.

Schon vorher waren im Angesicht romanischer urbes alamannische Dörfer entstanden, freilich stets auf längst anerkannt-germanischem Boden und in respektvoller Distanz. Gut erforscht sind die Gräberfelder zweier Sied-
lungen am Rheinufer gegenüber von Basel und der Her- Abb. 12e
tener Friedhof auf der alamannischen Rheinseite bei Augst. Alle drei Ansiedlungen scheinen ungefähr gleichzeitig zu Beginn des 5. Jahrhunderts gegründet worden zu sein, also zu einem Zeitpunkt, an dem die wirtschaftlichen Beziehungen zwischen Romanen und Germanen sprunghaft aufblühten. Auf die südliche Rheinseite, also auf reichsrömisches Gebiet, griff man erst 150 Jahre später über. Bis dahin blieb die antike Bewirtschaftungsfläche um Basel und Augst intakt und besitzrechtlich auf dem Stand des 4. Jahrhunderts.

Ein ähnliches Reservat stellte Augsburg dar, seit dem Abb. 12a
Beginn des 5. Jahrhunderts mit einem sehr kleinen Territorium de facto ungeschützt den Alamannen offen. Doch erst 100 Jahre später beginnt hier im Umland die germanische Aufsiedlung mit den Siedlungen von Lechhausen, Göggingen und Kriegshaber. Das romanische Element in der Stadt Augsburg wird hiervon kaum berührt, es lebt vielmehr in der Folgezeit mit dem Kult der heiligen Afra regelrecht auf und wächst – wie in Regensburg und Basel – im älteren Mittelalter bruchlos in bedeutende kirchliche und weltliche Verwaltungsaufgaben hinein.

Als weiteres Beispiel der Berührung romanischer und Abb. 12d
alamannischer Siedlungsflächen sei abschließend auf Zürich eingegangen, dessen gut erforschtes spätantikes Kastell Turicum auf dem Lindenhof zunächst keinen Anlaß zu Kontinuitätserwägungen bot. Mit der Entdeckung eines merowingerzeitlichen Bestattungsplatzes unter der Pfarrkirche St. Peter im südlichen Vorfeld des Kastells steht diese Frage jedoch erneut zur Diskussion. Sie wird wohl positiv zu beantworten sein. Unmittelbar nach der Öffnung der Nordschweiz für alamannische Einwanderer in der ersten Hälfte des 6. Jahrhunderts entstand auch im Bannkreis von Turicum-Zürich eine alamannische Siedlung, deren Friedhof im Bereich der heutigen Bäckerstraße angeschnitten wurde. Auch hier dauerte es also bis zum Beweis völligen Unvermögens romanischer Siedlungsexpansion, ehe sich alamannische Siedler des verödeten Landes bemächtigten. Sie wußten, und dies wird

Abb. 13. Die Entwicklung des Platzes Abodiacum-Epfach (Reg. 103–104) vom 3.–8. Jh. Raster: Genutzte Gebäudeflächen. Kreuze: Grab bzw. Gräberfeld.

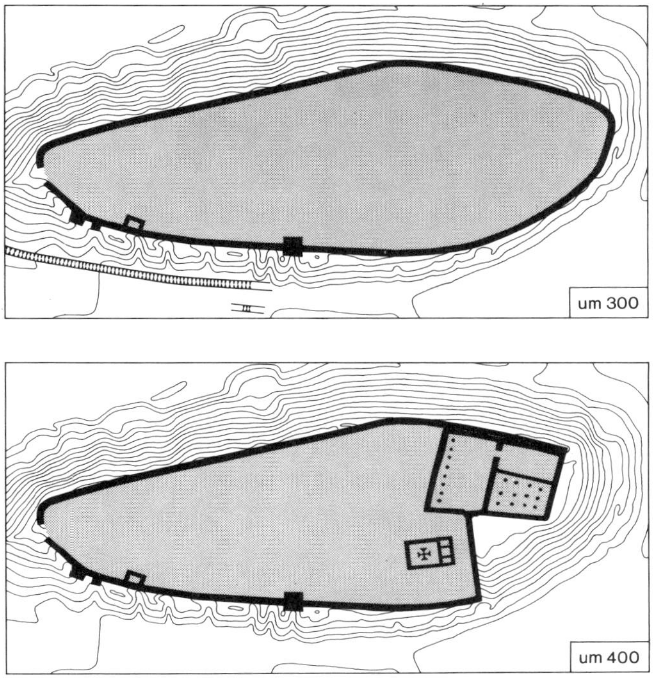

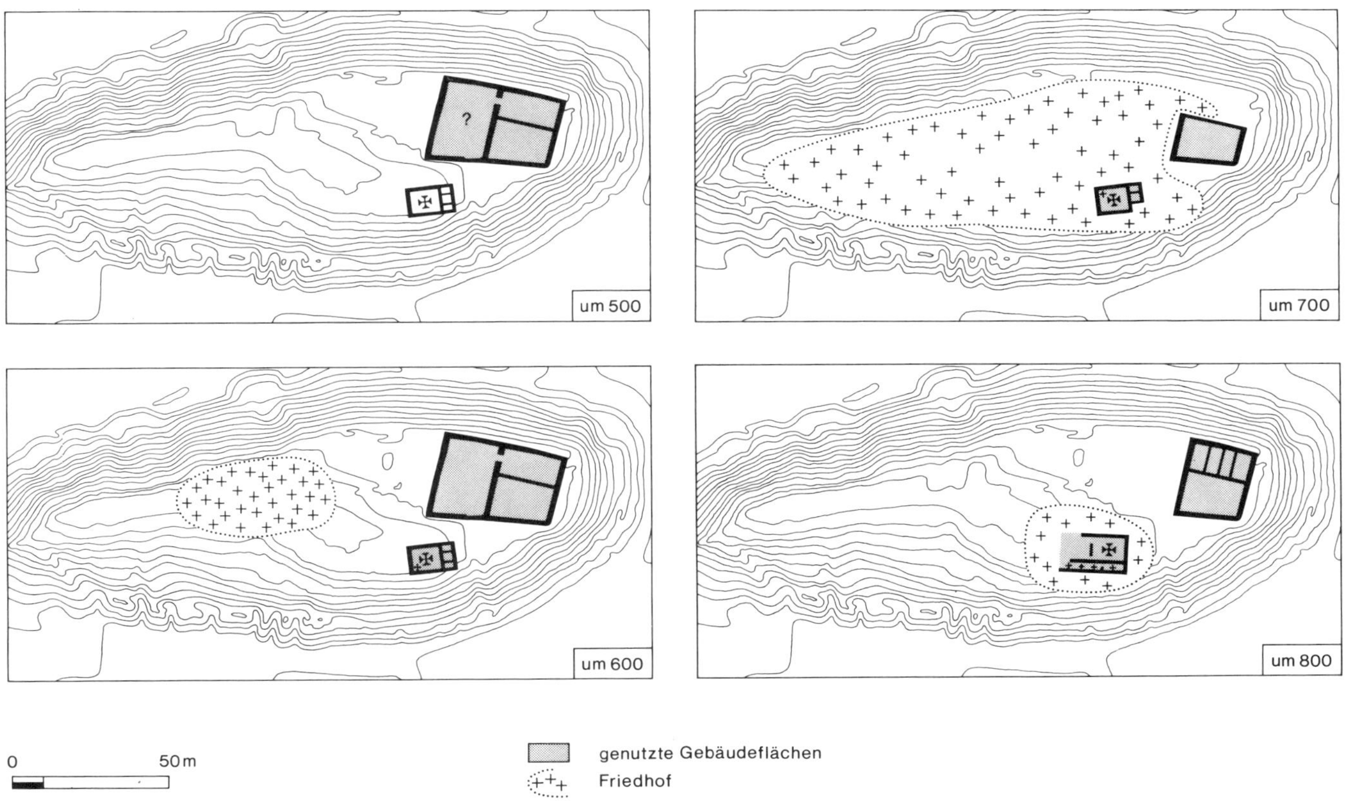

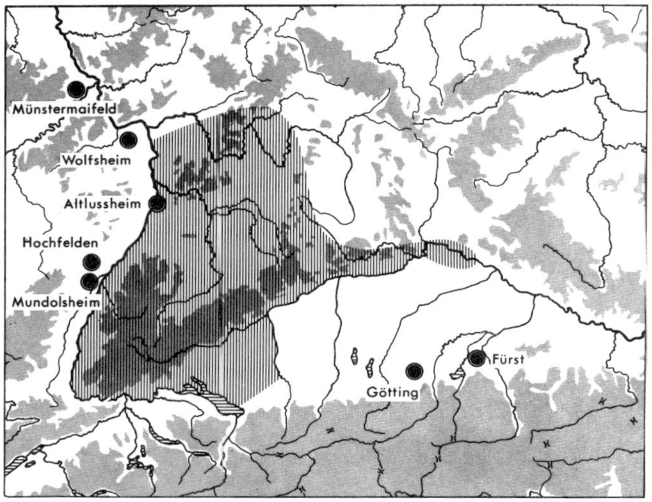

Abb. 14. Grabfunde ostgermanisch/hunnischer Herkunft aus Süddeutschland und das Alamannengebiet (schraffiert) der Mitte des 5. Jh.

bei der Analyse der Grabbeigaben von Zürich-Bäckerstraße deutlich, die merkantilen Erfahrungen und immer noch weltläufigen Verbindungen ihrer romanischen Nachbarn durchaus zu nutzen.

Um 700, dem Ende unseres Beobachtungszeitraums, war der Landausbau im Süden Alamanniens noch in vollem Gange. Er wurde getragen von mächtigen Familien mit großem Streubesitz; die Besitzschenkungen aus diesen Kreisen an kirchliche Institutionen, vorab an das Kloster St. Gallen, bestätigen dies. Mit zunehmender Bevölkerungszahl wuchs aber auch die Notwendigkeit einer Neuordnung der Verwaltung des volkreichen Neulandes, und man wird damals froh darüber gewesen sein, gerade hier bescheidene Reste spätantiken kirchlichen und weltlichen Verwaltungslebens vorgefunden zu haben. Ihre Wiederbelebung zur späteren Blüte nahm im 7. Jahrhundert ihren Anfang.

Das Bild der Siedlungen

Es ist schon mehrfach darauf hingewiesen worden, wie sehr die archäologische Erforschung alamannischer Siedlungen noch in den Anfängen steckt; aus den verschiedensten Gründen: Zum einen liegt ein großer Teil der ältesten Ansiedlungen unter den heutigen Dörfern und Städten und ist zumeist der Forschung unzugänglich. Zum anderen wurde in der Vergangenheit die Erforschung von Siedlungsanlagen nur zu oft derjenigen der rasche Erfolge versprechenden Gräberfelder hintangestellt. Dennoch lassen sich auf der Grundlage der seit den dreißiger Jahren beträchtlich angestiegenen Ausgrabungstätigkeit verschiedene Feststellungen treffen. Danach dürfte der alamannische Durchschnittshof nicht von der Tradition altgermanischen Hausbaus abgewichen sein. Er bestand aus mehreren Gebäuden unterschiedlicher Funktion. Das Hauptgebäude war ein Langhaus von etwa 5 bis 6 m Breite und unterschiedlicher Länge; sein Durchschnittsmaß mag bei 12 bis 15 m gelegen haben. Der Aufbau bestand aus Holz und war ein- oder zwei-
Abb. 19 schiffig. Diese Langhäuser hatten in der älteren Kaiserzeit und wohl auch in unserem Betrachtungszeitraum die Bewohner des Hofes und das Vieh aufzunehmen. Nur in bestimmten Fällen, etwa auf den Höfen des Adels, mag es zur Errichtung von Gebäuden gekommen sein, die ausschließlich Wohnzwecken dienten, sei es für die Herren, sei es für die große Zahl an Gesinde.

Ein zweiter Gebäudetypus bestand in den sogenannten Grubenhäusern, rechteckigen Erdkellern von durch- *Abb. 16, 17, 20*
schnittlich 2 bis 3 x 4 bis 6 m Grundfläche und ursprünglich etwa 1 m Tiefe. Fast stets besitzen sie an den Schmalseiten je drei Pfostenlöcher und weisen damit einen bescheidenen hölzernen Überbau nach. Ihre Funktion war zunächst die eines Kellers; andere Kellerbauten gibt es in frühmittelalterlichen Siedlungen nicht. In ihnen wurden Dinge und Geräte aufgestellt und gelagert, die der Kühle und Feuchtigkeit bedurften, Vorräte etwa oder Webstühle. In einigen »Grubenhütten« fanden sich auch Herdstellen und Ofenanlagen, ein Gebäudetypus also von vielfältiger Verwendungsmöglichkeit. Auch seine Vorfahren finden sich schon im Freien Germanien der mittleren Kaiserzeit und reichen auf der anderen Seite weit ins hohe Mittelalter hinein. Notwendig waren Kühlräume dieser Art immer: auf der ältermittelalterlichen Siedlung des Runden Berges wurden sie sogar unter gro- *Abb. 24*
ßem Arbeitsaufwand in den anstehenden Fels eingehauen. Allerdings legt ihre unterschiedliche Verbreitung in manchen Siedlungen – Häufungen im einen, Fehlen im anderen Siedlungsteil – den Schluß nahe, daß nicht alle Höfe der durch die Grubenhäuser ermöglichten Funktionen bedurften.

Eine dritte Gebäudeart, ebenfalls von langer Tradition, sind Speicherbauten, stets kleiner als Wohnbauten, im

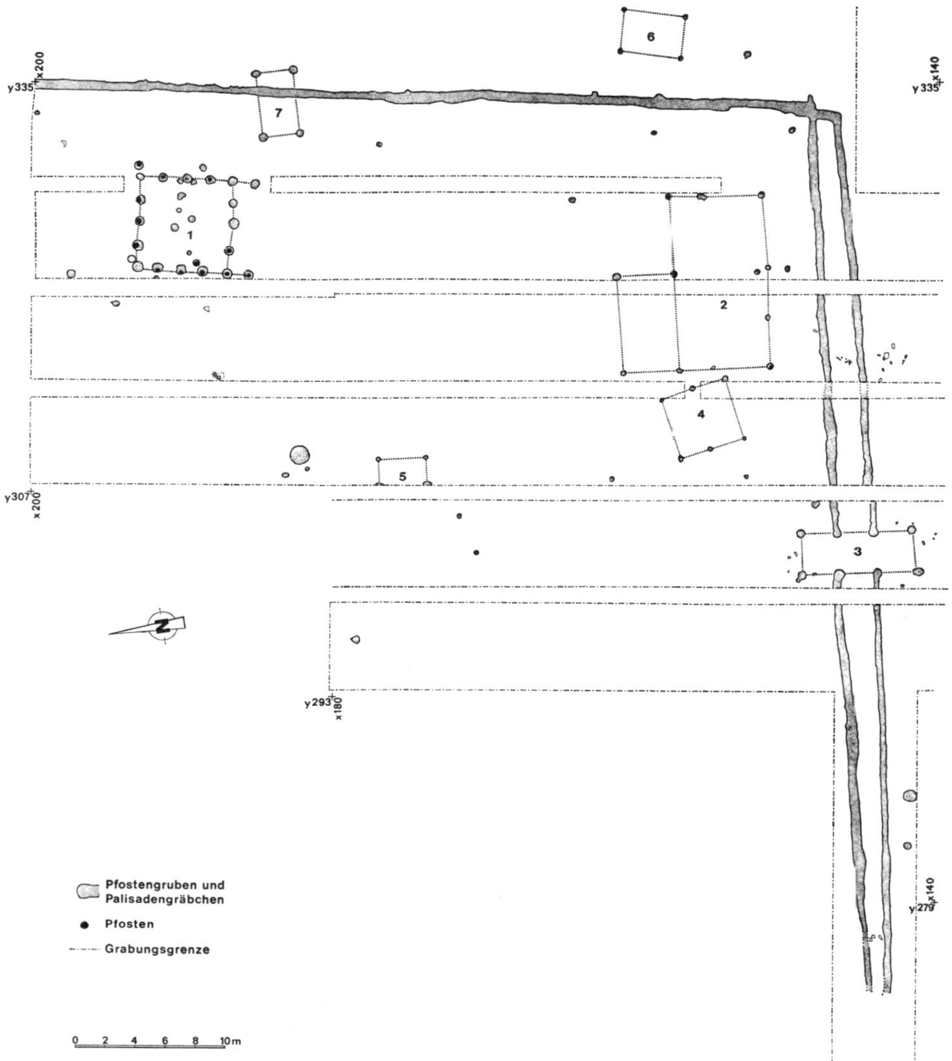

Abb. 15. Planausschnitt einer frühalamannischen Siedlung von Sontheim im Stubental (Reg. 325). Zu erkennen sind neben dem Grundriß eines massiven Pfostenbaues (1) noch mehrere leichtere Pfostenhäuser (2, 4–7), die teils innerhalb, teils außerhalb einer Palisadenumwehrung lagen. Die Toröffnung im Süden der Hofanlage war mit einem Torhaus versehen. Nach D. Planck.

Grundriß rechteckig bis quadratisch, im Aufbau das genaue Gegenteil der Grubenhütten. Ihren Zweck erfüllten sie, wenn das in ihnen gelagerte Gut trocken blieb. Daher wurde ihr Boden angehoben, so daß kein direkter Kontakt zwischen Speicherraum und Erde stattfinden konnte. Derartig gestelzte Bauten konnten als Pfostenbauten (der Oberboden ruhte auf einem dichten Rost von Holzpfosten) oder als Ständerbauten (das Fundament bestand aus einem flachen Holzrahmen) errichtet sein. Die letztere Bauweise, die noch mittelalterliche Miniaturen deutlich zeigen, läßt sich archäologisch nur sehr schwer nachweisen.

Abb. 21

Zu einem Hof gehörten dann noch je nach natürlichen Vorgegebenheiten und nach Funktion Brunnen und Ofenanlagen, beide nicht in einen Gebäudebereich einbezogen. Die ganze Hausgruppe war sodann in der Regel von einem Zaun umgeben. Diesem Detail kommt eine große Bedeutung zu, wie seine lange Tradition im germanischen Bereich zeigt. Ein Zaun war nicht nur Abwehr von Unerwünschtem, sondern zugleich eine rechtliche Festlegung eigener und fremder Verfügungsgewalt, er setzt Berechtigung und Akezptierung durch die Allgemeinheit voraus. Wo eine Umzäunung noch relativ frei in der Landschaft stand, wie um die frühalamannische An-

untersucht worden. Selbst eine erst gegen Ende des 7. Jahrhunderts einsetzende Siedlung wie Burgheim bei Neuburg/Donau bestand aus mehreren Gehöften, obwohl der gleichzeitige Bestattungsplatz auf den ersten Blick eine Hofgrablege zu sein schien. Überhaupt ist es erstaunlich, wenn man am Beispiel eines der wenigen, sicher zu einem Einzelhof gehörenden Gräberfelder wie Bittenbrunn feststellen muß, mit wie wenig Personal ein solcher Hof notfalls bewirtschaftet werden konnte. Bittenbrunn ist als eine ganz am unteren Ende der sozialen Rangskala stehende Gemeinschaft der eine Extremfall.

Abb. 18

Abb. 7

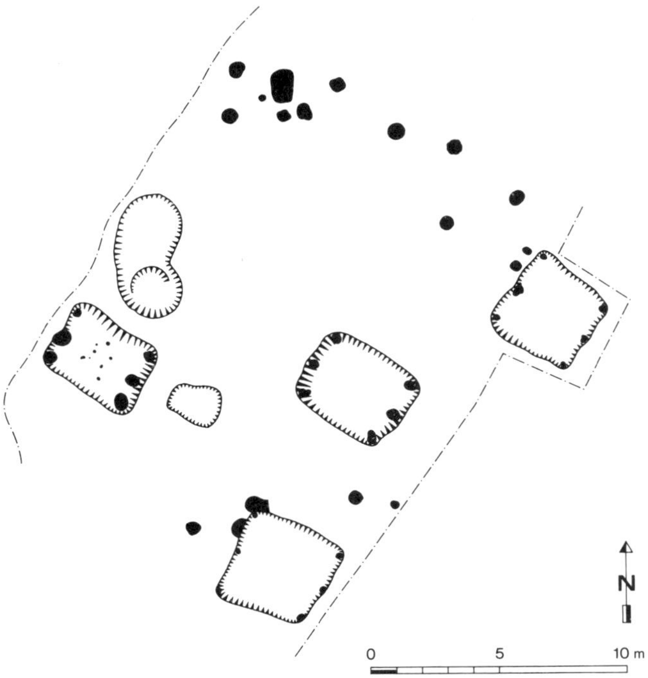

Abb. 16. Ausschnitt aus einer frühalamannischen Siedlung mit Grubenhäusern im Bereich römischer Siedlungsspuren bei Wittislingen (Reg. 387). Maßstab 1:300.

Abb. 15 siedlung Sontheim im Stubental, mag dies nicht gleich einzusehen sein. Im dichten Gedränge einer Dorfsied-
Abb. 18 lung, wie beispielsweise in der von Burgheim bei Neuburg/Donau an der bajuwarischen Westgrenze, ist die rechtliche Funktion eines Hofzaunes jedoch offenkundig. Seine Steigerung erfährt dieses Baudetail in der Holz-Stein-Mauer, die im 5. Jahrhundert quer über die
Abb. 24 Kuppe des Runden Berges gezogen wurde, um den Fürstensitz auf der Spitze des Berges nochmals von der übrigen Siedlungsfläche abzutrennen, und deren reinen Demonstrationszweck ein kleines Detail aufzeigt: Der Mauer war kein Graben vorgelagert, sie diente also nicht Verteidigungszwecken, sondern war nichts als ein gigantischer Zaun.

Wir haben oben bereits gesehen, daß es anscheinend in frühalamannischer Zeit noch kaum Einzelgehöfte gab, sondern daß sich die einzelnen Familien stets zu größeren Verbänden zusammenschlossen, wenn es um Ansiedlung oder Landausbau ging. Dementsprechend ist bisher auch kein solches Einzelgehöft aufgefunden und vollständig

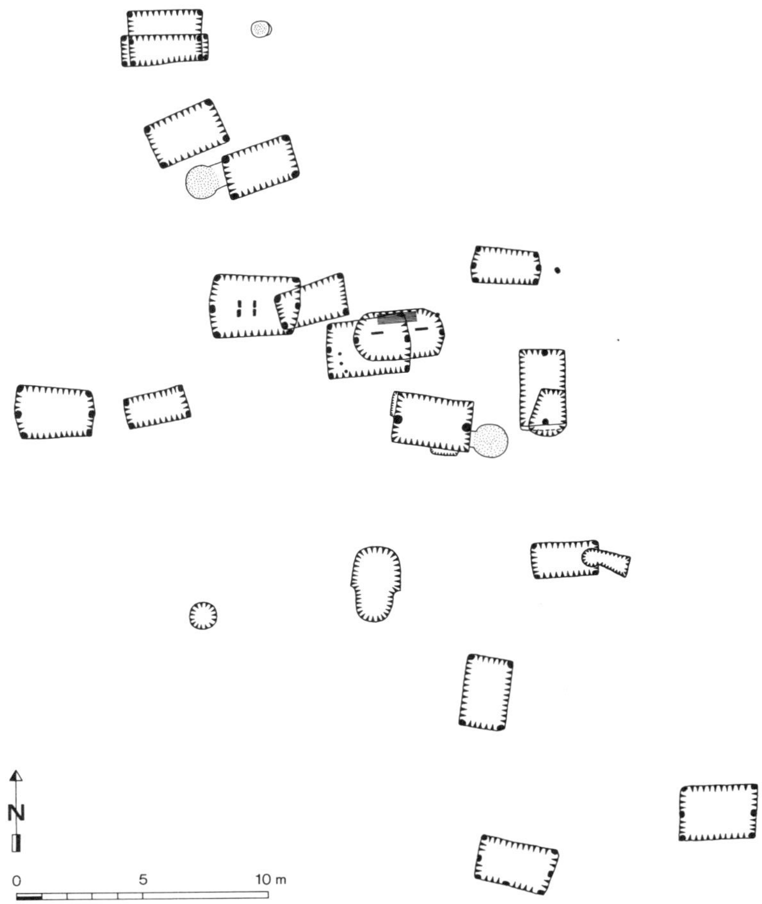

Abb. 17. Ausschnitt aus der alamannischen Siedlung Leibersheim bei Riedisheim/Elsaß (Reg. 296). Zu den zahlreichen Grubenhütten des 6.–9. Jh., welche intensive handwerkliche Tätigkeiten anzeigen, sind natürlich in ebenso großer Anzahl hölzerne Wohngebäude zu ergänzen, welche sich offensichtlich nicht im Grabungsbefund ausmachen ließen. Maßstab 1:300.

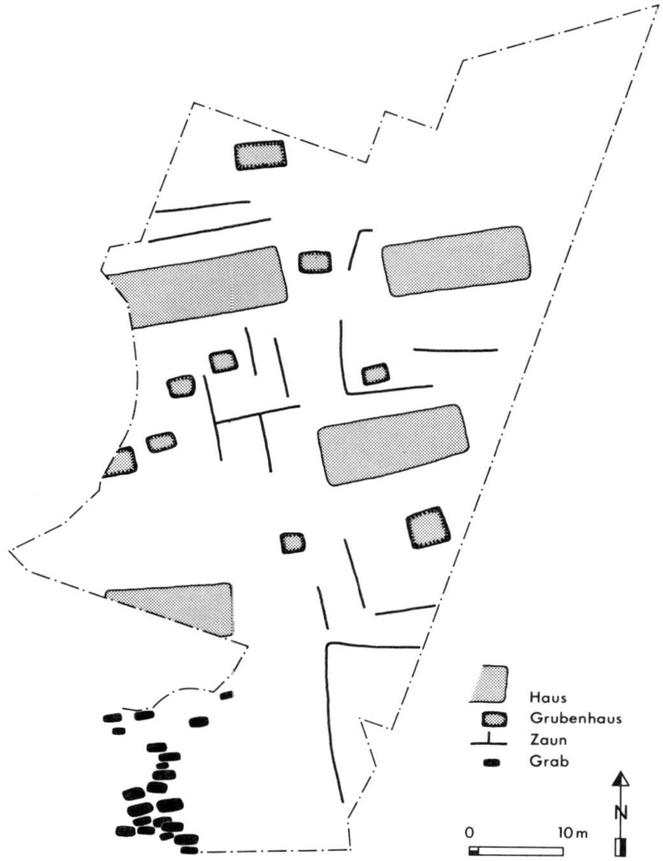

Abb. 18. Als Beispiel für das Grundrißbild einer frühmittelalterlichen Weilersiedlung möge der Ausschnitt aus einem Siedlungsareal von Burgheim, Lkr. Neuburg/Donau, stehen, auf dem Hausgrundrisse, Grubenhäuser, Zäune und ein Bestattungsplatz vorhanden waren. Interpoliert wurde der älteste Bauzustand der Jahrzehnte um 700. Nach W. Hübener, W. Krämer und A. Radnoti. Maßstab 1:800.

Den anderen stellen ebenfalls durch Gräberfelder wie Niederstotzingen oder Giengen repräsentierte Adelshöfe dar, an denen nicht nur zahlreiches Gesinde vorhanden war und untergebracht werden mußte, sondern
Abb. 27 auch Gefolge und Gastfreunde. Niederstotzingen wirft über seinen Gräberfeldbefund hinaus auch Fragen nach dem Aussehen des zugehörigen Herrenhofs auf. Gewiß war er ähnlich aus der Dorfgemeinschaft hervorgehoben, wie es seine Besitzer durch eine separate Adelsgrablege waren. Doch wird hier wie in anderen nur kurz belegten Adelssepulturen deutlich, daß die Adelsfamilie nicht immer auf ihrem Hof (Nieder-)Stotzingen wohnte. Wohnte sie in einem Langhaus zusammen mit ihrem Vieh? Stand der Wohnteil des Hauses leer, wenn die Familie auf einer ihrer anderen Besitzungen weilte? Oder hatte sie sich einen separaten Wohnbau errichtet? Dies wäre ein ganz wesentlicher Schritt hin zur mittelalterlichen Burg mit ihrer Trennung von Wohn- bzw. Werkplatz und Wirtschaftsteil, aber auch zu den Verwaltungsinstrumenten Herzogs- und Königshof. Wie sehr wir mit

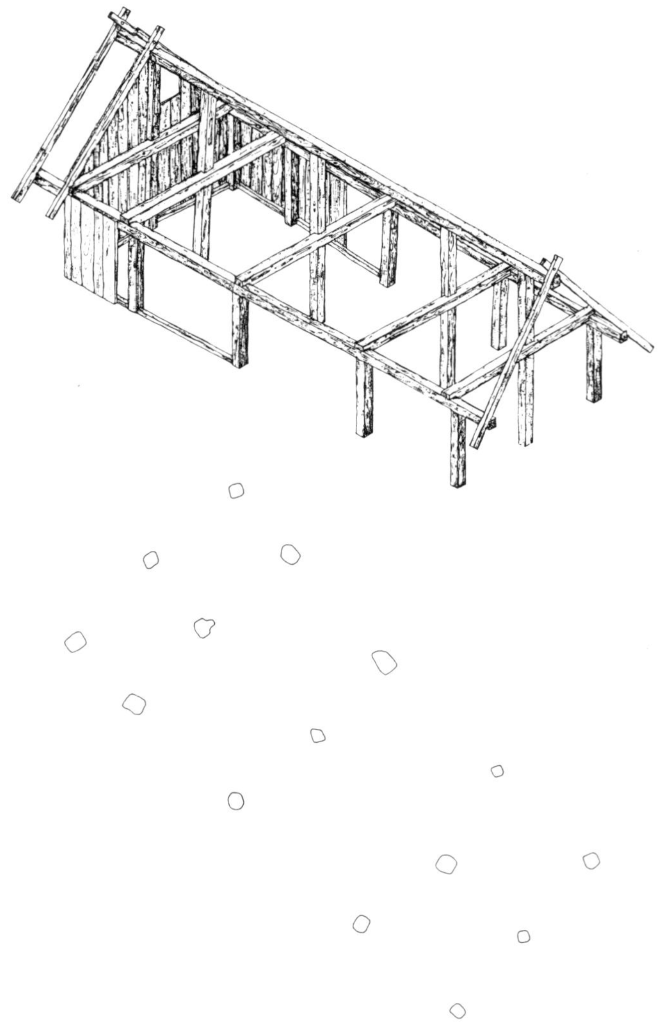

Ab. 19. Rekonstruktionsvorschlag eines bajuwarischen Langhauses über einem bei Kirchheim, Lkr. München, ergrabenen Grundriß. Nach H. Dannheimer. Maßstab etwa 1:200.

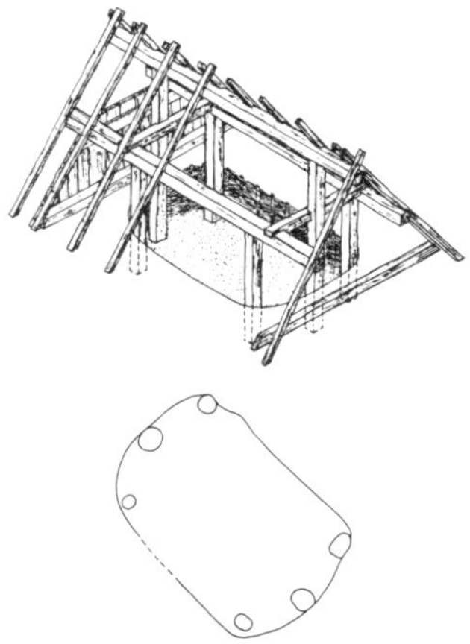

Abb. 20. Rekonstruktionsvorschlag einer frühmittelalterlichen Grubenhütte anhand bajuwarischer Befunde von Kirchheim, Lkr. München. Nach H. Dannheimer. Maßstab etwa 1:200.

solchen Verhältnissen durchaus zu rechnen haben, ist aus der Tatsache ersichtlich, daß mit dem 7. Jahrhundert manchem Adelshof ein weiteres spezialisiertes und später in diesen Zusammenhängen stets geläufiges Gebäude hinzugefügt wird: eine Kirche. Die Lage solcher Eigenkirchen an exponierten Stellen der frühmittelalterlichen Ortsbilder ist es, die dann wieder Rückschlüsse auf Lage und Repräsentationswunsch des Herrenhofes zuläßt: In Brenz, Spiez, Kirchheim u. T., Dettingen (Kr. Tübingen) beispielsweise lagen die durch Bestattungen als Eigenkirchen ausgewiesenen Kirchengebäude auf einem hervorgehobenen Geländesporn innerhalb der frühmittelalterlichen Siedlung. Die Kirche als öffentliches Gebäude einer ganzen Dorfgemeinschaft dürfte im 7. Jahrhundert noch die Ausnahme gewesen sein. Für andere Gebäude allgemeiner Nutzung fehlen uns noch die archäologischen Kriterien. Zu erwägen hat man dies bei Schmieden, Mühlen und Fährhöfen. Ebenso ist unbekannt, ob Handwerksbetriebe mit überörtlichem Vertrieb ihrer Waren an einzelne (Herren-)Höfe angeschlossen waren

Abb. 21. Ansicht eines alamannischen Speicherbaues des späten Mittelalters auf Blatt 526 der Chronik des Diebold Schilling (Bern) für Rudolf von Erlach 1484.

oder eine eigene Funktionsgruppe darstellten; letzteres wäre beispielsweise bei Töpfereien mit ihrem ausgeprägten Rohstoffbedarf (Ton, Wasser) denkbar, und hier stehen auch jüngere Analogiebeispiele zur Verfügung (Forchtenberg-Wülfingen).

Die gesamte Dorfanlage des frühen Mittelalters ist ansonsten in ihrer regelmäßigen Ausrichtung von Gebäuden und Parzellen (Burgheim, Merdingen) weit vom Bild eines Haufendorfes entfernt. Dieses scheint sich nur auf der Grundlage von gleichzeitig entstandenen, jedoch mit größerem Abstand zueinander errichteten Gehöften ausgebildet zu haben; es ist wohl ein Kennzeichen der älteren Landnahmephasen und ausgesprochen selten (Beispiele: Wittislingen, Gundelfingen). Die Einzäunung eines ganzen Dorfes durch einen Ortsetter ist für das frühe Mittelalter noch nicht belegt. Sie bildet sich wohl erst in Anlehnung an die hoch- und spätmittelalterlichen Stadtbefestigungen heraus. *Abb. 18*

Über das Aussehen zentraler Orte sind wir kaum unterrichtet. Die Ausgrabungen auf dem Runden Berg bei Urach betrafen bislang nur einen einzigen derjenigen Plätze, die in diesem Zusammenhang genannt werden müssen. Es ist daher nicht sicher, ob die dortigen Grabungsergebnisse verallgemeinert werden dürfen, vor allem nachdem sie ihre zeitlichen Schwerpunkte vor 500 und nach 700 besitzen. Die Siedlung auf dem Runden Berg, deren antiken Namen wir nicht kennen, wurde schon bald nach dem Fall des Limes gegründet. Wiewohl auf steilem Bergkegel durch 250 m hohe Hänge ausreichend geschützt, umgab man das maximal 300x50 m große Gipfelplateau zusätzlich mit einer Palisade, deren Fundamentgraben in den anstehenden Kalkfelsen eingehauen war. Das Innere der Anlage war mit Holzgebäuden bestanden, deren genaueres Aussehen freilich nicht bekannt ist. Die Kleinfunde erlauben Aussagen über die Bewohner. Ein Teil von ihnen bezog römische Glas- und Sigillatagefäße als Tafelgeschirr, pflegte römisches Brettspiel und war im Besitz römischen Geldes: alles Zeugnisse intensiven Kontaktes mit Römern und römischer Lebensart. Allerdings besaß diesen Kontakt nur ein kleinerer Teil der Bevölkerung. Er dürfte sich auf denjenigen gehobenen Personenkreis beschränkt haben, der seit jeher auch in weiter entfernten Gebieten Germaniens auf die Annehmlichkeiten römischen Luxus' nicht verzichtet und seinen fortschrittlichen Lebensstandard beispielsweise im Grabbrauch sichtbar gemacht hatte: durch die *Abb. 24* *Taf. 6* *Abb. 71, 73*

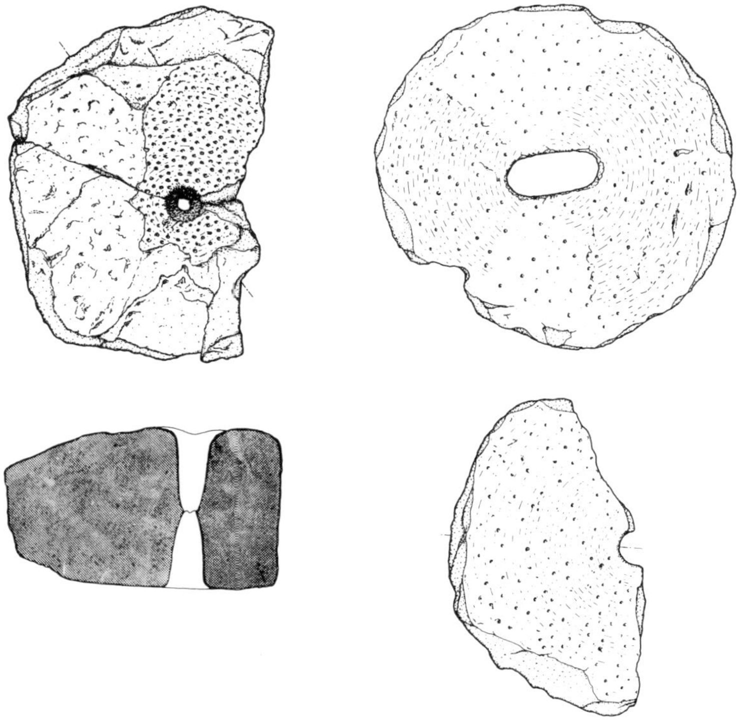

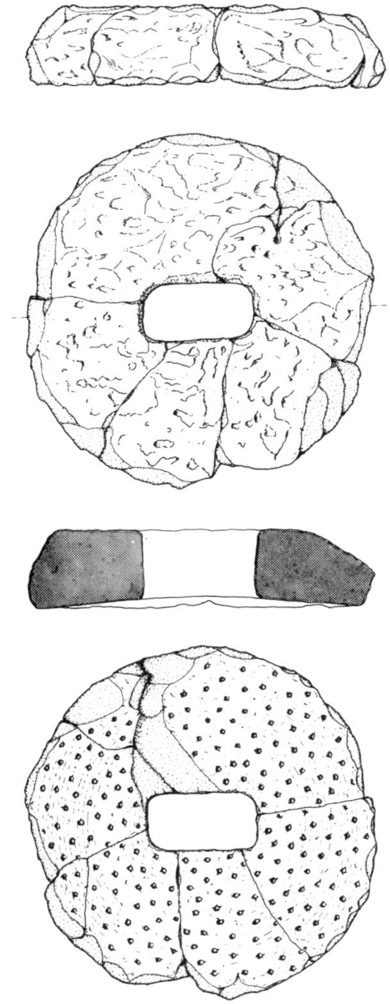

Abb. 22. Gamburg (Reg. 124). Aus einer Grube der Zeit um 400 stammen neben anderen Besitztümern eines Rohmaterialienhändlers die Bruchstücke von etwa vier anscheinend nicht fertiggestellten Handmühlen aus Muschelkalk bzw. Buntsandstein. Derartige Mühlsteine sind aus germanischen Siedlungen Mitteldeutschlands bekannt geworden. Nach L. März und G. Wamser. Maßstab 1:3.

Beigabe von original römischem Tafelgeschirr aus Sigillata, Glas, Bronze und gelegentlich sogar Silber sowie von römischen Spielbrettern und Spielsteinen. Daneben war der Runde Berg eine jener Stätten, von denen aus das Land mit Trachtschmuck versorgt wurde.

In ihrer Eigenschaft als Sitz der metallverarbeitenden Werkstätten ähneln die Höhenburgen Alamanniens durchaus reichsrömischen Städten dieser Zeit. Selbst in ihrer durchwegs hölzernen Innenbebauung unterscheiden sich die bisher bekannt gewordenen alamannischen
Taf. 18, 21 Plätze dieser Art (Glauberg, Lochenstein, Runder Berg,
Abb. 23 Gelbe Bürg) nicht von befestigten Vici auf römischem Boden, etwa dem Lorenzberg bei Epfach oder dem Moosberg bei Murnau. Wie diese hatten sie wesentlichen Anteil an der Versorgung des Landes mit Produkten, die nicht in jeder Siedlung selbst hergestellt werden konnten, und waren dementsprechend am Handelsverkehr beteiligt. Alles dies sind Voraussetzungen, die sie – die Höhenburgen – zu Herrschaftsmittelpunkten machen konnten. Bei einigen von ihnen mochte die Entwicklung auch diesen Verlauf genommen haben, nachweisbar ist es bei keiner.

Eigene Handelsfaktoreien, wie sie im Vorland des norischen Donaulimes von Römern gegründet und betrieben wurden, ließen sich bislang nicht nachweisen und waren nach dem oben Gesagten wohl auch überflüssig. Allenfalls im germanischen Mainfranken des 2. und frühen 3. Jahrhunderts wären sie zu erwarten, später oder an-

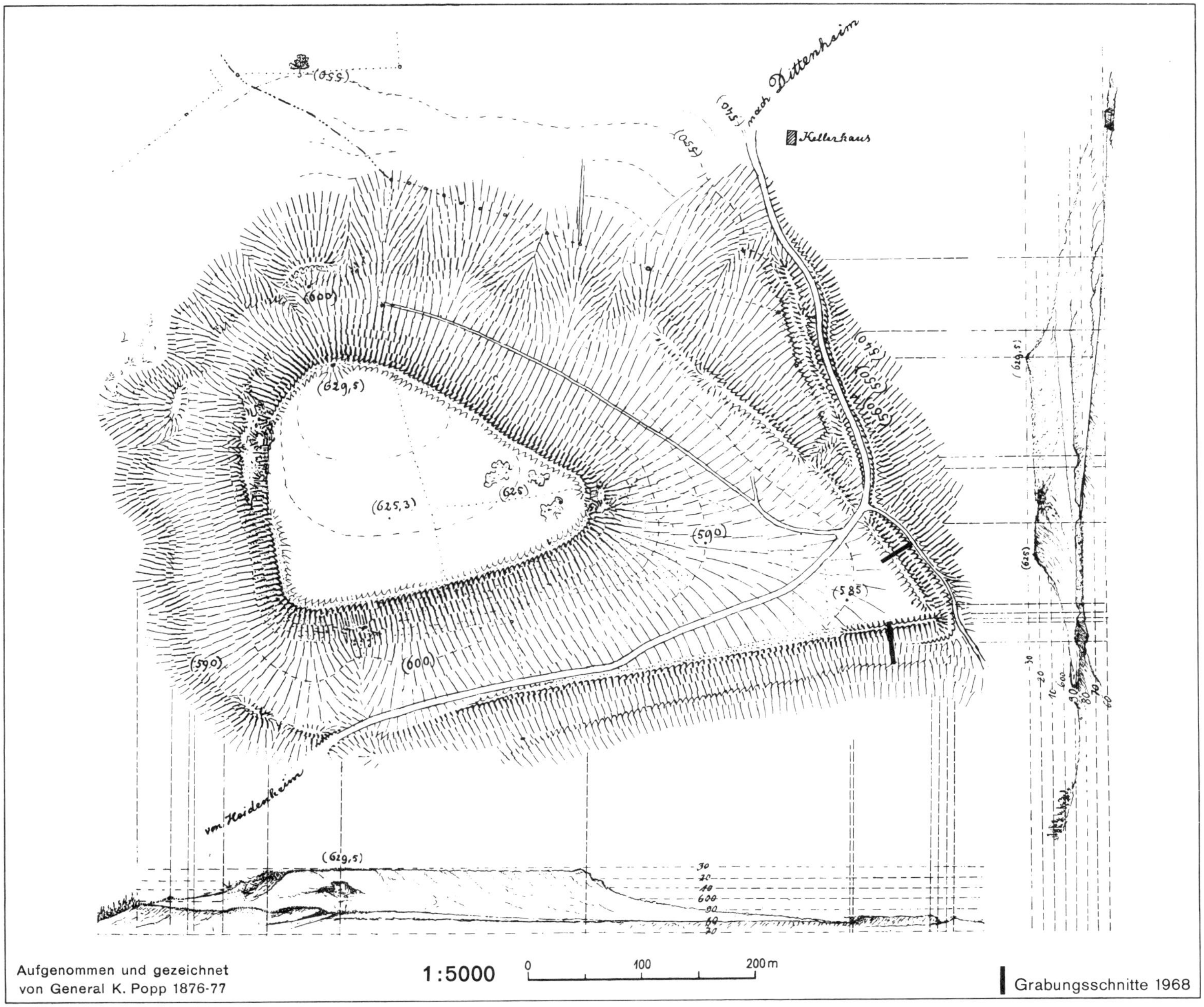

Abb. 23. Die Gelbe Bürg bei Dittenheim (Reg. 131) mit ihren beiden Befestigungssystemen, von denen zumindest das äußere nach den Grabungsergebnissen von 1968 aus dem 5. Jh. stammt; es umschloß ein bedeutendes alamannisches Herrschaftszentrum, das vermutlich 506 ein gewaltsames Ende fand. Nach F.-R. Herrmann.

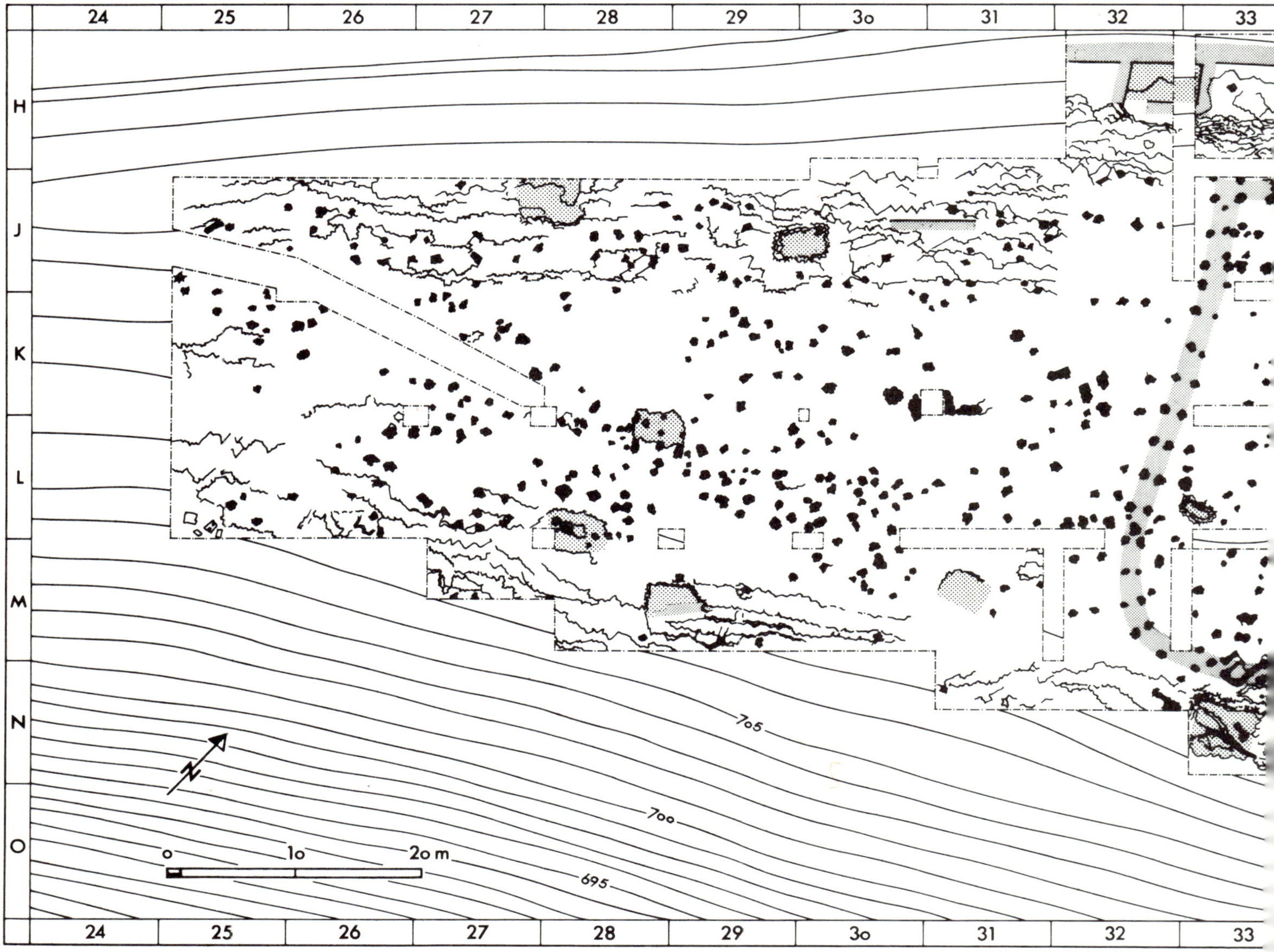

Abb. 24. Urach, Runder Berg (Reg. 367). Übersichtsplan der Grabungsergebnisse 1967–1977 im Maßstab 1:500. Die alamannischen Befunde setzen mit einer in den anstehenden Kalkfelsen eingetieften Rinne ein, die zur Aufnahme einer Palisadenwand bestimmt war und dem 3. oder frühen 4. Jh. angehört. Der Verlauf des Fundamentgrabens ist an der dunklen, bandförmigen Signatur von den Quadraten O33–35 an nach Osten und Norden zu erkennen. Auf der Nordseite wurde diese Felsrinne durch Terrassierungsarbeiten des 7. Jh. beseitigt. Im Westen des Plateaus scheint sie ganz gefehlt zu haben. Von den zahlreichen, über den ganzen Berggipfel verteilten Pfostengruben kann bislang keine der frühalamannischen Phase mit letzter Sicherheit zugewiesen werden. Möglicherweise machte man sich in dieser Zeit noch nicht die große Mühe, den unmittelbar unter dem Humus anstehenden Fels zur Aufnahme der Holzpfosten auszuhauen. Die durchwegs hölzernen Gebäude mögen daher Ständerbauten auf Holzschwellen gewesen sein. Aus der Verteilung der Kleinfunde wissen wir, daß die wohlhabende Bevölkerungsschicht in der Frühzeit am Nordrand des Plateaus gewohnt hatte. Noch vor 500 wurde die Palisadenwand durch eine massive Steinmauer von etwa 1,5 m Stärke ersetzt. Zur Stabilisierung des Trockenmauerwerks dienten senkrechte Holzpfosten, die in jeweils etwa 3 m Entfernung in Vorder- und Rückfront der Mauer eingelassen waren. Eine doppelte Pfostenlochreihe ist das einzige, was sich von dieser Mauer erhalten hat. Ihr Verlauf ist auf dem Plan durch feinen Raster gekennzeichnet. Für die Interpretation des Platzes als Adelssitz ist es von großer Bedeutung, daß die »Befestigung« offensichtlich nur einen Teil der besiedelten

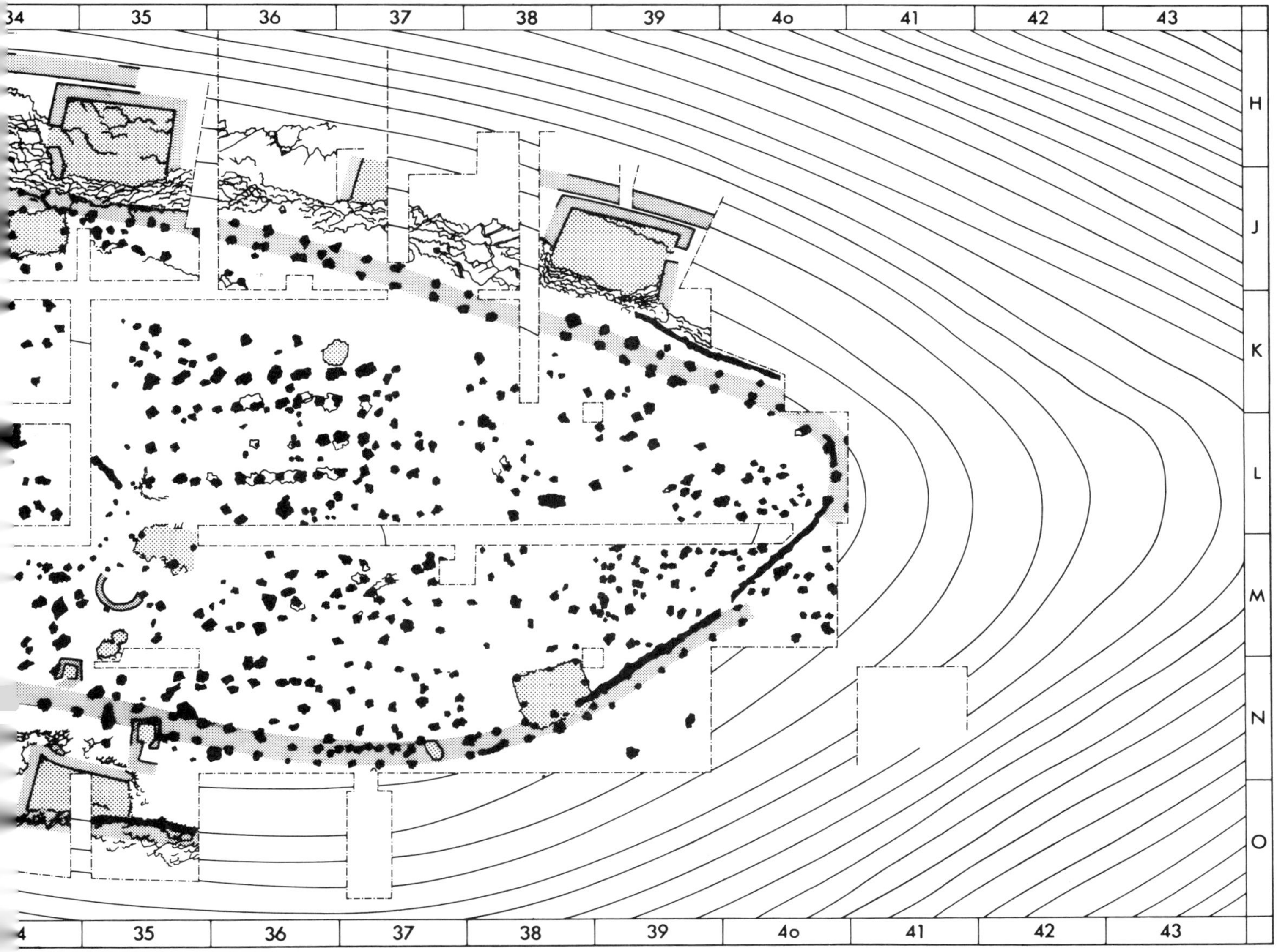

Fläche, eben das Areal einer Hofhaltung, umschloß und nicht primär Verteidigungszwecken diente. Darin, sowie möglicherweise in der Größe der abgegrenzten Fläche, bestand Gemeinsamkeit mit der vorhergegangenen Palisadenperiode. Auch der Blütezeit des Runden Berges im 5. Jh. sind keine Pfostenbauten eindeutig zuweisbar. Im Fundmaterial deutet sich an, daß die Werkstätten der Silberschmiede südwestlich außerhalb der abgegrenzten Fläche gelegen hatten. Wahrscheinlich im Jahre 506 wurde die Siedlung durch die Franken erobert; der Platz blieb 150 Jahre wüst.

Die Baulichkeiten der letzten Besiedlungsphase des 7.–10. Jh. sind die deutlichsten auf dem ganzen Berggipfel. Sie bestehen einmal aus Pfostenbauten, unter denen sich eine 20x8 m große Halle in Plateaumitte (Quadrate K/L 35/37) am deutlichsten abhebt. Sodann fehlen auch die typischen Grubenhäuser nicht, die in den Quadraten J 34 und N 38 mit vieler Mühe in den Fels eingehauen wurden. Dabei wurde der Verlauf der – freilich damals schon völlig geschleiften – älteren Holz/Steinmauer angeschnitten. Im Süden des Plateaus wurden mehrere Ofenanlagen festgestellt. Weitere Gebäude, vor allem solche an der Plateaukante, wurden in Steinmauerwerk ausgeführt. Schon im Hangbereich umgürtete eine etwa 1,5 m starke Mauer die im Vergleich zu den früheren Perioden erheblich vergrößerte Siedlungsfläche. Die Signaturen bedeuten: Schwarz: aus dem Fels gehauene Pfostengruben. Enger Raster: Mauerfläche. Ist deren Außenkante deutlich sichtbar gewesen, begleitet eine Begrenzungslinie den Raster. Weitere Raster: Grundflächen von Baulichkeiten, zumeist aus dem Felsen gehauen. Vgl. auch Tafel 6.

derswo jedoch nicht. Vielleicht ist das Bild eines zentralen Ortes des 6. und 7. Jahrhunderts wieder anders. Nachdem feststeht, daß dort besonders viel Volk seßhaft war – man rechnet mit bis zu 400 Einwohnern beispielsweise für Sasbach –, daß dort aber ansonsten eine ähnliche Sozialstruktur war wie in ländlichen Siedlungen mit einer überdurchschnittlich wohlhabenden, führenden Familie, wird sich das Siedlungsbild wohl nicht sehr von dem größerer Dörfer unterschieden haben. In Orten wie Gammertingen, Hüfingen oder Pleidelsheim wird man kaum mehr Unterschiede zu Siedlungen wie Hailfingen oder Schretzheim entdecken können als in der auffallend großen Zahl besonders stattlicher Höfe. Etwas anders wird dies bei romanischen Siedlungen mit zentralörtlichen Funktionen zu beurteilen sein. Es sorgten bereits die vorhandenen und oft noch genutzten steinernen Bauteile spätantiker Abkunft für veränderte Voraussetzungen, und auch die sozial und funktional ganz andere Bevölkerungsstruktur mag sich im Siedlungsbild niedergeschlagen haben. Nur selten ist diese freilich archäologisch gut erforscht. In einigen Fällen legen die Befunde eine Verlagerung mancher, wenn nicht gar aller Siedlungsteile aus dem befestigten Areal in dessen Vorland nahe, beispielsweise in Zürich und in Zurzach, oft in Anlehnung an ein kirchliches Zentrum, das aus einer Totenmemoria des römerzeitlichen Friedhofs erwachsen sein kann. Es ist verständlich, daß im 6. und 7. Jahrhundert der spätantike Mauerbering ohne die Möglichkeit oder Initiative zu seiner Instandhaltung bald an Repräsentationswert und Funktion verlor. Gut läßt sich das Schicksal derartiger
Abb. 13 Baulichkeiten am Beispiel der Befestigung Abodiacum auf dem Lorenzberg bei Epfach nachzeichnen. Der Mauerbering des 3. Jahrhunderts hatte anfänglich nur eine größere Zahl von Holzbauten umschlossen, welche in der zweiten Hälfte des 4. Jahrhunderts um einen massiv-steinernen Magazin- und Verwaltungsbau sowie um eine steinerne Kirche vermehrt wurden. Diese letzteren Bauten blieben auch im 5. Jahrhundert intakt und aufgesucht. Gelegentliche Bewohnung weist zumindest auch der Magazinbau noch bis in die Zeit um 600 auf. Die Kirche ist als Sakralbau erst wieder in der zweiten Hälfte des 6. Jahrhunderts nachweisbar, und zwar als Grablege. Bis dahin hatte sich keine Sepultur an sie angeschlossen, allerdings keine verwunderliche Tatsache bei einer Kirche quasi intra muros. Auch das alamannische Gräberfeld, das in der zweiten Hälfte des 6. Jahrhunderts innerhalb des spätantiken Mauerberings angelegt wird, meidet zunächst die noch bestehenden und genutzten Steinbauten; sein Kern liegt ganz im Westen im Gebiet der längst spurlos verschwundenen spätrömischen Holzbauten. Über die Art der Nutzung des spätrömischen Magazinbaus zu dieser Zeit ist keine endgültige Klarheit zu gewinnen. Daß sie überhaupt ausgeübt wurde, zeugt von einer gewissen Rechtskontinuität, die an dem Platz haftete, und die sich auch in der ungebrochenen Tradition des antiken Namens bemerkbar macht. Die alamannische Bevölkerung siedelte wenige hundert Meter westlich der spätantiken Baulichkeiten. Sie scheint sich jedoch den vorgefundenen Traditionen und Verbindungen angepaßt zu haben, denn unter ihr finden sich Anzeichen von gänzlich unagrarischer, merkantiler Tätigkeit. Im Verlauf des 7. Jahrhunderts scheinen dann die profanen Steinbauten auf dem Lorenzberg weitgehend überflüssig geworden zu sein und verfielen weitgehend. Ihr Areal wurde teilweise dem Gräberfeld zugeschlagen. Den Kirchenbau St. Laurentius nutzte man jedoch auch weiterhin, gelegentlich als Bestattungsplatz; er hat die Zeitläufte bis heute überstanden. Epfach-Lorenzberg ist das bislang besterforschte Beispiel einer romanischen Siedlung mit einem Minimum an Kontinuität. Sein Siedlungsbild ist das eines mehr aus besitzrechtlichen Gründen als aus pragmatischen Notwendigkeiten heraus aufrecht erhaltenen Gehöftes, eines Herrenhofes ohne agrarische Funktion; er war im Besitz der Kirche gewesen.

Andernorts bringt das 7. Jahrhundert selbst für verfallende spätrömische Kastelle auf dem Boden der beginnenden Feudalisierung eine neue Blüte. Kirchen im Inneren der längst romanischer Verfügungsgewalt unzugänglichen und sogar ihrer antiken Namen Argentovaria und Tasgaetium verlustig gegangenen Mauergevierte von Horbourg und Stein – »Auf Burg« werden zu Begräbnisplätzen adeliger Familien und werfen dadurch ein Schlaglicht auf die Besitzverhältnisse ihrer Standorte. Es ist nur mehr ein kleiner Schritt dahin, daß die bröckelnden Mauern wieder instandgesetzt und die Gräben ausgeputzt werden. Was hier in der zweiten Hälfte des 7. Jahrhunderts auf ehemals römischem Boden zu beobachten ist, kann durchaus allgemeinerer Natur gewesen sein. Denn auch im Inneren Alamanniens ist in einigen Fällen die Neubesiedlung von Orten feststellbar, die aufgrund ihrer geographischen Lage nur befestigt sinnvoll sind. Der besterforschte dieser Plätze ist der Runde Berg bei Urach. Noch vor 700 wird dort die Bergkuppe von steinernen Mauern umgürtet und das Innere dicht mit Abb. 24 Holz- und Steinbauten überzogen. Grubenhäuser, Ofenanlagen und eine – noch nicht gefundene – Kirche vervollständigen das Bild einer Siedlung mit überörtlichen Funktionen. Freilich bietet die Schwäbische Alb Plätze genug, die ähnlich wie der Runde Berg von der Natur zur Befestigung begünstigt sind und es in vorgeschichtlicher Zeit oft auch waren. Wenn mit dem Runden Berg im 7. Jahrhundert ein Siedlungsplatz gewählt wurde, an dem vier Jahrhunderte zuvor eines der wenigen Herrschaftszentren des alamannischen Stammes entstanden war, so möchte man das Anknüpfen an diese seit ihrer Zerstörung durch die Franken 506 wüst gewordenen Stätte für bewußt und alles andere als zufällig halten. Man könnte sogar noch einen Schritt weitergehen und die Wiederbesiedlung des Runden Berges für eine politische Demonstration halten, die sich – erfolgte sie durch die Franken – gegen die Alamannen gerichtet hätte. Erfolgte sie jedoch durch die Alamannen, so konnte die Wiedererrichtung eines durch Franken zerstörten Oberzentrums nur einen Affront gegen die fränkischen Machthaber bedeuten. Gerade der letztere Aspekt ist angesichts einer möglichen erneuten Siedlungsunterbrechung um die Mitte des 8. Jahrhunderts, wie sie der archäologische Fundstoff nahelegt, sehr zu überdenken.

Schon heute, da die guten Befunde des Runden Berges noch vereinzelt dastehen, darf festgestellt werden, daß das Befestigungswesen, wie es im 7. Jahrhundert unter restaurativen Vorzeichen erneut auflebte, keine soziale Tiefenwirkung besaß, sondern auf wenige elitäre Personenkreise und Aufgabenbereiche beschränkt blieb. Vorläufig will es denn auch nicht gelingen, von diesen zentralen Orten des 7. Jahrhunderts aus einen allgemein benutzten Weg zur Burgen- und Stadtlandschaft des hohen und späten Mittelalters zu finden.

Grab und Friedhof

Der Mensch lebt nach seinem Tode fort. Auf diese Formel konnte sich im frühen Mittelalter eine ganze Reihe religiöser Traditionsgemeinschaften einigen, und kaum eine unter ihnen versagte dem Toten das, was diesem für sein weiteres, ewiges Leben als notwendig zugestanden wurde: Die Möglichkeit, seinen Habitus in Tracht, Schmuck, Waffenausstattung auch im Jenseits zur Schau zu tragen, Speise und Trank auf der Reise dorthin, manchmal die Insignien und Geräte, die zur Fortführung eines Amtes oder eines Berufes notwendig waren, gelegentlich ein Pferd auf den Weg, seltener Gefolge und Gesinde. Der Verstorbene hatte hierauf nicht nur einen moralischen, sondern auch einen ganz realen Anspruch, lebte er doch – mit Einschränkungen, als Rechtsperson über seinen Tod hinaus fort.

Diese Rechtsvorstellungen führten zu einer konsequent geübten Beigabensitte, welcher dann die Geschichtsforschung des frühen Mittelalters eine unermeßliche Zahl an Kleinaltertümern, die Mühe ihrer Ordnung, das Vergnügen ihrer Darstellung und die Hoffnung ihrer historischen Aussagemöglichkeiten verdankt. Freilich haben diese Traditionen in den 350 Jahren, in denen wir sie hier beobachten wollen, Veränderungen erfahren. Die Anfänge wurzeln im Grabbrauch der alamannischen Urheimat an mittlerer Elbe und Havel. Dort war seit den letzten beiden Jahrhunderten vor Christus von den Vorläufern der germanischen Stammesgruppen, aus denen sich später die Alamannen formierten, die Sitte der Totenverbrennung und der Bestattung des Leichenbrandes in einer Urne oder in einem Behälter aus vergänglichem Material (Holz, Stoff) geübt worden, ein Brauch, der sich nach germanischen Vorstellungen durchaus mit einem uneingeschränkten Weiterleben nach dem Tode vereinbaren ließ. Als eine gewissermaßen höhere Form des körperlichen Weiterbestehens, der leiblichen Auferstehung in ihrer Intention nicht unähnlich, trat parallel hierzu im 1. Jahrhundert n. Chr. die Körperbestattung hinzu, beschränkt auf die germanischen Familien mit adelsähnlichem Status, die sogenannten Fürstengräber. Beide Bestattungsarten kannten noch die Vorfahren der Alamannen im 2./3. Jahrhundert, und beide finden wir dann im Einwanderungsgebiet vor. Dort vermischen sich in der Folge die Grenzen zwischen beiden Begräbnisarten. Das zu dieser Zeit im römischen Reichsgebiet fast uneingeschränkt geübte Bestatten der unverbrannten Körper mag nämlich seinen Eindruck auf die Alamannen nicht verfehlt haben.

Im Gräberfeld von Lampertheim sind die Körpergräber durchaus nicht immer sehr reich ausgestattet, geschweige denn »Fürstengräber«, sondern mitunter sogar beigabenlos. Dieser Friedhof vermittelt als vorerst einziger im Alamannengebiet Einblick in die Bestattungssitten des *Abb. 25*

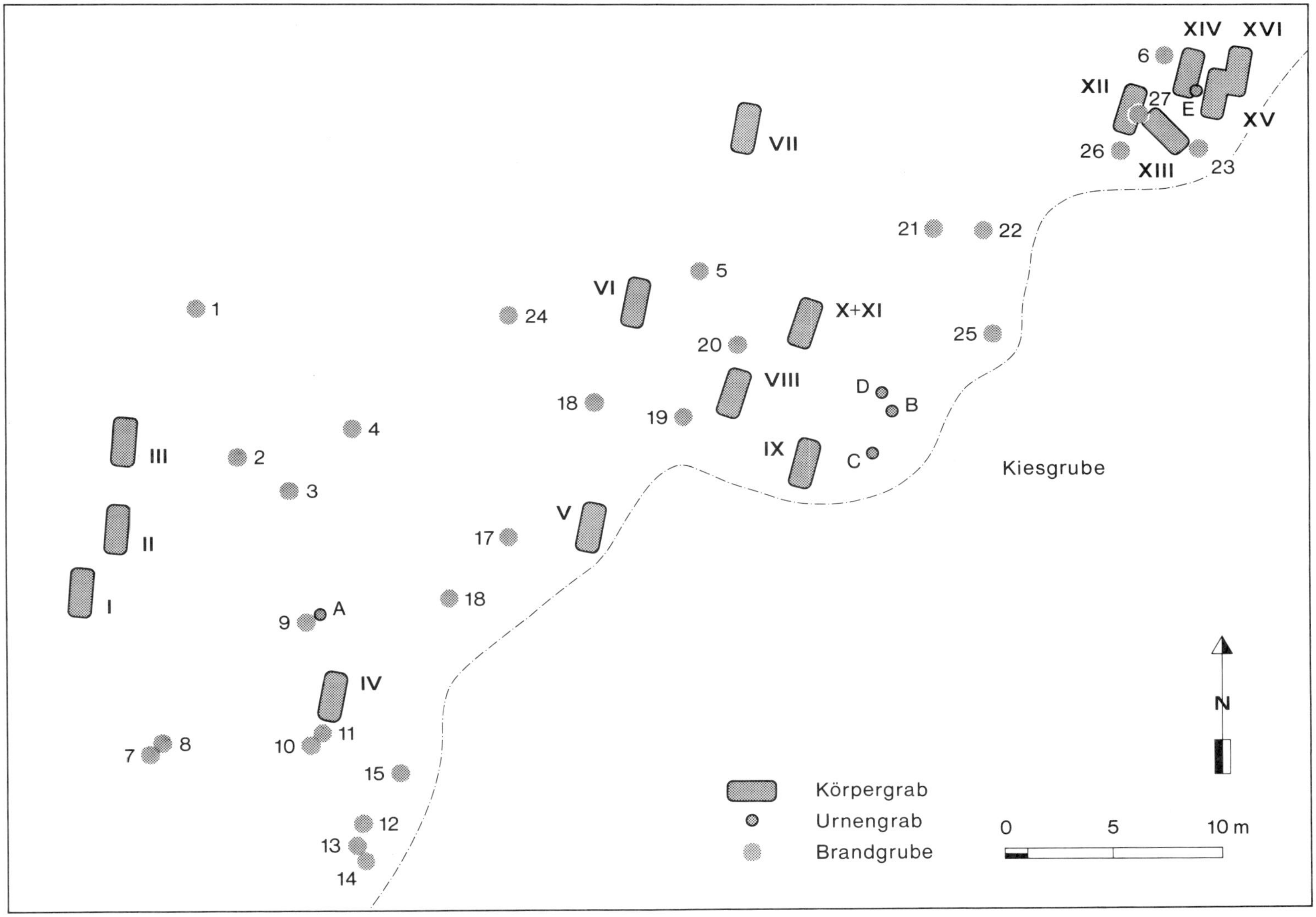

Abb. 25. Lampertheim (Reg. 232). Plan eines Brand- und Körpergräberfeldes aus dem 4. Jh. Maßstab 1:300.

4. Jahrhunderts. Der größte Teil der Toten wurde noch verbrannt und die Asche entweder in einer Stoffhülle, oder überhaupt ohne Behältnis der Erde übergeben. Bei dieser Gruppe der sogenannten Brandgrubengräber sind Beigaben sehr selten. In anderen Fällen war die Asche des Toten in ein Tongefäß (»Urne«) gefüllt worden, wie dies auch anderswo gang und gäbe war. Eine dritte Gruppe von Verstorbenen war unverbrannt bestattet worden. Die Ausstattung der Lampertheimer Toten war in der Regel dürftig und betont germanisch, trotz der Nähe zur römischen Grenze. Die spärliche Beigabe an Gefäßen, darin so ganz anders als die ungefähr gleichzeitigen Gräber von Hockenheim, ist wohl ein weiteres Indiz für die relativ niedrige soziale Stellung der zugehörigen Siedlung. Die Bedeutung des Lampertheimer Friedhofs liegt darin, daß er uns nachdrücklich auf die archäologisch kaum ins Auge fallenden und offenbar einen großen Teil gerade der frühalamannischen Bevölkerung bergenden Brandgrubengräber aufmerksam macht. Derartig unscheinbare Befunde sind auf normalem

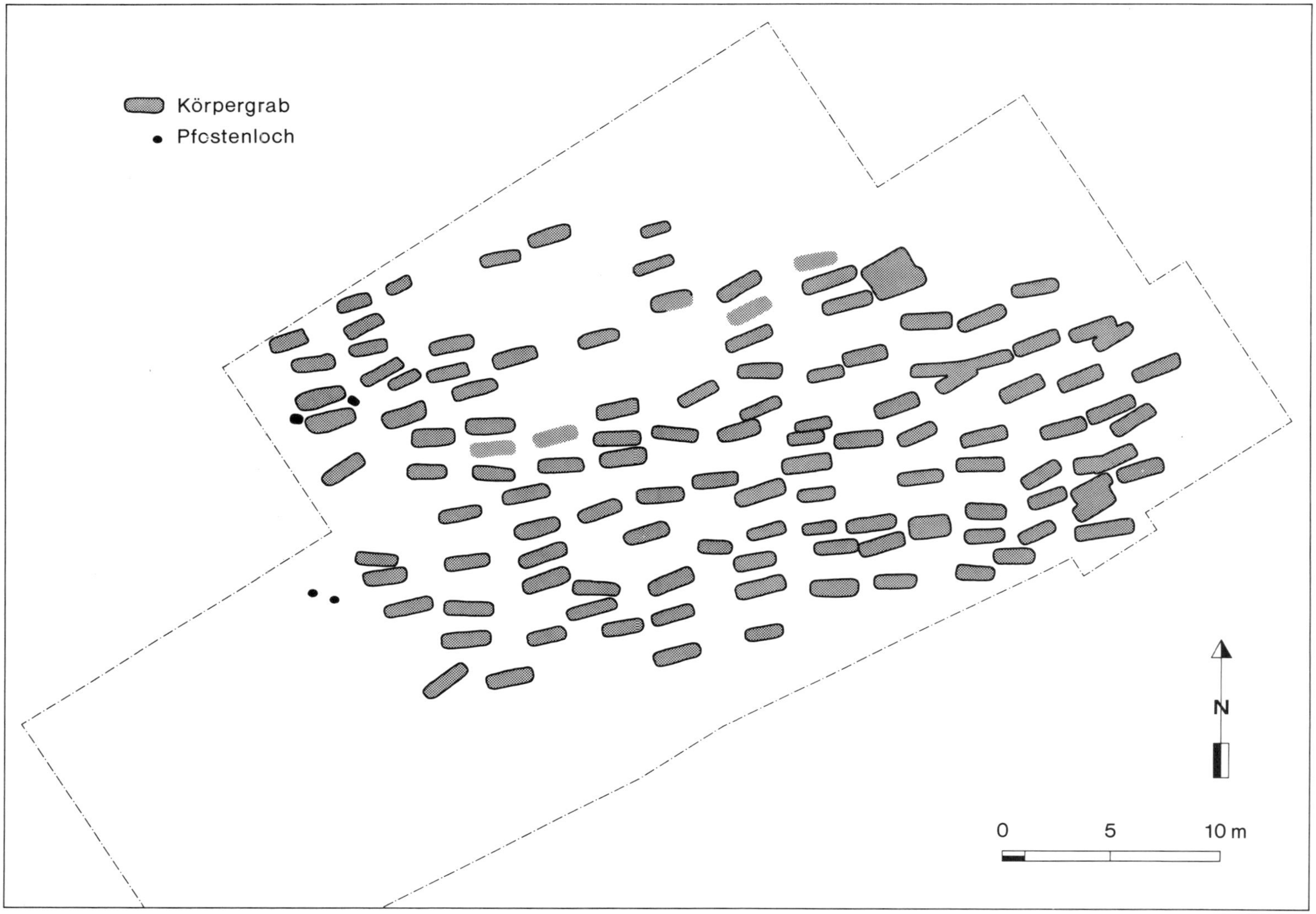

Abb. 26. Schwangau (Reg. 315). Plan eines Körpergräberfeldes des 7. Jh. Maßstab 1:300.

Wege, d. h. aufgrund von Beobachtung und Meldung durch Laien, so gut wie gar nicht zu erlangen.
Wie leicht selbst die ungleich auffälligeren Urnengräber durch das Netz des Forschungsstandes rutschen können, lehrt beispielsweise das grobe zahlenmäßige Mißverhältnis zwischen römischen Villae rusticae und den eigentlich in gleicher Zahl zu erwartenden Brandgräberfeldern. Die Auffindungschancen steigen erst mit den Skelettgräbern deutlich an, und hier hat sich dann auch ein solider Fundus angesammelt. Ein großer Teil von ihnen läßt sich mühelos an die mitteldeutsche Skelettgräbergruppen der Zeit um 300 anschließen. Gundelsheim, Erlbach, Gerlachsheim überliefern die von dort bekannte Bestattungs- und Beigabensitte.
Den Frauen wird ihre ganze Tracht und ihr schönster Schmuck mitgegeben, dazu Ton-, Glas, Bronze- und Holzgefäße je nach Vermögen. Bei den Männern macht sich noch lange die Zurückhaltung in der Mitgabe von Waffen bemerkbar, wie wir sie beispielsweise an den symbolischen Sätzen von Bronzepfeilspitzen in den Grä-

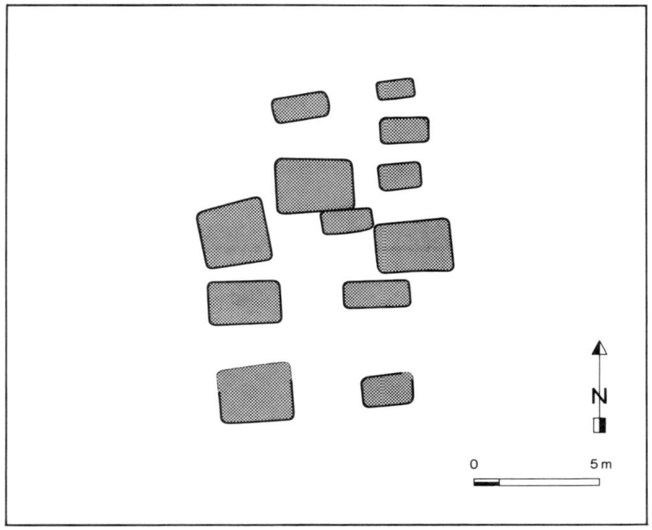

Abb. 27. Niederstotzingen (Reg. 264). Plan eines Adelsgräberfriedhofs des 7. Jh. Maßstab 1:300.

bern von Bittenbrunn-Laisacker, Heilbronn-Böckingen und Leutkirch erkennen; die dort bestatteten Männer hatten gewiß im Leben mit ganz anderen Waffen ge-
Taf. 24 kämpft. Gerade der Grabfund von Leutkirch aus der Zeit um 400 deutet an, daß diese zurückhaltende Beigabensitte im Süden Alamanniens noch üblich war, als sie nicht nur im mitteldeutschen Mutterland der Alamannen, sondern auch in deren neuer Heimat an Main und Neckar schon längst aufgegeben worden war. Die Orientierung der Toten wechselt; bevorzugt sind Nord-Süd-Richtung und Ost-West-Richtung.

Mit dem Einsetzen der großen Reihengräberfelder des 5. Jahrhunderts erhalten wir dann auch bald Klarheit über viele Details des Totenbrauchtums. Nunmehr dominiert die Körperbestattung in West-Ost-Richtung mit Kopf im Westen, eine Orientierung, die sich seit dem späten 4. Jahrhundert auch auf römischem Gebiet durchgesetzt hatte. Die Grube zur Aufnahme des Sarges war zunächst nicht größer, als es der Untergrund und die Tiefe des Grabschachtes erforderten. Grabbeigaben, die nicht im Sarg Platz hatten, wurden neben oder über dem Sarg deponiert. Die Grabtiefe schwankte zwischen 40 cm und mehr als 2 m, wobei sich deutlich die Tendenz ablesen läßt, reicher ausgestattete Tote in tieferen Grabgruben zu bestatten. Dies sollte wohl dem weitverbreiteten zeitgenössischen Grabraub entgegenwirken. Nur zu oft, wie beispielsweise im Falle der extrem tiefen und sehr gründ-
Abb. 28 lich geplünderten Grabkammer von Sasbach, war diese Mühe umsonst. Auf der Grabsohle stand der Sarg oder besser der Grabeinbau, aus Brettern ohne Zuhilfenahme von Metallstiften zusammengefügt und oft auf zwei Unterlagbalken gelegt. Diese Balken, welche sich beispiels-
Abb. 29, 30 weise bei Oberflachter Grabfunden noch im Original nachweisen lassen, sind oft das einzige Detail, das sich heute noch in Gestalt von zwei dunkel-humosen Quer-
Taf. 10 bändern unter Schulter und Unterschenkeln des Skeletts von der einstmals so reichen Grabauskleidung erhalten hat; eine Bestattung aus Friedberg lieferte hierzu ein schönes Beispiel.

Gegen Ende des 5. Jahrhunderts setzt auch im alamannischen Raum das Bestreben ein, besonders wohlhabende Personen nicht nur in einem sehr tiefen, sondern auch in einem sehr umfänglichen Grabschacht zu bestatten. Regelrechte Grabkammern von manchmal 2,0×2,5 m Grundfläche entstehen. Die Sitte hat eine längere Tradition sowohl im innergermanischen, vor allem nordgermanischen Bereich, als auch im provinzialrömischem Gebiet der späteren Kaiserzeit. Für die letztere Ableitung könnte sprechen, daß die ältesten derartigen Grabkammern ganz im Norden des alamannischen Gebietes liegen, etwa in Pleidelsheim. Ein strenges Ritual wird er- *Taf. 12*
kennbar: der Sarg mit dem Leichnam nimmt stets die Nordhälfte der Grabkammer ein, während die Südhälfte den Beigaben vorbehalten bleibt, die nicht zur persönlichen Tracht des Verstorbenen gehörten. Die Grabkammern waren, und dies zeigen Gräber mit guterhaltenen Holzresten wie Hüfingen besonders deutlich, im Grunde *Abb. 31*
genommen nur ein vergrößerter Brettersarg. Auch sie wiesen anscheinend stets hölzerne Unterlagbalken auf, die zumeist, wie in Weißenburg, nur noch als Verfärbun- *Abb. 33*
gen des Grabbodens erkennbar sind. Eine aus Brettern gezimmerte und mit Unterzügen versehene Grabkammer bedurfte offensichtlich, vielleicht von ganz wenigen, durch äußerste Armut bedingte Ausnahmen abgesehen, stets noch eines zusätzlichen, innersten Totengehäuses, als dessen geläufigste Form der Totenbaum begegnet, *Abb. 32*
zwei ausgehöhlte Stammhälften, durch zwei gegenständige Dübel verschlossen, auf der Oberseite häufig mit dem Symbol der Totenschlange versehen. Die Friedhöfe von Oberflacht, Zöbingen, Trossingen und Kirchheim/Neckar haben aufgrund besonders konservieren-

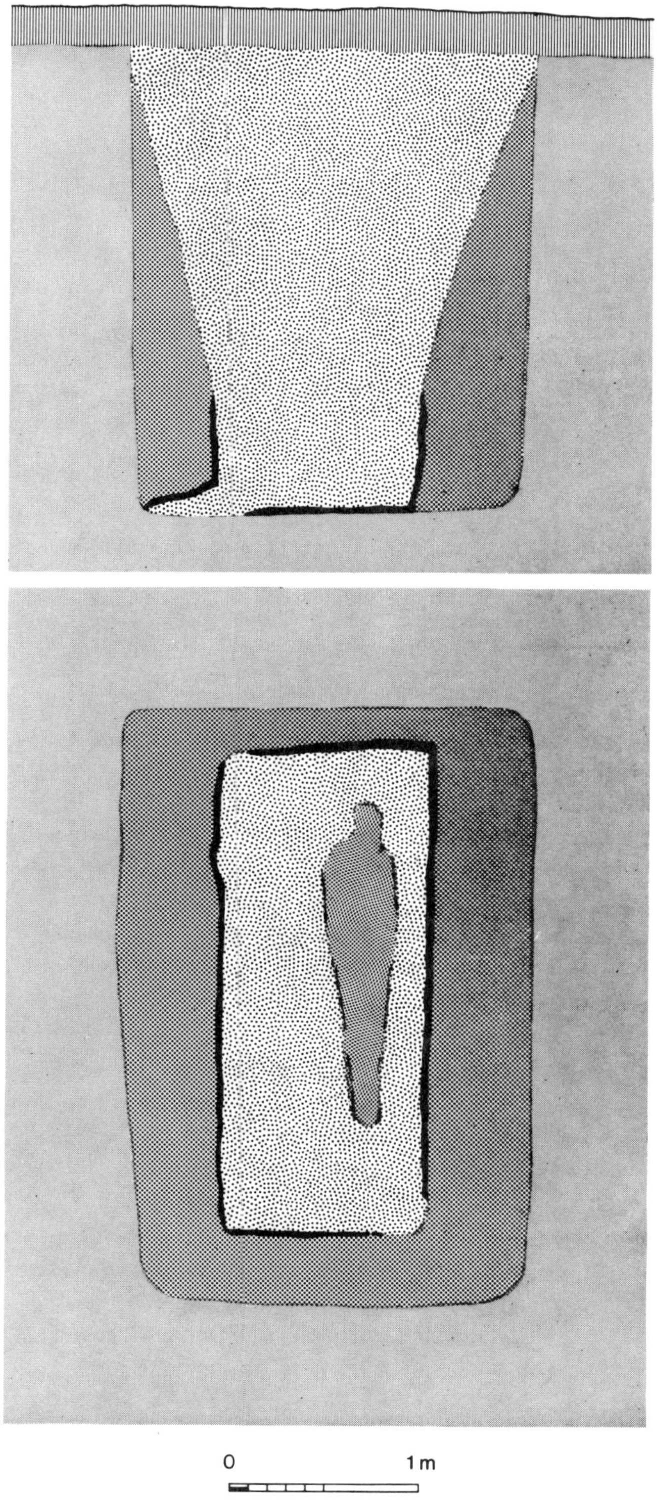

Abb. 28. Sasbach, Gewann »Behans« (Reg. 305). Grundriß und Querschnitt des extrem tiefen und gründlich geplünderten (»Adels«-)Grabes 156. Deutlich sind die Umrisse der Grabkammer mit dem Leichnam in der Nordhälfte, der breite Raubschacht der Grabräuber und der flächig geplünderte Grabboden zu erkennen. Maßstab 1:40.

Abb. 29. Oberflacht (Reg. 271). Kleine Grabkammer aus gefugten Bohlen über Unterlagbalken. Maßstab etwa 1:25. Nach Paulsen/Schach-Dörges.

Abb. 30. Oberflacht (Reg. 271). Holzkammer des Grabes 31 von 1846 im Zustand der Auffindung. Darin ein aufwendig verzierter Baumsarg (6, 7) mit dem Leichnam eines um 610 verstorbenen, überdurchschnittlich wohlhabenden jungen Mannes. Im Sarg lagen das zweischneidige Langschwert (8, 9) und der einschneidige Sax (13–15), der Gürtel (12) und die Leier Abb. 62 (10, 11). Außerhalb des Sarges war die Lanze (rechts oben) niedergelegt. Zu Füßen des Sarges barg ein hölzerner Schrein in drei Fächern Trense und Pferdegeschirr (18, 20), ein Bronzebecken (29, 30) und schließlich, im letzten Fach, einen Holzteller (32, 33), einen hölzernern Leuchter (31), einen Schuhleisten (34, 35) und ein Spiel- oder Rechenbrett (36, 37). In ähnlich komplexen Gehäusen fanden überall im Lande die toten Alamannen ihre letzte Ruhe. Im Detail, beispielsweise in der Ausbildung der Baumsärge, zeigten sich schon hier soziale Unterschiede an. Nach von Dürich/Menzel.

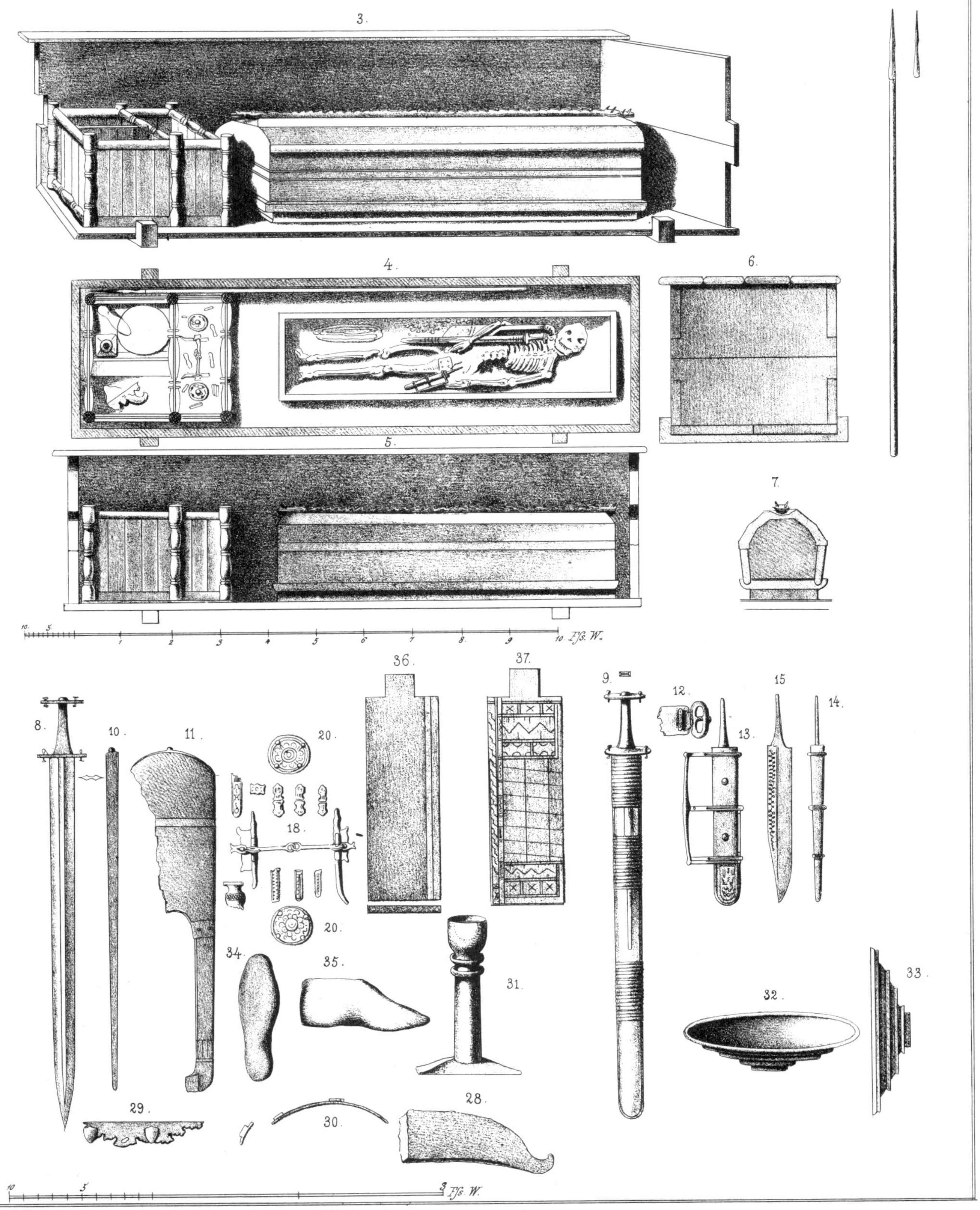

3.
4.
6.
5.
7.
10 5 1 2 3 4 5 6 7 8 9 10 Fss W.
36.
37.
9.
12.
15
14.
8.
10.
11.
20.
13.
18.
20.
34.
35.
31.
33.
32.
29.
30.
28.
10 5 3 Fss W.

der Böden solche Totenbäume bewahrt. Der Oberflachter Befund hat sodann mit besonders kompliziert aufgebauten, sich schon regelrecht gezimmerten Särgen annä-
Abb. 29 hernden Totenbäumen bekanntgemacht, und in der Folge, d. h. im 7. Jahrhundert, mag der simple, zweiteilige Totenbaum nur mehr in Ausnahmen üblich gewesen sein. Die Särge, auch jetzt ohne Metallstifte zusammengefügt, besaßen gelegentlich eiserne, bandförmige Beschläge. Derartiger Schmuck blieb freilich auf die Bestattungen sehr reicher Personen beschränkt.

Ganz im Osten des alamannischen Gebietes hat im 7. Jahrhundert die Sitte der großen Grabkammern auch in sozial schwächeren Bevölkerungskreisen Fuß gefaßt. Es kommt in Friedhöfen wie Dittenheim, Weißenburg und Bittenbrunn zu grotesk anmutenden Grabgehäusen mit dem fast beigabenlosen Toten im Nordteil und einem nahezu leeren Südteil der Grabkammer.

Um die Mitte des 7. Jahrhunderts zeichnet sich beinahe im gesamten Alamannengebiet eine Entwicklung ab, in deren Verlauf das Zusammengehörigkeitsgefühl der einzelnen Familien gestärkt, deren Bindungen zur Dorfgemeinschaft jedoch gelockert werden. Dies äußert sich auf den Bestattungsplätzen im Festhalten an der Grablege, nach Möglichkeit sogar direkt am Grabe der Ahnen. Zu dieser Entwicklung mögen die seit dem 7. Jahrhundert immer zahlreicher werdenden Adelsgeschlechter mit ihren Separatfriedhöfen entscheidend beigetragen haben. Jedenfalls kommt es erst um diese Zeit verstärkt zu Nachbestattungen von Toten in einer bereits benutzten Grabgrube und in der Folge zur Anlage regelrechter Familiengrüfte. Diese Erscheinung, die durchaus Vorläufer in römischer Zeit besitzt, äußert sich archäologisch in den
Taf. 11 sogenannten Steinmauer- oder Steinplattengräbern. Um die fortwährende Wiederbenutzung einer Grabgrube zu ermöglichen, waren deren Seitenwände im Grabsohlenbereich aus kleineren Steinen gemauert oder aus großen Steinplatten zusammengefügt. Zwischen diesen Steineinbauten findet man nicht selten die Überreste von drei, vier oder mehr (bis zu sechs) Bestattungen vor, jeweils für den nächstfolgenden Toten beiseitegeschoben. Gelegentlich ist sogar die regelrechte Aufmauerung der Gruft in Mörtelbauweise zu beobachten, nicht nur ein Hinweis auf die Kenntnis dieser fortschrittlichen Mauertechnik, sondern auch auf das Bestreben, die Familiengruft möglichst dauerhaft zu gestalten.

Gerade die immer wiederkehrende Benutzung einer

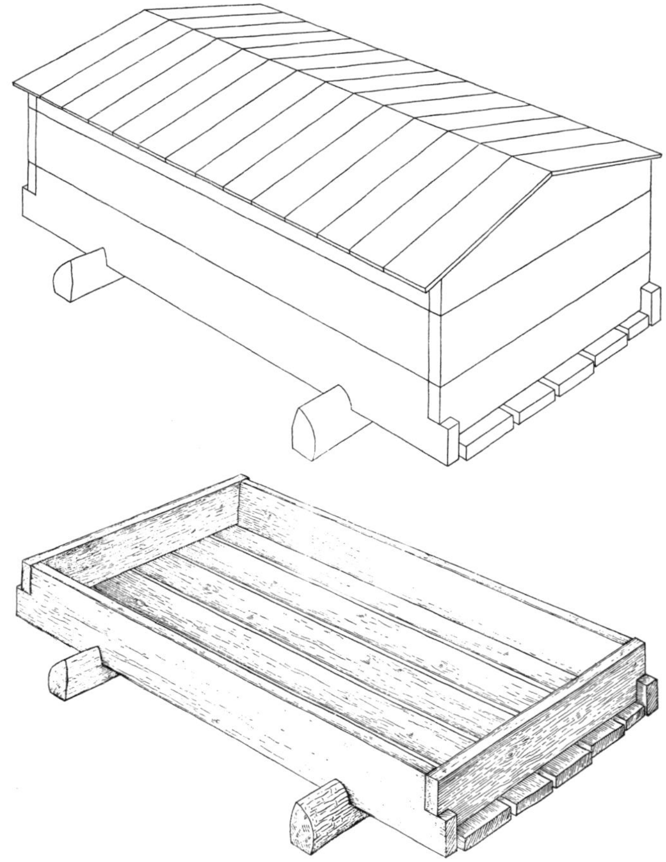

Abb. 31. Vom Grabgehäuse des Hüfinger Reiters (Reg. 199) erhielten sich noch die Bretter des Kammerbodens und erlaubten nicht nur Überlegungen zur Rekonstruktion der Grabkammer (oben), sondern auch eine dendrochronologische Datierung der Grablegung ins Jahr 606. Der Tote, zu dessen Grabgut die beiden Pferdegeschirrphaleren Taf. 71 gehörten, war ein Zeitgenosse des nur wenig später verstorbenen und in Grab 31/1846 von Oberflacht bestatteten Mannes (Abb. 30) und diesem an Besitz ebenbürtig. Maßstab etwa 1:25. Nach G. Fingerlin.

Grabgrube läßt auf eine oberirdische Markierung der Grabstätte schließen, wie wir dies in Form von Grabsteinen aus der romanischen Sphäre, aber auch aus dem mittelalterlichen Bereich kennen. Auch an eine flächige Kennzeichnung, etwa ähnlich den Grabmosaiken des Mittelmeerraumes, wäre zu denken, alles dies freilich bleibt unbeweisbar. Nur selten hat sich die Einfriedung einer offenbar besonders geachteten Grabstätte in Form eines – zumeist kreisförmigen – Gräbchens feststellen lassen. In einem solchen Falle ist stets zu überprüfen, ob nicht ein größeres, hügelförmiges Grabmonument über der Bestattung aufgetürmt war. Nahezu singulär – nur infolge ungenügender Grabungssorgfalt? – muß uns der *Abb. 65* Befund eines Kindergrabes aus Friedberg scheinen. Über der Grabstätte war ein hölzernes Häuschen errichtet worden, kenntlich an seinen vier Eckpfosten neben den Enden der Grabgrube. Solche Gedächtnismale sind im Umkreis christlichen Glaubensgutes an den Begräbnisplätzen verehrungswürdiger Toter nicht selten anzutreffen; Beispiele mögen der christlichen Adelsfamilie von Friedberg aus dem nahen Augsburg zur Verfügung gestanden haben.

Auf die Anlage der sogenannten Reihengräberfriedhöfe hatten derlei Ausnahmefälle keinerlei Einfluß. Selbst wenn sie einmal auftraten, was angesichts der Seltenheit von Kreisgräben und Totenmemorien nur in jedem achten oder zehnten Friedhof feststellbar ist, so störten sie den Gang der Belegung kaum. Das Beispiel Schwangau *Abb. 26* eines bäuerlichen Friedhofs des späten 6. und 7. Jahrhunderts macht die enge Belegung eines Bestattungsplatzes sichtbar. In ihr kommt durchaus eine gewisse Ordnung, um nicht zu sagen Reglementierung durch allgemeine, von der Ortsgemeinschaft erlassene und akzeptierte Belegungsvorschriften zum Ausdruck. Individuellen Wünschen, wie dem nach der Bestattung am Grabe des Vorfahren, war hier offensichtlich noch wenig Raum gegeben. Das Beispiel Schwangau läßt sich beliebig bis hin zu Friedhöfen von 1000 und mehr Gräbern vermehren. Innerhalb dieser Bestattungsplätze orientierte sich ein neu einzubringendes Grab in erster Linie an dem des zuvor verstorbenen Dorfgenossen, nicht an dem eines Familienangehörigen. Nur dadurch konnte bei fast allen alamannischen Reihengräberfeldern eine extensive Belegungsrichtung der eingangs geschilderten Art und dadurch eine horizontalstratigraphische Auswertungsmöglichkeit zustandekommen. Ließe sich hingegen feststellen, daß die Grablege stets familienweise erfolgte, so könnte von einer allgemeinen Belegungsrichtung in kaum einem Falle mehr gesprochen werden. Eine Ausnahme gibt es doch: bei Bestattungen von Familien mit überdurchschnittlichem Reichtum. Die solcherart hervorgehobenen Personenkreise mochten nur zu oft ihre wirtschaftliche Macht auch gesellschaftlich bestätigt sehen und beanspruchten daher in vielen Fällen einen separaten Bestattungsbezirk innerhalb des allgemeinen *Abb. 64* Ortsfriedhofs. Diese Sonderstellung führte dann vielfach zur völligen Absonderung dieser Familiengrablegen vom gemeinsamen Reihengräberfeld. Solche Separatfriedhöfe, in der Regel die ersten Hinweise auf einen adelsähnlichen Status der auf ihnen Bestatteten, sind an der kleinen Zahl der Gräber, der Größe der Grabgruben, der Häufigkeit von Pferdebestattungen und überhaupt an einer *Taf. 14* exzellenten Beigabenausstattung der in ihnen ruhenden Toten unschwer auszumachen; Niederstotzingen und *Abb. 27* Friedberg mögen als Beispiele dienen. *Abb. 65*

Derartige »gehobene« Bestattungsplätze, die man durchaus bereits als Adelsgrablegen bezeichnen könnte, kennen in der Regel den monumentalen Grabhügel als gesteigerten Ausdruck der Bedeutung des unter ihnen ruhenden Toten nicht. Grabhügel sind dennoch in diesem Sinne außerhalb des alamannischen Raumes schon früh errichtet worden; vielleicht im fränkischen Gebiet nach dem Vorbild gallorömischer Tumuli, mit Sicherheit in nordgermanischen Gefilden auf der Basis viel älterer Traditionen. In Alamannien tritt diese Erscheinung erst um die Wende zum 7. Jahrhundert auf. Besonders gut sind ihr Entstehen und ihre sozialgeschichtliche Verankerung im Gräberfeld von Fridingen zu beobachten, wo *Abb. 34* sich eine seit der Ortsgründung wenig nach 500 ansässige Familie von überdurchschnittlichem Reichtum um die Mitte des 7. Jahrhunderts ihrer wirtschaftlichen Macht besinnt und ihre Emanzipation auch äußerlich dadurch zum Ausdruck bringt, daß sie ihre Toten unter immer größer werdenden Grabhügeln bestattet. Einen Schwerpunkt besitzt die recht atavistisch wirkende Grabhügelsitte in der zweiten Hälfte des 7. Jahrhunderts im südlichen und südwestlichen Alamannengebiet. In die gleichen geistesgeschichtlichen Zusammenhänge gehören auch die Nachbestattungen in vorgeschichtlichen Grabhügeln, wie sie beispielsweise aus Schnaitheim oder Nagold bekanntgeworden sind.

Merowingerzeitliche Grabhügel und Nachbestattungen in älteren Grabhügeln liegen in der Regel ortsfern, oft sogar außerhalb des Ackerlandes, eben dort, wo sich größere Hügel am besten erhalten konnten und pflegen ließen. Auch dies kann man als einen betont konservativen Zug werten zu einer Zeit, da der allgemeine Trend in entgegengesetzte Richtung ging. Die Anlage der Reihengräber erfolgte ursprünglich zumeist in größerer Entfernung zur Siedlung; 500 bis 600 m Distanz sind keine Seltenheit. Ein bestimmter Regelabstand oder eine typische Friedhofsanlage lassen sich nicht feststellen, will

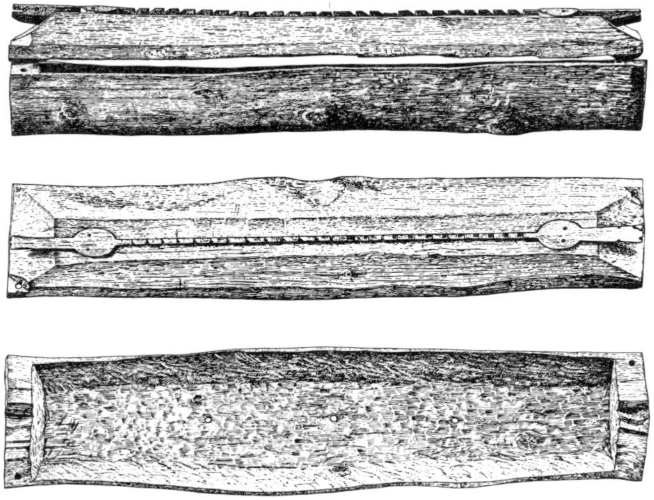

Abb. 32. Oberflacht (Reg. 271). Einfacher Baumsarg in Seitenansicht (oben), Aufsicht (Mitte) und in geöffnetem Zustand (unten). Maßstab 1:25. Nach Paulsen/Schach-Dörges.

man nicht die häufig anzutreffende Lage etwas oberhalb der Siedlung in diesem Sinne werten. Als üblich wird man beispielsweise Lage und Entfernung des großen Ortsgräberfeldes von Hailfingen zur unter dem heutigen Dorf zu vermutenden Ursiedlung annehmen dürfen. Erst im Verlaufe des späten 6. und 7. Jahrhunderts machen sich im Verein mit den Separatfriedhöfen adelsähnlicher Familien, welche nunmehr losgelöst vom Ortsfriedhof auf eigenem Grund und Boden bestatteten, Auflösungstendenzen der zuvor so festgefügt scheinenden Dorf- und Grabgemeinschaft bemerkbar. Wieder in Hailfingen ist festzustellen, daß am Beginn der zweiten Hälfte des 7. Jahrhunderts der allgemeine Ortsfriedhof aufgelassen wird und in der Folgezeit kleinere Bestattungsplätze im Ort, auf den Hofgrundstücken der einzelnen Familien, entstehen. Einem unkritischen Betrachter mögen dann die drei Hailfinger Friedhöfe wie Anzeichen mehrerer unabhängig voneinander entstandenen Siedlungen dünken, welche erst im Verlaufe des älteren Mittelalters zum heutigen Dorf Hailfingen zusammengewachsen seien. Wenn dann zu einem solchen Fall der Friedhofszersplitterung am gleichen Ort noch ein Adelsgräberfeld und vielleicht auch eine noch Beigabengräber aufweisende kirchliche Sepultur hinzukommen, entsteht nur zu leicht das Bild eines aus einer Vielzahl von gleichzeitigen, separaten Höfen erwachsenen Dorfes. Erst eine genaue Untersuchung wenigstens eines größeren Teils dieser einzelnen Gräbergrüppchen und Friedhofsteile kann, wie im Falle Wittislingen, die chronologische und soziale Ungleichgewichtigkeit der einzelnen Bestattungsplätze und damit der zugehörigen Dorfteile nachweisen.

Die Auflösung der großen Ortsfriedhöfe in den Jahrzehnten um 700 erfolgte nicht überall gleichzeitig. Regelmäßiger als bisher ins Bewußtsein der Forschung gedrungen, dürfte auf die Aufgabe des allgemeinen Bestattungsplatzes erst einmal die Zersplitterung der Grablegen auf die einzelnen Familien des Ortes gefolgt sein. Immer wieder und immer häufiger stößt man bei Siedlungsgrabungen, beispielsweise bei der von Breisach-Hochstetten, auf kleine, zumeist schon beigabenlose Gräbergruppen neben einzelnen Hofgrundstücken. Erst eine darauf folgende, nunmehr offensichtlich im ganzen alamannisch-bajuwarischen Bereich annähernd gleichzeitige und wohl von oben herab eingeleitete Entwicklung führte zu Beginn des 8. Jahrhunderts zur allgemeinen Sepultur bei Kirchen, welche damals großenteils schon bestanden oder gerade errichtet wurden. Im Zuge dieser Klerikalisierung des Bestattungsplatzes schrumpfte der Bestand an Friedhöfen ganz gewaltig. Im Mittelalter war das Sepulturrecht als ureigentlich an die Pfarrkirche gebunden kanonisiert. Zwar wurde de facto laufend dagegen verstoßen und selbst bei kleinen Landkapellen bestattet. Dennoch dürften fortan viele kleinere Orte ohne eigene Kirchengebäude auch ohne eigenen Friedhof gewesen sein.

Während der sogenannten Reihengräberzeit hatte einem Verstorbenen das ins Grab zu folgen, was zum Erhalt seiner rechtlichen und bildlichen Persönlichkeit notwendig war. Beim Manne war dies zunächst seine Tracht mit Hose, Kittel und Schuhen, sodann als ein ganz wesentlicher Bestandteil der Leibriemen aus Leder, stets mit einer Metallschnalle verschlossen. An diesem Leibriemen war die Tasche, später auch das einschneidige Hiebschwert, der Sax, befestigt. Der Leibriemen wurde im 5. Jahrhundert in der Regel nicht umgebunden, sondern zu Häupten, zu Füßen oder seitlich neben dem Toten niedergelegt, eine aus dem römischen Bereich übernommene Sitte. Im 6. Jahrhundert band man dann dem Toten häufig seinen Gürtel um; die ältere Sitte wurde gelegentlich noch geübt und lebte gegen Ende des 6. Jahrhunderts wieder auf, um im 7. Jahrhundert dann erneut zu dominieren. Die Gürtelbeigabe war in der Folgezeit

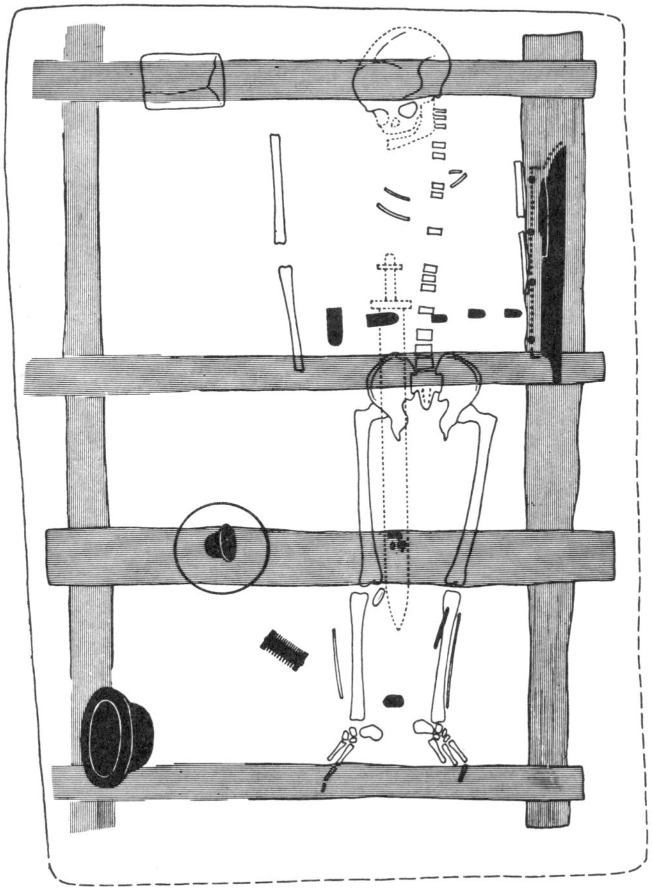

Abb. 33. Weißenburg (Reg. 377). Plan des Grabes 9/1974 mit den wenigen Überresten der hölzernen Grabkammer für einen in der 2. H. des 7. Jh. verstorbenen wohlhabenden Mann. Die in inkohlten Resten erhaltenen Unterzüge des Kammerbodens sind normalerweise das Optimum dessen, was in der Regel von allen hölzernen Grabbestandteilen erhalten ist. Maßstab etwas kleiner als 1:20. Nach L. Wamser.

eines der wenigen Elemente der Beigabensitte, die sich noch lange ins Mittelalter hinein sporadisch hielten.

Es liegt in der so ganz anderen Tradition der zweischneidigen Spatha, daß diese von Anfang an einen eigenen Aufhängegurt besaß. Im Gegensatz zu Leibriemen und Sax wurden Spathagurt und Spatha zu keiner Zeit dem Toten umgeschnallt mitgegeben. Das Schwert lag zur Rechten oder Linken des Verstorbenen, zuweilen auch zwischen den Beinen, häufig ruhte die Schwerthand noch auf dem Griff. Der Spathagurt war um die Waffe gewikkelt. Diese Form der Beigabe entsprach im übrigen auch weitgehend deren Gebrauch im Leben: Als Instrument oder vielmehr Abzeichen von Macht und Wohlstand wurde eine Spatha mehr demonstrativ vorgezeigt denn im Kampfe erprobt. Sie gehörte jedoch zusammen mit Sax und Schild zu denjenigen Teilen der Grabausstattung, welche den Toten persönlich angingen und auch dort, wo große Grabkammern zur Verfügung standen, stets noch in den Sarg gelegt wurden; beim Schild war dies aus Platzgründen nicht möglich, ihn legte man auf den Sarg oder stellte ihn daneben. In der größeren, weiten Raum bietenden südlichen Grabkammerhälfte wurden weitere Waffen deponiert: Streitaxt, Lanze, Ango, Helm, Panzer, Pfeil und Bogen finden sich überraschenderweise hier und nicht im Sarg. Dazu Trense und Pferdegeschirr, Geräte, vor allem die Dinge, die der Wegzehrung und der Repräsentation im Jenseits dienten: Gefäße, zumeist Trinkgeschirr aus Ton, Glas und Holz und Bronzegefäße. Aus Gräbern mit guten Erhaltungsbedingungen sind auch hölzerne Sitz- und Liegemöbel sowie Prunkgewänder überliefert.

Zu den Beigaben der reichsten Männer gehörten aber auch ungewöhnliche Dinge, Pferde beispielsweise, die *Taf. 14* seit etwa 500 neben den Bestattungen ihrer Herrn beigesetzt werden, zunächst aufgezäumt und mit der Trense im Maul, später oft geköpft; die Trense findet sich dann im Grab des Mannes. Daneben gibt es weitere Tierbestattungen, etwa von Hunden, gelegentlich ein Hirsch, vermutlich auch einmal ein Vogel (Falke?), dies alles jedoch außerordentlich selten. Als Beigaben im weiten Sinne sind schließlich auch diejenigen Menschenbestattungen zu werten, die einem sehr mächtigen oder geliebten Verstorbenen zuteil wurden und mit ihm nicht selten die Grabgrube oder sogar die Grabkammern teilten. Der Adelsgräberfriedhof von Niederstotzingen hat gleich *Taf. 13* zwei Beispiele geliefert, bei denen dem toten Adeligen jeweils zwei Männer seines Gefolges auch im Tode folgten. Aus den Beigaben des Grabes 3 von dort ist zu *Abb. 61* erahnen, wer sie waren und wozu sie im Jenseits dienen sollten: der Mann des Grabes 3b mit einem Trinkhorn war der Mundschenk, der mit der Halfterkette in Grab 3c war der Marschalk, der Pferdeknecht. Das Pferd hatte man zu Füßen der Dreierbestattung beigesetzt. Manche der uns sehr urtümlich-heidnisch anmutenden Bestattungssitten, wie gerade die Nachfolge von Menschen und Tieren im Tode, läßt sich noch in eindeutig christlichen

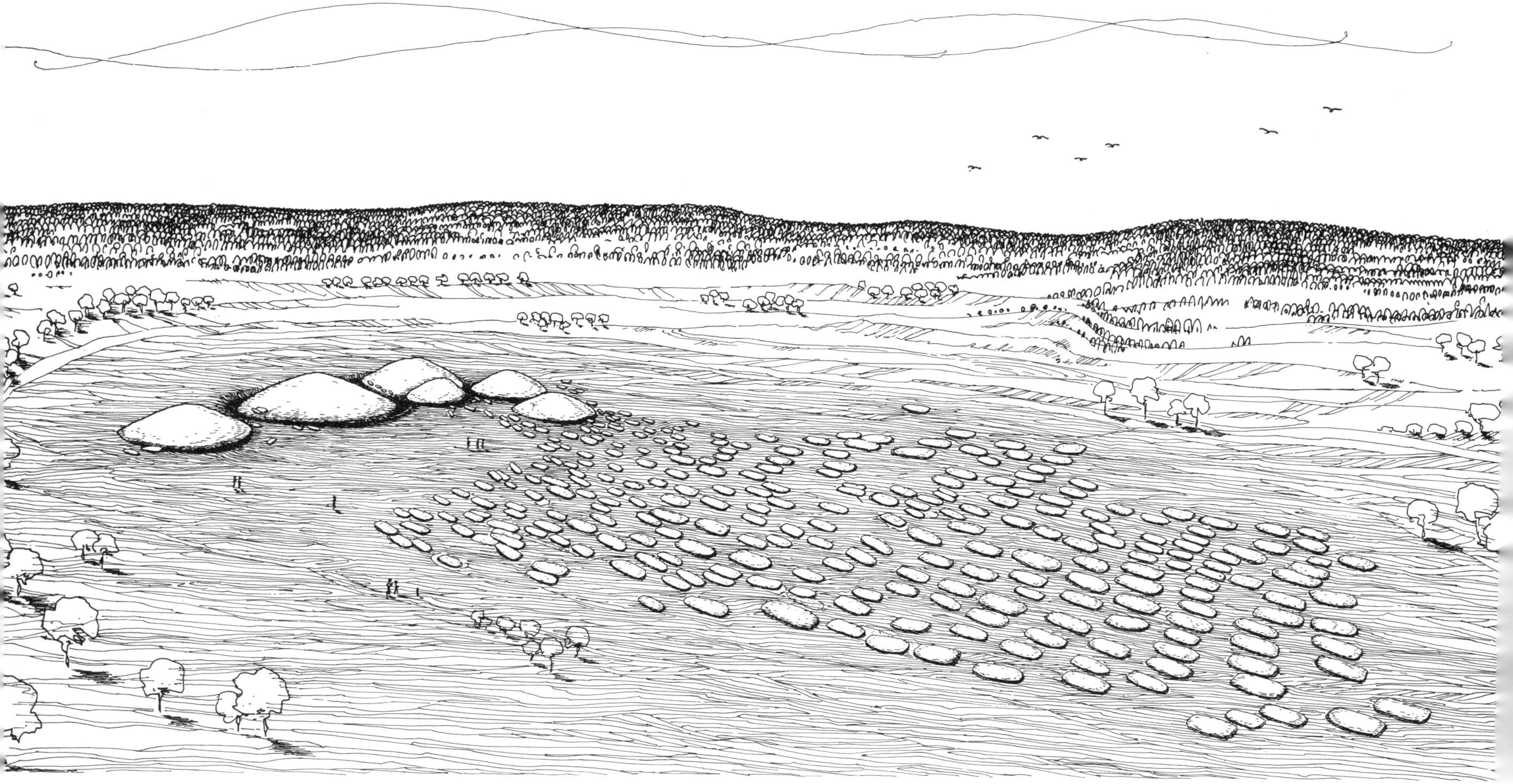

Abb. 34. Das große Gräberfeld von Fridingen (Reg. 120) in einer Rekonstruktionsskizze von Südosten. Die Belegung ging im 6. Jh. von den Gräbern rechts im Vordergrund aus und endete um 700 mit den mächtigen Grabhügeln eines Adelsbegräbnisses. Nach der Auflassung des Gräberfeldes verflachten diese Hügel immer mehr und wurden gleich der übrigen Friedhofsfläche zu Ackerland.

Grablegen feststellen. Vor allem die konsequente Gefolgschaftstreue vertrug sich offensichtlich ohne weiteres mit ähnlichen Vorstellungen und Forderungen des Neuen Testaments.

Taf. 16, 17 Bei den Bestattungen der Frauen war das Anlegen der Tracht und des Schmuckes in der jeweils optimalen Ausführung die Regel. In dieser Hinsicht herrschte von Beginn der alamannischen Landnahme an Klarheit, im Gegensatz zur Beigabe der Waffen bei den Männern. Auch bei Frauengräbern sind die gleichen Gewohnheiten und Eigentümlichkeiten der Grabeinbauten zu beobachten wie bei den Männergräbern: Die Gräber waren geostet, größere Grabkammern kommen vor, bei denen der Sarg
Taf. 12 mit dem Leichnam der Frau wiederum in der Nordhälfte stand. Bei den Beigabengattungen, die zur Tracht- und Schmuckausstattung hinzukamen, herrscht wiederum das Behältnis für den Trank, aus Holz, Ton oder Glas bestehend, vor. Wie bei den Männergräbern gibt es Fleischbeigaben. Freilich ist zu beobachten, daß vom Ende des 6. Jahrhunderts an in bestimmten Bereichen Alamanniens, im wesentlichen südlich der Donaulinie, kaum noch Speise und Trank in den Gräbern der Toten vorkommen. Die Wegzehrung auf der Fahrt ins Jenseits war entweder entbehrlich geworden oder wurde in anderer Weise substituiert, etwa in Naturalienabgaben an die Kirche. Bronzegefäße wurden aus dem Fundus der (stets sehr reichen) Familien genommen und eher Männern denn Frauen mitgegeben. Letztere erhielten dafür häufiger die (billigeren) Glasgefäße. Ansonsten fällt die große Bedeutung der Amulettbeigabe auf, die sich wie ein roter *Abb. 91*

Faden durch die Jahrhunderte zieht und sich gerade im 7. Jahrhundert, nicht zuletzt durch die Auseinandersetzungen mit dem Christentum belebt, sichtlich verstärkt. Vor allem in den Gräbern wohlhabender Toter finden sich dann gelegentlich Hinweise auf hausfrauliche Tätigkeiten, vor allem Spinnwirtel aus Ton oder eiserne Webschwerter. In diese Beigabenkategorie gehört wohl auch die Gruppe der sogenannten Schab- oder Hackmesser. Männern und Frauen gemeinsam sind außer der Basis der Trachtbeigabe und der Grabausstattung mit Speise und Trank vor allem die Sitte des Totenobolus, der in Alamannien vor allem in den Mund gelegt wurde. So recht wurde dieser Brauch allerdings hier nicht heimisch, und er scheint auch im 7. Jahrhundert spürbar abzunehmen.

Abb. 78

Bestattungen von Kindern weisen gegenüber denjenigen von Erwachsenen einige Besonderheiten auf. Zunächst ergibt ein analysierender Vergleich der Gräberzahlen mit den Ergebnissen der allgemeinen Bevölkerungsstatistik den überraschenden Befund, daß bei weitem nicht alle Kinder der Alamannen auf den Reihengräberfeldern bestattet liegen können. Vor allem die Kleinstkinder scheinen häufig »irregulär« verscharrt worden zu sein. Sie sind in Ortsfriedhöfen ausgesprochen unterrepräsentiert. Ansonsten ist zu beobachten, daß den Knaben erst im Jünglingsalter die volle Bewaffnung – Spatha, Sax, Lanze, Schild – zuteil wurde, daß ihnen jedoch bereits etwa ab dem sechsten Lebensjahr der Sax sowie Pfeil und Bogen mitgegeben wurden, selbst wenn sie zum Führen dieser Bewaffnung aus physischen Gründen nicht in der Lage waren. Als Kleinstkinder bekamen sie immerhin noch einen Miniatursax mit ins Grab. In Knabengräbern findet man so gut wie keine Trense, wie denn auch Hinweise auf die Mitgabe von Pferden fehlen. Bei den Mädchen fällt auf, daß häufig nur die »Grundausstattung« mitgegeben wurde: außer der Tracht noch Perlen, Fibel(n), Gürtelgehänge. Altersbedingt fehlen meist Ohrringe, die erst Teenager getragen zu haben scheinen, dann Wadenbinden und Schuhschnallen. Selten sind auch Haar-(Hauben-?)Nadeln. Dagegen begegnet von Kindesbeinen an der ganze Apparat an Amuletten und infolgedessen auch die hiermit eng zusammenhängenden Bügelfibeln. Alle Einschränkungen im Grabbrauch ließen sich jedoch in sehr reichen Familien durchaus aufheben. Hier finden wir Knaben im Besitze eines kompletten Waffensatzes ebenso wie kleine Mädchen, denen der Schmuck einer erwachsenen Frau ins Grab gelegt worden war. Das letzte ist beispielsweise in einem Mädchengrab der Adelsnekropole von Friedberg zu beobachten. In ihrer (hier rekonstruierten) Tracht beigesetzt, fehlte dem kleinen Persönchen nur das metallene Beschlagwerk von Strümpfen und Schuhen. Beides kann in diesem Falle jedoch fehlen, weil es zur Grablegezeit – um 680 – bereits aus der Mode gekommen war. An dem sehr lange getragenen byzantinischen Pektoralkreuz und der 100 Jahre alten langobardischen Bügelfibel im Grab des Friedberger Mädchens wird im übrigen deutlich, daß sich das Grabgut durchaus nicht immer bloß aus den persönlichen Trachtbestandteilen des Verstorbenen zusammengesetzt haben muß, sondern sehr wohl auf dem Weg einer Art von Vererbung aus dem »Familienschatz« stammen

Abb. 35

Abb. 97

Abb. 59

Abb. 35. Friedberg (Reg. 122). Rekonstruktion der Tracht eines einer christlichen Adelsfamilie angehörenden und um 660 verstorbenen kleinen Mädchens (siehe auch das Grabinventar auf Abb. 59). Sie weist die hauptsächlichsten Schmuckelemente der Frauentracht des 7. Jh. auf – Ohrringe, Perlenkette, Zierscheibengehänge –, vermehrt um die Attribute überdurchschnittlichen Wohlstands (mehrere Haarnadeln, Bügelfibelaltstück) und vermindert um Wadenbinden- und Schuhschnallengarnituren.

kann. Solche Fälle sind vor allem im 7. Jahrhundert noch mehrfach aufzuzählen und beschränken sich bezeichnenderweise auf überdurchschnittlich reiche Bevölkerungsschichten. Gemeinsam war allen Kinderbestattungen die sichtbare Fürsorge der Eltern für den Weg ins Jenseits durch die Mitgabe von Speise, Trank und – gelegentlich – dem Totenobolus.

Das Christentum eines Bestatteten ist in seinem Grabgut selten ausreichend dokumentiert. Dies hat in der Vergangenheit manchen Forscher dazu verführt, das christliche Bekenntnis der meisten mit Beigaben versehenen Toten generell in Frage zu stellen. Bei einer Durchsicht der unzweifelhaft als Christen gekennzeichneten Toten – beispielsweise der unter einem goldkreuzbesetzten
Taf. 87 Schleier Bestatteten – und ihres Grabgutes wird deutlich, daß sich eigentlich kaum etwas gegenüber »heidnischen« Ausstattungsbräuchen geändert hat. Wir finden in solchen Gräbern die volle Tracht-, Schmuck- und Waffenausstattung wieder. Sogar die Selbstopferung eines Gefolgsmannes oder nahen Verwandten ist in christlichem Milieu nachweisbar, ebenso die Bestattung eines Pferdes. Wenn Speisebeigaben spärlich sind, so wäre zu überprüfen, ob allein dies den geänderten Vorstellungen vom Leben nach dem Tode entspricht. Aber so ganz anders können die neuen Lehren in ihrer Praktizierung auch nicht gewesen sein. Immer noch erschien ein verstorbener Alamanne im – wie auch immer gearteten und benannten – Himmel in schimmernder Wehr, prunkte eine reiche Alamannin in goldenem Geschmeide.

Das Ende der Beigabensitte fällt in Alamannien in etwa mit dem unseres Betrachtungszeitraums zusammen. Es kündigte sich mancherorts schon seit der Mitte des 7. Jahrhunderts an. So ließ sich im östlichen Alamannien feststellen, daß selbst Leute, welche es sich leisten konnten und dies auch eine Generation früher getan hätten, einem verstorbenen Angehörigen mal die Spatha, mal den Sax vorenthielten. Unter den Gefolgschafts- und Gesindegräbern von Friedberg wird sogar eine regelrechte Aufteilung einer einzigen Waffenausstattung auf zwei oder drei Männerbestattungen sichtbar. Die absolute Beigabenlosigkeit trat in diesen Regionen jedoch viel später ein. Sie wurde zuerst von den ärmeren Bevölkerungsschichten vollzogen. In Marktoberdorf ist die intentionelle Beigabenlosigkeit zuerst bei den Männern kurz vor 700 faßbar, in Bülach begegnet das gleiche Phänomen schon etwa zwei Jahrzehnte früher, anderswo, etwa in Merdingen, werden noch im 8. Jahrhundert die Männer mit ihren Beigaben beigesetzt. Vielerorts brechen die großen Ortsgräberfelder ab, bevor sich allgemeine Beigabenlosigkeit durchsetzte. Hier wurde dann auf den neu entstehenden Familien- oder schon Kirchensepulturen noch eine Zeitlang mit dem alten Bestattungsbrauch gelebt und gestorben, beispielsweise in Hailfingen. Während wir das Ende der Waffenbeigabe ungefähr erfassen können, bleibt das der Frauenschmuckbeigabe noch im unklaren. Es scheint jedoch nicht allzulange nach den Männerbeigaben, auf jeden Fall im 8. Jahrhundert, gelegen zu haben. Über das Nachleben urtümlich-»heidnischer« Vorstellungen, daß ein Verstorbener mit den Attributen seines Habitus zu versorgen sei, haben die Ausgrabungen unter St. Dionys zu Esslingen ein beredtes Beispiel erbracht. Bei einem neben dem ältesten Kirchenbau im 8. Jahrhundert bestatteten, ansonsten beigabenlosen Toten fand sich in einem Stoffbeutel die komplette Schmuckausstattung einer Frau, bestehend aus zwei Fibeln, einem Ohrringpaar und einer Halskette. Hier wurde offensichtlich eine wohlhabende Dame fürs Jenseits ausgerüstet, jedoch nicht offen und allen sichtbar an der Totentracht, sondern heimlich und nachträglich. Zur Zeit dieser Esslinger Bestattung war in Alamannien die Beigabenlosigkeit gewiß schon kanonisiert. Grabbeigaben lassen sich selbst bei hochgestellten Persönlichkeiten so gut wie nicht mehr vorfinden; sie blieben auch in der Folgezeit eine Ausnahme.

Schließlich ist noch die Sitte der Brandbestattung zu vermelden, welche seit der zweiten Hälfte des 6. Jahrhunderts bis gegen Ende des 7. Jahrhunderts immer wieder am Ostrand der germanisch besiedelten Landstriche, also auch in Alamannien, zu beobachten ist, beispielsweise in Dittenheim oder in Schretzheim. Es ist bemerkenswert, daß Leute, die offensichtlich einer unchristlichen Lebensauffassung anhingen, in der Dorfgemeinschaft akzeptiert wurden und auf dem allgemeinen Ortsfriedhof bestatten durften. Ebenso verdient festgehalten zu werden, daß diese Personengruppe germanische Trachteigentümlichkeiten aufwies. Trotzdem wird man aus der Verbreitung dieser fremdartigen und in Alamannien seit dem Ende des 4. Jahrhunderts nicht mehr geübten Feuerbestattungssitte auf Einflüsse aus den slawischen Gebieten in Böhmen und Mitteldeutschland schließen müssen.

Tracht und Bewaffnung des Mannes

Abb. 36 Das Bild des jungen Adeligen aus Grab 6 von Niederstotzingen ist aus vielerlei Komponenten erstellt worden: Aus den Metallbeschlägen der Gürtel, den eisernen Teilen der Bewaffnung, aus unserem durch eine große Zahl von Grabfunden abgesicherten Wissen um die Lage der Metallteile im Grab und dadurch um deren funktionale Bezüge zueinander, aus gelegentlich erhaltenen kleinen Stoffteilen der Tracht, und schließlich aus bildlichen Darstellungen. Letztere stammen freilich aus außeralamannischen Gegenden – Skandinavien, Italien –, und wenn sie schon einmal hier gefunden wurden, so zeigen sie nicht gerade das Urbild eines Alamannen. Doch erlauben sie zusammen mit originalen Textilresten, welche in den Gräbern an Metallgegenständen angerostet vorgefunden und aufgezeichnet wurden, die Rekonstruktion von Bundhosen, wohl auch von einem Hemd, mit darüberfallendem Kittel. Die Hose wurde nicht durch einen Ledergürtel, sondern durch einen Stoffgurt festgehalten, der lediglich verknotet wurde. Der Saum des Kittels war etwa in Kniehöhe. Bildliche Darstellungen zeigen gelegentlich halblange Ärmel, doch sprechen Bodenfunde, wie zum Beispiel golddurchwirkte Borten in den Gegenden der Handgelenke, auch für lange Ärmel. Das Schuhwerk war aus Leder und wurde ohne Verstärkung durch Metallteile verschnürt. Gelegentlich findet sich in wenigen, überdurchschnittlich reich ausgestatteten Männergräbern eine Schnallengarnitur unter dem Knie oder in Knöchelhöhe, wie man dies von den Wadenbinden der Frauen her kennt. Da metallenes Schnallenzeug stets nur in Verbindung mit Leder auftritt, ist in solchen Fällen daran zu denken, ob die Bundhose nicht durch einen Lederriemen abgeschnürt war oder gar ganz aus Leder bestand. Eine Kopfbedeckung ließ sich nirgends nachweisen.

Die Stoffe der Tracht waren im 7. Jahrhundert, aus dem uns die meisten Textilreste bekannt sind, aus Wolle in Leinen- oder Köperbindung gewebt. Gelegentlich ist eine Musterung erhalten geblieben: Rauten- oder Rosettenköper etwa, oder eine starke Querrippung. Bislang fehlen in Alamannien Hinweise darauf, daß importierte Prunkgewänder, etwa aus Seide, auch angelegt ins Grab gegeben wurden.

Funde aus nordgermanischen Bereichen deuten an, daß die Grundzüge der soeben skizzierten Männertracht eine sehr lange Tradition besitzen. Wir dürfen daher davon ausgehen, daß das äußere Aussehen eines Elbgermanen des 3. Jahrhunderts sich nicht wesentlich von dem unseres Niederstotzinger Alamannen unterschied. Sogar für die Waffen gilt dies, wenn man von deren modischer Formveränderung einmal absieht.

Der Männergürtel aus Leder wurde offen über dem Kittel getragen. Ihm kam stets eine besondere Bedeutung *Abb. 37*

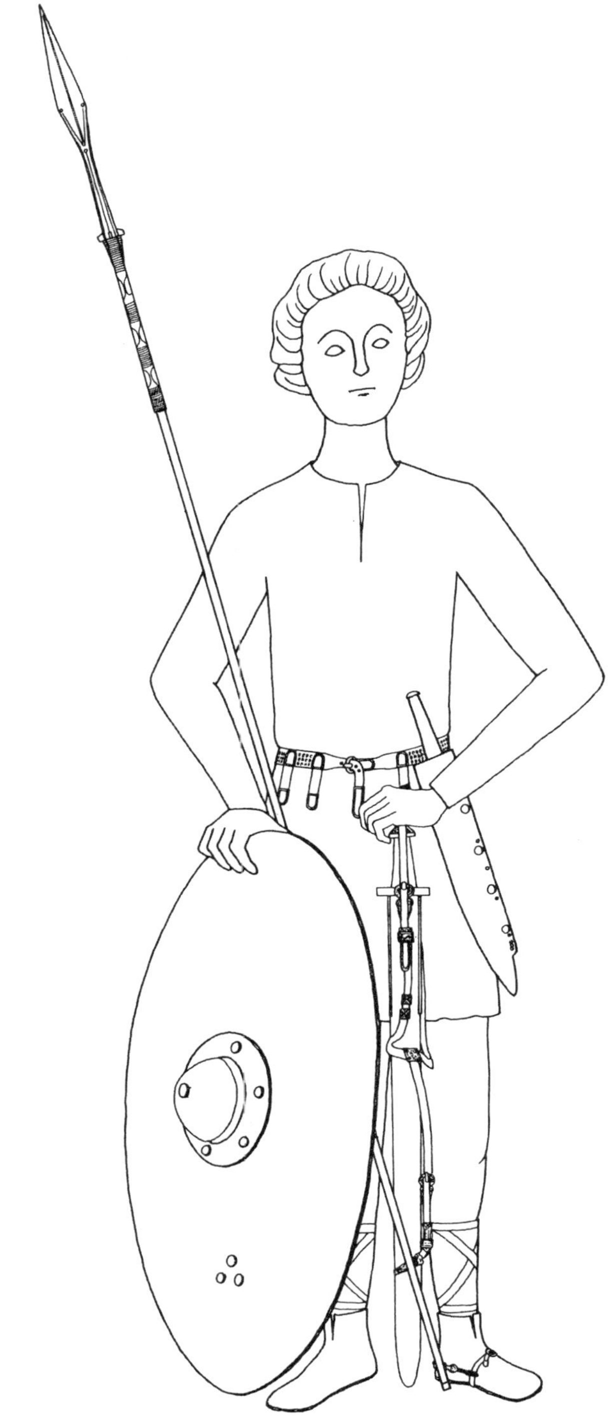

Abb. 36. Niederstotzingen (Reg. 264). Rekonstruktion von Tracht und Bewaffnung eines um 630/640 verstorbenen jungen Adeligen.

zu, welche sich beispielsweise im spätrömischen Bereich darin äußerte, daß er als Auszeichnung verliehen werden konnte. Er war Sitz apotropäischer Kräfte, später in christlichen Zusammenhängen nicht nur im übertragenen Sinne, sondern auch ganz manifest: er barg mitunter heilbringende Reliquien. Die große Bedeutung des Gürtels für den Mann wird im alamannischen Bereich zum erstenmal deutlich, als zu Beginn des 5. Jahrhunderts *Taf. 25–27*
breite spätrömische Militärgürtel mit ihren gegossenen, tierstilverzierten Schnallen und Riemenzungen in größerer Zahl importiert und getragen wurden. Vorher geschah dies nur sehr vereinzelt und wohl mehr auf der Basis persönlicher Verbindungen, etwa einer Söldnerschaft. Im Zuge eines starken, zu Beginn des 5. Jahrhunderts einsetzenden Importstroms aus den nordgallischen Gebieten kamen zunächst die typologisch letzten Ausläufer der sogenannten Kerbschnittgarnituren nach Alamannien, und zwar sowohl in ihrer weitverbreiteten Ausführung aus Bronze als auch in ihrer offenbar nur kurzlebigen Herstellungsweise aus Eisen. Wenig später blieb von den spätrömischen Soldatengürteln nur noch die Schnalle samt rechteckigem Beschlag übrig, nunmehr *Taf. 45*
fast stets aus Eisen; die im Bronzeguß vorhandene Verzierung des Bügels und des Beschlages wurde in Silbertauschierung imitiert und immer mehr vereinfacht. Von diesen tauschierten Männergürteln war immer noch der größere Teil aus dem nunmehr fränkischen Nordgallien importiert; ihre Herstellung lag jedoch in den Händen der unverändert weiterbetriebenen romanischen Werkstätten, welche sich noch lange die althergebrachten Absatzmärkte sichern konnten. Konkurrenz bekamen sie von den sich langsam entfaltenden Goldschmiedeateliers an alamannischen Fürsten- und Adelshöfen, in denen nicht nur silberne Kerbschnittfibeln, sondern – zumeist wohl als persönliche Auftragsarbeiten – auch kerbschnittverzierte Schnallen hergestellt wurden, im gleichen Edelmetall und formal in Anlehnung an die eisernen Importschnallen. In der zweiten Hälfte des 5. Jahrhunderts erfahren die Schnallenformen unter dem Einfluß ostgermanischer, mit der Westdrift des Attilareiches an fränkische Höfe gelangter Gürtel neue Formimpulse. Die Beschläge werden oval bis nierenförmig und erhalten, zusammen mit dem Bügel, ein zumeist granatbelegtes Zellenwerk. Hier war dann Gelegenheit für funkelnde Polychromie, und wenn um die Mitte des 5. Jahrhunderts der fränkische Gürtelschmuck zur Massenkon-

Tafel 14 *Langenau.* Bestattung eines Pferdes innerhalb eines Gräberfeldabschnitts des 6. Jahrhunderts (*Reg. 235*). Im Maul eine eiserne Ringtrense. Zu einer Adelsgrablege gehörend.

Tafel 15 *Rommelshausen.* Quer über dem Unterkörper eines um 700 verstorbenen Mannes wurde der einschneidige Sax gelegt (*Reg. 298*). Seine reich mit Bronze beschlagene Scheide gibt Abb. 49 wieder. Allein aus solchen genau beobachteten Grabungsbefunden ist zu entnehmen, daß der Griff des Saxes noch zur Hälfte in der Scheide steckte.

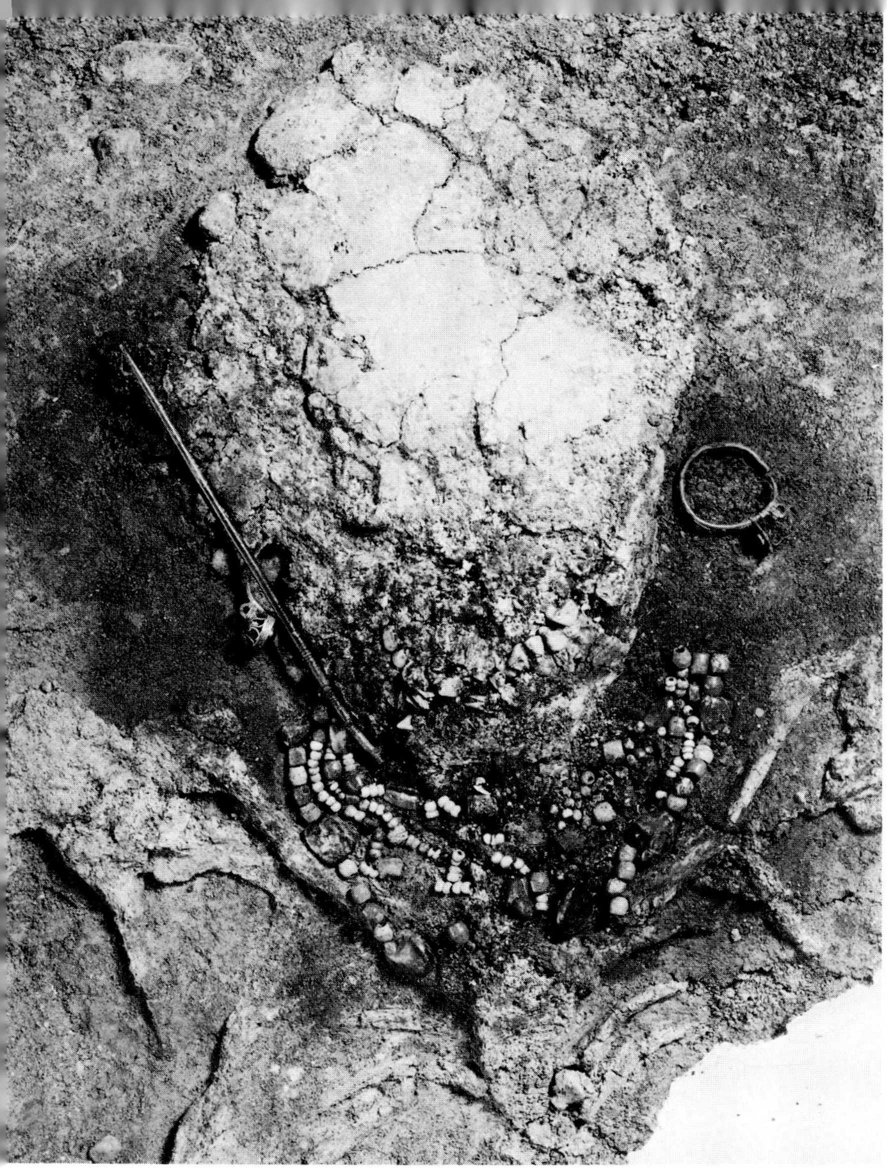

Tafel 16 und 17 *Bülach, St. Laurentius.* Die Bestattung einer um 650 verstorbenen Adeligen (*Reg. 62*) wurde in situ geborgen und dann im Schweizerischen Landesmuseum Zürich sorgfältig freigelegt und präpariert. Die Kopfpartie (Tafel 16) läßt – nach Entfernung einer Goldscheibenfibel – die Reihung einer vierfachen Halsperlenkette erkennen, dazu eine Haarnadel und silberne Körbchenohrringe. Einen Eindruck von der Kompliziertheit der Wadenbinden und Schuhschnallengarnituren vermittelt Tafel 17. Rechts sind Zierscheibe und Kettengliedergehänge zu erkennen. Vgl. Abb. 55 und 56.

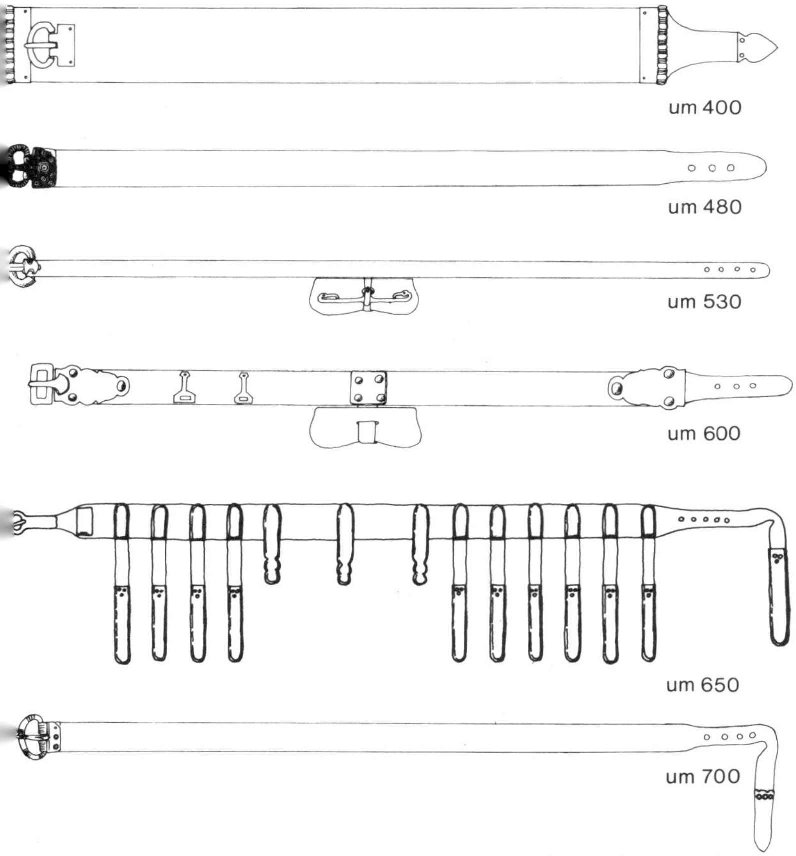

Abb. 37. Die Formen der Männergürtel (»Leibriemen«) zwischen 400 und 700. Maßstab etwa 1:10.

fektion abzusinken drohte, so war diese Gefahr nun gebannt. Die prächtigste Ausführung eines solchen cloisonnierten Prunkgürtels stammt aus dem Grab auf dem *Taf. 20* Ailenberg bei Esslingen-Rüdern. Einfachere Gürtel dieser Form, entweder aus Silber oder bloß aus silberplattiertem Eisen, wurden dann auch bei den Alamannen fabriziert. Im Gefolge der Kontakte mit dem Osten, die dann in enge Verbindungen mit dem ostgotischen Italien einmündeten, finden sich in alamannischem Besitz uni- *Taf. 45* kate Gürtel mit Schnallen aus Meerschaum, Achat und Bergkristall. Sie blieben insofern nicht ohne Einfluß auf die weitere Gürtelentwicklung, als sie stets ohne den ursprünglich meist zugehörigen Beschlag den Norden erreichten. Der Gürtel ohne Schnallenbeschlag und ohne Riemenzunge blieb seit der Wende zum 6. Jahrhundert die beherrschende Leibriemenform.

Die Leibriemen erfuhren seit der Mitte des 5. Jahrhunderts eine weitere Aufwertung, als mit ihnen nunmehr fest die Gürteltasche des Mannes verbunden wurde. Diese stets lederne Tasche war in Gürtelmitte angebracht, befand sich also im Rücken des Mannes, und enthielt neben Messer, Pinzette, Ahle und gelegentlich andern nützlichen oder unnützen Kleinigkeiten (Geld, Altmetalle) vor allem das Feuerzeug, von dem die Feuersteine im Innern der Tasche lagen, der Feuerstahl jedoch *Abb. 38* an einem eigenen Riemen außen befestigt war. Die Sichtbarkeit dieses Metallstücks wurde sofort als Zierfläche genutzt, und so finden wir an Feuerstahlen die gleiche Zierentwicklung wieder, der wir bereits bei den Schnallen begegneten: vom Bronze-»Stahl« mit eiserner Schlagleiste über eiserne, tauschierte und cloisonnierte Exemplare zu schmalen, eisernen Feuerstahlen. Gelegentlich entstanden an Fürstenhöfen extravagante Aus-

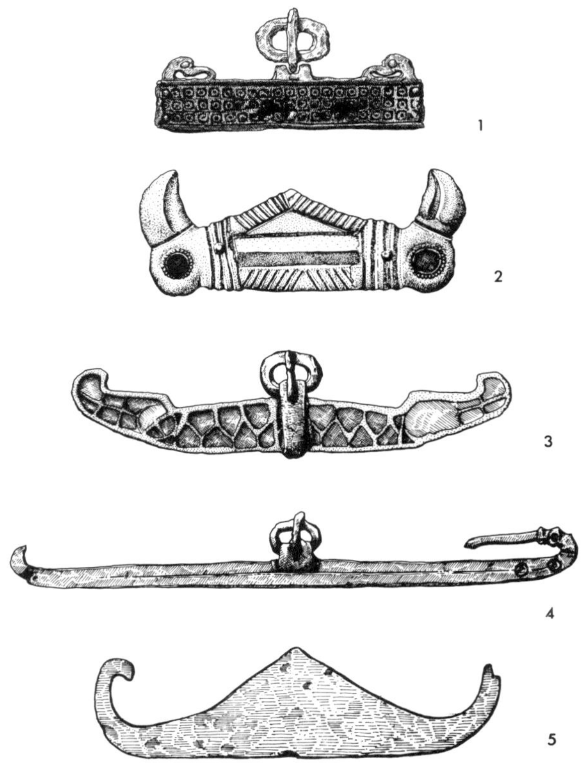

Abb. 38. Feuerstahle des 5. und 6. Jh. als Zierelemente des Gürtels. 1 Bittenbrunn Grab 25 (Reg. 36). – 2 Gültlingen (Reg. 151). – 3 Weingarten Grab 677 (Reg. 375). – 4 Oberflacht Grab 7/1846 (Reg. 271). – 5 Nabern (Reg. 256). Maßstab 1:2.

führungen in Goldcloisonnée oder mit bronzener, goldblechbelegter Schauseite (wie in Gültlingen). Das verbindende Merkmal, die seitlichen Vogelköpfe, lebte noch eine Zeitlang als typologisches Rudiment weiter, als die Feuerstahle um die Mitte des 6. Jahrhunderts nicht mehr außen an der Gürteltasche hingen, sondern ins Tascheninnere wanderten, wie es schon vorher gelegentlich der Fall war. Von diesem Augenblick an verlieren sie ihre Schnalle und jede Verzierung und werden wieder zu einem reinen Nutzinstrument, das sie bereits in spätrömischer Zeit waren.

Bereits in der ersten Hälfte des 6. Jahrhunderts finden vor allem im fränkischen Gallien immer mehr Gürtel Eingang, die romanisch-mediterranen Ursprungs sind und mal einen runden, beweglichen, mal einen festen, durchbrochenen Beschlag, oder auch nur drei lose Gürtelhaften zur Befestigung des um den Schnallenbügel laufenden Riemenanfangs besitzen. Vor allem aus der letzteren Gürtelart entwickelt sich um die Mitte des 6. Jahrhunderts in fränkischen Werkstätten eine neue Gürtelmode von nachhaltiger Wirkung. Zunächst begegnet an ihr der altbekannte Schnallenbeschlag, allerdings etwas größer und von anderer Form als sein Vorläufer des 5. Jahrhunderts: er ist dreieckig oder rund und besitzt im ersten Falle drei oder fünf, im zweiten Falle drei Zierniete. *Taf. 82* Bald kommt ein rechteckiger Beschlag hinzu, der auf dem Rücken des (angelegten) Gürtels die Gürteltasche hielt. Um die Symmetrie der Gürtelvorderseite herzustellen, wurde an dem der Schnalle gegenüberliegenden Gürtelanfang ein »Gegenbeschlag« gleicher Form wie der Schnallenbeschlag angebracht. *Taf. 78* Die Entwicklung dieser Gürtelform war gegen Ende des 6. Jahrhunderts abgeschlossen und entwickelte sich von da an in den einzelnen Landschaften variabel weiter, freilich mit nicht sehr großem Formenspielraum, da die immer noch weite Streuung der Gürtelform im Rahmen von Handel oder persönlichen Verbindungen ein Regulativ darstellte. *Taf. 79* In Alamannien dominierten die Ausführungen dieser »dreiteiligen« Gürtel in Eisen, wobei bei den kostbareren Stücken die Verzierung mittels Silber-, Gold- oder Messingtauschierung hergestellt wurde. Lediglich im Süden Alamanniens befanden sich Werkstätten, welche im 7. Jahrhundert die Gürtelbeschläge in Bronze, die Verzierung in gegossenem Tierrelief herstellten. *Taf. 77* Bei den Beschlagformen liefen die runde und die trianguläre Form einige Zeitlang parallel; zu Beginn des 7. Jahrhunderts verschwand der »dreiteilige« Gürtel mit runden Beschlägen dann aus der Mode.

Im größten Teil Alamanniens war der eben beschriebenen Gürtelform dann nur mehr ein kurzes Leben beschieden. Wohl in den zwanziger oder dreißiger Jahren des 7. Jahrhunderts erreichte eine neue Modewelle, wiederum mediterranen Ursprungs, das Gebiet nördlich der Alpen. Der Leibriemen wurde nun zum Träger einer üppigen, glitzernden Beschlagpracht. Nicht genug damit, daß der Ledergurt außer mit einer Schnalle und einem riemenzungengeschmückten Ende auch noch mit bis zu einem Dutzend schildförmiger »Neben«-Beschläge versehen wurde; *Taf. 99, 10* von diesen Nebenbeschlägen hingen auch noch lederne »Neben«-Riemchen herab, die wiederum in metallenen »Neben«-Riemenzungen endeten. Solche »vielteiligen« Gürtelgarnituren tauchten zum erstenmal *Abb. 37* bei östlichen Reitervölkern im späten 6. Jahrhundert auf und wurden sowohl von den im ungarischen Donauraum seßhaft gewordenen Awaren, als auch von den in Italien

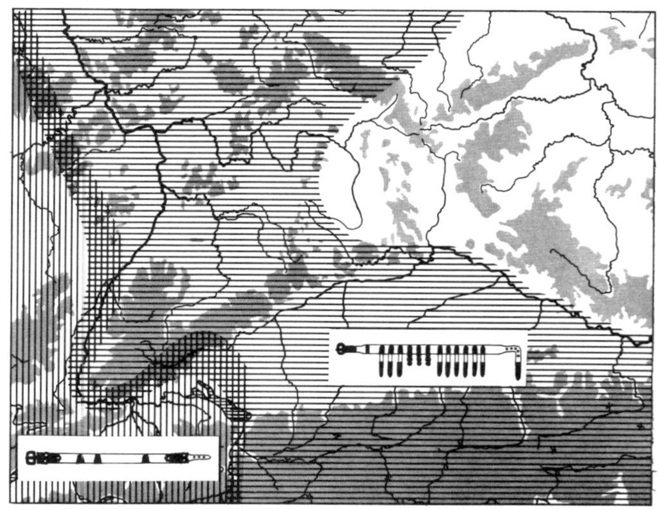

Abb. 39. Die Hauptverbreitungsgebiete zweier Leibriemenmoden um die Mitte des 7. Jh. Der althergebrachten, auf den »dreiteiligen« Gürtelgarnituren fußenden Gürtelmode, wie sie vor allem in romanischen Landstrichen weiter bevorzugt wurde, steht im Osten, aber auch in den fränkischen Gebieten des Rheinlandes und Thüringens als Eindringling der 1. H. des 7. Jh. die Trachtsitte der »vielteiligen Gürtelgarnituren« gegenüber. Die – freilich unscharfe – Grenze beider Gürtelmoden geht mitten durch Alamannien, ein Hinweis auf die Unbrauchbarkeit solcher und ähnlicher Grenzen als Hilfsmittel zur Definierung von Volksstämmen.

ansässigen Langobarden sofort akzeptiert. Von beiden Völkerstämmen nahmen sie ihren Weg nach Norden und erreichten zunächst die Bajuwaren, bald darauf auch den größten Teil der Alamannen. Nur die in der heutigen *Abb. 39* Schweiz und im Gebiet unmittelbar nördlich davon seßhaften Alamannen hielten an der Mode der dreiteiligen Gürtelgarnituren fest, entwickelten diese aber in der Folgezeit immer weiter. Auch die vielteiligen Gürtelgarnituren gibt es in den verschiedensten Ausführungen. Sie bestanden zunächst aus Eisen, ihre Beschläge und Nebenriemenzungen waren kurz und oft schildförmig, ihre Verzierung bestand in linearer Tauschierung, welche die mediterranen Vorbilder nachzuahmen suchte. Im fränkischen Mittelrheingebiet wurden diese Garnituren häufig in Bronze gegossen. Um 670/680 endete diese Modephase, nachdem zuletzt die Tendenz zu immer länger werdenden Beschlägen und Riemenzungen sichtbar ge- *Taf. 104* worden war. Am Ende des 7. Jahrhunderts blieb vom ganzen Beschlagwerk nichts mehr übrig als die metallene Schnalle, nur bei reicheren Gürteln noch mit einem Beschlag versehen und dort auch manchmal um eine Hauptriemenzunge vermehrt. Dieser sehr puristische Modezug erfaßte alle irgendwie mit Beschlägen versehenen Riemengarnituren, nicht nur die Leibriemen vielteiliger und dreiteiliger Art.

Im 7. Jahrhundert war an einigen Gräberfeldern festzustellen, daß der Leibriemen zur Grundausstattung eines jeden Mannes, auch des ärmsten, gehörte; ähnliches ist auch für die anderen Phasen alamannischer Geschichte anzunehmen. Dies macht zusammen mit dem häufigen Modewechsel die in den Gräbern gefundenen Gürtelteile zu einem empfindlichen chronologischen Instrument, an dem das Alter der übrigen Beigaben und der Bestattung gemessen werden kann. Die Gürtelformen haben sich denn auch bei der Aufschlüsselung mancher Gräberfeldpläne als ein brauchbarer Maßstab erwiesen.

Die Bewaffnung der Alamannen war zunächst einmal vom Leibgurt unabhängig. Sie hat ihre Zusammensetzung und auch ihre Details weitgehend aus der römischen Bewaffnung des späten 2. und 3. Jahrhunderts erhalten, vielleicht aufgrund persönlicher Erfahrungen von später führenden germanischen Reisläufern in römischen Diensten. Die frühalamannische Bewaffnung ist infolge der nicht gerade häufigen Männergräber dieser Zeit und einer gewissen Unklarheit darüber, ob damals schon jeder Tote Anspruch auf seine Waffen hatte, nicht hinreichend

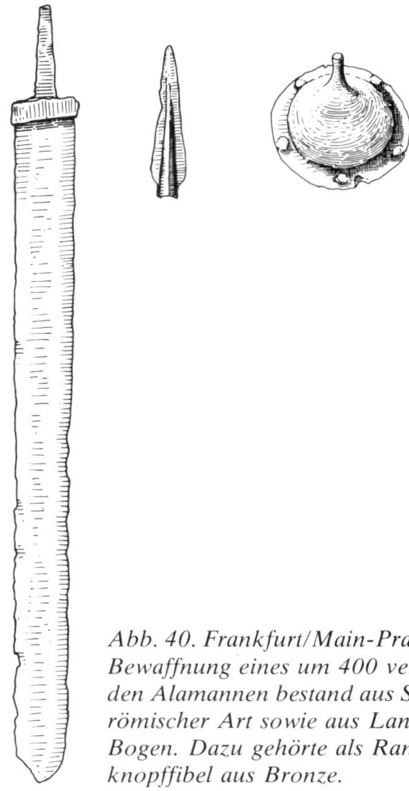

Abb. 40. Frankfurt/Main-Praunheim (Reg. 119). Die Bewaffnung eines um 400 verstorbenen, wohlhabenden Alamannen bestand aus Spatha und Schildbuckel römischer Art sowie aus Lanzenspitze und Pfeil und Bogen. Dazu gehörte als Rangabzeichen eine Bügelknopffibel aus Bronze.

Abb. 41. Ihringen (Reg. 205). Die Ungewöhnlichkeit der anscheinend nur aus einer Widerhakenlanze, einem Vorläufer des späteren Ango, bestehenden Waffenausrüstung eines im frühen 5. Jh. verstorbenen Mannes wird durch die Beigabe eines als Rangabzeichen zu wertenden bronzenen Halsrings unterstrichen. Maßstab 1:3 (Halsring) bzw. 1:6.

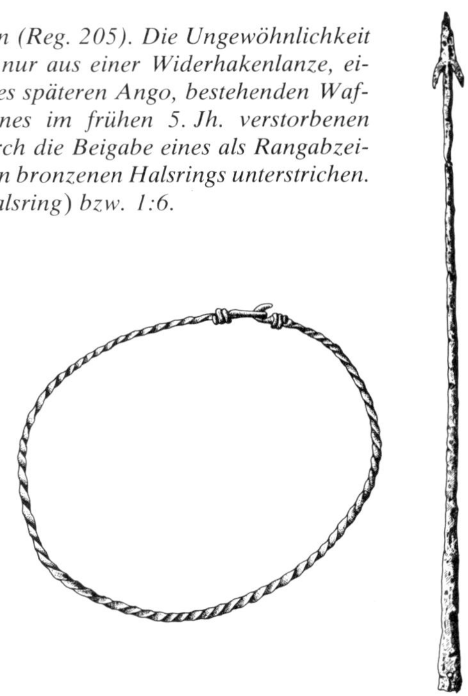

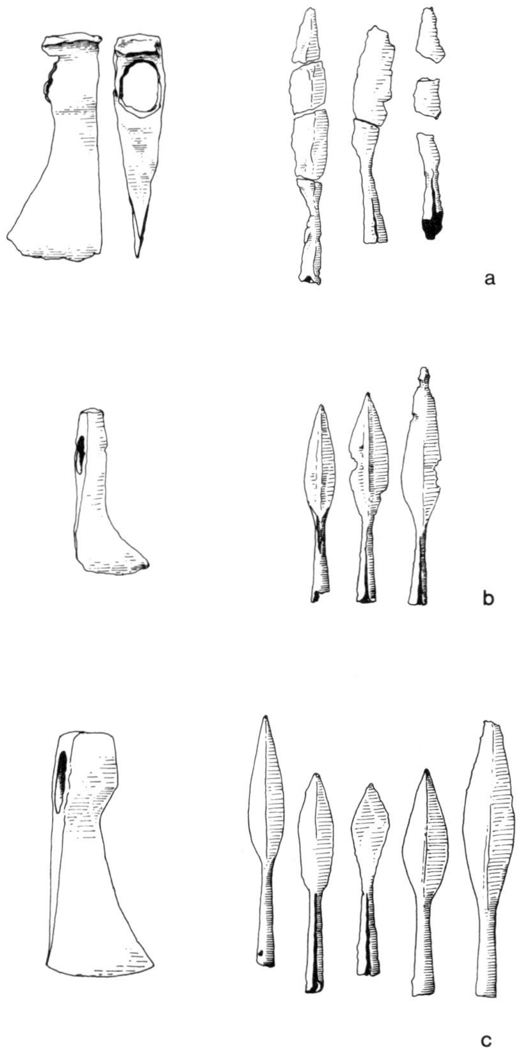

Abb. 42. Eine Art von Standardbewaffnung in Gestalt von Pfeil und Bogen und Streitaxt weisen zahlreiche einfacher ausgestattete Männergräber des 4. Jh. auf. Beispiele: a: Stockstadt Grab 2 (Reg. 333). – b: Lampertheim Grab 24 (Reg. 232). – c: Lampertheim Grab E.

bekannt. Es scheinen sich zwei Bewaffnungsgruppen herauszuschälen, deren offenbar schlagkräftigere eine Spatha besitzt, beispielsweise in den beiden Stockstadter Gräbern aus dem 4. Jahrhundert. Diese Ausstattungsva-
Abb. 40 riante scheint in dem Kriegergrab von Frankfurt-Praunheim aus dem späten 4. Jahrhundert schon beinahe eine direkte Vorfahrin der Ausstattung der späteren alamannischen Bauernkrieger zu sein. Mit seiner Spatha, dem Schild und der Lanze besaß der Praunheimer Herr die Ausrüstung eines germanischen Offiziers in römischen Diensten, und seine Bügelknopffibel, deren Vorbilder im römischen Heer den Rang des Soldaten kennzeichneten, könnte durchaus auf den Wunsch, wenn nicht gar auf das Anrecht zurückgehen, einem solchen Manne ebenbürtig zu sein. Ähnliches hat wohl dem bei Ihringen bestatteten Alamannen zugestanden, von dessen Grabausstattung
uns nur ein bronzener Halsreif (als Rangabzeichen) und *Abb. 41*
eine lange Widerhakenlanze, eine Vorform des späteren Ango, bekannt geworden sind. Das Gros der früheren

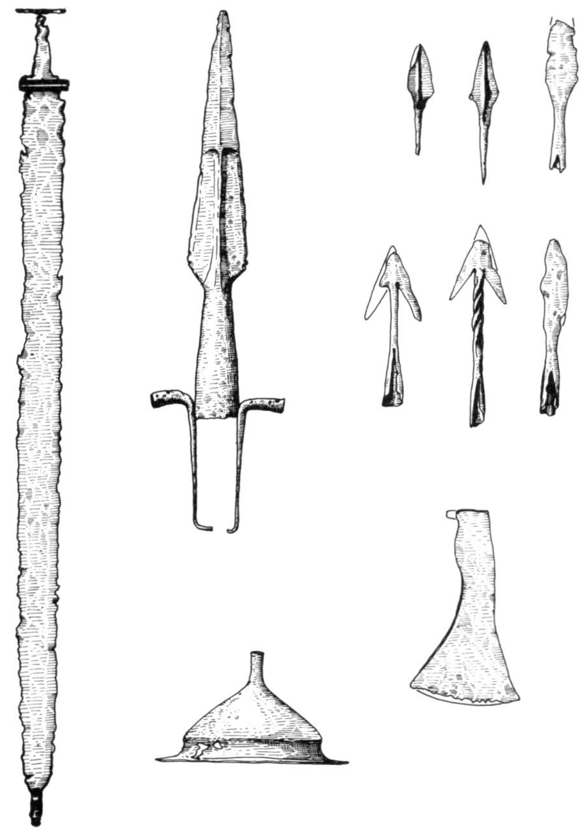

Abb. 43. Hammelburg (Reg. 161). Das Waffenarsenal eines überdurchschnittlich wohlhabenden Mannes der 2. H. des 5. Jh. hatte als Selbstverständlichkeit bereits eine zweischneidige Spatha, deren Scheide oben und unten mit Silber beschlagen war, sodann einen eisernen Schildbuckel und eine Lanze, die hier sogar mit Aufhaltern am Schaftansatz versehen war. Dem Satz Pfeil und Bogen waren zwei mediterrane Pfeile mit dreikantigen Spitzen beigefügt.

Alamannen dürfte jedoch einfacher bewaffnet gewesen
Abb. 42 sein. Bei einer Durchsicht der Grabinventare von Lampertheim fällt beispielsweise die Kombination von Pfeilspitzen und Axt ebenso ins Auge wie das gänzliche Fehlen von Spatha, Schild und Lanze. Streitaxt sowie Pfeil und Bogen begegnen auch in jüngeren Zeiten immer wieder, und nicht nur bei den Alamannen, als die Waffen einfacher Leute.

Die Ahnen der Spatha waren die zweischneidigen Langschwerter, die im 2. und 3. Jahrhundert bei den römischen Auxiliartruppen gebräuchlich waren, und die in einiger Zahl auch ins Freie Germanien gelangten. Ihre metallenen Scheidenbeschläge – Ortband, Riemendurchzug, Scheidenmundblech – prägten das äußere Bild der Waffe. Sie wurden im germanischen Bereich als willkommene Verzierungsträger weiterentwickelt. Ihre dortigen Zierformen griffen in der Folge wiederum die im Frankenreich arbeitenden römischen Waffenfabricae auf. Deren Produkte wirkten – und waren wohl auch – seriell hergestellt. Sie finden sich weit verbreitet, in Ala-
Taf. 42 mannien beispielsweise in Hemmingen. Trotz ihrer beinahe billig aussehenden Machart waren sie Attribute ausschließlich von Vornehmen. Wenig später kam es dann auf breiter Front zur Ausbildung einer noch luxuriöseren Spathaart, deren Scheidenbeschläge nunmehr aus vergoldetem und oft zusätzlich granatenbesetztem Silber gefertigt waren. Der Griff war gerne mit Goldblech belegt. Derartige Prunkschwerter treten gehäuft im Frankenkreich und in Alamannien, seltener im Donau-
Taf. 42 raum und im Ostseegebiet auf. An der Pleidelsheimer Goldgriffspatha, vor allem an Details des Scheidenmundblechs, wird deutlich, daß letztlich auch diese beinahe übersteigerte Endform der Spathaentwicklung bei Franken und Alamannen dem gleichen ostgermanischen Einflußstrom verdankt wird, dem wir schon in der Gürtelmode begegneten. Wenn die direkten Vorbilder der einheimischen Goldgriffspatha im Donauraum bislang
Taf. 41 nur in wenigen peripheren Grabfunden vorkamen, so ist dies allein der dort vorherrschenden Grabsitte zuzuschreiben, die beispielsweise bei den Ostgoten prinzipiell keine Waffenbeigabe kennt. Die Herstellung der alamannischen Prunkausführungen erfolgte überwiegend an den Höfen einheimischer Vornehmer. Derartige Waffen waren zur praktischen Kriegsführung im Grunde genommen unbequem und nicht recht tauglich. Ihren Zweck erfüllten sie wohl eher in der Abschreckung, in

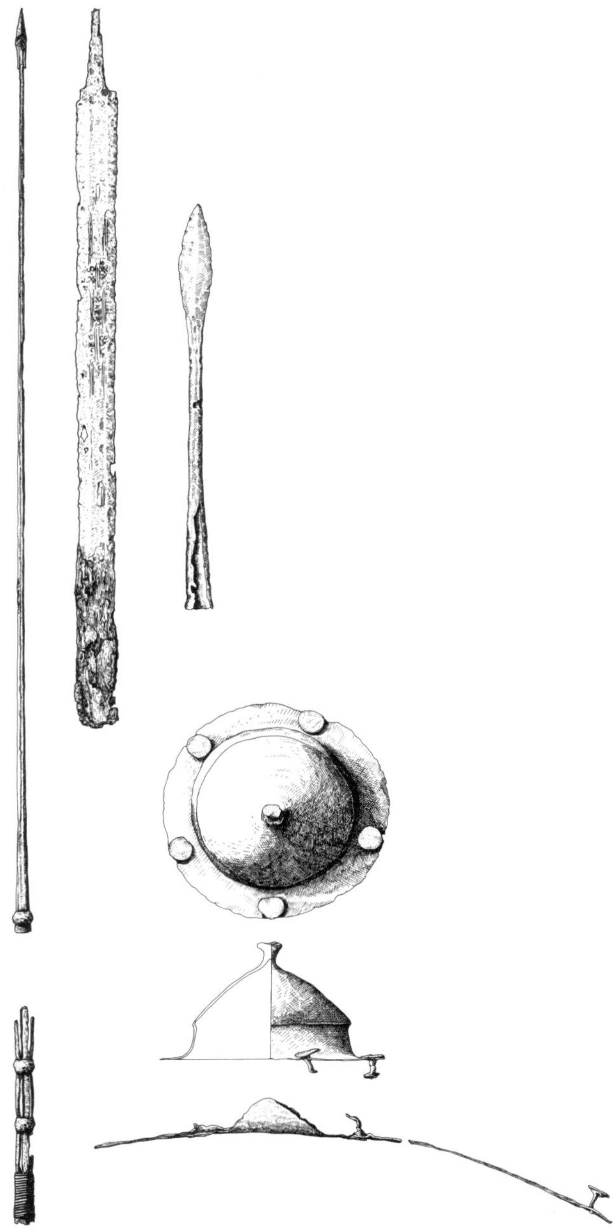

Abb. 44. Bittenbrunn (Reg. 36). Im Grab 16 aus dem Beginn des 6. Jh. fand sich ein Waffenensemble, das sich mit seinem kompletten Satz von Spatha, Lanze und Schild, vermehrt um einen Ango, schon fast jenseits der Durchschnittlichkeit befindet. Nur die schlichte Ausführung der Spathascheide und die Materialwahl der Gürtelschnalle – Bronze – läßt den Bestatteten als einen durchschnittlich Wohlhabenden umschreiben. Maßstab 1:9 (Ango, Spatha) bzw. 1:6 (Schild, Lanze).

der Demonstration der wirtschaftlichen und/oder politischen Macht ihres Besitzers. So wird es nicht ausgeblieben sein, daß gerade diese Waffenart mehr als Rangabzeichen benutzt, vielleicht sogar auch verliehen wurde. Vererbt wurde sie anscheinend nicht. Sie blieb – im Gegensatz zur späteren Entwicklung – persönliches Eigentum ihres Besitzers über dessen Tod hinaus.
In der ersten Hälfte des 6. Jahrhunderts verschwinden unvermittelt alle eben geschilderten Charakteristika und machen einer Entwicklung Platz, deren Ziel die Ausschmückung des Spathagriffs, insbesondere des Knaufs, ist. Den älteren Goldgriffspathas folgen wertmäßig in
Abb. 47 dieser Phase die sogenannten Ringknaufschwerter mit einem meist massiv silbernen, reich verzierten Knauf, an den ein kleiner, wulstiger Ring angehängt ist, ein magisches Zeichen wohl nordgermanischen Ursprungs – wie im übrigen mehrere, wenn nicht gar alle der süddeutschen Ringknaufschwerter. Gleichzeitig wird die Spatha aus ihrer bisherigen Exklusivität herausgelöst, sie findet sich jetzt in den Händen auch des einfachen Mannes, und ihre sparsamere Verzierungsweise macht sie nunmehr auch für praktische Zwecke verwendbar. Vielleicht ist es kein Zufall, daß sie nun gelegentlich vererbt oder sonstwie tradiert werden kann, wie gerade am Beispiel der Ringknaufschwerter zu beobachten ist. Die Betonung der Griffzone als Verzierungsträger bleibt der Waffe, die sich formal nicht mehr wesentlich ändert, bis zum Ende unseres Beobachtungszeitraums. Im gleichen Zeitraum ändert sich auch an der Bedeutung der Spatha als Hauptwaffe der Alamannen nichts, im Gegensatz zur Entwicklung in manchen Nachbarlandschaften. Die Knäufe werden häufig mit seitlichen Tierköpfen versehen und zunächst in tauschiertem Eisen, später auch in gegossener Bronze verziert. Daß auch jetzt der Spathaknauf nichts von seiner immanenten magischen Bedeutung verlor, geht daraus hervor, daß er zumeist eine Schauseite besitzt, die besonders verziert ist: etwa durch einen goldtauschierten Rosettenwirbel wie auf dem Spathaknauf von Landsberg-Spötting. Schließlich ist auch auf die sorgfältige, fast stets kompliziert damaszierte Klinge der Spatha hinzuweisen, deren Herstellung einen beträchtlichen Arbeitsaufwand erforderte und der Waffe zu Ansehnlichkeit und Wert verhalf. In der Tat konnte sie von der Mehrzahl der alamannischen Männer nicht erworben werden.
Von Anfang an besaß die Spatha eine eigene Aufhängung und war nicht am Leibriemen eingehängt. Zunächst bestand dieser Gurt aus einem schmalen Lederband und war verknotet oder mit einer schmalen Schnalle verschlossen. Um die Mitte des 6. Jahrhunderts traten zur
besseren Verbindung von Spathascheide und Spathagurt *Taf. 80*
größere Rechteckbeschläge hinzu, deren Zierfläche zur Darstellung apotropäischer Szenen und Tierfiguren genutzt wurden. In den folgenden Jahrzehnten bemächtigte sich der an den Leibriemen beobachtete Trend zum Anbringen verzierter Metallbeschläge auf jedem Lederwerk auch der Spathagurte. Es kam zu Herstellung und auch Export von außerordentlich kunstvollen Gurtgarnituren, teils in Eisen, teils in Bronze, teilweise mit reicher Tau-

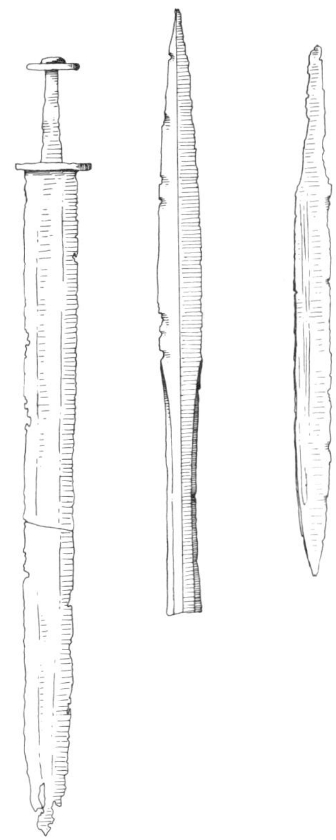

Abb. 45. Weissach (Reg. 376). Die Grundausstattung an Waffen blieb für einen wohlhabenden Alamannen von der Zeit um 500 an nahezu unverändert, sieht man vom Verschwinden der Streitaxt und dem Aufkommen des Saxes im Verlaufe des 6. Jh. einmal ab. Noch um 700 bilden hier Spatha, Lanze und Schild das Rückgrat der Bewaffnung, während zu dieser Zeit anderswo längst der einschneidige Sax die zweischneidige Spatha als Hauptwaffe verdrängt hatte. Hier der Waffenbestand eines überdurchschnittlich wohlhabenden Mannes vom Ende des 7. Jh.

Taf. 81 schierung, teilweise mit flächigem Tierstilrelief überzogen. In der zweiten Hälfte des 7. Jahrhunderts wurde auch der beschlagreiche Spathagurt ein Opfer der allgemeinen Mode, den Metallbesatz am Lederzeug auf das absolut notwendige Minimum zu reduzieren. Von da an beschränkte auch er sich auf eine Schnalle.

Die Entwicklung des Schildes verlief ganz ähnlich zu derjenigen der Spatha. Auch hier liegen die Wurzeln im spätrömischen Schild germanischer Hilfstruppen, auch der Schild wird im 5. Jahrhundert ähnlich der Spatha immer seltener, ohne jedoch seine aus dem 4. Jahrhundert überlieferte Form zu verlieren. Er bestand aus einer runden, teils flachen, teils leicht kegelförmigen Holzscheibe von bis zu einem Meter Durchmesser und besaß in der Mitte einen eisernen Schutz der Hand, den sogenannten Schildbuckel. Seine Form, wie sie bereits im Kriegergrab
Abb. 40 von Frankfurt-Praunheim aus dem späten 4. Jahrhundert vorgebildet ist, findet sich ganz ähnlich auch noch 100
Abb. 43 Jahre später in Hammelburg. Im 6. Jahrhundert wird die
Abb. 44 Form etwas gedrungener, die Spitze wird abgeplattet und verschwindet dann im 7. Jahrhundert ganz. Die kalottenförmigen Schildbuckel des 7. Jahrhunderts münden schließlich in die wiederum zugespitzten zuckerhutför-
Taf. 105 migen Schildbuckel ein, wie sie ab 700 für lange Zeit ge-
Abb. 46 bräuchlich werden.

Spätrömische Bildnisse legen die Annahme nahe, daß auch die alamannischen Schilde des früheren Mittelalters farbig bemalt waren; erhalten hat sich keiner von ihnen im Original. Die allein überlieferten metallenen Schildbuckel erfuhren zu verschiedenen Zeiten eine qualitativ differenzierte Ausführung: In reich ausgestatteten Gräbern der zweiten Hälfte des 5. Jahrhunderts waren Bukkelspitze und Niete mit Silberblech belegt und dadurch vor den übrigen, mit eisernen oder allenfalls bronzenen Nietköpfen versehenen Schilden hervorgehoben. In den reichsten Gräbern des 6. Jahrhunderts kommen sogar goldblechbelegte Schildniete vor. In dem gleichen hervorragenden Milieu begegnen dann in der zweiten Hälfte des 6. Jahrhunderts Schildbuckel, deren Haube nicht konisch zulief, sondern halbkugelig war, ein unscheinbares, aber wichtiges Indiz für den sozialen Rang des Bestatteten. Im 7. Jahrhundert scheinen bei einheimischen Schilden keine Prunkausführungen hergestellt worden sein. Die in dieser Zeit in alamannischen Adelsgräbern begegnenden Schilde mit vergoldeten Bronzebeschlägen und -nietköpfen sind langobardischen Ursprungs. Erst um

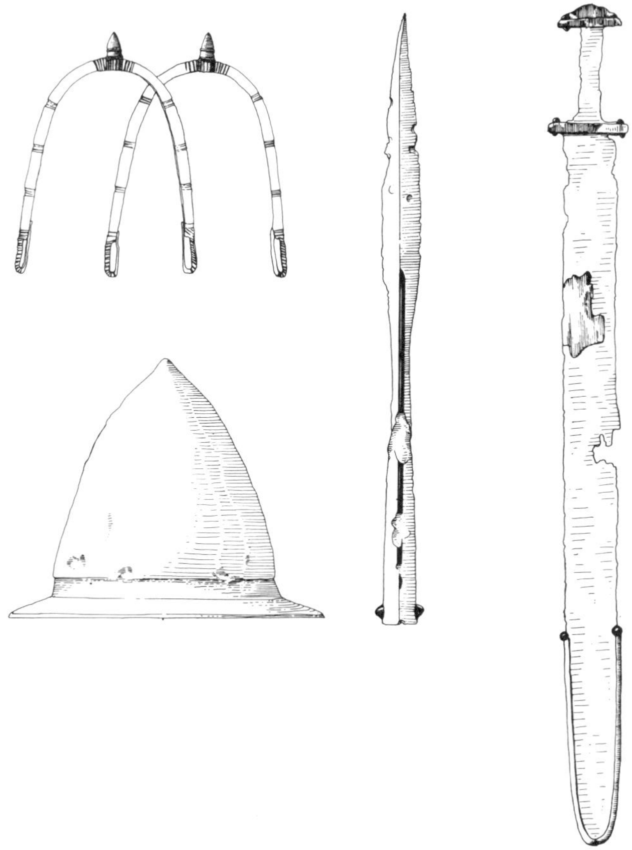

Abb. 46. Hundersingen i. Lautertal-Haldenegg (Reg. 203). Waffen aus dem Grabgut eines um 700 verstorbenen, überdurchschnittlich wohlhabenden Mannes.

700 setzt dann bei den Zuckerhutschildbuckeln wieder eine stärkere Differenzierung ein. Wie bei den Exemplaren von Pfullingen oder Göggingen werden Krempe, *Taf. 105*
Nietköpfe und Fuß des Eisenbuckels mit Silberblech eingefaßt.

In enger Gemeinsamkeit mit dem Schild tritt ebenfalls seit spätrömischer Zeit die Lanze auf. Deren Spitze war stets aus Eisen. Ihre Form wechselt im Laufe der Jahrhunderte stark, von den kurzen Spitzen des späten 4. Jahrhunderts aus Frankfurt-Praunheim über die langen, *Abb. 40*
schmalen Lanzenspitzen des späten 5. und 6. Jahrhunderts wie Bittenbrunn und die breiten, massiven Spitzen *Abb. 44*
des 7. Jahrhunderts (ähnlich Weissach) zu den wiederum *Abb. 45*
langen und schlanken Stücken der Zeit um 700, wie eines aus Hundersingen vorliegt. Verzierungsträger waren *Abb. 46*

diese Lanzen vor allem in der zweiten Hälfte des 6. Jahrhunderts, wo sie oft reichen Punzdekor und gelegentlich Tauschierung aufwiesen, sodann – beschränkt – im 7. Jahrhundert. Um 700 bediente man sich gerne silberner Nietköpfe, um Wert und Ansehen der Lanze zu steigern. Parallel zur Lanze gab es zwei weitere Stoßwaffengattungen, welche, verschiedenen Zwecken dienend, ganz unterschiedliches Aussehen besitzen und in Grabfunden durchaus auch miteinander kombiniert und zusammen mit der Kriegswaffe Lanze vorkommen. Dies ist zum einen die Gruppe der Saufedern, kenntlich an zwei kräftigen eisernen Aufhaltern am Übergang vom Holzschaft zur Spitze. Derartige Saufedern kommen in überdurchschnittlich reich ausgestatteten Gräbern der Zeit zwischen dem 4. und dem 8. Jahrhundert (und noch später) immer wieder vor; das Inventar eines Hammelburger Grabes ist kennzeichnend für das Milieu, in dem sie auftreten pflegen. Allem Anschein nach waren diese zumeist ungefügen Stoßwaffen tatsächlich die Vorläufer der mittelalterlichen Saufedern und dienten vornehmlich der Jagd.

Ganz anderer Abstammung ist die dritte Stoßwaffengattung, der Ango. Schon seine Herkunft aus den germanischen langschäftigen Speeren der Völkerwanderungszeit – ein Exemplar lernten wir im Grabfund von Ihringen kennen – läßt an einen ureigentlich germanischen Zweck denken. Der Ango ist mit seinem überlangen Eisenschaft und seiner Widerhakenspitze die ideale Zweikampfwaffe, so recht geeignet, den Panzer des Gegners zu durchstechen. In der Tat finden wir Angonen vorwiegend in den Gräbern desjenigen Personenkreises, bei dem der Zweikampf eine gesellschaftliche Funktion und Aufgabe war: in den Gräbern des Adels und anderer überdurchschnittlich wohlhabender Männer. Die Ausführung des

Abb. 41

Abb. 47. Spathagriffe vom Ende des 6. Jh. (1) bis in die 2. H. des 7. Jh. (3). 1: Sog. Ringknaufschwert mit silbernem Knauf, 2. H. 6. Jh. aus Grab 9 von Niederstotzingen (Reg. 264). – 2: Silber- und goldtauschierter Schwertgriff aus Grab 8 von Landsberg/Lech (Reg. 234). Er stammt vermutlich von gleicher Hand wie die im selben Grab gefundene Gürtelgarnitur Taf. 78. Um 600. – 3: Schwertgriff mit tierstilverziertem Bronzeknauf und messingtauschierter Parierstange bzw. Knaufplatte aus Tuttlingen (Reg. 358). 2. H. 7. Jh. Maßstab 1:2.

Abb. 44 Ango, wie sie beispielsweise ein Grab von Bittenbrunn enthielt, entstand gegen Ende des 5. Jahrhunderts. Hundert Jahre später war der Ango dann vollständig aus den Arsenalen des Adels verschwunden.

Die Möglichkeit, ja sogar Notwendigkeit, einen Zweikampf auszutragen, hat in gehobenen Kreisen des frühen Mittelalters gewiß Einfluß auf die Art und Auswahl der Waffenausstattung gehabt. Man war ja in solchen Fällen unter sich und trat nur gegen einen ebenbürtigen, gleichwertig bewaffneten Gegner an. Diese Regelhaftigkeit führte sicherlich zu einer gewissen Nivellierung. So finden sich beispielsweise Helme ausschließlich in Gräbern des Adels. Sie waren stets fremdländischer, mediterraner *Taf. 43* Herkunft, wie beispielsweise der Spangenhelm aus Baldenheim oder der annähernd 100 Jahre jüngere Lamel- *Abb. 48* lenhelm aus Niederstotzingen. Sie kamen gewiß nicht auf Handelswegen nach dem Norden, sondern als Beutestücke oder Geschenke. Sie konnten offensichtlich vererbt werden. Zwei der alamannischen Helmträger – Gammertingen und Niederstotzingen – waren zusätzlich mit Panzerwesten ausgestattet, mit einer eisernen Ringbrünne der erstere, mit einem Lamellenharnisch der letztere. Solch kostbare Ausstattungsstücke finden sich gehäuft in Adelsgräbern Ostalamanniens und zwischen Neckar und Oberer Donau. Freilich wird es derartige Schutzwaffen viel öfter gegeben haben, wie das Vorkommen von Ringbrünnenfetzen und Lamellenharnischteilen als apotropäische Amulette in vielen alamannischen Frauengräbern aufzeigt.

Auf einer anderen Rangstufe stehen Pfeil und Bogen, eine Waffenart von langer Tradition. Die Form ihrer Bestandteile ist funktionell bedingt und wird sich kaum we- *Abb. 42* sentlich verändert haben. Die Spitzen der Pfeile waren wohl stets aus Eisen und von Anfang an zumeist blattförmig. Später kommt dann noch die zweiflügelige Pfeilspitze hinzu. Zweimal innerhalb unseres Beobachtungszeitraums sind massive Fremdeinflüsse spürbar: einmal im Gefolge der attilazeitlichen Ost-West-Bewegungen, in deren Verlauf die alamannische Oberschicht mit den Vorzügen mediterraner beinversteifter Reflexbögen bekannt gemacht wird. Von da ab finden sich diese zusam- *Abb. 43* men mit mediterranen, dreikantigen Dornpfeilspitzen von Zeit zu Zeit im Arsenal alamannischer – und anderer – Adeliger, beispielsweise des Mannes vom Ailenberg bei Rüdern; sie waren wohl häufig als Beutestücke von Italienzügen mitgebracht. Die zweite Welle ist ebenfalls mediterranen Ursprungs und erreichte Süddeutschland von der Mitte des 7. Jahrhunderts an über die Awaren. In ihrem Zusammenhang gelangten wiederum dreikantige Dornpfeilspitzen und Reflexbögen in nordalpine Gebiete, vor allem in das der Bajuwaren. In Alamannien ebbte diese Welle rasch ab; ein letztes Zeugnis stellen die Beinversteifungen eines Reflexbogens in einem Grab der Jahre um 700 aus Stuttgart-Bad Cannstatt dar. Zu dieser Zeit waren allerdings Pfeil und Bogen schon so gut wie völlig aus dem Waffenbestand wohlhabender und überdurchschnittlich reicher Männer verschwunden und zu Attributen einfachster Bevölkerungskreise abgesunken.

Die Axt hatte in frühalamannischer Zeit zusammen mit *Abb. 42* Pfeil und Bogen eine häufig anzutreffende Waffenkombination gebildet, welche auch außerhalb des alamannischen Stammesgebietes üblich und noch lange anzutreffen war. Ihr profiliertester Bestandteil war im 5. und 6. Jahrhundert die Franziska, deren Verbreitungsschwerpunkt auf fränkischem Gebiet lag. Streitäxte dieser schmalen Form sind jedoch auch im Alamannien des 5. und frühen 6. Jahrhunderts noch oft anzutreffen, ebenso Äxte mit breiter, asymmetrischer Schneide. Im 6. Jahrhundert wurde hier dann die Axt als Waffe langsam ungebräuchlich und verschwand.

Ihren Platz nahm möglicherweise der Sax ein, ein einschneidiges Hiebschwert, das von der ersten Hälfte des 6. Jahrhunderts an zur am weitesten verbreiteten Waffe im alamannischen, fränkischen und bajuwarischen Gebiet wurde. Einschneidige Hiebschwerter gab es bei germanischen Stämmen seit vorchristlicher Zeit bis weit in die Kaiserzeit hinein, sind jedoch seit dem 3. Jahrhundert nicht mehr nachweisbar. Eine ähnliche Waffe brachten die reiternomadischen Vorstöße des 5. Jahrhunderts in den Westen. Derartige schlanke, säbelartige Saxe waren für eine kurze Zeit Bestandteil der Waffenausstattung vornehmer Alamannen, beispielsweise des auf dem Ailenberg bei Rüdern bestatteten Mannes, verschwanden jedoch um 500 wieder. Bereits die lange, schmale Form der eben genannten Hiebwaffen läßt keinen Zusammenhang mit den ersten kurzen, gedrungenen Saxen des 6. Jahrhunderts erkennen. Diese waren vielmehr zunächst kaum etwas anderes als größere Messer, in der Handhabung einem Dolch nicht unähnlich. Der Sax wurde denn auch am Leibgurt links befestigt und blieb an diesem Platz bis in die Zeit um 700. In dieser Zeitspanne wuch- *Abb. 49* sen Länge und Breite der Waffe ständig und erreichten

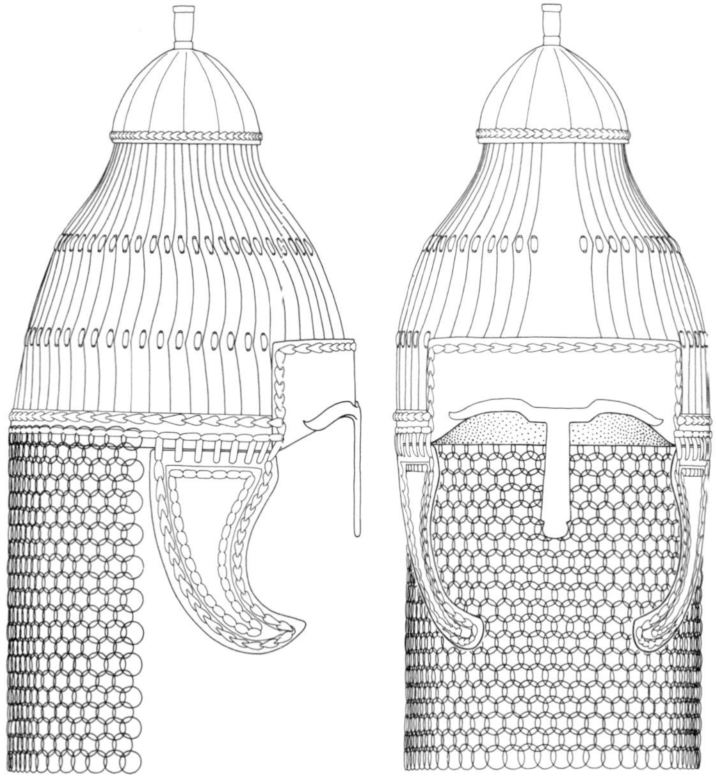

Abb. 48. Niederstotzingen (Reg. 264). Rekonstruktion des mediterranen (?) Lamellenhelmes aus Grab 12 der Adelsnekropole. Anfang 7. Jh. Maßstab 1:4. Nach P. Paulsen.

gegen Ende des 7. Jahrhunderts das Format einer Spatha. Wesentliche Verzierung trugen die Saxe nur in der zweiten Hälfte des 6. Jahrhunderts und in den Jahren um 600: in Gestalt von eingeritzten Tierfiguren und gelegentlich von Runen. Ansonsten bemächtigte sich der Zierwille
Taf. 15 der umfangreichen Lederscheide, welche zumeist mit
Abb. 49 reichem Preßdekor versehen war. Gegen Ende des 6. Jahrhunderts erhielt die Schneidenseite der Saxscheide eine Reihe von Zierknöpfen mit flachen und breiten, zur Verzierung einladenden Köpfen. Seit der Mitte des 7. Jahrhunderts sind diese Zierniete von flächigem Tierstildekor überzogen und besitzen sogar mitunter Granateinlagen. Das Material, aus dem diese Niete bestanden, war von Anfang an Bronze; erst in der Spätzeit und in hervorragenden Grabausstattungen findet sich auch Silber. Saxe dieser Ausführung bildeten in ihrem flächigen, filigranhaften Scheidenschmuck einen denkbar großen Gegensatz zur nahezu ungeschmückten, allenfalls sparsam-linear gegliederten Schauseite der Spatha.

Ein großer Teil der ersten Alamannen war, wie schon die römischen Schriftsteller berichten, beritten. Sporen besaßen dagegen nur so wenige von ihnen, daß wir derartige Metallobjekte in Grabfunden überhaupt noch nicht zu Gesicht bekamen. Auch aus dem 5. und 6. Jahrhundert sind trotz nunmehr auch archäologisch erwiesener Beritenheit keine Metallsporen überliefert. Erst um 600 tau-

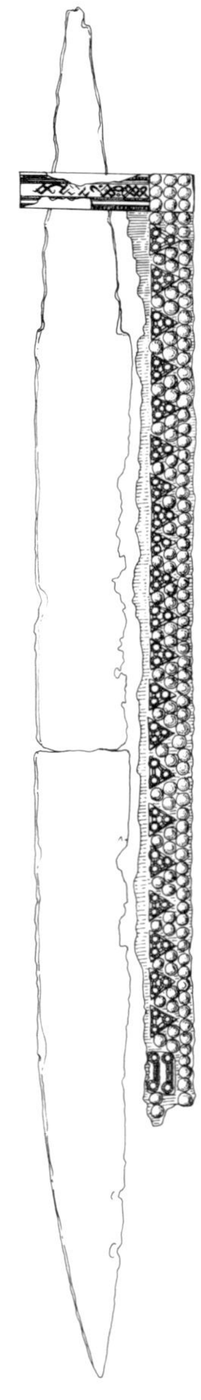

Abb. 49. Rommelshausen (Reg. 298). Sax der Zeit um 700 mit bronzebeschlagener Lederscheide. Aus der Grabsituation (Taf. 15) ist zu erkennen, daß nur die Hälfte des Saxgriffs aus der von einem Bronzeblech umschlossenen Scheide herausragte. Maßstab 1:4.

Taf. 103 chen bei den Alamannen die ersten Metallsporen auf. Sie kommen stets in der Einzahl vor, sind bandfömig, bestehen aus Eisen oder Bronze und sind mittels einer eigenen Lederriemengarnitur am linken Schuh befestigt. Ihre Vorkommen beschränken sich nicht nur auf Bevölkerungsschichten, bei denen man Besitz und Gebrauch eines Reitpferdes als selbstverständlich voraussetzt, sondern finden sich – vor allem nach 650 – auch bei Männern nur durchschnittlichen Wohlstandes. In diesen Fällen war der Sporn zumeist aus Eisen, ganz selten auch aus Bronze, und unverziert. Bei überdurchschnittlich ausgestatteten Männern bestand er dann häufig aus silbertauschiertem Eisen oder war aus Bronze. Sporen aus massivem Silber kommen praktisch überhaupt nicht vor und würden in jedem Falle ihren ehemaligen Besitzer als einen weit überdurchschnittlich wohlhabenden Mann ausweisen. Gegen Ende des 7. Jahrhunderts treten dann Sporen zum erstenmal seit spätrömischer Zeit wieder paarig auf. Gleichzeitig wird ein Teil von ihnen fest mit dem Spornriemen vernietet, während andere Sporen bei der bislang üblichen Befestigung mittels Schlaufen bleiben. Auch in dieser Spätzeit ist der Sporn weit davon entfernt, Abzeichen etwa bloß des Adels zu sein.

Diesen signifikanten Rang nimmt das Zubehör des Reit-
Abb. 50 pferdes ein: Trense, Pferdegeschirr samt Zaumzeug so-
Abb. 51 wie Sattel und Steigbügel kommen fast nur in Gräbern vor, die sich auch sonst durch ihre Ausstattung als überdurchschnittlich reichen Männern zugehörig erweisen. Trense und Pferdegeschirr sind es sogar, welche die oberste soziale Bevölkerungsgruppe von der Restbevölkerung determinierend absondern lassen. Ein Mann mit diesen Beigaben gehört zu den fünf Prozent der wohlhabendsten Alamannen. Freilich erst seit der ersten Hälfte des 6. Jahrhunderts, denn vorher scheint es die Sitte der Beigabe von Pferdegeschirr (und Pferden) bei den Alamannen noch nicht gegeben zu haben. So fehlen etwa in Gräbern, welche eine Goldgriffspatha enthielten, noch jegliche Pferdegeschirre. Wenig später hat sich jedoch diese Beigabengattung durchgesetzt und findet sich von da an bis ans Ende unseres Beobachtungszeitraums. Von Anfang an sind in Alamannien die zwei hauptsächlichsten Trensenformen vorhanden: die eine, bei der das Verrutschen des Gebißstücks durch seitliche Knebel, die andere, bei der der gleiche Effekt durch übergroße Ringe bewirkt wird. Vor allem die Knebeltrensen boten durch die verschiedenen Möglichkeiten, Kopfgestell und Zügel

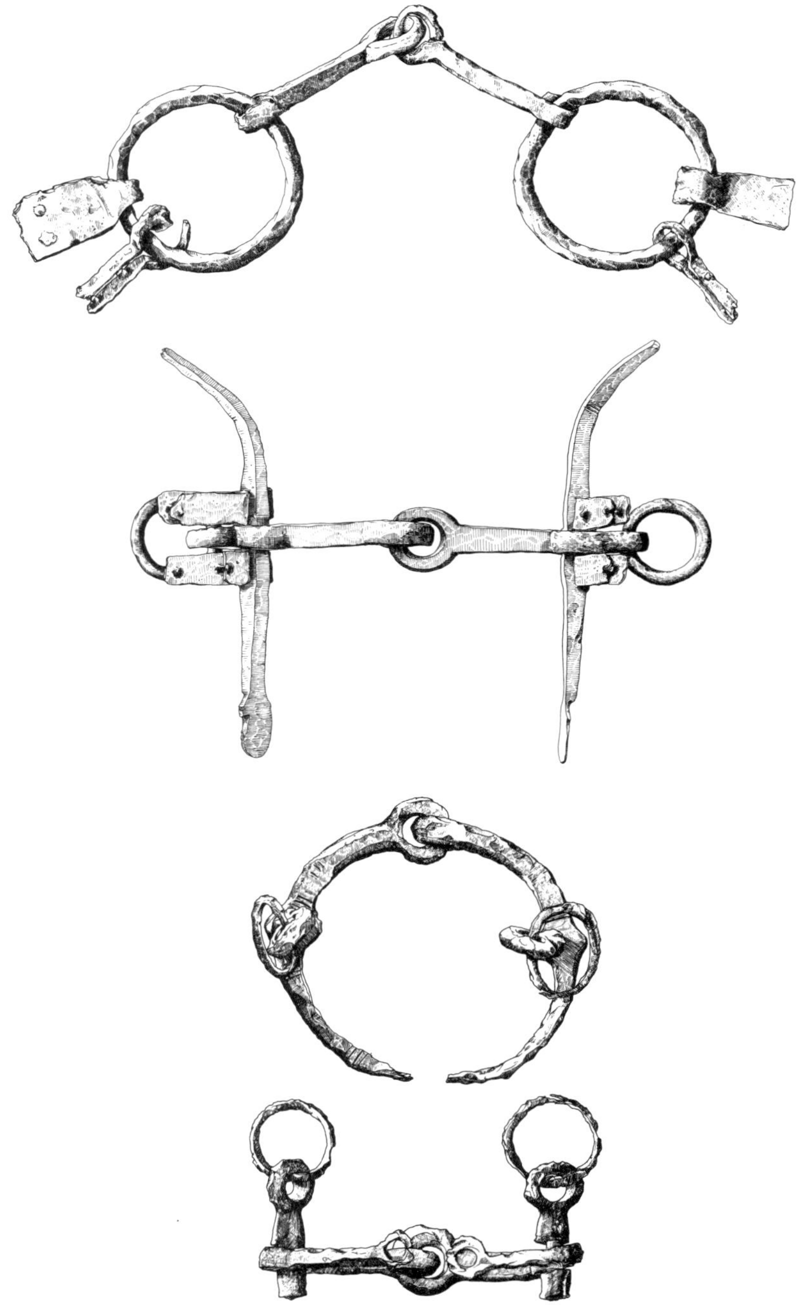

Abb. 50. Pferdetrensen aus alamannischen Gräbern des 6. und 7. Jh. Oben: Unterthürheim, aus Pferdegrab 48 (Reg. 366), um 560. – Mitte: Landsberg/Lech-Spötting Grab 35 (Reg. 234), um 650. – Unten: Tübingen-Derendingen (Reg. 356), Ende 7. Jh. Die Meinung, derartige Trensen gingen großenteils auf die Awaren zurück, ist nicht zutreffend, im Gegenteil: keine der westlichen Trensenformen ist awarischen Ursprungs. Maßstab 1:3.

an ihnen zu befestigen, Spielraum für räumlich und zeitlich unterscheidbare Varianten. Eine Knebeltrense von Landsberg-Spötting ist zum Beispiel ein typisches Erzeugnis der ersten Hälfte des 7. Jahrhunderts, während eine Trense von Tübingen-Derendingen aus der zweiten Hälfte des 7. Jahrhunderts stammt. Erstere läßt sich unschwer auf einheimische Vorbilder zurückführen, letztere ist ohne ostmediterrane, vielleicht sogar arabische Vorbilder nicht zu denken, Vorbilder, welche durchaus zusammen mit den Pferden, für die sie bestimmt waren, als Handelsobjekte oder als Geschenke ins ferne Frankenreich gelangt sein können.

Zaumzeug und Pferdegeschirr bestanden, von wenigen exzellenten Beispielen, von denen sich bislang keines im Alamannengebiet fand, einmal abgesehen, in der ersten Hälfte des 6. Jahrhunderts im wesentlichen aus dem ledernen Riemenwerk mit wenigen beschlaglosen Schlaufen und Schnallen aus Eisen, allenfalls vermehrt um einige flachköpfige Silber- oder Bronzeniete und Riemenzungen. Von dem Beschlägeboom der zweiten Hälfte des 6. Jahrhunderts wurde auch das Pferdegeschirr erfaßt. An ihm finden sich nun zahlreiche Metallbeschläge, welche aus versilberter bzw. vergoldeter Bronze, aus Silberblech, aus Bronze oder aus tauschiertem Eisen bestehen. Nicht immer fällt die genaue Herkunftsbestimmung leicht, zumal manche Garnituren gleicher Abstammung an weit voneinander entfernten Orten gefunden wurden. Auch Pferdegeschirre eindeutig mittelmeerischer Herkunft gelangten nun in den Südosten Alamanniens und bestätigen einmal mehr die Mobilität des damaligen Adels und die hieraus resultierende bunte Vielfalt seiner beweglichen Habe. Diese scheint, was das Pferdegeschirr anbelangt, im 6. Jahrhundert von den damaligen Antipoden Italien und Frankreich geprägt worden zu sein, erste-
Taf. 71 res durch die Hüfinger Phaleren, letzteres in den Rie-
Taf. 70 menkreuzungen von Geislingen-Altenstadt dokumentiert. Erst im 7. Jahrhundert wurde Pferdegeschirr fast durchweg in einheimischen Werkstätten hergestellt, wie etwa die Beschläge von Kopfgestell und Pferdegeschirr
Taf. 76 aus dem Grab 6 von Niederstotzingen. Die Verzierungsmotive der Beschläge lassen erkennen, daß sich auch dieses Riemenwerk den allgemeinen, durch die Leibriemen genügend dokumentierten Modeströmungen unterordnete. Es verwundert daher nicht, wenn es mit dem allgemeinen Erlöschen beschlagreichen Gurtwerks in der zweiten Hälfte des 7. Jahrhunderts aus der Mode kam.

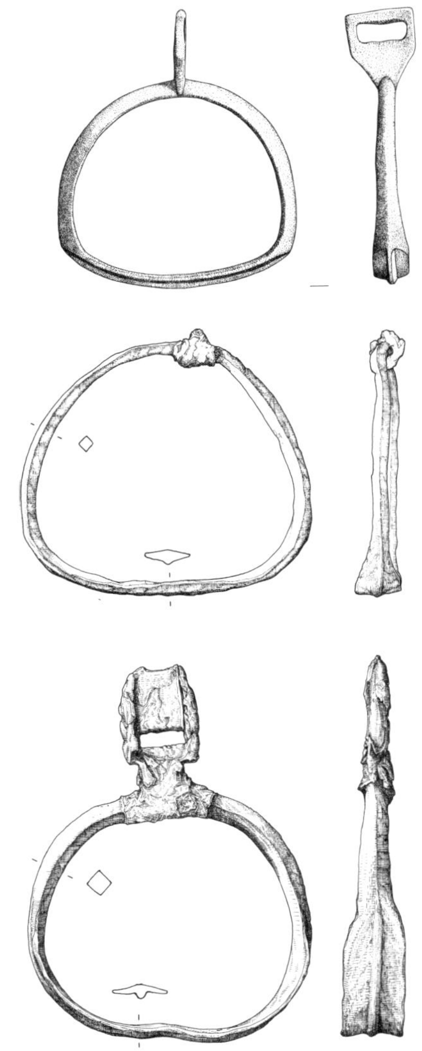

Abb. 51. Steigbügel aus alamannischen Gräbern des 7. Jh. Oben: Paar Bronzesteigbügel aus Pfahlheim (Reg. 280). – Mitte und unten: 2 Paare eiserner Steigbügel aus 2 Gräbern von Friedberg (Reg. 122). Auch bei den Steigbügeln wird deutlich, daß sie eher auf italisch-langobardische denn auf awarische Vermittlung hin zu den Alamannen gelangten. Maßstab 1:3.

Tracht und Schmuck der Frau

Die einwandernden Alamannen brachten zusammen mit dem Schmuck ihrer Frauen auch deren Trachtsitten aus der alten Heimat an der mittleren Elbe mit. Am besten *Taf. 28, 29* zeigt dies der Grabfund von Erlbach aus den Jahrzehnten um 300: ein ganz wesentlicher Zierträger war in ihm ein Paar großer Scheibenfibeln, die wohl an den Schultern getragen wurden, sodann ein Nadelpaar und zwei Einzelnadeln, vermutlich auf Kopf-(Hauben-)Partie und Oberkörper verteilt, sodann Ringschmuck an Arm und Fingern. Schließlich fanden sich noch zwei nadelförmige Riemenzungen der Schuhgarnituren. Ein Bronzering ist wohl als Amulett zu betrachten, während Eisenmesser und Tonwirtel hausfrauliche Tätigkeiten der Verstorbenen überliefern. Der Gürtel war durch eine Eisenschnalle verschlossen.

Die Scheibenfibeln des Erlbacher Grabes weisen eine längere Tradition innerhalb der germanischen Tracht auf, wenn sie auch letztlich auf römische Vorbilder zu- *Abb. 68* rückgehen. Sie können bereits in der Alamannia hergestellt worden sein. Die gleichen Wurzeln besitzen alle vier Nadeln des Grabes, der Ringschmuck und die Schuhgarnituren. Während die letztgenannten Trachtbestandteile im neuen Heimatland der Alamannen noch lange üblich waren, kamen Scheibenfibeln hier bald aus der Mode. Ihre Stelle nahmen dann Fibeln mit gebogenem Bügel ein, die über zwei Jahrhunderte lang die Tracht der Alamanninnen bestimmen sollten. Aus anderen Grabfunden wissen wir, daß auch Glas- und Bern- *Taf. 30* steinperlenketten zur üblichen Schmuckausstattung einer Frau gehörten.

Trotz der Nähe von Erlbach zum spätrömischen Limes müssen sich die Dame von Erlbach und eine ihr gleichrangige Römerin, die beispielsweise den um 300 im Kastell Vemania-Isny vergrabenen Schmuck besessen haben könnte, reichlich fremd gegenübergestanden sein. Schon eine Vorfahrin der Römerin hatte die jahrhundertelang geübte Fibeltrachtsitte aufgegeben. Die Nadeln waren in der Regel aus Bein, bestenfalls aus Gagat ge- *Taf. 31* schnitzt, später auch aus Bronze. Sie dienten zur Zier der Haube. Völlig ungermanisch waren sodann die Ohrringe und die Vielzahl an Halsketten und Fingerringen. Es ist ein erstaunliches Phänomen, daß sich beide Trachtenkreise das ganze 4. Jahrhundert über nicht aneinander anglichen. Trachten wie die in Gerlachsheim überlieferten (Fibelpaar, dazu Einzelfibel, große Glasperlenkette, Gürtelschnalle) fallen immer wieder als unrömisch auf. Der Konservativismus der Alamanninnen wird gerade am Grab 3 von Gerlachsheim besonders deutlich. Die *Abb. 52* dort bestattete Dame hatte ihre pompösen Schildfibeln noch aus der alten Heimat bezogen, obwohl ihre Vorfahren schon seit mindestens zwei Generationen in Alamannien seßhaft waren.

Abb. 52. Gerlachsheim Grab 3 (Reg. 132). Rekonstruktion der Tracht einer wohlhabenden Frau der 2. H. des 4. Jh.

Die textilen Überreste dieser Zeit sind noch spärlich. Aus gewissen Anzeichen ist auf ein langärmeliges, gegürtetes Obergewand zu schließen. Der Rock dürfte etwa knielang gewesen sein. Die Schuhe waren aus Leder, Strümpfe sind nicht nachweisbar.

Zu Beginn des 5. Jahrhunderts wird sich am grundsätzlichen Trachtbild noch nichts geändert haben. Unter den spärlichen Grabfunden, die uns aus dieser Zeit zur Verfügung stehen, finden wir wieder Fibeln mit drahtförmigem Bügel und gelegentlich breiterem, Verzierungselemente tragenden Fuß. Paarigkeit hat sich durchgesetzt, seltener ist eine Einzelfibel. Schon jetzt ist zu erkennen, daß den Fibeln im Laufe des 4. Jahrhunderts eine neue Aufgabe zugewachsen war, nämlich die Halterung für einen Riemen zu bilden, an dem ein amulettartiger Gegenstand hing. In Gerlachsheim beispielsweise war dieser ringförmig und baumelte in Gürtelhöhe. Im Laufe der ersten Hälfte des 5. Jahrhunderts verfestigte und verselbständigte sich diese Fibelfunktion. Wir können dies daran sehen, daß das Fibelpaar seiner ursprünglichen Aufgabe, nämlich das Obergewand an den Schultern zu verschließen, verlustig ging. Es »wanderte« gewissermaßen den Oberkörper abwärts, um sich in der zweiten Hälfte des 5. Jahrhunderts in Hüfthöhe zu befinden, dort scheinbar funktionslos, so daß in der Vergangenheit viele Forscher sogar glaubten, das Fibelpaar sei bei der Bestattung nicht mehr an der Tracht, sondern an einem Leichentuch befestigt gewesen. In Wirklichkeit weisen gut beobachtete Grabungsbefunde nahezu regelmäßig ein zum Fibelpaar gehörendes Amulett auf, das jetzt stets zwischen den Oberschenkeln hing. Um die Mitte des 5. Jahrhunderts bestand also die Tracht der Alamannin aus einem schmalgliedrigen, nunmehr häufig aus Eisen, seltener aus Bronze, manchmal schon aus Silber bestehenden Fibelpaar, das übereinander am Obergewand befestigt war, und von dem ein Lederband mit einem ring- oder wirtelförmigen Amulett herabhing. Die Haarnadel war noch *Taf. 31, 5*[illegible] vorhanden und nunmehr häufig aus Silber. Glasperlen scheinen selten geworden zu sein. Hinzugekommen war um diese Zeit – wohl als Einfluß aus ostgermanischer Richtung – ein Ohrringpaar und die Sitte des Halsrings *Taf. 60* aus Bronze oder Silber. In der zweiten Hälfte des 5. Jahrhunderts erlebten dann Tracht und Schmuck der Alamanninnen eine neue Blüte, die ein Jahrhundert lang Bestand haben sollte. Das bis dahin eher schmächtige Fibel- *Taf. 40, 5*[illegible] paar wird breit und protzig, besteht aus Silber, ist auf der

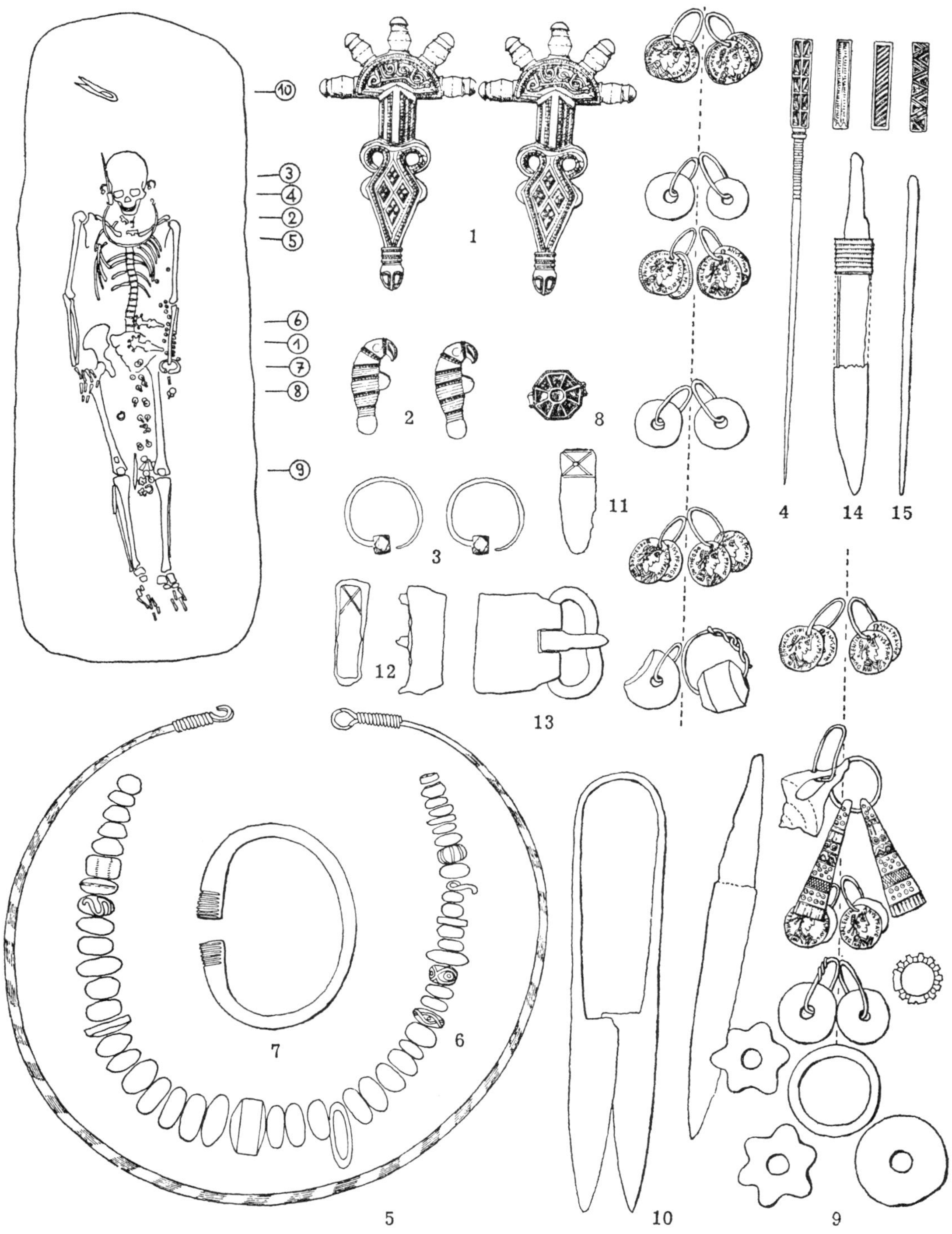

Abb. 53. Basel-Kleinhüningen Grab 126 (Reg. 21). Lagebefund und Inventar des Grabes einer überdurchschnittlich wohlhabenden, um das Jahr 500 verstorbenen Frau. Nach R. Moosbrugger-Leu und V. Bierbrauer.

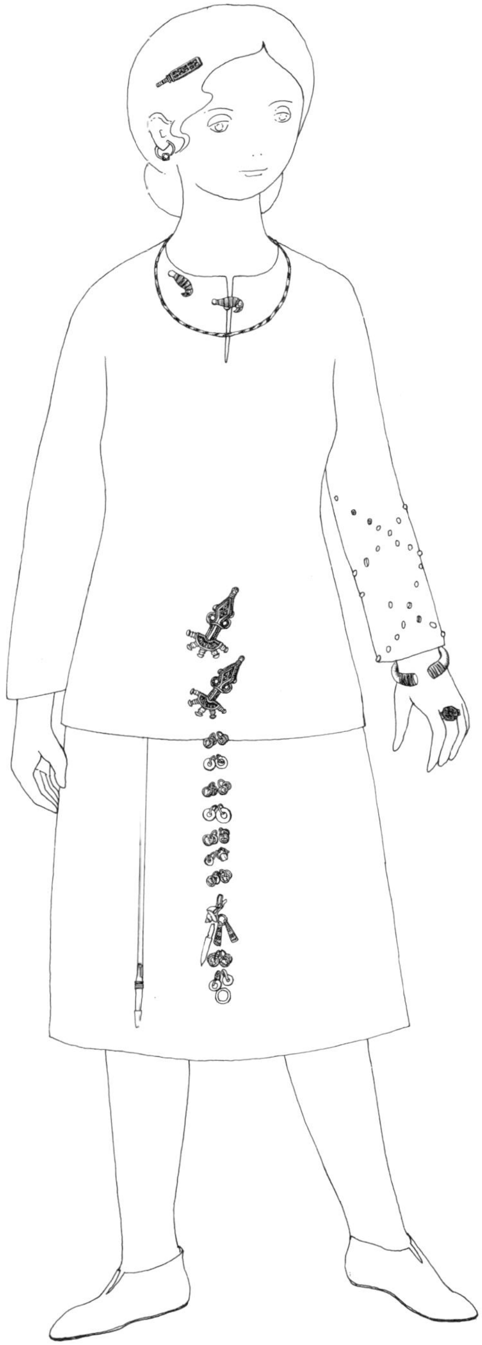

Abb. 54. Rekonstruktion der Tracht der Dame aus Grab 126 von Basel-Kleinhüningen (vgl. Abb. 53).

Oberseite reich kerbschnittverziert, vergoldet und oft mit Schwefelsilbereinlagen versehen. Die Impulse für diese Schmuckexplosion können nur aus dem Norden oder aus dem Osten gekommen sein. Gleichzeitig erhält die seit zwei Generationen bei den Alamanninnen als Schmuckträger verwaiste Schulterregion ein neues Fibelpaar, das wesentlich kleiner als das Bügelfibelpaar in der Beckengegend ist, und das offensichtlich auch nicht auf Symmetrie getragen wurde: eine dieser Kleinfibeln findet sich häufig an der rechten Schulter, die andere in Brustmitte. Die ältesten Kleinfibelpaare gehen wohl auf die fränkische Mode zurück, die seit dem Ende des 4. Jahrhunderts in der Halsgegend stets zwei (Scheiben-)Fibeln kennt und diese Tracht auch beibehält, als auch dort im 5. Jahrhundert die Bügelfibeln nach unten zu rutschen beginnen.

Das Grab einer überdurchschnittlich wohlhabenden, ge- *Abb. 53, 54*
gen Ende des 5. Jahrhunderts verstorbenen Dame aus Basel-Kleinhüningen zeigt die alamannische Frauentracht in ihrer optimalen Normalausführung: Ein silberner Haarpfeil, Silberohrringe, Silberhalsring, Silberarmring, Goldfingerring, ein Glas- und Bernsteinperlengehänge in der Gegend von Oberkörper oder linkem Arm, ein silbernes Bügelfibelpaar im Becken, daran befestigt ein Lederriemen, der in einem Pulk von ring-, keulen- und perlenförmigen Amuletten endete und in seiner ganzen Länge mit Silberringlein besetzt war, an denen wiederum Perlen und durchbohrte Münzen hingen. An einem eisernen Riemen war ein Eßbesteck, bestehend aus Messer und einzinkiger Gabel, befestigt. Ein Zufall ist es, daß Wadenbindenbeschläge oder Schuhschnallen fehlen. Die eben geschilderte Schmuckausstattung findet sich landauf, landab, in alamannischen Frauengräbern der Zeit um 500 von Basel bis Regensburg in beinahe aus- *Taf.*
tauschbarer Zusammensetzung. Sie blieb in ihren *46, 47, 50*
Grundzügen bis in die zweite Hälfte des 6. Jahrhunderts hinein unverändert. Natürlich lassen sich Tendenzen in der Entwicklung einzelner Details feststellen. So die Wandlung der Kleinfibeln von massiv-silbernen, zumeist Gegenständliches (Reiter, Pferd, Vogel, Zikade, Hund) *Taf. 55*
zeigenden Ausformungen zu mehr abstrakten, häufig dann in Zellenwerk aufgebauten Fibeln, von denen schließlich bei den Alamanninnen um die Mitte des 6. Jahrhunderts massiv silberne Fibeln in S-Form oder in Scheibenform bevorzugt werden, letztere dann häufig mit einer flächig granatenbelegten Schauseite. Die Bü-

Tafel 18 Urach, Runder Berg. Luftbild der alamannischen Höhensiedlung mit der gleichfalls in der Frühzeit besiedelten, südwestlich (= rechts) anschließenden Albhochfläche um die Doline beim Rutschenhof (*Reg. 367*). Die Lage der Siedlung in einem versteckten Seitental der Erms bleibt zunächst rätselhaft; sie ist kaum mit verkehrsgeographischen Vorgegebenheiten zu erklären, und auch die fortifikatorische Gunst der Lage konnte manch andere Höhe am Albtrauf bieten. Dennoch: hier entstand im 3. Jahrhundert eines der Oberzentren Alamanniens.

Tafel 19 Rüdern. Auf dem Gipfel des Ailenberges (*Reg. 299*), wenig rechts des mittelalterlichen Wachturms, wurde 1852 das wohl reichste alamannische Grab aufgefunden. Seine – nur in Resten auf uns gekommene – überreiche Ausstattung stimmt mit der exponierten Lage des Bestattungsplatzes auf einem isolierten Bergkegel überein: hier war ein Großer seiner Zeit, der 2. Hälfte des 5. Jahrhunderts, begraben worden.

Tafel 20 Rüdern. Massive Goldschnalle aus dem Grab auf dem Ailenberg. Ihre qualitative Ausführung war in königlichem Milieu üblich, ihre Gestalt erhielt sie vermutlich von ostgermanischen Goldschmieden. Im gesamten Fundstoff Süddeutschlands findet sich kein entsprechendes Vergleichsstück (*Reg. 299*). Der Schnallenbügel ist 3,9 cm breit.
Württ. Landesmuseum Stuttgart

Tafel 21 Lochenstein. Alamannische Höhenburg (Bildmitte) des 3. bis 5. Jahrhunderts (Reg. 238).

Tafel 22 Ennabeuren. Bursenreliquiar der Zeit um 700 aus dem Altar der Pfarrkirche. Das Heiltumsbehältnis ist auf einfachste Weise durch Abpressen von Fibel(?)modeln hergestellt. Sein Meister verfügte über mindestens drei verschiedene Model, von denen uns in keinem Falle eine weitere Abpressung bekannt geworden ist; die Werkstatt des Reliquiars ist in der Nähe des Fundplatzes zu suchen (*Reg. 100*). Vergoldetes Bronzeblech über Lindenholz, Höhe 8,9 cm.
Kath. Pfarrgemeinde Ennabeuren

Tafel 23 Wittislingen. Die Rückseite der Bügelfibel Tafel 93 trägt eine sorgfältig mit Schwefelsilber ausgelegte Inschrift, die den Meister des Stückes nennt (Wigerig) und sich ansonsten wie eine Grabinschrift liest: »Uffila lebe glückselig in Gott, unsträflich vom Tode ergriffen, denn so lange ich leben durfte, bin ich sehr gläubig gewesen. Ruhe in Gott.« (*Reg. 390*). Es kann kein Zweifel bestehen, daß Fibel wie Inschrift aus dem linksrheinischen Franken stammten und erst zwei Generationen nach ihrer Herstellung einer ungewöhnlich reichen Dame ins Grab folgten. Am rechten Verständnis des christlichen Charakters dieser Inschrift hat es der Trägerin gewiß nicht gefehlt.

gelfibeln behalten in dieser ganzen Zeitspanne ihren vorgegebenen Aufbau in eine Zierplatte über der Spirale, den Bügel und den »Fuß« über dem Nadelhalter bei. Alle drei Bestandteile werden nach Kräften ausgeschmückt, zur Aufnahme neuer Zierdetails verbreitert und häufig noch mit Goldfiligran- oder Granateinlagen versehen. Beliebt waren als Importe in der Spätzeit Prunkfibeln
Taf. 1 nordgermanischer Herkunft wie die beiden jütischen Bügelfibeln aus Donzdorf.

In der ersten Hälfte des 6. Jahrhunderts zeichneten sich erste Änderungen ab. Haarpfeile, Ohrringe, Halsringe und die Ringgehänge verschwanden. Dafür wandte sich das Interesse verstärkt dem Riemenwerk der Beine zu. Die sogenannten Wadenbinden der Strümpfe bekamen metallene Endverstärkungen, die zum Verzierungsträger wurden. Sie dürften sichtbar getragen worden sein. Der Rock endete zu jener Zeit also knapp unter dem Knie.
Abb. 91 Das Amulettrepertoire vergrößerte sich um Glaswirtel verschiedener Form, Bergkristallwirtel, gefaßte Bronze- und Bergkristallkugeln sowie Meerschaumwirtel. Das schmale Lederband, an dem sie hingen, wurde häufig mit Silberplättchen beschlagen. Um die Mitte des 6. Jahrhunderts trat eine zweite, nunmehr links vom Ledergürtel herabhängende Riemengarnitur hinzu, an der wiederum etliche Amulette hängen konnten, beispiels-
Taf. 85 weise eine große, durchbrochene Bronzescheibe, eine Cypraea tigris oder ein Knochenring.

In der zweiten Hälfte des 6. Jahrhunderts erfolgte dann die einschneidendste Änderung der ganzen Schmuckentwicklung. Wohl unter dem Einfluß der romanischen Tracht des Alpengebiets und des Mittelmeerraums wird auf das Tragen eines Bügelfibelpaars gänzlich verzichtet. Allenfalls bei sehr reichen Toten findet man noch gelegentlich eine Bügelfibel, die dann stets ein Altstück war,
Taf. 93 wie beispielsweise die Bügelfibel von Wittislingen oder
Abb. 59 die Bügelfibel im Grab des kleinen Mädchens von Friedberg. Amulett-Träger waren sie in solchen Fällen nicht mehr. Gleichzeitig wird die Paarigkeit der Kleinfibeln zugunsten einer einzelnen, meist an der rechten Schulter getragenen Scheibenfibel aufgegeben. Manche am Althergebrachten hängende Alamannin, beispielsweise die
Taf. 73 reiche Dame aus der Gründergeneration von Güttingen, war dadurch in die Verlegenheit gesetzt, ihrer als Einzelfibel erworbenen Scheibenfibel eine zweite Fibel hinzufügen zu müssen, um wenigstens zwei Kleinfibeln der gewohnten Tracht zu besitzen. Im gleichen Zeitraum ge-

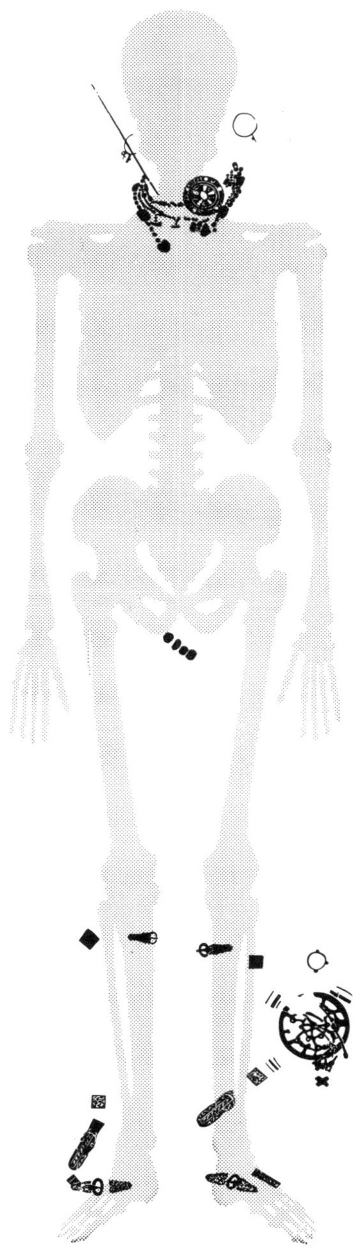

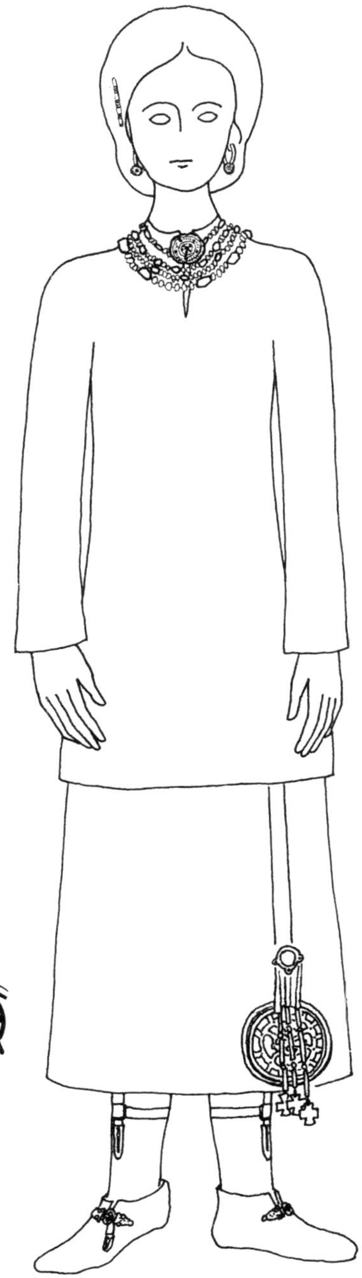

Abb. 55. Bülach, St. Laurentius (Reg. 62). Lagebefund des Grabes einer überdurchschnittlich wohlhabenden, um 650 verstorbenen Dame. Vgl. auch Taf. 16 und 17. Maßstab 1:10. Nach W. Drack.

Abb. 56. Rekonstruktion von Tracht und Schmuck der Dame aus St. Laurentius zu Bülach (vgl. Abb 55.).

Taf. 16, 59, 60 langen Ohrringe und Haarpfeile, nunmehr als Trachteigentümlichkeiten romanischen Ursprungs, bei den Alamanninnen zu neuen Ehren. Und schließlich scheint *Abb, 55, 56* jetzt der Rock bis zu den Knöcheln gereicht zu haben, denn von nun an befinden sich nur dort die Riemenzungen der Wadenbinden; sie können gerade noch unter dem Rocksaum hervorgeschaut haben.

Diese Umwälzungen in der Frauentracht gingen wohl auf die engen Verbindungen zurück, die sich seit Beginn des 6. Jahrhunderts zwischen Alamannien und dem ostgotisch-byzantinisch-romanischen Oberitalien angebahnt hatten, und welche durch den Ausgriff alamannischen Siedlungsraumes auf die immer noch von Romanensiedlungen durchwobene Nordschweiz um die Mitte des 6. Jahrhunderts nur eine Vertiefung erfahren konnten. Im ganzen 7. Jahrhundert änderte sich an der so konzipier- *Taf. 101* ten Tracht nur wenig. Inventare wie das aus Grab 326 von Kirchheim/Ries aus der Mitte des 7. Jahrhunderts zeigen wie in einem Brennglas nochmals alles, was zu dieser Zeit zum Bild einer adeligen Dame gehörte, und was in den beiden vorhergehenden Alamannengenerationen noch ausgebaut worden war: vor allem die vom Gürtel herabbaumelnden Gehänge mit ihren heilbringenden Zieraten hatten sich sichtlich vermehrt, zwei Hauben- oder Stirnbindennadeln waren hinzugekommen. Ansonsten blieb alles im gewohnten Vor-Bild, wie es auch in der darauffolgenden Generation sich nicht grundsätzlich än- *Taf. 102* derte. Eine in der Kirche zu Lahr-Burgheim gegen Ende des 7. Jahrhunderts beigesetzte Adelige wies in ihrer Grundausstattung die gleichen Bestandteile auf wie die Kirchheimer Dame. Der Sitte der Zeit entsprach es, wenn bei ihr das Amulettarsenal auf ein buntes Kettengehänge beschränkt war. Zierscheibe, Cypraea, metallene Amulettkapsel waren zu dieser Zeit schon aus der Mode und finden sich nur noch vereinzelt als Erbstücke in altertümelnden Grabinventaren.

Die eben umschriebene Schmuckausstattung konnten sich in ihrer Gesamtheit bestenfalls jene drei bis fünf Prozent der alamannischen Familien leisten, aus denen sich der Adel rekrutierte. War eine Frau nur wohlhabend, besaß sie schon meist keine Fibel mehr und verfügte entweder über Wadenbinden und Schuhschnallen oder über Zierscheibe und Ziernadel, jedoch selten über alle diese Schmuckbestandteile gleichzeitig. Weit über die Hälfte aller Alamanninnen besaß nichts von alledem. Ihre Grabausstattung bestand bestenfalls aus der einfachen Tracht, gelegentlich vermehrt um eine Glasperlenkette, in manchen Gegenden des Landes noch um ein schmuckloses Ohrringpaar aus Bronze.

Ein solch prägnantes Tracht- und Schmuckensemble ist immer daraufhin zu überprüfen, ob es sich nicht zur ethnischen Abgrenzung eines Stammesverbandes vom Nachbarn eignet. Ein Blick auf die später zu behandelnde Produktions- und Vertriebsstruktur des Trachtenschmuckes wird dies im 6. Jahrhundert generell verneinen lassen, wenn man von den Unterschieden zur postulierbaren Tracht der Romanen einmal absieht. Im 7. Jahrhundert ist die Grenze zum fränkischen Mittelrheingebiet nicht zu ziehen. Lediglich am Süd- und Südwestrand der Alamannia grenzte ein romanisch geprägtes Gebiet an, in dem sich Unterschiede der Frauentracht bemerkbar machten, beispielsweise in der reichen Ausschmückung des Gürtels mit großen Beschlägen und dem offensichtlichen Fehlen von metallenem Strumpf- und Schuhzubehör. Im Osten fällt bei den Bajuwaren die besondere Betonung des Ohrringschmucks auf, die sich in einer durchweg kostbareren Materialwahl und in einem besonderen Verzierungs- und Formenreichtum äußert; einfache Bronzereifen, wie sie in Alamannien selbst in überdurchschnittlich reichen Grabausstattungen üblich waren, finden sich dort nicht einmal in den arm ausgestatteten Grabfunden. Das Minimum ist hier in Form und Material der silberne Körbchenohrring. Die Westgrenze *Taf. 60* dieser auffälligen Erscheinung ist nicht scharf zu ziehen; vielmehr zeichnet sich auf der Höhe des Lechs ein breiter Streifen ab, innerhalb dessen auch alamannische Damen aufwendiger gearbeiteten Ohrschmuck trugen; die Ohr- *Taf. 101* ringe aus dem reichen Kirchheimer Grab sind hierfür ein Beispiel.

Um 700 erreicht mit den Bommelohrringen ein neuerlicher, nunmehr den Awaren verdankter mediterraner Modestrom die Zone nördlich der Alpen und führt zu einer weitgehenden Angleichung bajuwarischer und alamannischer Ohrringmoden. In seinem Gefolge erreichen auch kostbare Originale aus romanischen Werkstätten Italiens den Norden, wie etwa der Goldohrring aus der *Taf. 107* Martinskirche von Gruibingen. Sie werden zu Ahnen einer noch lange nachwirkenden Entwicklungsreihe.

Gesellschaft und Wirtschaft der Alamannen

Nach der gesellschaftlichen Struktur der Alamannen sind die beiden ergiebigsten einschlägigen Schriftquellengruppen zur frühalamannischen Geschichte, die antiken Autoren und die germanischen Volksrechte, oft befragt worden, freilich mit unterschiedlichem Ergebnis. Die römischen Schriftsteller hatten bei ihren Berichten über die Auseinandersetzungen mit den Alamannen in erster Linie deren Häuptlinge und Kleinkönige (»reguli«) als oft auch namentlich bekannte Gegner im Auge. Deren nicht unbeträchtliche Zahl spiegelt die innere Verfassung des »gemischten und zusammengelaufenen« Stammes wider. Wesentlich übersichtlicher scheinen dann die Verhältnisse im 7. Jahrhundert gewesen zu sein. Lex und Pactus Alamannorum, welche auf den Strukturen dieses Zeitraums beruhen, kennen außer der Person und dem Amt des Herzogs eine große, in sich mehrfach untergliederte Gruppe der Freien, eine halbfreie Personengruppe und den Stand der unfreien Sklaven.

Auf archäologischem Gebiet stehen diesem – freilich auch bei den Historikern noch nicht ausdiskutierten – Definitionsangebot die Leute gegenüber, um die sich der Fragenkomplex letztlich bemüht: die Alamannen persönlich, in ihren Gräbern – theoretisch – ausnahmslos überliefert und dort versehen mit allem, was ihren Habitus, ihre äußere Erscheinungsform ausmachte. Dies ist freilich nur zu oft lediglich das Produkt ihres materiellen Reichtums und zu wenig der Ausweis ihres rechtlichen Status. Doch wird man sich ob der vergeblichen Mühe des Archäologen um den Nachweis der Standeszugehörigkeit mit einem Ergebnis trösten, das man von der schriftlichen Historie in dieser Frühzeit gar nicht abverlangen mochte: die Feststellung verschiedener materieller Besitzgruppen unter den Alamannen, die Veränderung dieser Personengruppen und ihres Verhaltens untereinander, gewissermaßen ein statistisches, auf empirischem Wege gewonnenes Zahlenmaterial. Eingangs war auf die Methodik dieses Schrittes und die Unmöglichkeit eines direkten Vergleichs mit den Ständegliederungen der Volksrechte hingewiesen worden. Hier muß nun eine weitere Einschränkung folgen: Für die Zeit vor dem Einsetzen der großen Reihengräberfelder im 5. Jahrhundert ist die zahlenmäßige Basis zu gering und zusätzlich durch die Bestattungssitte (Brandbestattung) mit großen Unsicherheiten über den Umfang der Grabausstattungen behaftet. Doch tut sich gerade in der Frühzeit der ersten zwei, drei alamannischen Einwandergenerationen eine Lösungsmöglichkeit auf. Die immer wieder ins Auge fallende starke traditionelle Bindung der frühen Alamannen an ihre alte Heimat an mittlerer Elbe und Havel erlaubt eine Übertragung der dort an einem ausreichenden Fundmaterial gewonnenen Gliederung nach Südwestdeutschland. Unter den mitteldeutschen Körpergräbern vom sogenannten Typus Haßleben-Leuna schält sich eine Spitzengruppe heraus, für die eine besonders aufwendige Tracht- und Schmuckausstattung (Halsringe, Fingerringe und Halskettenanhänger aus Gold, Schuhschnallengarnituren und Sporenpaare aus Silber, Fibeln zumeist aus Silber) und die Mitgabe von römischen Goldmünzen, silbernem Eßbesteck, Bronze- und Silbergeschirr, Holzeimern mit Bronzebeschlägen, Glasbechern, Terra-sigillata-Gefäßen und römischen Brettspielen kennzeichnend sind. Die Träger dieser archäologischen Ausstattungsgruppe, die nach W. Schlüter mit der Bezeichnung Ia zu versehen ist, hatten also Zugang zu dem sich aus römischen Soldzahlungen oder aus Kriegsbeute zusammensetzenden Goldvorrat, hatten profunde Kenntnisse römischer Lebensart und standen ganz allgemein im Güteraustausch mit dem römischen Westen an privilegierter Stelle. Aus dieser immer noch relativ breiten Bevölkerungsschicht rekrutierten sich dann die Persönlichkeiten, die auch wirklich an der Spitze der germanisch-alamannischen Teilstämme standen, und die selbst im reichen archäologischen Fundmaterial Mitteldeutschlands bestenfalls durch die Dame von Haßleben dokumentiert sind. Im Alamannengebiet Süddeutschlands gehört allenfalls ein Grabfund von Heilbronn-Böckingen in diesen Rahmen. Auch der Goldfingerring mit dem Fundort »Kemnat« muß diesem elitären Milieu entstammen. Alle übrigen »Reichtum« assoziierenden frühalamannischen Grabfunde, etwa die Frauengräber von Erlbach, Gerlachsheim oder Gundelsheim, sind bereits in eine schlichter ausgestattete Gruppe Ib einzuordnen. Mit einer literarisch überlieferten Bevölkerungsgruppe, erst recht nicht mit derjenigen der »reguli«, haben sie nicht das geringste gemein.

Abb. 57 Taf. 33 Taf. 28–32 Taf. 35

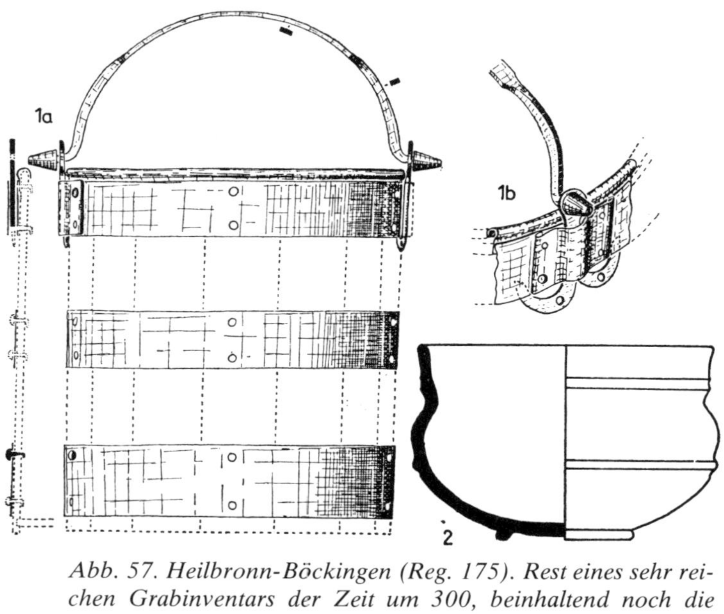

Abb. 57. Heilbronn-Böckingen (Reg. 175). Rest eines sehr reichen Grabinventars der Zeit um 300, beinhaltend noch die Bronzebeschläge eines hölzernen Daubeneimers (1) und eine sorgfältig in Nigratechnik hergestellte Tonschale (2). Maßstab 1:4. Nach R. Roeren.

Wiederum sind es die mitteldeutschen Befunde, welche darauf hindeuten, daß die Träger der Gräbergruppen vom Typus Haßleben-Leuna (-Gerlachsheim) innerhalb der politischen Gemeinschaften, denen sie verbunden waren, eine bevorzugte Behandlung erfuhren und einen gesellschaftlichen Status besaßen, den man in jüngeren Zusammenhängen als Adel bezeichnen würde. Im Alamannengebiet der Zeit um 300 fehlen freilich komplett ausgegrabene Bestattungsplätze, die dies auch hier zur Gewißheit erhöben und die Überprüfung der Frage erlaubten, ob die in die neue Heimat übernommenen sozialen Unterschiede von Dauer und schon vererbbar waren. Hier halfen die Befunde der Grabung auf dem Runden Berg bei Urach weiter. Auf der seit dem Fall des Limes besetzten und befestigten Bergkuppe ist eine Bevölkerungsgruppe mit Besitztümern nachweisbar, welche in Grabfunden der mitteldeutschen Ausstattungsgruppe Ia aufzutreten pflegen: Glasgefäße, Terra sigillata, römische Glasspielsteine und schließlich römische Münzen fanden sich in einiger Anzahl vor. Fundstücke dieser Art lagen nur in einem begrenzten Teil der frühalamannischen Siedlung, eben an dem Platz, an dem sich die Baulichkeiten des Herrenhofes befunden haben müssen. Dessen Besitzer können durchaus mit einer der führenden Familien Alamanniens identisch gewesen sein, zumal der Grabungsbefund die Seßhaftigkeit dieser Familie für die Dauer nahezu eines Jahrhunderts nachweisen kann; erst um 400 scheint ihr Ende gekommen zu sein. Auf anderen Höhenburgen, etwa der Gelben Bürg bei Dittenheim oder dem Lochenstein, mögen die Verhältnisse im Detail chronologisch anders akzentuiert gewesen sein. In ihren Grundzügen haben diese befestigten Plätze als Sitze personengebundener Zentralgewalt über einzelne Teile Alamanniens gedient, wenn ihnen auch später weitere Aufgabenbereiche zufielen, die zwangsläufig nur von zentralen Orten zu bewältigen waren.

Abb. 24

Der enge Kontakt der alamannischen Oberschicht mit dem römischen Reichsgebiet läßt uns versuchen, die gegenseitige Einschätzung aufgrund des äußeren Erscheinungsbildes abzuwägen. Danach ähnelt die Frauentracht *Taf. 28, 29* von Erlbach mit ihrem betont silbernen Schmuckensemble dem Schmuckvorrat, wie ihn die römischen, aus Anlaß der Alamanneneinfälle von 233 vergrabenen Schmuck- und Münzhorte von Rembrechts und Wiggensbach aufweisen. Die Personengruppe, welcher dieses Gut einst gehörte, ist am ehesten mit den Besitzern oder Pächtern einer kleineren villa rustica identisch. Gleichrangig waren ihr auf alamannischem Gebiet Leute mit der Ausstattungsgruppe Ib um die Grabfunde Erlbach und Gundelsheim, also Personen, welche innerhalb ihrer Siedlungsgemeinschaft ebenso unangefochten an der Spitze standen wie die Vorstände eines landwirtschaftlichen Gutsbetriebes auf römischem Boden gegenüber ihren Mitarbeitern und Sklaven. Wenngleich die rechtlichen Beziehungen zwischen den einzelnen Sozialgruppen diesseits und jenseits des Limes grundsätzlich anders geregelt waren, so dürften die realen Zahlenverhältnisse zwischen Ober- und Unterschicht doch überraschend ähnlich gewesen sein.

Ähnliches gilt auch für die übergeordnete alamannische Bevölkerungsgruppe mit den durch Goldschmuck geprägten Ausstattungen vom Typus Ia. Sie findet auf römischem Gebiet ihre Entsprechungen in den Goldschmuck enthaltenden Hortfunden wie dem 302/303 vergrabenen Goldschatz aus dem Kastell Vemania bei Isny. Die Bevölkerungsschicht, der ein solches Schmuckensemble einst gehörte, ist im Bereich des höheren Offiziersstandes – in Isny lag der Präfekt einer Ala – oder im Kreis reicher Villenbesitzer zu suchen, wie Vergleichsfunde aus der Schweiz und aus Ungarn nahelegen. Die Anzahl dieser Personengruppen dürfte diesseits und jenseits des Limes wiederum ähnlich niedrig gewesen sein. Die Optimaten (und Reguli) der Alamannen mögen sich durchaus als gleichrangig mit den Befehlshabern der etwa zweieinhalb Dutzend Grenzkastelle und mit dem nur unwesentlich größeren Kreis der noch übriggebliebenen reichen Gutsbesitzer der Nordschweiz gefühlt haben – wiederum zu Recht, vergleicht man die gegenseitigen Machtbefugnisse und die Zahl der jeweils Abhängigen.

Gerade diese letztere Gleichung erweist sich als richtig, wenn wir die gewandelten Verhältnisse der Jahrzehnte um 400 betrachten. Damals war ein germanischer Häuptling in römischem Solde und Offiziersgewande in den wenig später zum Kern des Frankenreiches werdenden Gebieten westlich des Niederrheins nichts Ungewöhnliches mehr, und Grabfunde wie der von Vermand mit seinen massiv silbernen Gürtelbeschlägen und silberbelegten Waffen zeigen, wie hoch ihre Besitzer selbst über dem Rang höherer römischer Offiziere mit ihren zwar sorgfältig, jedoch nur in Bronze gefertigten Kerbschnittgürtelgarnituren standen. Im Alamannengebiet hat sich bislang noch kein Grabfund dieses Ranges eingestellt; allenfalls das bruchstückhaft überkommene Frauengrab von Bruckfelden gehört in diese Zusammenhän- *Taf. 39* ge. Doch gibt es Anzeichen dafür, daß Ausstattungen dieser Art und folglich die zugehörigen Optimates auch hier in ganz ähnlicher Weise vorhanden waren. So enthielt ein nach 408 vergrabener Hortfund vom rechten Rheinufer bei Mainz-Kastel Silberbeschläge einer Schwertscheide, auf der Ehrenbürg bei Forchheim wurde eine komplette silberne Gürtelgarnitur aufgefunden, und die fränkische Prunklanze aus einem Grab des 7. Jahrhunderts von Bargen dürfte aus dem geplünderten Grabgut eines 150 Jahre früher lebenden Großen stammen. Schließlich ist die silberne Riemenzunge der um 500 ver- *Taf. 47* storbenen reichen Dame von Kirchheim am Neckar unzweifelhaft der Bestandteil einer silbernen Kerbschnittgarnitur der Jahre kurz nach 400. Ihr einstiger Besitzer gehörte gewiß zu den führenden Persönlichkeiten des Landes, wie denn auch die Kirchheimer Dame ihrem Grabgut nach in ganz ähnliche soziale Zusammenhänge einzuordnen ist.

Eine tabellarische Übersicht faßt diese Rangkriterien noch einmal zusammen (S. 86).

Das unvermittelte Entstehen der großen Reihengräberfelder im 5. Jahrhundert eröffnet nunmehr verbesserte Möglichkeiten einer sozialen Gliederung der Oberschicht. An der Spitze der sozialen Rangskala steht unzweifelhaft der auf dem Ailenberg bei Rüdern im späten *Taf. 19* 5. Jahrhundert bestattete Mann, von dessen einstmals reicher Grabausstattung nur die Goldblechhülle des Saxgriffs und die goldene Gürtelschnalle erhalten geblieben *Taf. 20* sind. Beide Stücke besitzen in Alamannien nichts Vergleichbares. Bezeichnenderweise hat das Grab eines Königs, das des 481 verstorbenen Frankenherrschers Childerich, die nächsten Entsprechungen zur Schnalle geliefert. In Alamannien kann es damals schlechterdings

Römische und germanische Rangkriterien und -ordnungen an der Spitze der jeweiligen sozialen Rangskala

<table>
<tr><th>römisches Reichsgebiet</th><th>Alamannia um 300</th><th>Alamannia um 400</th><th>archäologische Merkmale</th><th>Ausstattungsgruppe</th></tr>
<tr><td>Tribunus, Vir spectabilis, später ev. Bischof</td><td colspan="2">Herzog, Regulus</td><td>(kein Fund bekannt)</td><td>?</td></tr>
<tr><td rowspan="2">Hoher Offiziersstand (Praefectus cohortis) reicher Gutsbesitzer, hoher Verwaltungsbeamter, reicher Händler</td><td colspan="2">Optimates mit überörtlicher Machtausübung</td><td rowspan="2">Goldschmuck, silberne Gürtel- und Waffenbeschläge, Silber-, Bronze- und Glasgefäße</td><td rowspan="2">I a</td></tr>
<tr><td>Funde von Heilbronn-Böckingen und Kemnat</td><td>Funde von Bruckfelden und Kirchheim/Neckar</td></tr>
<tr><td rowspan="2">Mittlerer Offiziersstand (Centurio), mittlerer und kleinerer Gutsbesitzer bzw. Guts-pächter, Händler</td><td colspan="2">Reiche Freie mit örtlicher Machtausübung (reicher Bauer o. ä.)</td><td rowspan="2">Silberschmuck, bronzene Gürtelbeschläge Bronzegefäße</td><td rowspan="2">I b</td></tr>
<tr><td>Funde von Gundelsheim und Erlbach</td><td>Funde von Leutkirch und Gerlachsheim</td></tr>
</table>

keine reichere Grabausstattung gegeben haben als die jenes Herren, der im 5. Jahrhundert auf dem einsamen Gipfel des Ailenberges bestattet wurde. Wenn man nach dem Grabe eines alamannischen Herzogs fragt: nur hier könnte es sein.

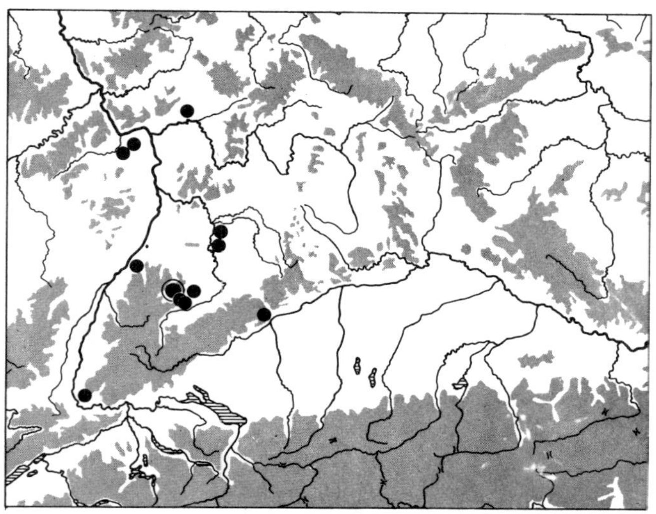

Abb. 58. Die Verbreitung der Gräber mit Goldgriffspathas aus der 2. H. des 5. Jh. in Süddeutschland. Größere, umrandete Signatur: 2 Vorkommen an einem Fundplatz (Gültlingen).

Bereits deutlich von diesem »herzoglichen« Grabgut abgesetzt sind die Ausstattungen von Männern, welche mit einer kompletten Waffenausstattung versehen waren, aus der eine Spatha mit goldblechbelegtem Griff deutlich herausragt. Derartige Prunkwaffen bezeichneten ihren Träger zunächst einmal als einen Mann von Bedeutung. Verfolgen wir die bildlichen Darstellungen von Waffenträgern im frühen Mittelalter, so ist der Mann, welcher seine Spatha ostentativ in Händen hält und nicht umgegürtet trägt, stets ein Würdenträger, der Inhaber eines Amtes und oft Begleiter eines Höheren, etwa des Kaisers oder von Christus; manchmal ist es sogar der König selbst. Wenn wir irgendwo dem Abzeichen eines Amtes, etwa dem eines Grafen, nahe sind, dann im Bereich der Goldgriffspathas. Dafür könnten mehrere Beobachtungen an archäologischen Fundkomplexen sprechen, denen die Bestattungen mit Goldgriffspathas eingegliedert waren. Daß Goldgriffspathas ähnlich einem Amte offenbar nicht vererbbar waren, wurde bereits erwähnt. Ihr Gebrauch endet abrupt in der Zeit um 500 oder kurz danach. Bezeichnend mag auch sein, daß bis auf Gültlingen kein Fundplatz mehr als eine Goldgriffspatha geliefert hat, obwohl mancher für längere Zeit eine überdurchschnittlich reiche Familie aufzuweisen hat. Und schließlich muß auffallen, daß die Tracht der Goldgriffspathaträger bei allen grundsätzlichen Gemeinsamkeiten doch eine beträchtliche qualitative Bandbreite aufweist. So steht beispielsweise der Meerschaumschnalle des Gültlinger Hauptgrabes mit ihren granatbesetzten Goldhaften im Pleidelsheimer Goldgriffspathagrab lediglich eine silbertauschierte Eisenschnalle mit silberblechbelegtem Eisenbeschlag gegenüber. Diese sichtlichen Ausstattungsunterschiede lassen zusammen mit dem Ausschluß der Vererbung und dem Fehlen von Goldgriffspathaserien in reichen Familien den Schluß zu, daß eine Goldgriffspatha das Attribut eines durch Wahl oder Delegierung verliehenen und nicht erblichen Amtes war.

Taf. 45
Taf. 42

Bei allen Unterschieden in der Grabausstattung der Goldgriffspathaträger sind doch genügend Gemeinsamkeiten sichtbar, welche die Einhängung des umschriebenen Personenkreises in das Gefüge eines Systems von Qualitätsgruppen erlaubt, eines Schemas, das eingangs bereits zur Sprache gekommen war, ursprünglich jedoch erst für das 6. und 7. Jahrhundert Gültigkeit beanspruchen wollte. Doch sichert das mehrfache Vorkommen von Bronzegeschirr, daß auch der überwiegende Teil der Goldgriffspathaträger in die Qualitätsgruppe C gehören wird. Einer übergeordneten Qualitätsgruppe D ist – neben Esslingen-Rüdern – allenfalls das Helmgrab von Gültlingen mit seinem offensichtlich sonderangefertigten goldenen Taschenbeschlag zuzuweisen. Die zur gleichen Qualitätsgruppe C gehörenden Frauengräber mit Bronzegeschirr, allen voran das Frauengrab von Kirchheim am Neckar, besitzen jeweils selbstverständlich zwei Fibelpaare, einen Silberarmring, gelegentlich einen Silberhalsreif und einen Goldfingerring (wie das Grab von Mahlberg), häufig auch silbernes Eßbesteck (wie in Mahlberg und Kirchheim/Neckar). Aus dieser Ausstattungsgruppe C ragt wiederum ein noch aufwendigeres, nämlich mit einem sonderangefertigten Bügelfibelpaar ausgestattetes Frauengrab der Qualitätsgruppe D heraus: es stammt bezeichnenderweise wiederum vom Gültlinger Bestattungsplatz. Im Rahmen der Ausstattungsgruppe C ergibt sich im übrigen durch das mehrfach erwähnte Frauengrab von Kirchheim am Neckar mit seiner silbernen Riemenzunge, offenbar einem vererbten Altstück aus dem Familienschatz, die Möglichkeit einer direkten Ableitung des vorfränkischen alamannischen »Amtsadels« der Zeit um 500 vom romano-germanischen »Kriegeradel« des untergehenden Römerreiches. Viel mehr dieser direkten Berührungspunkte sind es freilich bisher nicht, und so mag die folgende Korrelationstabelle, welche die Überlieferungskluft der ersten Hälfte des 5. Jahrhunderts hurtig überspringt, durchaus noch hie und da der Korrektur bedürfen:

Taf. 47
Taf. 46
Taf. 52

<table>
<tr><th>Ausstattungsgruppe</th><th>Alamannia um 400</th><th>Alamannia um 500</th><th>Alamannia 1. H. 6. Jh.</th><th>Archäologische Merkmale</th><th>Qualitätsgruppe</th></tr>
<tr><td rowspan="2">?</td><td rowspan="2">Herzog, Regulus</td><td colspan="2">Herzog</td><td rowspan="2">sonderangefertigte Gegenstände (nicht im Handel)</td><td rowspan="2">D</td></tr>
<tr><td>Funde von Rüdern und Gültlingen</td><td>Fund von Schwenningen</td></tr>
<tr><td rowspan="2">Ia</td><td rowspan="2">Optimates mit überörtlicher Machtausübung</td><td colspan="2">Freie mit überdurchschnittlichem Wohlstand</td><td rowspan="3">Bronzegeschirr, Pferdegeschirr, Goldfingerringe, Goldgriffspathas</td><td rowspan="3">C</td></tr>
<tr><td rowspan="2">Funde von Kirchheim/Neckar, Mahlberg und Hemmingen</td><td rowspan="2">Funde von Fridingen, Bülach, Zürich und Baldenheim</td></tr>
<tr><td rowspan="3">Ib</td><td rowspan="3">Reiche Freie mit örtlicher Machtausübung</td></tr>
<tr><td colspan="2">Personen mit durchschnittlichem Wohlstand</td><td rowspan="2">Fibelpaare, Spathas etc.</td><td rowspan="2">B</td></tr>
<tr><td colspan="2">Funde von Schmiden, Bittenbrunn etc.</td></tr>
</table>

Verstehen wir die noch schütteren Zusammenhänge zwischen den alamannischen Potentaten der zweiten Hälfte des 5. Jahrhunderts und der alamannischen Kriegerkaste der Zeit um 400 recht, so wird man in letzterer Konstella-

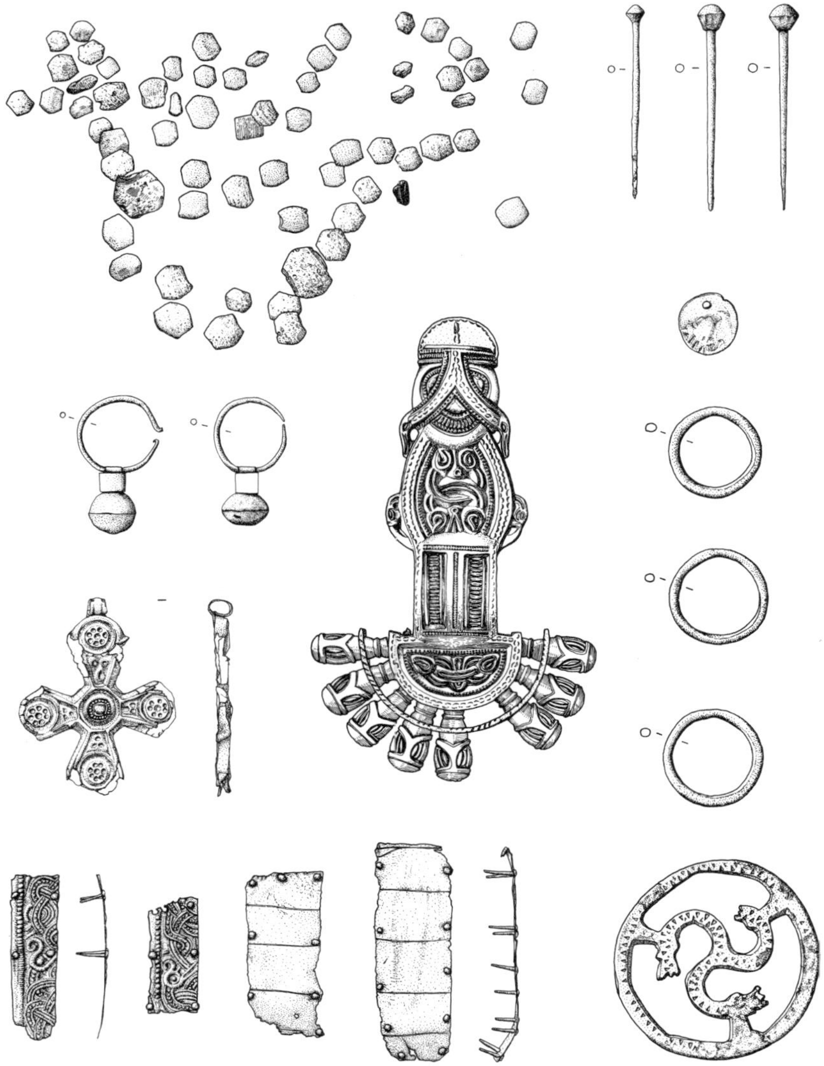

Abb. 59. Das Inventar des um 660 verstorbenen Mädchens aus Grab 15 von Friedberg (Reg. 122; vgl. Abb. 35) vereinigt in sich wie in einem Brennspiegel die weitreichenden Beziehungen einer einheimischen Adelsfamilie. Zur ostalamannischen, durch Ohrringe und Holzschalenbeschläge belegten Trachtkomponente kommen das byzantinische Pektoralkreuz (vgl. Abb. 97, 1) und die fränkische Zierscheibe als symptomatische Zeugnisse der weitgespannten Verflechtungen hinzu. Die Bügelfibel, ein Altstück aus dem 6. Jh., ist langobardischer Herkunft. Maßstab 1:2.

tion den Ordnungsfaktor sehen können, der schließlich der alamannischen Reihengräberzivilisation des 5. und 6. Jahrhunderts den Weg ebnete. Die Führungsrolle, welche einzelne Kriegerpersönlichkeiten damals übernahmen und in der Folgezeit in wirtschaftliche Macht ummünzten, wird nicht zuletzt in den Befunden des 5. Jahrhunderts auf dem Runden Berg deutlich.

Im 6. Jahrhundert läßt sich diese zunächst nur materiell und ohne rechtliche Verankerung führende Bevölkerungsschicht dann genauer verfolgen. Sie äußert sich archäologisch durch Grabausstattungen der Qualitätsgruppe C mit ihrem Kern um Bronzegefäß- und Pferdegeschirrbeigabe. Beide Beigabengattungen bleiben bis zum Ende unseres Beobachtungszeitraums unverändert Leitfossilien für Familien mit überdurchschnittlichem Reichtum. Um so leichter ist es, diese elitäre Personengruppe in ihrem inneren Zustand und in ihrem Verhalten den Nachbarn gegenüber zu beobachten. Als erstes fällt eine gewisse Weltläufigkeit auf. Im Besitz dieser Leute befinden sich fremdländische Gegenstände, die nicht im Handel zu erwerben waren, sondern nur durch persönliche Begegnung mit der Fremde – auf Kriegszügen etwa – oder zumindest mit deren Abgesandten – als Gastgeschenke – zu ihren letzten Besitzern gelangt sein können. Helme gehören in diese Gruppe, nordische Schwerter, langobardische Schilde oder fränkische Gürtel. Die Heiratskreise dieser Familien waren dementsprechend weit. Wie anders als auf diesem damals durchaus noch ungewöhnlichen Wege der Fernheirat hätte eine fränkische Zierscheibe in den Besitz einer adeligen Familie aus
Friedberg bei Augsburg gelangen können, nachdem *Abb. 59*
Zierscheiben niemals Fernhandelsgut darstellten; eine schöne Parallele hierzu bietet das »Fürstengrab« von Wittislingen. Der gleiche Personenkreis hatte offenbar den Fernhandel durch Alamannien fest im Griff und entnahm ihm Dinge seines Bedarfs, beispielsweise Garnitu-
ren ostmediterranen Bronzegeschirrs, wobei man sich *Abb. 60*
selbstverständlich der Bedeutung von Kanne und Schale als Bestandteil gehobenen Eßzeremoniells durchaus klar war. Neben dieser Internationalität mutet dann das Festhalten an altgermanischen Vorstellungen beinahe antiquiert-provinziell an. In diesem Milieu läßt sich beispielsweise besonders oft die Sitte nachweisen, daß einem reichen Verstorbenen auch Leute seiner nächsten Umgebung mit ins Grab gegeben wurden. So erhielt der
reiche – wir können sagen: adelige – Mann aus Grab 3 *Abb. 61*

von Niederstotzingen nicht nur Bronzebecken und Pferdegeschirr, sondern auch Mundschenk und Marschalk mit ins Grab, beide kenntlich an den Attributen ihrer Tätigkeit im diesseitigen und jenseitigen Leben, dem Trinkhorn und der Halfterkette. Die Herrenhöfe, an denen derart Unglückselige lebten, waren schließlich und nicht zuletzt Stätten der Bildung. In einem der reichsten Oberflachter Gräber fanden sich Überreste einer Harfe, eines Instruments, auf dem der Herr des Hauses die Heldenepen begleitete, die der Barde vortrug. Später mag er

Taf. 13

Abb. 62

Abb. 60. Zu den Kennzeichen alamannischen Adels gehörte die Übernahme mediterraner Tischsitten. Ein Bestandteil der Eßzeremonie war das rituelle Handwaschen mittels eines eigens hierfür bestimmten kostbaren Geschirrsatzes. Ein solcher Geschirrsatz aus Bronze war komplett im 6. Jh. aus dem östlichen Mittelmeerraum an den Rhein gelangt und fand im Haushalt eines zu Ittenheim (Reg. 208) lebenden und verstorbenen Adeligen Verwendung. Maßstab etwa 1:3.

Abb. 61. Eine besondere Ausprägung frühmittelalterlichen Adelslebens war die Gefolgschaft. In Erfüllung ihrer Treueverpflichtung folgte sie nicht selten ihrem Herrn mit ins Grab. Im hier als Grundrißplan wiedergegebenen Grab 3 von Niederstotzingen (Reg. 264; vgl. auch Taf. 13) war der Herr ohne Zweifel der Tote links mit einer überdurchschnittlich reichen Grabausstattung. Die beiden anderen gleichzeitig mit ihm bestatteten Männer besaßen neben ihrer kompletten Waffenausstattung auch noch die Insignien ihrer Aufgabenbereiche am Adelshofe von Niederstotzingen: der mittlere Mann war durch die Trinkhornbeschläge (7) als Mundschenk, der rechte Mann durch Halfterkette (9) und Glocke (10) als Marschalk, als Betreuer des Reitstalls gekennzeichnet. Maßstab etwa 1:30. Nach P. Paulsen.

sich dann, allen Neuerungen offen, als einer der ersten der christlichen Lehre überzeugt zugewandt haben, zumal sie ihm seit langem durch den nachbarschaftlichen Verkehr mit den Romanensiedlungen der Schweiz vertraut gewesen war. Archäologisch nachzuweisen ist schließlich die Freude am Kampf, welcher ja in der Sonderform des Zweikampfs zu den ureigensten Aufgaben bedeutender Personen zählte. Gar manche Scharte kann man heute noch auf Helmen und Schilden ausmachen, und gar mancher Recke hat die Wunden, von denen sein blessierter Schädel kündet, nicht überlebt.
Wir befassen uns, dies zeigte die Aufzählung von Attributen persönlicher und wirtschaftlicher Macht sehr deutlich, mit einem Personenkreis, der ob seiner Bedeutung

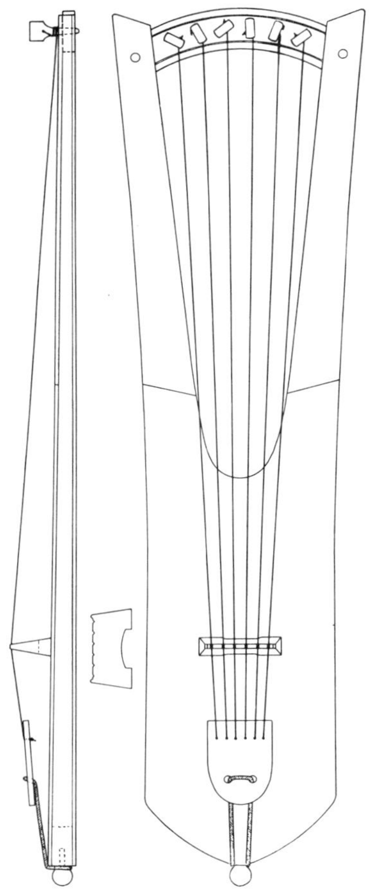

Abb. 62. Rekonstruktion der in Grab 31/1846 von Oberflacht (Reg. 271) gefundenen Leier aus dem Anfang des 7. Jh.; vgl. Abb. 30. Maßstab etwa 1:6. Nach Paulsen/Schach-Dörges.

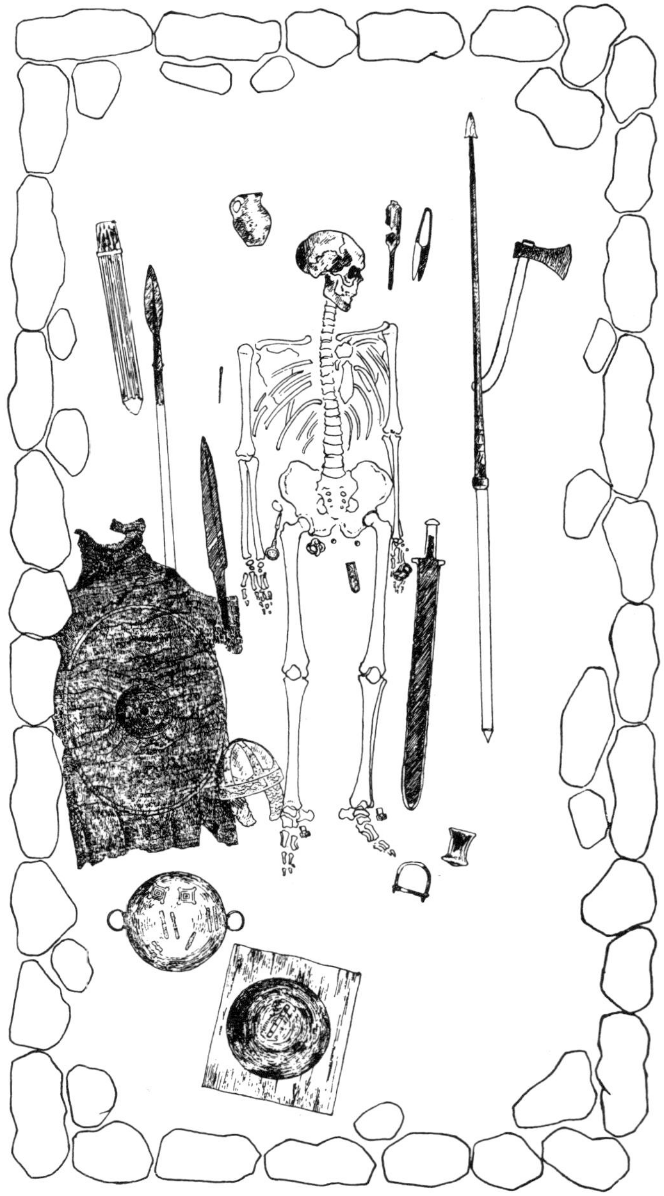

Abb. 63. Grabkammer des um 570 verstorbenen »Fürsten« von Gammertingen (Reg. 125). Links vom Toten waren Spatha, Ango, Streitaxt niedergelegt, rechts Lanze, Pfeil und Bogen, Sax sowie nahe beisammen die Schutzwaffen Schild, Helm und Ringbrünne. Zu Füßen befanden sich Trense und Pferdegeschirr, 2 Bronzegefäße und ein gläserner Sturzbecher. In Körpermitte lagen eine goldene Schnalle des Leibriemens und ein silberner Löffel. Die hölzernen Grabeinbauten, die man sich ähnlich wie in Oberflacht (Abb. 30) vorzustellen hat, waren bis auf geringe Reste vergangen. Maßstab etwa 1:20. Nach W. Gröbbels und A. Rieth.

auch in der zeitgenössischen Heldensage seinen Platz gefunden hat, dort als eine Summe eigenwilliger Einzelpersönlichkeiten, zwar mit geregelten sozialen Bezügen in vertikaler Richtung der Rangskala, jedoch in seiner horizontalen Verankerung nur undeutlich beschrieben. Dieser Kenntnislücke kann die Archäologie insofern abhelfen, als sie ja zu erfassen vermag, wenn beispielsweise eine wohlhabende Familie in den sonst so geregelten Belegungsablauf eines Reihengräberfeldes zu ihren Gunsten eingriff. Die normale, nur dem Ablauf des Sterbens und Begrabenwerdens folgende Belegung eines Friedhofs war die Regel. Ihr unterwarfen sich zumeist auch die reichsten Bewohner einer Siedlung; Beispiele dieser Art sind Schretzheim und Hailfingen, wo während der ganzen Belegungszeit – immerhin 150 Jahre – überdurchschnittlich reiche Familien bestatteten, ohne ihre materielle Vormachtstellung zu Privilegien umformen zu wollen, mithin, wenn man so will, das intakte Modell germanischer Gemeinschaftlichkeit. Es ist sehr wahrscheinlich, daß sogar die reichste alamannische Bestattung der zwei-
Abb. 63 ten Hälfte des 6. Jahrhunderts, der »Fürst« von Gammertingen, sich noch dieser Tradition beugte; zumindest scheinen die C-Gräber des Gammertinger Friedhofs über das gesamte Belegungsareal zu streuen und keinen bevorzugten Bestattungsplatz aufzuweisen. Und selbst die um die Mitte des 7. Jahrhunderts verstorbene »Fürstin« von Wittislingen mit der reichsten Grabausstattung ihres Jahrhunderts in ganz Alamannien wurde auf dem allgemeinen Ortsfriedhof begraben; man möchte meinen: ostentativ, denn in Wittislingen gab es zu dieser Zeit bereits Separatfriedhöfe anderer, weit ärmerer Familien, und sogar eine Kirche dürfte bereits existiert haben, worin andernorts durchaus reiche Christenleute ihre letzte Ruhestätte fanden. Zur Zeit der Wittislinger Fürstin trug diese Verhaltensweise, das Begraben einer bedeutenden Person inmitten des gemeinen Volks, schon wieder Züge individuellen Eigensinns. Längst hatte sich der Großteil der Familien mit überdurchschnittlichem Wohlstand Sonderrechte auf dem allgemeinen Bestattungsplatz zu verschaffen gewußt, und man wird nicht annehmen wollen, daß dies die einzigen Sonderrechte waren. Es wurde bereits darauf hingewiesen, daß es bei diesem Prozeß der Nobilifizierung zunächst zur Ausweisung eines eigenen Bestattungsplatzes im gemeinschaftli-
Abb. 34 chen Ortsfriedhof (wie in Fridingen und Kirchheim am
Abb. 64 Ries) und folgerichtig auch zur Einrichtung einer separaten Familiengrablege (wie in Friedberg, Langenens- *Abb. 65*
lingen und Niederstotzingen) kam. Diese Vorgänge be- *Abb. 27*
durften der – freiwilligen oder erzwungenen – Zustimmung der Gemeinschaft, sie hatten eigenen Grundbesitz zur Voraussetzung und konnten letztlich nur auf der Grundlage eines elitären Zusammengehörigkeitsgefühls stattfinden. Sie fußten auf der Vererbbarkeit wirtschaftlicher Macht und führten beim Vollzug aller dieser, rechtliche Absicherungen voraussetzenden Absonderungsvorgänge auch zu vererbbarer politischer Macht. Gegen Ende des 7. Jahrhunderts erreichte diese Entwicklung ihren Höhepunkt. Um die gleiche Zeit gewinnt bei den Alamannen der Gedanke an eine Erblichkeit der Herzogswürde Raum. Und von dem Zeitpunkt an, da sichtbar wird, wie sich die wirtschaftliche Vormachtstellung einzelner Familien in politische, von der Gesellschaft gebilligte Macht verwandelt, ist denn auch die Schwelle zu dem Phänomen überschritten, das wir später unter dem Begriff des Adels kennen.

Vom gleichen Augenblick an wird auch offenbar, daß sich die Wirtschaftskraft dieser adelsähnlichen Familien in erster Linie auf überörtlichen Streubesitz stützt. Der archäologische Nachweis hierfür ist weniger schwierig, als man zunächst annehmen möchte. Ihn verdanken wir wiederum den neu entstandenen Adelsgrablegen. Der Belegungszeitraum dieser Separatfriedhöfe beginnt nicht nur zumeist viel später als die Besiedlung der umliegenden Markung – Beispiel: Niederstotzingen –, sondern *Abb. 7*
endet auch oft früher als die allgemeinen Ortsgräberfelder der Umgebung – Beispiel: wiederum Niederstotzingen –. An diesem Punkt wird deutlich, daß eine Familie dieses Ranges es sich leisten konnte, ihre Toten an verschiedenen Punkten ihres Streubesitzes zu bestatten. In der von etwa 600 bis 630 belegten Niederstotzinger Gräbergruppe fehlen beispielsweise Frauen und Kinder der ersten beiden Belegungsjahrzehnte. Ferner fehlen hier Gesinde und Gefolge. Während diese wohl auf dem – vorauszusetzenden – allgemeinen Ortsfriedhof bestatteten, muß man die zwischen 600 und 620 verstorbenen Frauen und Kinder der Adelsfamilie wohl an einem anderen Ort als Niederstotzingen beigesetzt haben, und dies kann nur ebenfalls ein Wohnort dieser Familie gewesen sein.

Weiteres Licht auf frühmittelalterlichen Streubesitz erhellt aus dem Bestreben des frühgermanischen Adels, sich an seinen Besitztümern Eigenkirchen zu errichten.

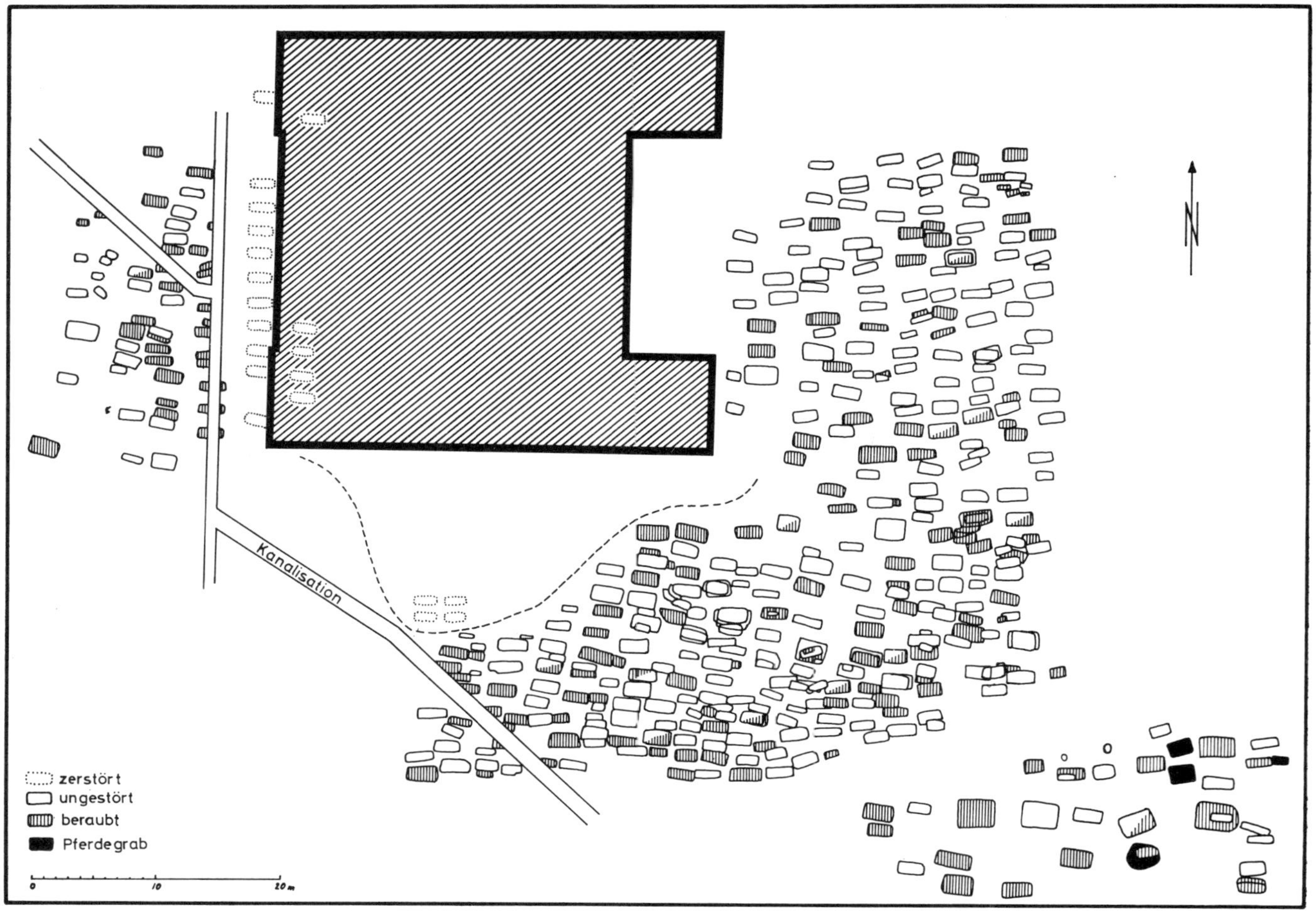

Abb. 64. Plan des großen Gräberfeldes von Kirchheim am Ries (Reg. 214). Die Belegung des Friedhofs nahm von einer Stelle im Bereich des durch schräge Schraffur gekennzeichneten heutigen Schulgebäudes ihren Ausgang und erreichte um 700 die Ost- und Westgrenze der etwa quadratischen Friedhofsfläche. Im Süden muß eine Grenze, wahrscheinlich ein Weg, die Ausbreitung des Gräberfeldes behindert haben. Jenseits, südöstlich dieses postulierten Weges entstand um die Mitte des 7. Jh. ein Separatfriedhof mit den Bestattungen überdurchschnittlich reicher Personen, beispielsweise der mit dem Grabgut Taf. 101. Nur hier fanden sich auch die einzigen Pferdegräber des Friedhofs. In einem Gräberfeldplan wie diesem läßt sich die starke soziale Differenzierung einer alamannischen Dorfbevölkerung wie in einem Buch ablesen. Maßstab 1:600. Nach E. M. Neuffer.

Abb. 65. Den Idealplan einer vom Dorffriedhof losgelösten, kurzfristig belegten Adelssepultur weist die Gräbergruppe von Friedberg (Reg. 122) auf. Maßstab 1:300.

Besaß eine Familie mehrere solcher Kirchen, so konnten sich ihre Mitglieder den Bestattungsplatz auswählen. *Taf. 16, 17* Dadurch kommt es zu Befunden wie dem von Bülach, wo in der Pfarrkirche St. Laurentius lediglich eine einzige Bestattung des 7. Jahrhunderts aufgefunden wurde, diese jedoch mit einen Beigabenensemble, das seine Trägerin weit über den Besitzstand der Bülacher Einwohner hinaushebt. Die Familie der Toten bestattete, und dies macht das vollständig erforschte Bülacher Reihengräberfeld zur Gewißheit, nicht auf dem allgemeinen Ortsfriedhof, *Abb. 93* ja nicht einmal in Bülach selbst: in der Kirche St. Laurentius fand sich keine weitere Bestattung mehr vor. Der Bülacher Befund, das glückliche Ergebnis zweier konsequenter Ausgrabungsunternehmungen, wirft ein bezeichnendes Schlaglicht auf die Besitzverhältnisse und die rechtlichen Abhängigkeiten im 7. Jahrhundert. Auf der einen Seite überrascht es, in der Dame aus St. Laurentius eine Frau vor sich zu haben, die angesichts des beträchtlichen, überörtlichen Grundbesitzes ihrer Familie doch nur eine relativ bescheidene Trachtausstattung besaß: alle Stücke waren in einheimischen Ateliers gefertigt, welche sonst auch die gewöhnlichen Leute mit den gleichen Gegenständen versorgten, und es fehlen sogar Dinge – beispielsweise ein goldener Fingerring –, die in einem Inventar dieser Qualität sonst durchaus üblich sind. Dies läßt erahnen, welche Masse an Besitz hinter den im 7. Jahrhundert so zahlreichen Grablegen der gleichen überdurchschnittlich wohlhabenden Bevölkerungsschicht im zentralen Alamannien, etwa im Neckartal und im Filstal, gestanden haben muß. Wenn wir beispielsweise das Lautertal um Kirchheim unter Teck näher betrachten, so finden wir bei jedem der heutigen Orte – Wendlingen, Ötlingen, Kirchheim u. T., Dettingen u. T. – Familien mit der gleichen Ausstattungsstufe wie Bülach-St. Laurentius bestattet, mehrfach sogar nachweislich auf Separatfriedhöfen. Es wird deutlich, daß eine derartige Ballung wirtschaftlicher Macht nur auf Kosten des sozialen Gleichgewichts gehen konnte, und wir müssen uns das Gros der Bevölkerung in den meisten Orten des alamannischen Kernraums zu dieser Zeit nur als in tiefe rechtliche Abhängigkeitsverhältnisse abgesunken vorstellen. Nur zentrale Orte wie Kirchheim u. T. (oder anderswo etwa Hüfingen) mit ihrer breiten, überdurchschnittlich reichen und nicht unbedingt auf Landwirtschaft fußenden Bevölkerungsschicht mögen von dieser Situation ausgenommen gewesen sein.

Wiederum ist es Bülach, das uns hier bestätigend weiterhilft. Der allgemeine Ortsfriedhof enthielt die Bevölkerung des Dorfes Bülach, also eine ganz offensichtlich von der Bülacher Dame unter St. Laurentius rechtlich abhängige Bevölkerungsgruppe. Das Grabausstattungsspektrum erreicht das Niveau der Ausstattung dieser Herrin an keiner Stelle. Gleichwohl ist es so solide, daß der Bearbeiter des Fundmaterials seinerzeit in ihm den Spiegel einer frei geborenen Bevölkerung sehen wollte. Heute wissen wir: Die ersten Bülacher gehörten gewiß zu den Unfreien des Landes, ähnlich den meisten Siedlungsgemeinschaften in der Expansionszone am Südrand Alamanniens. Bis zu welchem Besitzstand ein Abhängigkeitsverhältnis hinaufreichen kann, haben die beiden Toten aus der Gefolgschaft des in Grab 3 von Niederstotzingen bestatteten Adeligen gezeigt. Sie hätte man andernorts noch vor wenigen Jahren unbedenklich als reiche Hofbauern bezeichnet. Ihre rechtliche Abhängigkeit (und die vieler Leute mit einer Ausstattung der Qualitätsgruppe B) darf andererseits nicht darüber hinwegtäuschen, daß sie wirtschaftlich durchaus einen gewichtigen Faktor darstellten. Dies sichert bereits der Umfang des zugehörigen Personenkreises. Der größte Teil der im Lande gefertigten Waffen, Gürtel und Tuche ging an diese Leute und nicht an den Adel. Dementsprechend blieb der Besitzstand dieser Leute durchaus noch ausbaufähig. Anhand der Gräberfelder von Mindelheim und Dirlewang war denn auch das langsame Herauswachsen einer mit C-Ausstattungen versehenen Bevölkerungsgruppe aus einer bäuerlichen B-Bevölkerung jeweils eine Generation nach der Siedlungsgründung gut zu beobachten.

Exakte Zahlenverhältnisse zwischen den einzelnen Besitzgruppen sind naturgemäß nur annähernd zu benennen. Immerhin kommt ein Vergleich im zentralalamannischen Raum auf einen Anteil von etwa drei bis fünf Prozent der C-Leute an der Gesamtbevölkerung. Leute mit Ausstattungen der Qualitätsgruppe B machen etwa ein Drittel der Bevölkerung aus. Der überwiegende Teil der Alamannen war jedoch im 7. Jahrhundert mittellos, eine Tatsache, die man angesichts der in diesem Buch vorgestellten Preziosen nicht genug betonen kann. Die meisten der dargestellten Objekte waren im Besitz von höchstens fünf Prozent, der kleine Rest verteilte sich auf etwa 20 Prozent der Gesamtbevölkerung. Wir werden im folgenden Kapitel noch darauf zurückkommen.

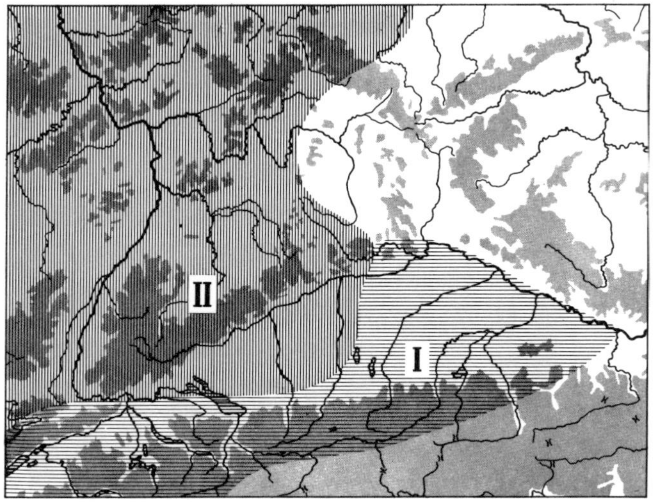

Abb. 66. Der Entwurf zu einer Verbreitung der beiden hauptsächlichsten Bevölkerungsstrukturmodelle für das 7. Jh. in Süddeutschland weist für das bajuwarische Stammesgebiet sowie für die Voralpengebiete eine sehr dünne Bevölkerungsschicht mit überdurchschnittlichem Wohlstand (I) nach. Demgegenüber ist für den größten Teil Alamanniens eine wesentlich breitere Streuung größeren Wohlstands (II) zu erschließen und analog hierzu auch die Verteilung politischer Macht. Freilich betrafen diese Verhältnisse in beiden Regionen nur einen ganz geringen Teil der Bevölkerung.

Die soziale Bevölkerungspyramide, die sich hieraus ergibt, stellt im frühen Mittelalter keineswegs ein besonders krasses Mißverhältnis zwischen besitzenden und mittellosen Schichten dar. Diesem Strukturmodell II steht vielmehr ein Strukturmodell I gegenüber, bei dem die Spitze der Besitzskala noch enger als im Inneren *Abb. 66* Alamannien ist. Das bajuwarische Stammesgebiet ist ein solches »strukturschwaches« Gebiet. Hier sind im 7. Jahrhundert Leute mit einer C-Ausstattung so dünn gesät, daß sie im Fundgut nahezu vollständig fehlen. Ihre Grablegen – wohl durchweg Separatfriedhöfe – sind nicht nur seltener als im alamannischen Kernland, sondern scheinen sich auch zusätzlich bevorzugt an kirchlichen Orten zu befinden, wo sie zwangsläufig der Landesforschung weniger oft und zufällig in den Schoß fallen. Die in dieser Hinsicht besser erforschte Nordschweiz hat denn auch C-Gräber fast nur in Kirchengebäuden aufzuweisen. Sie gehört, was die Zahlenverhältnisse zwischen einer C-Bevölkerung und den Leuten mit B-Ausstattungen anbetrifft, unzweifelhaft zum Strukturmodell I, eine Folge der Landnahmemechanik. Dies Bild, wie es hier entworfen wird, ändert sich freilich in der Zeit nach 700 beträchtlich. Von da an entstehen vor allem im bajuwarischen Raum zahlreiche kleinere Separatfriedhöfe einer Bevölkerung, die den C-Gräbern Alamanniens weitgehend angeglichen ist. Dies konnte nur auf Kosten der in diesem Raume vorher wesentlich strafferen Zentralgewalt geschehen sein.

Die Frage nach der Zentralgewalt in Alamannien ist archäologisch nicht zu lösen. Die jeweils reichsten Gräber ihrer Zeit streuen über das ganze Land und lassen nirgendwo eine Dynastiebildung erkennen. Als sich der *Abb. 67* Trend in dieser Richtung im Verlaufe des 7. Jahrhunderts immer stärker durchzusetzen begann und zu den eben geschilderten Adelsfamilien führte, wird sich auch die herzogliche Zentralgewalt diesen verlockenden Zeichen der Zeit nicht verschlossen haben; die Bemühungen um die Erblichkeit der Herzogswürde sind gewiß ein Ausfluß dieses Trends gewesen. Den Bestattungsplatz einer herzoglichen Familie haben wir freilich noch nicht finden können, sehen wir einmal vom Grab auf dem Ailenberg bei Rüdern ab.

Die Archäologie der Wirtschaft kann naturgemäß nicht alle an sie gerichteten Fragen der Historie beantworten. Ihre Aussagekraft ist durch die lediglich sporadisch und keineswegs auch nur in repräsentativer Auswahl erforschten Siedlungen ebenso eingeschränkt wie durch die von Grabbrauch und natürlicher Verwitterung bestimmte Selektion der Grabbeigaben. Für eine Betrachtung fallen so wichtige Wirtschaftsgüter wie Grund und Boden, Sklaven, Vieh, Naturalien, Häute und Felle fast vollständig aus. Für eine Untersuchung stehen im wesentlichen Endprodukte aus unvergänglichen Materialien zur Verfügung, aus deren regionaler und soziologischer Verteilung im Lande die Kenntnisse der Produktionsstruktur, technologische Beobachtungen zur Herstellungsweise, die Wurzeln ihrer Formgebung, Rückschlüsse auf die Vertriebsart und Einzelheiten über die Absatzmärkte in Erfahrung gebracht werden müssen. Beginnen wir bei letzteren, so wird bald deutlich, daß die Vermehrung der Bevölkerung im 6. und 7. Jahrhundert keinen so großen Einfluß auf die archäologisch faßbaren Wirtschaftszweige hatte, als man zunächst annehmen möchte. Die meisten Endprodukte waren in die Hände von vermögenden Minderheiten im Volke gelangt und damit in Bevölkerungsschichten, deren zahlenmäßiger

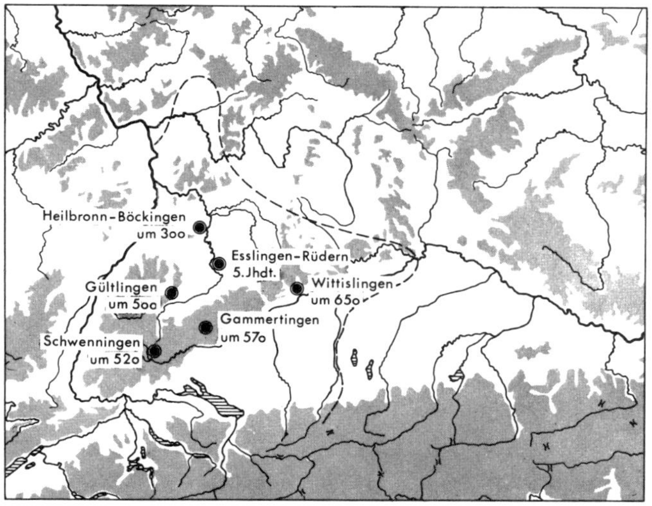

Abb. 67. Die Verteilung der jeweils reichsten Grabfunde ihrer Zeit vom 4.–7. Jh. läßt in Alamannien an keiner Stelle die Bildung einer ortsgebundenen Dynastie erkennen.

Zuwachs bescheidener war als der der mittellosen Mehrheit. Letztere hatte allenfalls gegenüber den Drechslern, Töpfern, Gürtlern und Eisenschmieden einen erhöhten Bedarf anzumelden und insofern einen Einfluß auf deren Handwerksstruktur. Schon der Textilbedarf wird meist durch Heimweberei zu decken gewesen sein. Die Rohstoffe mußten freilich in jedem Falle vermehrt werden, was ohne große Mühe nur bei (Schaf-)Wolle, Häuten und Hanf gelungen sein mochte. Schon bei Eisen ist es fraglich, ob sein gewaltig gestiegener Bedarf im 7. Jahrhundert – man denke nur daran, daß in dieser Zeit der massiv eiserne Sax an Größe und Gewicht rapide zunahm und zudem selbst einfachsten Leuten zustand – allein aus Sumpf- und Raseneisenerz gedeckt wurde, oder ob nicht die Anfänge bergmännisch betriebenen Erzabbaus etwa des Allgäus schon in dieser Zeit zu suchen sind.

Naturgemäß sind uns Metallgegenstände von Tracht und Bewaffnung am besten bekannt, kommen sie doch von frühalamannischer Zeit an stets in Grabfunden vor. Von Anfang an erhielten sich die alamannischen Einwanderer ihre überkommenen handwerklichen Traditionen und Produktionsstrukturen, obwohl ihnen auf römischem Gebiet eine leistungsfähige und exportgewohnte Metallschmuckindustrie gegenüberstand. So wurden beispielsweise die beiden Scheibenfibeln des Grabes vom Spielberg bei Erlbach bereits im Lande hergestellt, wie ein *Taf. 29*
Bronzemodel unbekannten, jedoch sicher alamannischen Fundortes aus dem Museum Augsburg erweist. *Abb. 68*
Auch die Bogenfibeln mit Armbrustkonstruktion (wie Gundelsheim) stammen aus in Süddeutschland gelegenen Werkstätten, wie aus den Verbreitungsbildern von *Taf. 35*
Fibeldetails und aus einem Halbfabrikat vom Runden Berg zu erkennen ist. Produktionsstätten waren zentrale Orte, wie sie bereits in der mitteldeutschen Urheimat bestanden, und deren Kristallisationskerne und Motoren jene überdurchschnittlich wohlhabenden und / oder mächtigen Familien bildeten, die wir unter den Bezeichnungen Optimaten und Reguli kennengelernt hatten. Der Vertrieb der Metallarbeiten erfolgte auf die gleiche Weise wie der römischer Produkte hinter dem Limes durch Regionalhandel. Römischen Fernhandel gab es ins Zentrum Alamanniens hinein zunächst ebenso wenig wie innergermanischen Fernhandel. Dagegen existierte in beschränkten Umfang eine Art von »kleinem Grenzverkehr«, der vor allem im Main- und Neckarmündungsge- *Abb. 69a*
biet die germanischen Ansiedlungen mit römischem Gebrauchsgut – hauptsächlich Fein- und Grobkeramik sowie Glas – versorgte. Diese Gegenstände waren dort im

Abb. 68. Bronzemodel zur Herstellung von Preßblechauflagen auf frühalamannischen Scheibenfibeln (wie Taf. 29) von unbekanntem, jedoch in Bayerisch-Schwaben zu vermutendem Fundort, Maßstab 1:1. Nach G. Ulbert.

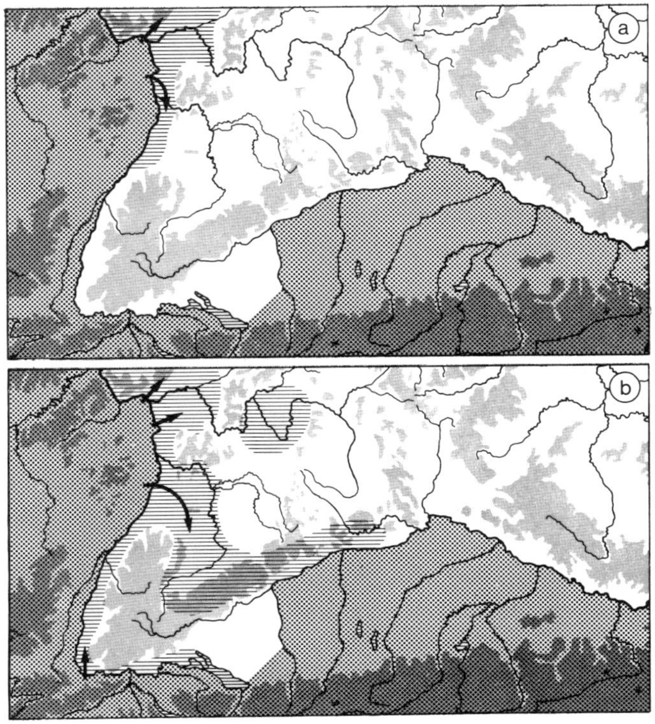

Abb. 69. Die Reichweite römischen bzw. römisch-fränkischen Gefäßexports und der Exportorganisation aus rheinischen Werkstätten im 3./4. Jh. (a) und im 5. Jh. (b). Gerastert: römisches Reichsgebiet. Deutlich wird die Einbeziehung Alamanniens in den spätantiken Wirtschaftsbereich nach 400.

4. Jahrhundert auch in den Haushalten gewöhnlicher Alamannen zu finden, während sie im Hinterland im wesentlichen nur an die Höfe Vornehmer gelangten und dort weniger Zeugnisse regulären Handels als vielmehr persönlichen Kontaktes darstellen. Für die Handelsorganisationen in den römischen Grenzorten Mainz, Worms und Speyer wurde das germanische Vorland als Absatzmarkt in der Folgezeit um so wichtiger, je stärker sich das eigene Hinterland entvölkerte. Vor diesem Hintergrund wird es verständlicher, wenn beispielsweise die Wormser Töpfereien in der zweiten Hälfte des 4. Jahrhunderts Nigraware germanischen Formgeschmacks herzustellen begannen, und wenn römische Glashütten und Bernsteinschnitzer ihre Perlen auch in germanischen Formvarianten fabrizierten und anboten. Dies alles hatte während des 4. Jahrhunderts jedoch noch wenig Tiefenwirkung nach Alamannien hinein. Dort war der Verkehr mit Innergermanien mindestens ebenso dicht wie der ins unmittelbar benachbarte römische Reichsgebiet.

Die alamannische Isolation währte bis in die Zeit um 400. Danach öffnete sich praktisch der ganze alamannische *Abb. 69b* Raum den Importen aus romanischen Gebieten. Zunächst wurden die bestehenden Handelsverbindungen zwischen den römischen Handels- und Handwerkszentren um Mayen (Grobkeramik, Sigillata), Trier (Glas) *Taf. 37, 38* und Worms (Feinkeramik) und den grenznahen Alamannenstämmen ohne sichtbare Unterbrechung weiter-

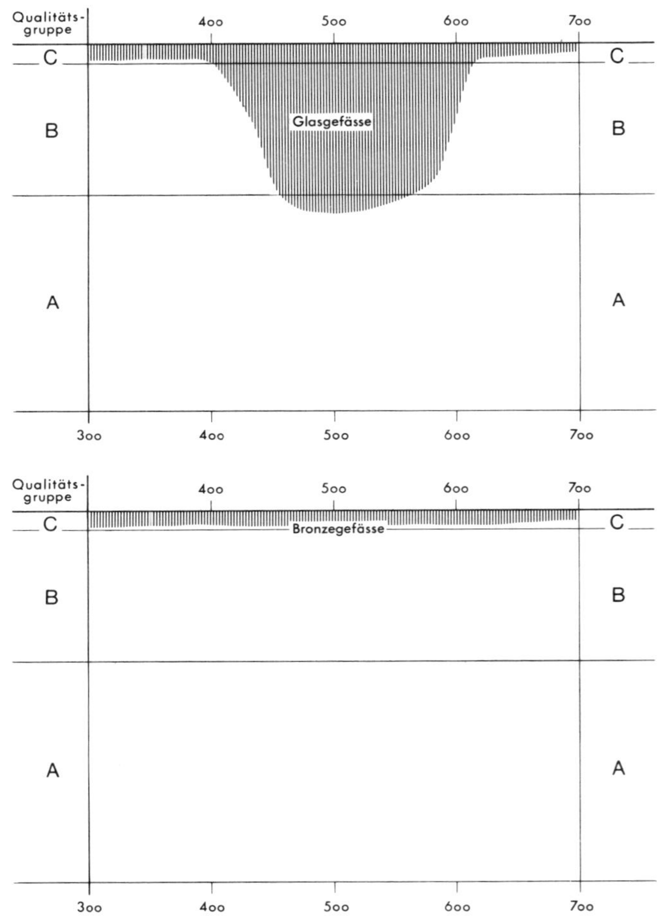

Abb. 70. Die Wertspielräume von Glas- und Bronzegefäßen in Alamannien vom 3.–7. Jh. Die Verbilligung von Glasgefäßen zwischen 400 und 600 infolge des nach Westen zu offenen Limes und des sprunghaft gestiegenen Handelsverkehrs kommt deutlich zum Ausdruck. In diesem Zeitraum ließen sich weitere Wertunterschiede innerhalb der einzelnen Glasgefäßformen aufzeigen.

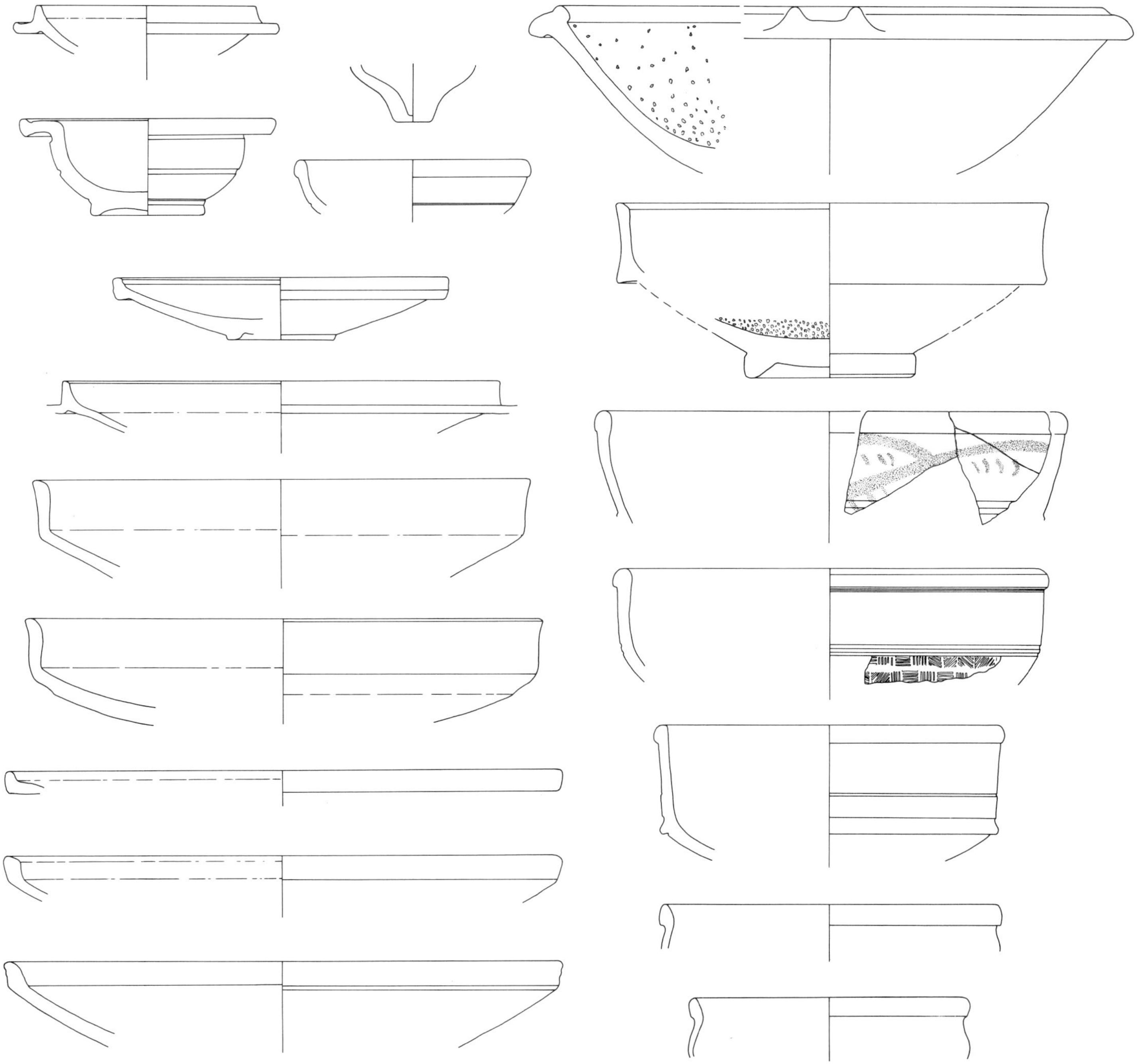

Abb. 71. Runder Berg bei Urach (Reg. 367). Gefäßformen der Terra sigillata bzw. der »rotgestrichenen Ware« des 5. Jh. aus der frühalamannischen Höhensiedlung. Maßstab 1:3.

geführt, ausgebaut und auf das gesamte damals besiedelte Einzugsgebiet von Neckar und Main ausgeweitet. Abb. 70 Die importierten Glas- und Tongefäße finden sich vom Taf. 63, 65 frühen 5. Jahrhundert an im ganzen alamannischen Raum nicht nur in überdurchschnittlich reich ausgestatteten Gräbern, sondern auch in solchen nur durchschnittlich wohlhabender Personen. Durch eine beträchtliche Intensivierung des Handels war dies ermöglicht worden, und wir dürfen in den Trägern und Organisatoren dieses Handels in erster Linie Romanen sehen. Freilich blieben einige wenige Gefäßarten unverändert selten und kost- Taf. 66, 74 bar: Silber- und Bronzegeschirr vor allem, welches im übrigen in weniger grenznahen Betrieben produziert wurde, und dem bereits seines Rohmaterials wegen ein beträchtlicher Wert innewohnte. Durch ihre reichlichen Vorkommen in Grabfunden lassen sich die Wertunterschiede zwischen Glas- und Bronzegefäßen exakt beschreiben und darstellen. Ähnlich wie die Glasgefäße sank mit gesteigertem Import der Wert der Sigillatagefäße, welche in Gestalt ihrer Spätform »rotgestrichene Ware« nunmehr keinesfalls zu den Seltenheiten in Grab- Abb. 71 funden des 5. Jahrhunderts zählen. Anhand des Fundmaterials vom Runden Berg lassen sich am quantitativen Anschwellen von Glasgefäßen, »rotgestrichener Ware« und linksrheinischer Grobkeramik sowie an der nunmehr annähernd gleichmäßigen Streuung dieser Gefäßgattungen über das Siedlungsareal der plötzliche Importstoß nach 400 und die qualitative Nivellierung gut ablesen.

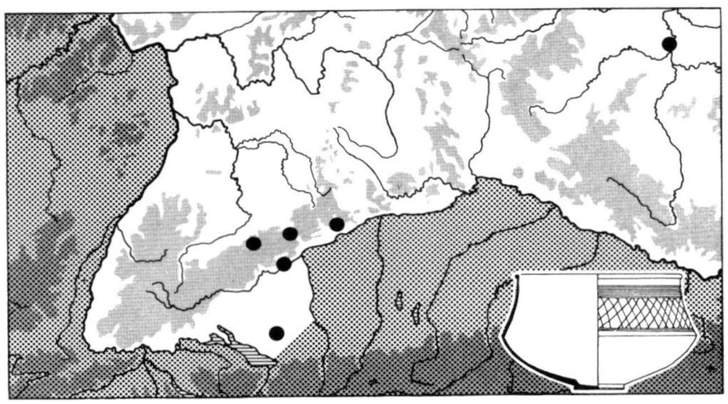

Abb. 72. Die Verbreitung dünnwandiger, grautoniger Schüsseln mit Einglättverzierung aus pannonischen Töpfereien als Beispiel für den östlichen Importstrom nach Alamannien im 5. Jh.

Und noch eines wird anhand dieses Fundplatzes deutlich, daß es nämlich außer dem Importstrom aus dem Westen einen ähnlichen, vielleicht nur kurzlebigen, aus östlicher Richtung gegeben haben muß, dem die Vermittlung einglättverzierter, grautoniger Feinkeramik verdankt wird. Abb. 72 Diese Gefäße entstammen anscheinend römischen Töpfereien aus der Gegend von Carnuntum (Niederösterreich) und verdanken ihre alamannischen Vorkommen wohl den Kontakten mit dem Attilareich bzw. mit dessen Nachfolgern im mittleren Donauraum. Die weit über 200 dünnwandigen Schüsseln auf dem Runden Berg und das vereinzelte Auftreten dieser Trinkgefäße in einigen ostalamannischen Siedlungen und Gräbern bezeugen die Intensität dieses Importweges, auf welchem in der zweiten Hälfte des 5. Jahrhunderts auch manch anderer Gegenstand, etwa Gürtel mit Schnallenbügeln aus Bergkristall, Achat und Meerschaum oder ostgotische Fibeln, in den fernen Westen gelangt ist.

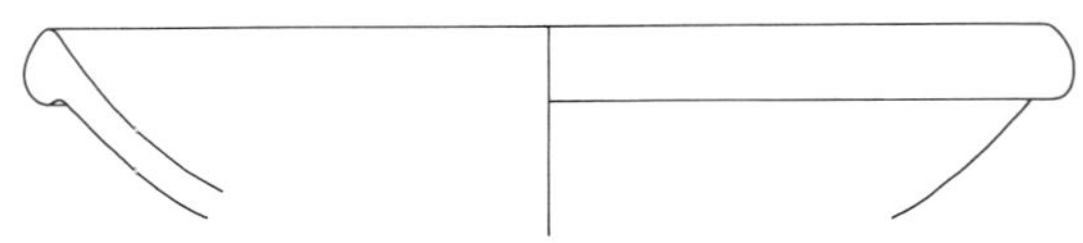

Abb. 73. Den zahlreichen westlichen Sigillatavorkommen (siehe Abb. 71) auf dem Runden Berg (Reg. 367) steht als vereinzeltes Zeugnis südlicher Kontakte ein Teller aus Mittelmeersigillata gegenüber. Maßstab 1:3.

Die Importe aus dem Süden spielten demgegenüber im 4. und 5. Jahrhundert eine untergeordnete Rolle. An Gefäßen gelangte zu dieser Zeit nur eine einzige Schüssel Abb. 73 aus mediterraner Sigillata chiara auf den Runden Berg und steht dort als Handelszeugnis Dutzenden von rheinischen Sigillatagefäßen gegenüber.
Das Einsetzen des westlichen Importstroms um 400 kann vorbereitet worden sein durch die seit dem Ende des 4. Jahrhunderts immer effektiver werdende fränkische Durchdringung römischer Gebiete am Niederrhein und in Nordgallien und die Mobilität von derart geprägten Truppenkontingenten entlang der Reichsgrenze; archäologische Spuren germanischer Hilfstruppen finden sich im 5. Jahrhundert dann weit donauabwärts bis Carnuntum. Im unmittelbaren Limesvorland mag das Erschei-

nen von Germanen als Kontrahenten durchaus eine geistige Öffnung nach außen bewirkt haben. Vom frühen 5. Jahrhundert an wurde es dann auch bei den Alamannen Mode, sich mit romano-fränkischen Waffengurten zu schmücken, deren Metallteile noch lange aus linksrheinischem Gebiet eingeführt wurden. Es muß vorerst offen bleiben, ob die Träger dieser Gürtel nicht – zumindest anfangs – in römischem Sold standen. Erst mit dem fortgeschrittenen 5. Jahrhundert mehren sich dann die Anzeichen einheimischer Gürtelproduktion. Gürtel selbst bleiben jedoch auch in der Folgezeit stets ein begehrtes Handelsprodukt.

Abb. 74 Produktionsstätten für Metallobjekte waren von Anfang an jene zentralen Orte gewesen, welche vorläufig allein in den Höhenburgen wie Runder Berg oder Gelbe Bürg bekannt sind. An solchen Stätten fehlt es denn auch im 5. Jahrhundert nicht an Anzeichen von Fibel- und Gürtelproduktion. Vom Runden Berg stammen Gußmodel aus Blei für Bügelfibeln, Kleinfibeln und Gürtelzubehör, welche einen Einblick in die komplizierten, mehrphasigen Gußvorgänge von Silberschmuck gewähren. Danach wurde das Endprodukt erst auf dem Umweg über ein Zwischenprodukt aus Blei, an dem die notwendigen Feinarbeiten leichter durchzuführen waren, hergestellt, eine arbeitsintensive Produktionsweise, die dem fertigen Schmuckstück bereits dadurch einen hohen Wert sicherte. In zweiter Linie war es die verarbeitete Silbermenge, welche bei einer durchschnittlich reichen Trachtenausstattung an die 50 g, bei einer überdurchschnittlich reichen jedoch oft über 150 g betragen konnte, die den Wert des Schmuckes ausmachte. Diese massenhafte Verwendung von Silber setzte erst ziemlich abrupt gegen Mitte des 5. Jahrhunderts ein, als die vorher drahtförmigen und materialarmen eisernen oder bronzenen Armbrustfibeln durch die nunmehr ausnahmslos silbernen Bügelfibeln abgelöst wurden und zudem die massiv gegossenen, silbernen Kleinfibeln hinzukamen. Die bis zu diesem Zeitpunkt ebenfalls überwiegend bronzenen Armringe wurden nun in Silber gegossen, und auch anderes, vordem aus unedlem Metall bestehendes Trachtzubehör glänzte nun hell. Die geistigen Anregungen zu dieser Schmuckexpansion, vor allem zur Verbreiterung der Zierflächen an den Fibelpaaren, können auf die entsprechenden ostgermanischen Trachtbestandteile, vor allem auf die Silberblechfibeln zurückgehen, wie sie im Gefolge Attilas in den Westen gelangten und dort auch gelegentlich in den Boden gerieten (Hochfelden). Einzelheiten der Zierweise sind jedoch zweifelsohne auf die spätrömischen Kerbschnittgarnituren zurückzuführen, allenfalls noch *Taf. 47*
auf deren germanische Transskription bei den Völkern im Nordseeküstenbereich. Wem hierbei Zweifel aufkommen, der möge nur einen Blick auf die spätantike Kerbschnittriemenzunge des Grabes von Kirchheim am Neckar werfen; die daneben abgebildeten Bügelfibeln des gleichen Grabes weisen ein in Dekor und Ausführung beinahe identisches Kerbschnittmuster auf. Die Vergleichbarkeit reicht bis in Einzelheiten der Vergoldungszonen und der Verwendung von Niello. Es kennzeichnet jedoch alamannische Feinschmiede, daß sie mit dem gegenständlichen Teil ihrer spätantiken Bildvorlagen – Seeungeheuer und andere wilde Tiere am Rande der Kerbschnittzonen – im Gegensatz zu ihren sächsischen und jütischen Kollegen nichts anzufangen wußten und ihn unberücksichtigt ließen. Was dann an Gegenständlichem an der Tracht des späten 5. Jahrhunderts zu finden ist – im wesentlichen tier- und reitergestaltige Kleinfibeln *Taf. 55*
–, gehört zu den Importen aus dem Frankenreich.

Ein diffizileres Problem birgt die Frage, aus welchem Rohstoff-Fundus die plötzlich hochschnellende Nach-

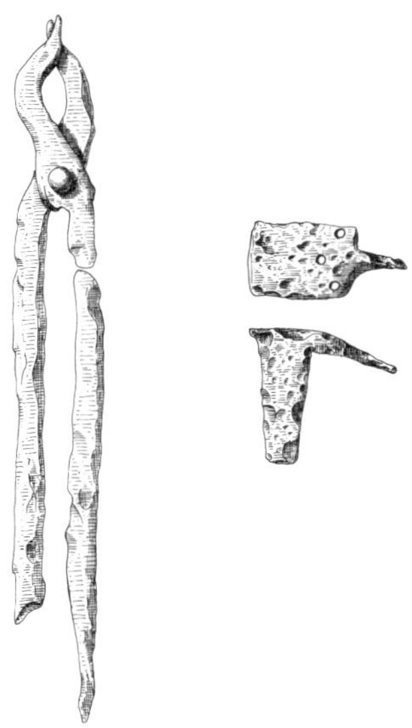

Abb. 74. Herbrechtingen (Reg. 187). Schmiedezange und Amboß aus einem zerstörten Schmiedegrab. Die zum Nagelziehen durchbohrte Amboßfläche läßt in dem bestatteten Handwerker eher einen Grobschmied als einen Goldschmied vermuten. Maßstab 1:3 (Zange) und 1:8.

frage nach Silber befriedigt werden konnte, nachdem in Alamannien keine Silbervorkommen bekannt waren. Hier können nur silberne Tafelgeschirrservice römischer Herkunft die Quelle gewesen sein, eine Fundgattung, die uns im 4. Jahrhundert auf römischem Gebiet in Hortfunden mehrfach eindrucksvoll entgegentritt, später dann nur noch in den Gräbern der Vornehmsten (wie des anglischen, bei Sutton Hoo bestatteten Königs Redwald) und in Kirchenschätzen vorzukommen pflegt. Im germanischen Bereich finden sich Silbergefäße dann (in Form von Hacksilber) vor allem in nordgermanischen Hortfunden des 5. Jahrhunderts; sie sind bereits durch ihren deformierten Zustand als bloßes Rohmaterial gekennzeichnet. Derartiges Hacksilber kommt denn auch vereinzelt in mitteldeutschen Siedlungen des 5. und frühen 6. Jahrhunderts vor. Von dem Tafelservice, das einst als Sold, Beute oder Gastgeschenk in alamannische Hände fiel, wurden allein die stets zugehörigen Silberlöffel als brauchbare Teile vornehmen Eßbestecks zurückgehalten und nicht eingeschmolzen. Die Personenkreise, deren *Taf. 46, 47* Grabstätten Silberlöffel bargen, weisen sich denn auch stets als überdurchschnittlich reich aus; sie waren zwar die Zielgruppe, die Empfänger spätantiken Silbergeschirrs, waren jedoch andererseits wiederum nicht so überragend reich, daß sie sich den Luxus unverarbeiteten Silbers leisteten. Die Grabinventare ihrer Frauen, z. B. die von Mahlberg oder Kirchheim/Neckar, enthielten denn auch fast stets silberne Handgelenkringe: die massivsten und schwersten Silbergegenstände an der Tracht ihrer Zeit.

Es ist nun nicht ohne Belang, daß den in größerem Umfang Silber besitzenden Bevölkerungsschichten (sie werden durch die Qualitätsgruppe C der Grabausstattungen repräsentiert) eine wirtschaftliche Schlüsselstellung zukam. Wir können uns die Produktion frühmittelalterlichen Metallschmucks nur als Monopol weniger und als zentral gelenkt vorstellen. Die Schmuckhandwerker saßen an den Höfen privilegierter Optimatenfamilien, wie beispielsweise in Gültlingen, oder an zentralen Orten wie dem Runden Berg. Sie waren offensichtlich ortsgebunden und womöglich sogar unfrei. Der Vertrieb ihrer Ware erfolgte durch den Handel, wie er gerade für die Zeiten des 5. und 6. Jahrhunderts ausgiebig bezeugt ist. Auch andere Schmuckobjekte wurden ähnlich zentral verfertigt und dann exportiert, so etwa Gagat, von dessen Verarbeitung auf dem Runden Berg zahlreiche Rohgagatplatten und Halbfabrikate zeugen, obwohl Gagat erst in einiger Entfernung vom Runden Berg bei Balingen ansteht.

In den Hofateliers alamannischer Optimaten des 5. und frühen 6. Jahrhunderts entstanden sodann Schmucksachen, welche keine Überschußproduktion, sondern singuläre Auftragsarbeiten darstellten. Sie bestanden aus erlesenem Material – nur hier fand massives Gold Verwendung –, und schon die bevorzugte Technik – goldenes Zellenwerk, gefüllt mit geschliffenen Granatplättchen – sichert, daß es sich bei den hergestellten Objekten stets um Unikate handelte. Die hervorragendsten Beispiele sind neben der Goldschnalle von Rüdern vor allem die *Taf. 20* beiden Scheibenfibeln von Schwenningen. Eine von ih- *Taf. 48* nen, die mit zentraler kreuzförmiger Granateinlage, stammt mit Sicherheit von gleicher Hand wie der goldene Taschenbeschlag aus dem Besitz des eine Generation *Taf. 45* früher verstorbenen Helmträgers von Gültlingen, eines der bedeutendsten Männer seiner Zeit. Das Stück weist auf der Rückseite mehrere Reparaturstellen auf, war lange in Gebrauch und dürfte wohl im Erbgang nach Schwenningen gelangt sein: wieder an eine der reichsten Familien des Landes. Nur wenig unterhalb dieser Bevölkerungsschicht, und immer noch im Bereich von Leuten mit Grabausstattungen der Qualitätsgruppe C, war man schon mit seriell gefertigten Schmucksachen, wenn auch in ihrer sorgfältigsten Ausführung, zufrieden. In der Folgezeit verflachten die vordem elitären Goldschmiedetechniken immer mehr zu Massenprodukten, und granatbelegte Scheibenfibeln in Zellentechnik können um die Mitte des 6. Jahrhunderts nicht weniger gezählt werden als die in beliebiger Anzahl immer wieder reproduzierbaren gegossenen Silberfibeln in S- oder Vogelform. Nur wenige Stücke heben sich aus der Masse des Uniformen heraus, so die Fischfibeln von Bülach, gewiß Auf- *Taf. 53* tragsarbeiten eines Hofateliers, oder die aufgrund ihrer Materialwahl (Gold) hervorstechenden Vogelfibeln von Bülach oder die S-Fibeln aus Deißlingen. Die Mode- *Taf. 55* wandlungen der zweiten Hälfte des 6. Jahrhunderts brachten dann eine letzte Blüte der Zellentechnik mit sich, und die Umstellung der Schmuckproduktion auf die Einfibel-Tracht führte nochmals zu individuellen Einzelleistungen wie den sogenannten engzellig cloisonnierten Almandinscheibenfibeln vom Typus Beringen. Gleich- *Taf. 56* zeitig begann die Gliederung der nunmehr immer größer werdenden Oberflächen der Fibeln durch ein dichtes

Netz geperlter oder tordierter Goldfäden, oft noch mit Steinfassungen durchsetzt, mit den engzellig cloisonnierten Scheibenfibeln zu konkurrieren. Die Goldscheiben- *Taf. 90* fibel von Merdingen läßt erahnen, warum diese Verzierungsweise schließlich obsiegte.

Die eben beschriebenen Goldscheibenfibeltypen der zweiten Hälfte des 6. Jahrhunderts waren die letzten Trachtbestandteile, welche in großen Ateliers zentraler Orte hergestellt und auf dem Handelswege oft über Hunderte von Kilometern hinweg vertrieben wurden. Nicht zufällig ist bei beiden Fibelarten für manchen Forscher noch nicht entschieden, ob sie nicht samt und sonders aus dem langobardischen Italien eingeführt worden sind. Der überregionale Handel, als ein spätantikes Relikt, fand in dieser Zeit sein Ende. Er wurde abgelöst durch den begrenzten Regionalhandel auf der einen und den ausgesprochenen Fernhandel auf der anderen Seite. Beiden Vertriebsstrukturen werden wir im folgenden noch begegnen. Die Ursache für den Wandel ist in der seit dem späten 6. Jahrhundert zu beobachtenden Vermehrung von wirtschaftlich potenten Adelsfamilien zu sehen. In gleicher Weise vermehrten sich die Attribute einer elitären Hofhaltung, und hierzu zählte nun einmal ein Goldschmied. Es ist sicher kein Zufall, daß die einzigen sicheren Goldschmiedegräber auf alamannischem *Abb. 74* Boden, das von Herbrechtingen und ein für Sindelfingen erschließbares, von Fundplätzen stammen, die sich durch Bevölkerungsschichten adelsähnlichen Charakters aus- *Taf. 96* zeichnen. Ein Bronzemodel, gefunden bei Gammertingen und einst für die Herstellung von Fibelschauseiten aus Silber- oder Bronzeblech benutzt, bestätigt auch diesem Adelssitz des 6. und 7. Jahrhunderts seine Bedeutung als Stätte metallverarbeitenden Handwerks. An anderen Plätzen Alamanniens muß diese Funktion auf dem direkten Wege des Verbreitungsbildes von Metallarbeiten unzweifelhaft gleicher Herkunft erschlossen werden. Ein Beispiel hierfür ist der Friedhof von Spötting im Stadtgebiet von Landsberg am Lech, von wo, neben deutlichen Hinweisen auf eine christliche Adelsgrablege *Taf. 89* des 7. Jahrhunderts, ein Goldblattkreuz stammt. Das Kreuz war für einen verstorbenen Adeligen eigens zum Begräbnis angefertigt und über den gerade verfügbaren Bronzemodeln abgepreßt worden. Neben einem offensichtlich Christus darstellenden Model war dies eine Matrize, von der bereits Endprodukte bekannt sind: Wa- *Abb. 75* denbindenriemenzungen aus Silberblech von Mindelheim, Nordendorf und Tübingen-Derendingen. Es kann kein Zweifel darüber bestehen, daß alle diese Garnituren in Spötting selbst gefertigt wurden. Ihre Verbreitung ist angesichts der Streuung anderer modelgleicher Preßblecharbeiten beinahe weiträumig zu nennen. Die Preßblechwadenbinden von Burggen beispielsweise haben *Taf. 98* trotz hoher Qualität nur im Umkreis von etwa 20 Kilometern um den Fundort Verbreitung gefunden. Und selbst so herausragende Erzeugnisse wie die Goldscheibenfibel aus dem »Fürstinnengrab« von Wittislingen er- *Taf. 94* weisen sich bei näherem Zusehen als aus einer provinziellen Goldschmiede stammend. Ihre Qualität liegt eher in der Quantität des verwendeten Goldes denn in der Originalität ihrer Ausführung begründet. Die Entsprechungen von gleicher Hand, sämtliche aus dem gleichen *Abb. 76* Raum stammend, zeigen die Möglichkeiten ihres Meisters nur zu deutlich. Es ist für die Produktionsstruktur bezeichnend, daß selbst die Angehörigen der vornehmsten Familien des Landes ihre Schmuckausstattung nicht etwa importierten, sondern aus lokalen Werkstätten bezogen. Die Trachtbestandteile der reichen Dame aus *Taf. 101* Kirchheim am Ries sind beredtes Beispiel hierfür.

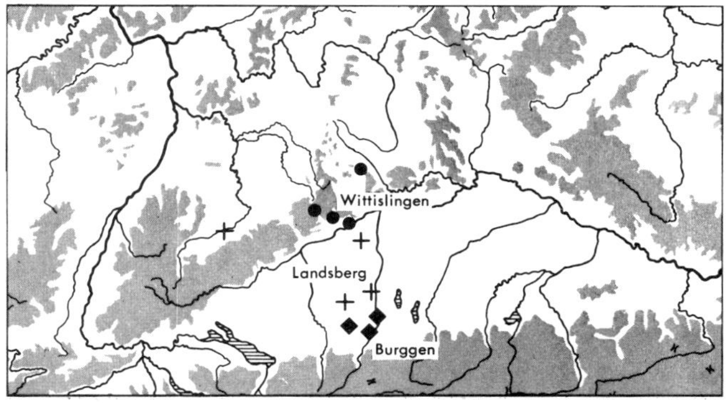

Abb. 75. Die Verbreitung von Schmuckarbeiten gleicher Hand im ostalamannischen Raum des 7. Jh. gibt den gegenüber dem 6. Jh. stark verringerten Absatzmarkt für Metallschmuck zu erkennen. Produkte wie die Goldscheibenfibeln von der Hand des »Wittislinger Meisters« (siehe Abb. 76; Kreissignatur) finden keine weitere Verbreitung wie Silberblechwadenbinden, die über das gleiche Model wie das Goldblattkreuz von Landsberg/Lech gepreßt worden sind (Kreuzsignatur; Taf. 89), oder wie Silberblechwadenbinden, die mit denen von Burggen (Rautensignatur; Taf. 98) identisch sind. Die dargestellten Beispiele ließen sich beliebig vermehren und auch auf andere Bereiche des Frauenschmucks ausdehnen.

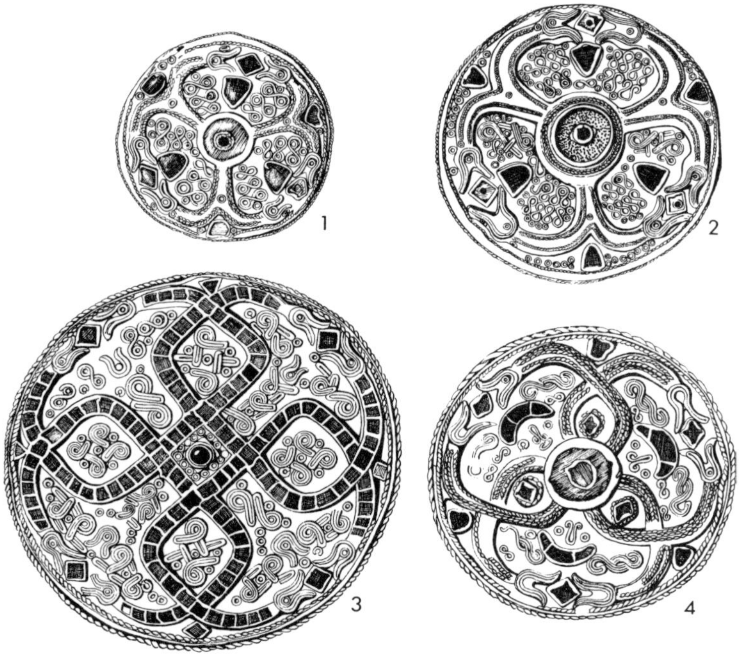

Abb. 76. Goldblechscheibenfibeln von der Hand des »Wittislinger Meisters« (1 Schretzheim, 2 Dittenheim, 3 Wittislingen, 4 Heidenheim/Brenz) lassen den recht begrenzten Ideenreichtum ihres Verfertigers deutlich erkennen. Sichtbar wird aber auch, daß Granateinlagen auf der Fibelschauseite in der Mitte des 7. Jh. offensichtlich ein sehr kostbares Zierdetail darstellten. Alle Fibeln waren Einzelanfertigungen, Model lohnten sich offenbar für so seltene Aufträge wie Goldscheibenfibeln nicht. Maßstab 2:3. Nach H. Dannheimer.

Die anhand ostalamannischer Blecharbeiten dargestellten kleinräumigen Produktions- und Vertriebsstrukturen des 7. Jahrhunderts lassen sich ohne weiteres auf den ganzen alamannischen Raum sowie auf nichtmetallische Güter, etwa Keramik, erweitern. Das Absatzgebiet einer Töpferei, ablesbar an der Verbreitung von Gefäßen mit identischen Stempeldekors, war begrenzt und umfaßte

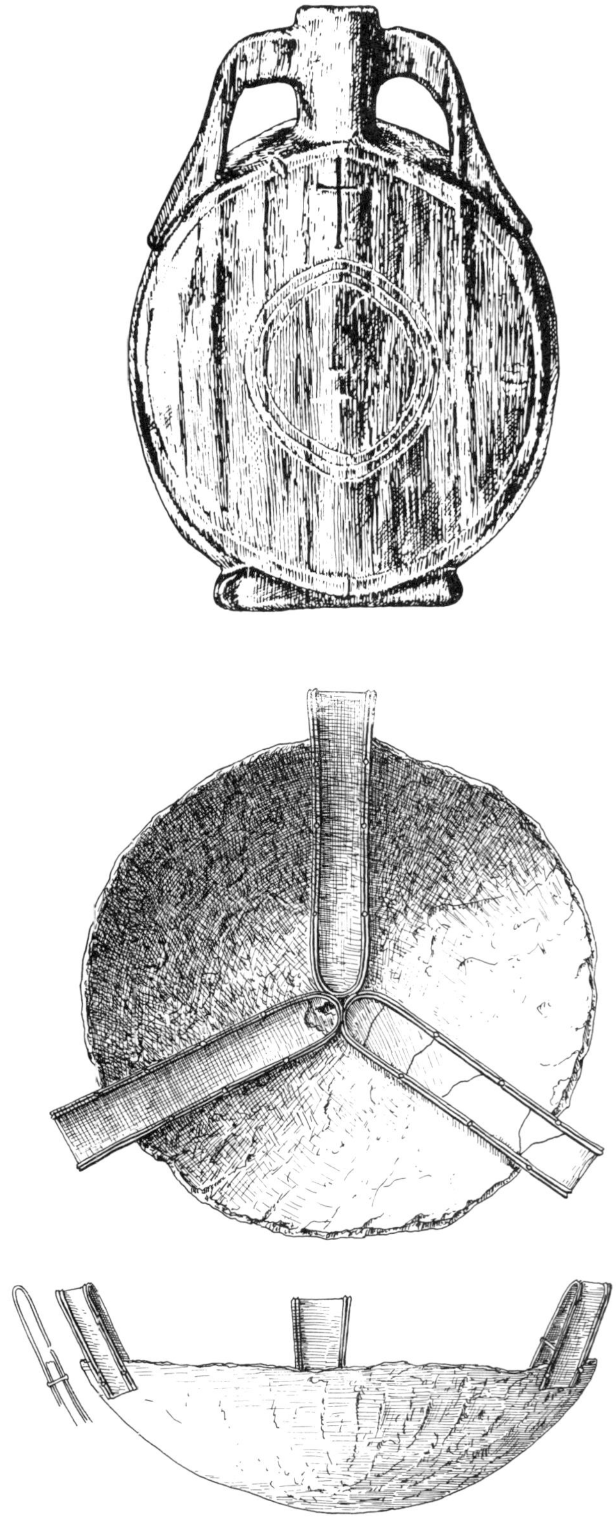

Abb. 77. Hölzerne Feldflasche mit eingeritztem Kreuzzeichen aus Oberflacht (Reg. 271) und flache Schale aus Wurzelholz mit Silberblechbeschlägen aus dem Grab der adeligen Dame von Güttingen (Reg. 157; dazu der Gefäßsatz Taf. 74) geben einen Einblick in alamannisches Drechslerhandwerk, das sich anscheinend bevorzugt denjenigen Gefäßformen zuwandte, die nicht oder nur selten in Ton hergestellt wurden. Maßstab 1:2. Nach Paulsen/Schach-Dörges und Fingerlin.

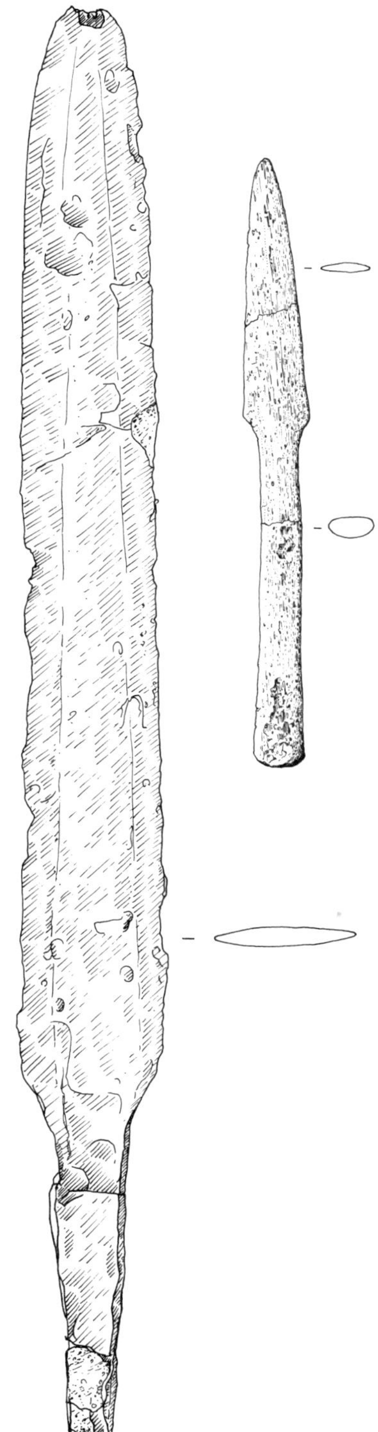

vielleicht ein, zwei Dutzend Dörfer. Ähnliches wird auch für weniger rohstoffgebundene Industriezweige gelten, etwa für das Holzhandwerk, das seit jeher ganze Gefäß- *Abb. 77* gattungen abdeckte und zu liefern hatte, etwa Teller oder Feldflaschen, Gefäßformen, welche so gut wie nie in Ton hergestellt wurden. Das Drechseln dieser Dinge erforderte ein hohes Maß an Können, und die Produktionsstruktur derart gefertigter Waren – neben Gefäßen vor allem Mobiliar – wird sich kaum von der eines Töpfereibetriebes unterschieden haben. Ähnliches gilt für (Wasser-)Mühlen, welche zwar archäologisch noch nicht erforscht, jedoch aufgrund von Ortsnamen (Mühlheim, Mühlhausen) bereits für das 7. Jahrhundert bezeugt sind. Ihr Einzugsgebiet mag sich mit dem Verbreitungsbereich von Töpfereiprodukten in etwa gedeckt haben, ihre Organisation war wohl bereits herrschaftlich gebunden. In der Tat gehören Hinweise auf kleine, im privaten Bereich betreibbare Handmühlen in alamannischen Siedlungen zu den größten Seltenheiten.

Die Weberei war entsprechend den Vorkommen von eisernen, seltener beinernen Webschwertern in Frauen- *Abb. 78* gräbern eine spezifisch weibliche Tätigkeit, die im Hause durchgeführt wurde, wenn auch überwiegend in gehobenen Hausständen; die Verbreitung der Produkte mag normalerweise entsprechend begrenzt gewesen sein. Die unterschiedliche Größe der Webschwerter läßt auf die jeweilige Breite der gewebten Tuchbahnen schließen; im kleinsten Falle taugten sie gerade noch zu Bändern. Die Verbreitung von Webschwertern in Süddeutschland umfaßt keineswegs gleichmäßig das gesamte besiedelte Gebiet, sondern zieht sich hauptsächlich entlang des Ober- *Abb. 79* laufs der Donau hin. Sie ist wohl auf eine besondere Dichte von Webereien zurückzuführen, und dies wiederum wird eine Folge der Schafzucht auf Alb und Jura sein. In den Siedlungen der Täler wurde die auf den hochgelegenen Heideflächen gewonnene Wolle weiterverarbeitet und wohl auch schon – in bescheidenem Maße natürlich – als Überschußware exportiert. Besonders das Donautal um Dillingen scheint im 6. und 7. Jahrhundert ein Zentrum der Textilindustrie gewesen zu sein.

Abb. 78. Eisernes Webschwert aus Grab 71 von Unterthürheim (Reg. 366) und beinernes Webschwert aus Grab 12 von Bittenbrunn (Reg. 36). Maßstab 1:2.

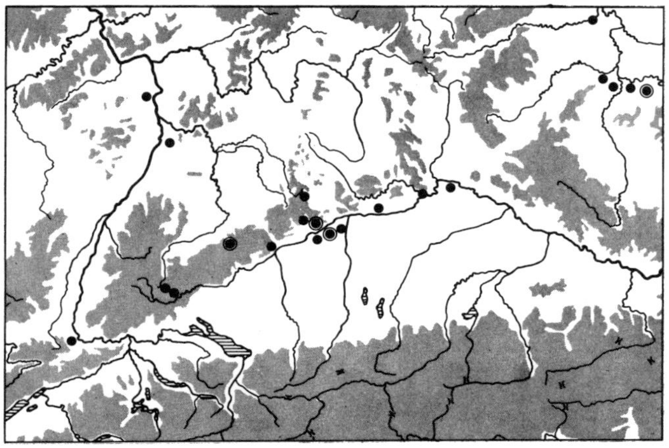

Abb. 79. Die Verbreitung der Webschwerter (Kreise; mehrere Vorkommen an einem Fundplatz umrandet) zieht sich hauptsächlich entlang des Südfußes der Alb hin und wird wohl auf intensive Schafzucht in dieser Region zurückgehen.

Schließlich können noch Bauhandwerker archäologisch evident werden; schwieriger ist dies beim Holzbau, der sich im allgemeinen nicht als Originalsubstanz erhielt. Gelegentliche Beobachtungen lassen das hohe technische Niveau des Handwerkszweiges erkennen. Seine Tätigkeit konnte einen Hausbau ohne Inanspruchnahme weiterer Handwerkszweige, etwa des – erst in karolingischer Zeit wieder auftretenden – Zieglers, abwickeln, zumal zur Verbindung der Hölzer keine Metallstifte benutzt wurden. Auch Hüttenlehm ist in Siedlungen so spärlich aufzufinden, daß man ernsthaft danach fragen muß, ob in dieser Frühzeit bereits in Fachwerk gebaut wurde. Mit Sicherheit existierten jedoch bereits Leute, welche mit Mörtel und Steinen umzugehen wußten. Seit dem frühen 7. Jahrhundert wurden in Gegenden, in denen Bruchsteine vorkommen, im wesentlichen im Umkreis des Schwarzwaldes, die Grabkammern vornehmer Leute gelegentlich aus Steinen errichtet und mit Mörtel verfugt. Es war also beim Tode einer wohlhabenden Person ein Maurer in erreichbarer Nähe vorhanden gewesen, der in kurzer Zeit das Gewünschte auszuführen wußte. So nimmt es auch nicht wunder, wenn sich immer mehr in festem Mauerwerk ausgeführte Kirchen als bereits aus dem 7. Jahrhundert stammend herausstellen, und nicht nur in der Nachbarschaft von Romanenorten, bei denen eine lange Tradition dieser Bauweise vorausgesetzt werden darf. Allem Anscheine nach waren jedoch Maurerhandwerk und gemauerte Baulichkeiten an führende Familien und zentrale Orte gebunden. In den »normalen« Dörfern und Weilern errichtete man noch lange selbst die Kirchen aus Holz. Bei Wohnbauten war dies bis in die Neuzeit hinein beinahe selbstverständlich. Neben den eben beschriebenen, im wesentlichen an Adelshöfe gebundenen handwerklichen Tätigkeiten mit überörtlichem, jedoch recht eng begrenzten Absatzgebiet ist mit wenigen, nur die örtlichen Bedürfnisse deckenden Werkstätten zu rechnen. In erster Linie ist dabei an den Grobschmied zu denken, welcher vor allem im 7. Jahrhundert die anfallenden Reparaturarbeiten am landwirtschaftlichen Gerät erledigte, verschossene Pfeilspitzen nachschmiedete und gelegentlich einen Sax und einfachste Gürtelbeschlagplatten anfertigte. Eine schlichte Addierung aller Metallarbeiten aus einem Gräberfeld (Marktoberdorf) während der ersten Hälfte des 7. Jahrhunderts macht deutlich, daß die von den kleinräumig arbeitenden Ateliers angefertigten Gegenstände, im wesentlichen die der Frauentracht, zahlenmäßig überraschend schwach vertreten sind und von der Zahl der einfacheren Eisenwaffen spielend übertroffen wurden. Selbst nach Abzug beispielsweise der tauschierten Gürtel, welche man sich in fremden, ja sogar gelegentlich in außeralamannischen Werkstätten produziert vorstellen

Marktoberdorf
Metallarbeiten erste Hälfte 7. Jh.

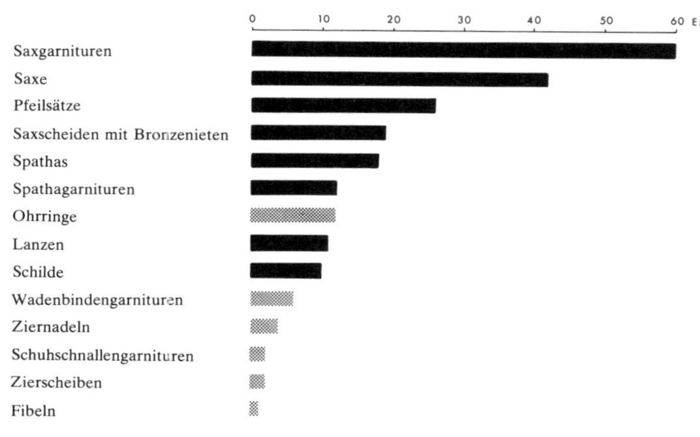

kann, bleiben immer noch so viele einfache Metallarbeiten übrig, daß ein örtlicher faber ferrarius mit ihrer Herstellung durchaus ausgelastet gewesen wäre. Diese lokalen Allerweltsschmiede können unter Umständen einen höheren rechtlichen Status besessen haben als ihre wesentlich kunstfertigeren Kollegen am Adelshofe der Nachbarschaft.
Versuchen wir ein Fazit des Gesagten, so lassen sich cum grano salis fünf verschiedene Produktions- und Vertriebsstrukturen fassen. Der Produktionstypus I deckte den familiären Bedarf und war in Familien der unterschiedlichsten Rechtsstellung vorhanden. Ihn gab es während der ganzen hier beleuchteten Jahrhunderte. Seine Produkte – Naturalien, Gewebe – gerieten nicht in den Handel. Gleiches gilt für den Produktionstypus II, der auf der Ebene der Dorfgemeinschaft Dinge des täglichen Bedarfs produzierte. Hierzu gehört der einfache Dorfschmied, der schlichte Waffen, einfache Gürtelschnallen, Eisengerät herstellte. Vor allem in der Frühzeit mag auch das Gros der Keramik auf diese Weise entstanden sein. Auch dieser Produktionstypus ist vom 3. bis 7. Jahrhundert vorhanden. Ein Produktionstypus III deckte bereits von Werkstätten an Adelshöfen oder zentralen Orten aus den Bedarf für die nähere Umgebung. Seine Produkte finden sich vorwiegend in gediegen oder schon überdurchschnittlich wohlhabenden Familien: Hochwertige Waffen wie Spathas und Schilde, einfachere tauschierte Gürtelgarnituren, goldene und silberne Preßblecharbeiten, Silbergeschmeide und Bronzegußarbeiten. In diese Gruppe gehören sodann Tätigkeiten wie die des Töpfers, Drechslers, Kammachers. Die Blütezeit dieser Produktionsweise lag vom späten 6. Jahrhundert bis in die Zeit um 700. Bei ihr ist Zwischenhandel noch weitgehend auszuschließen. Der Vertrieb erfolgte durch den persönlichen Kontakt zwischen Hersteller und Abnehmer. Dementsprechend haben die Verbreitungsbilder von Gegenständen dieser Herkunft einen ähnlichen Umfang wie die gleichfalls auf persönlichen Kontakten fußenden mittelalterlich-neuzeitlichen Heiratskreise. Vielleicht ist es kein Zufall, daß auf einschlägigen Verbreitungskarten die alamannisch-bajuwarische Grenze deutlicher als sonst hervortritt. Wir sahen, daß der Träger dieses Produktionstypus der niedere und mittlere Adel des Landes gewesen war. Er mußte an der Wirtschaftlichkeit seiner Produktionsstätten das größte Interesse gehabt haben, und so scheint an die Verbreitungsbilder von Gegenständen aus dem Bereich des Produktionstypus III vielleicht am ehesten einmal die Frage gerichtet werden können, in welchem Umfang sie politische Herrschaftsbereiche widerspiegeln. Dies ist bei Gegenständen des Produktionstypus IV gewiß nicht möglich, denn ihr Vertrieb erfolgte durch regionalen Zwischenhandel. Produkte dieser Art wurden an Adelshöfen und zentralen Orten innerhalb und außerhalb Alamanniens hergestellt. Hierunter fallen silbernes Trachtenzubehör des 3. bis 6. Jahrhunderts, Sigillata und andere Feinkeramik des 5. und 6. Jahrhunderts, fränkische Gläser der gleichen Zeitspanne, Gürtel des 5. bis 7. Jahrhunderts, vor allem im letzteren Zeitabschnitt aus hochwertigen tauschierten oder gegossenen Garnituren bestehend. Möglich, daß in manchen Landschaften die Spezialisierung auf vordem in den Produktionstypen II und III gefertigte Gegenstände zu einer Qualitätsverfeinerung und in der Folge zu einer gesteigerten Nachfrage und zu einem Überschußexport führte; die Webereien des Donautals zwischen Iller- und Lechmündung lassen hieran denken. Das Übergewicht in dieser Sparte besaßen zumindest am Anfang der alamannischen Geschichte die Produktionsstätten auf römischem Boden. Auch die Vertriebsorganisation dürfte weitgehend in römischer Hand gewesen sein. Dies könnte noch im 7. Jahrhundert funktioniert haben, als beispielsweise bronzene, tierstilverzierte Gürtelgarnituren (wie Nenzingen) von ihren Werkstätten um den Hochrhein aus eine überraschend weite Verbreitung rheinabwärts fanden.
Reinen Fernhandel als Vermittlung seiner Produkte kennt jedoch nur der Produktionstypus V von Gegenständen, welche außerhalb germanischen Machtbereiches hergestellt wurden, und deren Zielgruppe jene germanische Oberschicht war, welche die Produktionstypen III und IV fest in der Hand hatte. Gerade angesichts dieser Zielgruppe ist jedoch bei der Interpretation von Verbreitungsbildern Vorsicht am Platze. Leute wie der Fürst von Gammertingen, die Adeligen von Niederstotzingen oder der Reiter von Hüfingen waren ihrerseits oft nicht weniger mobil als eine Händlerschaft und konnten sich aus fremden Ländern das mitbringen, wonach es sie gelüstete, und das unter Ausschaltung des Zwischenhandels. Unter dieser Rubrik wären beispielsweise mediterrane Helme, Schilde und Gürtel, nordische Schwerter und byzantinisches Silbergeschirr zu verbuchen. Selbst das Paradebeispiel mediterranen Fernhandels, koptisches *Abb. 80*

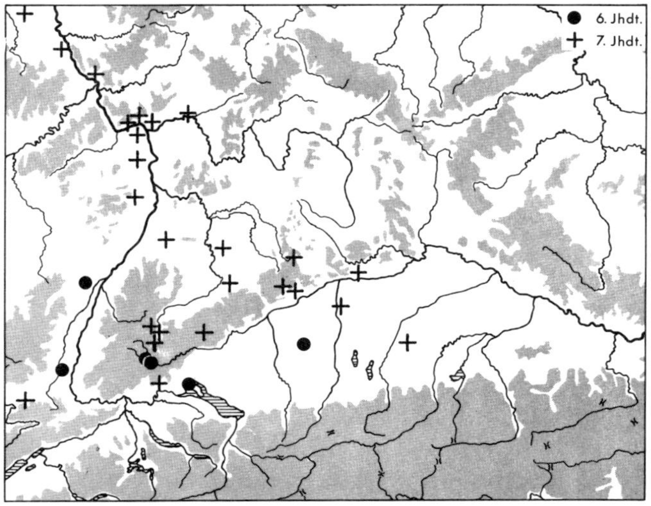

Abb. 80. Das Verbreitungsbild koptischen Bronzegeschirrs in Süddeutschland läßt erst nach einer chronologischen Entflechtung etwas von der Intensität spezialisierten Fernhandels in der Mitte des 7. Jh. ahnen. Dieser Phase mediterraner Handelsbeziehungen war schon in der 2. H. des 6. Jh. ein Importschub der gleichen Herkunft vorausgegangen, der jedoch lediglich auf die Landschaft um Hoch- und Oberrhein zielte und mehr private Beziehungen des dortigen Adels zu Italien widerspiegelt.

Abb. 60 Bronzegeschirr, wie es beispielsweise aus Ittenheim vorliegt, läßt sich in dieser Hinsicht aufschlüsseln: in eine noch dem 6. Jahrhundert angehörende Frühphase, während der diese Bronzegefäßgattung nur in Adelsfamilien an Oberrhein und Hochrhein zu finden ist, dort fast im-
Taf. 74 mer – wie in Ittenheim, Hüfingen und Güttingen – mit anderen Gegenständen mediterraner Herkunft kombiniert auftritt und unzweifelhaft Zeugnis eines persönlichen Kontaktes mit Oberitalien ist, und in eine erst ein halbes Jahrhundert später sichtbare Spätphase, nunmehr ab etwa 630 in Gesellschaft anderer, vergänglicher Güter wie Seide und Gewürze als Zeugnis intensiven Fernhandels mit Italien und dem östlichen Mittelmeerraum. Der erstere, persönliche Kontaktfluß der Gegend zwischen Rheinknie und Bodensee und dem langobardischen Oberitalien besitzt hier eine lange Tradition, die immer wieder, beispielsweise an Vorkommen mediterranen Pferdegeschirrs oder durch die Vermittlung einer byzantinischen Elfenbeinarbeit an eine in Fridingen ansässige Familie, schlaglichtartig sichtbar geworden ist. Ein weiteres Beispiel dieser auf persönlichen Kontakten beruhen-

den Verbindungen sind die aus oberitalischen, vermut- *Abb. 81*
lich venezianischen Glashütten stammenden Stengelbe- *Taf. 110*
cher, deren Verbreitung entlang des Alpenfußes deutlich ihren Charakter als Mitbringsel ausweist; sie waren nie Handelsobjekte gewesen, der Markt für Gläser gehörte unbestritten den fränkischen Glashütten.

Erst im zweiten Drittel des 7. Jahrhunderts begann dann gegossenes koptisches Bronzegeschirr als Fernhandelsgut eine Rolle zu spielen. Bis dahin war der einschlägige Markt von getriebenen fränkischen Bronzegefäßen beherrscht, wie sie in Gestalt von Perlrandbecken des *Taf. 66*
6. Jahrhunderts häufig auftreten. Noch die zwischen 590 und 630 bestatteten Niederstotzinger Adeligen bekamen durchweg Metallgefäße dieser Provenienz, hier vier an der Zahl, ins Grab. Jedoch schon der Gefäßbestand des
Friedhofs von Pfahlheim mit seinem Belegungsschwer- *Abb. 82*
punkt nach 630 zeigt ein ganz anderes Bild. Hier steht einem Bestand von vier koptischen Bronzegefäßen nurmehr ein »einheimisches« Blechbecken, vielleicht ein Erbstück, entgegen. Koptisches Bronzegeschirr wird in diesen Jahrzehnten zu einem geläufigen Bestandteil alamannischen Adelslebens. Sein materieller Wert steigt je-

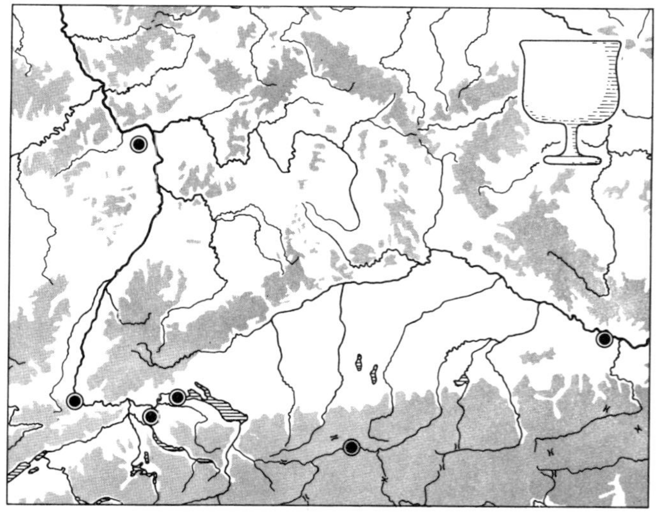

Abb. 81. Die Verbreitung gläserner Stengelbecher des 6. und 7. Jh. in Süddeutschland deutet an, daß diese Gefäße (vgl. Taf. 110) natürlich nie mit dem Ausstoß fränkischer Glashütten konkurrieren wollten und konnten, sondern, ihrer Lage am Nordrand der Alpenzone entsprechend, eher infolge persönlicher Kontakte ihrer Besitzer zum Süden an ihren Vergrabungsort gelangten.

Abb. 82. Der Bronzegefäßbestand eines alamannischen Adelsgräberfriedhofs aus dem 7. Jh. (Pfahlheim; Reg. 280) zeigt deutlich, wie zu dieser Zeit die »koptischen« gegossenen Gefäße den Markt beherrschten. Nur die getriebene Blechschüssel links unten blieb von der einstigen Vormachtstellung fränkischer Bronzegefäßwerkstätten übrig. Maßstab 1:3.

doch nicht über den auch weiterhin importierter fränkischer getriebener Bronzegefäße an.

Einen wichtigen Bestandteil des Produktionstypus V Abb. 83 bilden schließlich die zu Halsketten zusammengefügten Perlen. Insbesondere die aus Glas sind in der ganzen frühalamannischen Zeit ein Grundbestandteil der Tracht. Ihre Herkunft im wesentlichen aus den Glashütten im nunmehr fränkischen Hinterland des Rheinlimes dürfte gesichert sein. In der Mitte des 6. Jahrhunderts erhielt der Glasperlenimport eine kräftige Zufuhr aus dem ostgotisch-byzantinischen Italien, was sich alsbald auf den Wert dieser Schmuckgattung nivellierend auswirkte. Der Strom oberitalischer Perlen verebbte noch in der zweiten Hälfte des 6. Jahrhunderts und wurde durch Glasperlen wieder fränkischer Herkunft weitgehend ersetzt. Später mögen dann lokale, auch alamannische Werkstätten mit einer Produktionsstruktur vom Typus IV hinzugekommen sein. Die ebenfalls im zweiten Drittel des 6. Jahrhunderts verstärkt einsetzenden Importe von Amethysten konnten jedoch nach ihrem Rückgang noch im 6. Jahrhundert nicht durch einheimische Surrogate ersetzt werden. Der Halbedelstein hielt sich nach der anfänglichen Wohlfeilheit das ganze 7. Jahrhundert hindurch auf hohem Wertniveau. Überraschenderweise teilen Amethyste und oberitalische Glasperlen ihren Importpush im mittleren Drittel des 6. Jahrhunderts mit dem Bernstein, einem seit dem 3. Jahrhundert bei den Alamannen ebenso beliebten wie seltenen Rohstoff für Perlen. Die Parallelität der drei Phänomene läßt an gleiche Ursache und Herkunft denken, und so wird zu überlegen sein, ob nicht überhaupt die süddeutschen Bernsteinperlen des 6. und 7. Jahrhunderts durchwegs mediterraner Herkunft sind.

Spätestens bei Perlen als einem nichtmetallischen Gut wird man nach den Maßstäben fragen, die bei ihrer Übermittlung über große Räume hinweg angelegt wurden, nachdem hier nicht der pure Materialwert Richtschnur genug bildete. Ein gewichtiges Mittel ist zweifelsohne das Geld. Das spätrömische Kreditwährungssystem hat im Alamannien des 3. und 4. Jahrhunderts gewiß bei weitem nicht die Rolle gespielt wie im Land hinter dem Limes. Die dennoch beachtlich zahlreichen Vorkommen spätrömischer Bronzemünzen bei den Alamannen werden wohl ähnlich wie die Fundmünzen vom Runden Berg zu interpretieren sein: als ein Zeichen der Vertrautheit alamannischer Vornehmer mit römischer

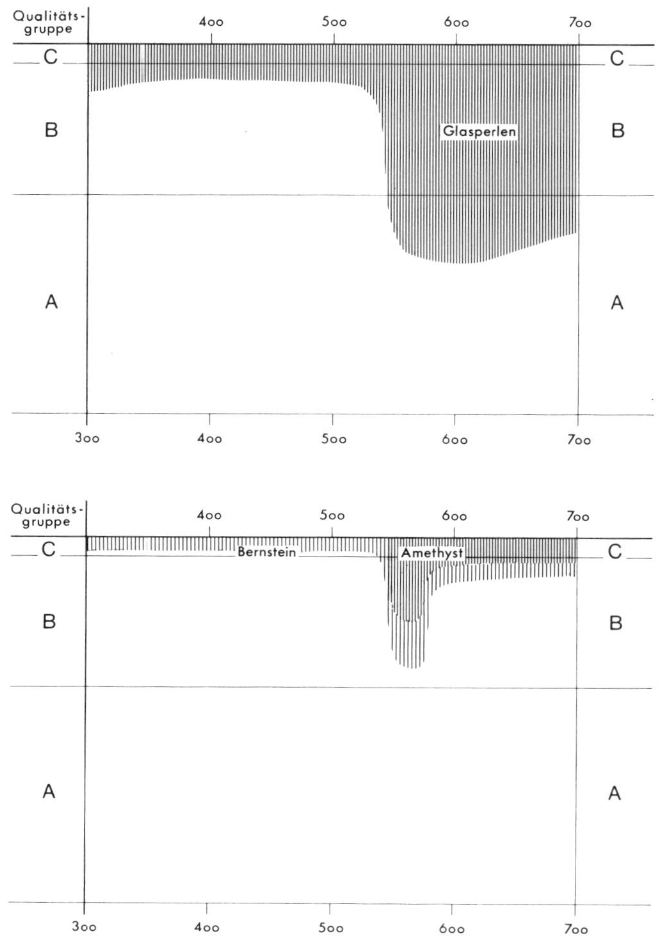

Abb. 83. Die Wertspielräume von Perlen aus Glas (oben) und solchen aus Bernstein und Amethyst (unten) lassen die Verallgemeinerung dieser Schmucksachen um die Mitte des 6. Jh. erkennen; während dies bei Amethysten und Bernstein – beides wohl italische Importe – vorüberging, blieben Glasperlen weiterhin wohlfeil.

Lebensart, keinesfalls als Bestandteil eines dem römischen adäquaten Währungssystems. Dies hätten viel eher die römischen Aurei bilden können, welche in der 2. Hälfte des 4. Jahrhunderts auf alamannischen Fundplätzen gelegentlich vorkommen. Sie sind zumeist Weihefunde aus Gewässern und über das Ende dieser kultischen Gebrauchskomplexe hinaus nicht mehr nachweisbar.

Erst mit dem verstärkten Einsetzen der Reihengräberfelder mehren sich wieder die Münzfunde, auch jetzt zunächst an einen Kultgebrauch, den des Charonpfennigs,

gebunden. Dieser Brauch hat sich in Alamannien anscheinend weniger durchsetzen können als im benachbarten Frankenreich. Doch läßt sich der schüttere Befund durch hilfreiche Nachbarbefunde ergänzen, vor allem durch zeitgenössische Münzen aus den Taschen der im 5. und 6. Jahrhundert verstorbenen Männer. Danach gehörte Alamannien zum Währungsgebiet jener Silberprägungen, die als legitime Nachfolger der Trierer Münze das ganze 5. und frühe 6. Jahrhundert hindurch emittiert und akzeptiert wurden. Freilich waren diese Silbermünzen, deren letzte Nachzügler in der ersten Hälfte des 6. Jahrhunderts im Einzugsbereich der Mosel in Umlauf waren, optisch wie qualitativ nur noch ein Schatten ihrer Vorgänger; sie treten denn auch zumeist gehäuft auf und konnten nur nach Gewicht bewertet werden. Ob ihres geringen Gewichts und ihrer zerbrechlichen Gestalt ist ihre Chance, bei Siedlungsgrabungen gefunden zu werden, gleich Null. Es wäre gewiß verfehlt, sie als Rohstofflieferant für Silberarbeiten anzusehen. Den Weg zu dieser denn auch noch vor der Mitte des 6. Jahrhunderts erlöschenden Münzsorte begleiten Zwischenstadien, wie sie in Trachtgehängen von Heil-
Taf. 50 bronn-Böckingen und Graben-Neudorf vertreten sind. Wirtschaftsgeschichtlich fügen sie sich nahtlos in den Strom linksrheinischer Importe des 5. und frühen 6. Jahrhunderts ein und bezeugen wiederum die Zugehörigkeit Alamanniens zu einem Wirtschaftssystem spätantiker Prägung in dieser Zeit. In gleichem Maße beleuchten jedoch die Befunde von Münzgehängen, in welchem Umfang bereits damals schon die Hortung von Geldmünzen angestrebt und einem regelrechten Münzumlauf vorgezogen wurde. Dies blieb denn auch für über 100 Jahre der Fall. Die gehenkelten Goldmünzen an den Halsketten reicher Damen von Hüfingen und Kirch-
Taf. 58, 91 heim/Teck überraschen ob der Einheitlichkeit der verwendeten Trienten, ein Hinweis auf ihre Herkunft nicht aus in Umlauf befindlichem, sondern aus bald nach der Prägung einem Hort zugeflossenen Geld. Der Ursprung des Geldstroms war vom Beginn des 6. Jahrhunderts an fast ausschließlich das ostgotische, später dann das byzantinische Oberitalien. Vor allem die Silberwährung des Südens konnte die fränkischen Argentei minuti völlig aus dem Geldumlauf in Alamannien, aber auch in den ostfränkischen Ländern am Rhein, verdrängen. Die Ausschließlichkeit, mit der diese Gepräge als Oboli verwendet und in Gürteltaschen verwahrt wurden, läßt sie als legitime Nachfahren, auch in der wirtschaftlichen Funktion, ihrer fränkischen Vorgänger betrachten. Sie sind Zeugnis eines intensiven Verkehrs zwischen Alamannien und dem Ostgotenreich in der ersten Hälfte des 6. Jahrhunderts.

Gegen Ende des 6. Jahrhunderts ist sodann eine deutliche Provinzialisierung des Münzwesens zu beobachten. Münzen, nunmehr stets in Gold, wurden an vielen Orten geprägt, so in den im alamannischen Herrschaftsbereich liegenden Romanensiedlungen Basel, Straßburg, Windisch und Zürich. Als einziger Ort vor dem spätrömischen Limes ist Bodman als Prägestätte noch romani- *Abb. 84*
scher Art ausgewiesen: durch Münzen mit der Umschrift BODANO FIT und dem Namen des Münzmeisters: SVABTVLFVS MO (netarius). Die Angabe eines Ortsnamens, dessen zentrale Funktion als Handelsplatz weithin bekannt war, verschaffte den Prägungen offensichtlich Kredit. Daneben müssen wir jedoch für das 7. Jahrhundert mit einer größeren Zahl von gewissermaßen irregulären Nachprägestätten rechnen, und das auch in Alamannien, wie vereinzelte engräumige Münzstreuungen nahelegen. Es wird eine Aufgabe der Zukunft sein, diese Prägestätten mit den oben skizzierten Produktionskreisen in Beziehung zu bringen. Immer noch wurde zu dieser Zeit der Goldmünzenvorrat nach der Prägung ohne große Umlaufzeit einer Hortung zugeführt. Der Geldverkehr scheint im wesentlichen im Hin- und Herschieben größerer Münzmengen bestanden zu haben. Die Volksrechte, welche für strafwürdige Tatbestände ganz erhebliche Bußgelder in genauen Münzwertangaben nennen und manchem Forscher oft geldwirtschaftliche Zustände römischer Art vorspiegelten, sind gut mit der Existenz dieser Geldhorte zu vereinbaren. Wie weit

Abb. 84. Goldmünze (Triens) des SVABTVLFVS von BODANO (= Bodman) aus dem Grab 162 von Herten. 1. H. 7. Jh. Zweieinhalbfache Vergrößerung.

herab man in der sozialen Rangskala mit dem Besitz größerer Geld- und Goldmengen zu rechnen hat, zeigen Grabfunde der Zeit um 600 aus Kaiseraugst und Munningen. Zwei dort bestattete Männer gehörten laut Ausweis ihrer Grabinventare der untersten Qualitätsgruppe A an. In ihren Gürteltaschen barg jedoch der eine fünf, der andere sogar neun Goldmünzen, unzweifelhaft der materielle Besitz der Verstorbenen. Vorerst muß aufgrund des ungenügenden Forschungsstandes unklar bleiben, wie lange diese Art der Geldwirtschaft sich bei den Alamannen hielt. Sie war jedoch anscheinend noch vorhanden, als sie gegen Ende des 7. Jahrhunderts auf die ersten Anzeichen rheinischen Fernhandels in Gestalt von friesischen und angelsächsischen, nun wieder auch Silber enthaltenden Münzsorten traf. Reguläre byzantinische Goldwährung blieb in dieser Spätzeit eine Ausnahme, obwohl sie überall hohen Kredit besaß. Ihr gelegentlicher Besitz, herrührend aus Kontakten mit dem Awarenreich oder persönlichen Verbindungen mit dem Mittelmeerraum, wurde denn auch demonstrativ vorgewiesen: durch Fassung der Goldmünzen in Anhängern und Fingerringen. Eine Verarbeitung zu Goldschmuck, bei dem die Prägung hätte zerstört werden müssen, ist laut Ausweis spektralanalytischer Untersuchungen dagegen nicht erfolgt.

Eine Gewichtsgeldwirtschaft, wie sie uns vom 5. bis zum 7. Jahrhundert entgegentritt, bedarf eines allgemein verbindlichen Gewichtssystems und der Leute, die ein solches kannten und anwenden durften. Archäologischer Ausdruck dieser Notwendigkeiten sind – wie übrigens im Mittelalter auch – Feinwaagen und Gewichte. Sie kommen in Gräbern vor, solange ihr Behältnis, die Gürteltasche, mit ins Grab gegeben wurde, und das war von der Mitte des 5. bis in die erste Hälfte des 7. Jahrhunderts der Fall. Feinwaagen fanden in Form von gleicharmigen Waagen wie der aus Bern-Bümpliz oder als Schnellwaagen Verwendung. Das Gewichtssystem war das des Mittelmeerraums. Byzantinische Gewichte finden sich im gesamten Verbreitungsbereich merowingerzeitlicher Feinwaagen vor. Gelegentlich ist auch zu erkennen, daß sie in ganzen Sätzen zusammen mit der Waage in originalen Holzschatullen nach Norden gelangten. *Abb. 85*

Ihre Bedeutung lag nicht zuletzt in ihrer Funktion, die einheimischen, aus Bronze oder Blei bestehenden Gewichtssätze zu eichen. Hieraus wird ersichtlich, welches Maß an Vertrauen und Achtung den Besitzern und Benutzern von Feinwaagen entgegengebracht worden sein muß. Dementsprechend lassen sich die Besitzer solcher Instrumente einordnen in überdurchschnittlich wohlhabende, gelegentlich schon adelige Personen – wie ein

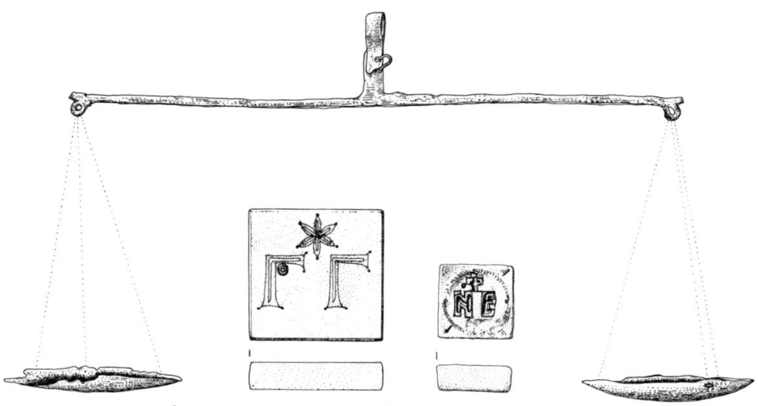

Abb. 85. Gleicharmige Feinwaage aus Grab 85 von Bern-Bümpliz (Reg. 31) und byzantinische Feinwaagengewichte vom Runden Berg bei Urach (Reg. 367) und aus Grab 75 von Singen (Reg. 320). Das Gewicht vom Runden Berg (2) ist ein Quadrans von 80,05 g, der vierte Teil eines römischen Pfundes. Das Gewicht aus Singen (3) entspricht mit 27,2 g dem Gewicht von 6 Solidi. Bronze. Maßstab 1:2.

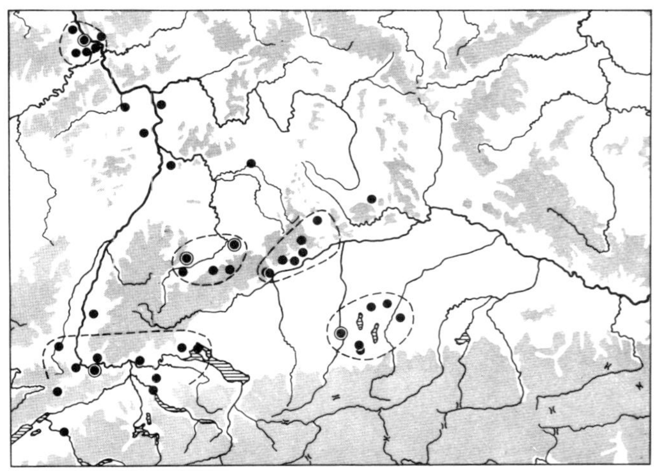

Abb. 86. Im süddeutsch-schweizerischen Raum sind Verdichtungen in der Verteilung der Feinwaagen in Gräbern zu beobachten: am Hochrhein, im bayerischen Voralpenland, an der Donau und im Neckarraum. Sie gehen wohl auf eine größere Dichte der Feinwaagen und auf einen größeren Bedarf an derartigen, primär dem Handel dienlichen Utensilien zurück.

Mitglied der am Bernerring in Basel bestatteten Adelsfamilie – bis hin zu armen Leuten wie dem in der frühen Holzkirche zu Brenz beigesetzten Mann. Diesem wurde, ungeachtet seiner materiellen Ohnmacht, gewiß hohe Achtung entgegengebracht, wie sein exklusiver Bestattungsplatz lehrt. Daneben scheint es gelegentlich zur Vererbbarkeit der Wiegetätigkeit innerhalb einer Familie gekommen zu sein, wie dies beispielsweise in Hailfingen an drei über ein ganzes Jahrhundert hinweg verteilten Waagengräbern zu beobachten ist.

Abb. 86 Selbstverständlich gibt eine Streuung aller Feinwaagenvorkommen vom 5. bis ins 7. Jahrhundert nicht den einstmals vorhandenen Waagenbestand wieder, sondern zeigt nur die Regionen an, in denen das Bedürfnis nach Feinwaagen und exakten Wiegevorgängen und/oder die Kenntnis der Gewichtssysteme besonders dicht verbreitet waren. Auszuscheiden ist jedenfalls das Trugbild einer speziellen Beigabensitte. Bei einer entsprechenden Interpretation des Verbreitungsbildes ist eine ungleichmäßige Verteilung aller Waagenvorkommen auf Süddeutschland deutlich festzustellen. Eine Konzentration findet sich vor allem an den Nahtstellen zwischen romanischen Siedlungsinseln und dem Germanengebiet, so am Hochrhein und im oberbayerischen Alpenvorland, rheinabwärts sodann um Andernach. Keineswegs überraschend kommt dann eine Feinwaagenkleinlandschaft an der Donau zwischen Iller- und Lechmündung sowie im unmittelbaren Vorland des Albtraufs, beispielsweise am zentralen Ort Kirchheim unter Teck. Hier war anscheinend das Bedürfnis nach Abwiegen besonders groß. Dem stehen zahlreiche Gräberfelder rein agrarisch geprägter Siedlungen gegenüber, in denen dann auch jeder Hinweis auf die Tätigkeit eines berufsmäßig handelnden und abwägenden Menschen fehlt.

Glaube und Aberglaube

Archäologische Quellen zur frühen Geistesgeschichte der Alamannen – Befunde an Kultstätten, Funde von Kultobjekten, Bild- und Schriftzeugnisse – sind in sehr unterschiedlicher Dichte verfügbar. Für die Frühzeit fehlt es vor allem an gut beobachteten Befunden. Hinweise auf stehende oder fließende Gewässer als Opferplätze sind jedoch vorhanden: in Gestalt von Goldmünzen, Fibeln und Ringschmuck, gefunden in Flüssen, vor allem im Neckar. Die Münzen verweisen die Opfersitte in das 4. Jahrhundert. Am deutlichsten zeigt der – sicher unvollständige – Waffenfund der gleichen Zeit aus einem

Abb. 87 Quellmoor bei Münchhöf, in welchem Ausmaß die ersten
Taf. 4 Alamannen auch geistige Traditionen aus ihrer ehemaligen Heimat an Elbe und Havel mitgebracht hatten. Derartige Depots sind vor allem aus dem westlichen Ostseegebiet bekannt geworden. Mit dem Abklingen der Verbindungen zur mitteldeutschen Urheimat und der Neuorientierung auf das entstehende Frankenreich in den Jahrzehnten um 400 verschwinden auch alle Hinweise auf Opfergaben in alamannischen Gewässern. Andere Kultplätze, etwa auf herausragenden Höhen oder an bestimmten, für heilig gehaltenen Orten – hierzu zählten Haine oder römische Trümmerstätten – sind mangels Deponaten oder festen Baulichkeiten archäologisch nicht faßbar und daher auch nicht exakt beweisbar. Diese Orte waren im wahrsten Sinne des Wortes un-heimlich, also außerhalb bewohnter Orte gelegen. Ihrer bemächtigte sich später gerne die Kirche. Von den heute auf exponierten Bergen stehenden Gotteshäusern – man denke nur an die Wurmlinger Kapelle oder an den Bussen – ist freilich keines in die alamannische Frühzeit datiert. Lediglich die sicher für das 7. Jahrhundert bezeugte Martinskirche von Staufen bei Dillingen, welche auf einer Anhöhe südlich außerhalb des Dorfes steht und nicht recht in das Schema früher Kirchenstandorte passen will, könnte die Nachfolge eines solchen heidnischen Kultplatzes angetreten haben.

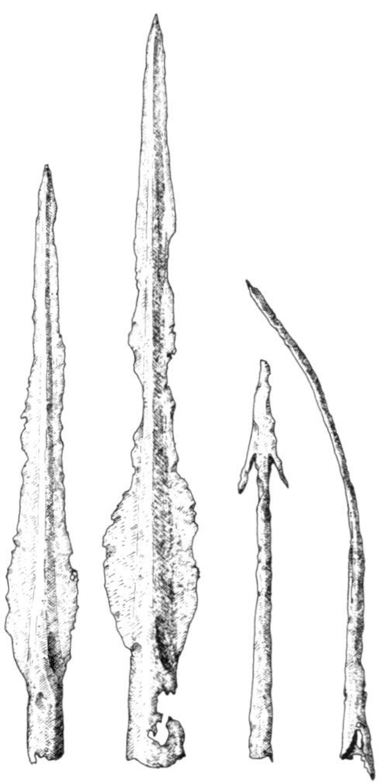

Abb. 87. Frühalamannischer Waffenfund, aus kultischen Gründen in einem Moor bei Münchhöf-Homberg (Reg. 254) deponiert. Maßstab 1:4.

Abb. 88. Silberne S-Fibel vom Ende des 6. Jh. aus Grab 33 von Schwangau (Reg. 315) mit kurzer, noch nicht lesbarer Runenritzung auf der Rückseite. Maßstab 3:4.

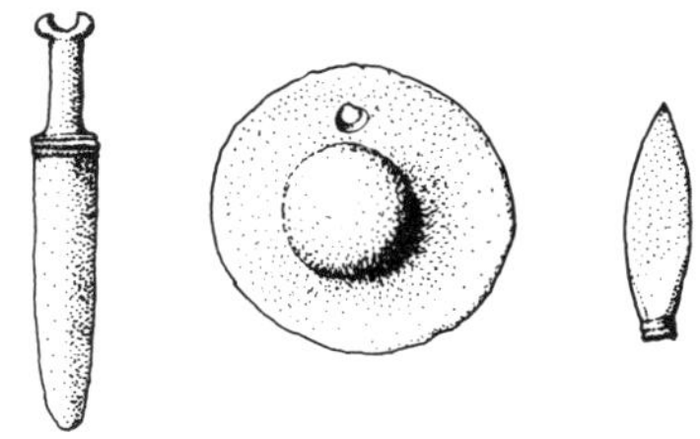

Abb. 89. Silberne Miniaturwaffen als Brustschmuck im Grab 178 von Sontheim a. d. Brenz (Reg. 323) aus der Mitte bis 2. Hälfte des 6. Jh. Abbildung in natürlicher Größe!

Die Verbindungen zum nordischen Raum erfuhren um die Mitte des 6. Jahrhunderts nach dem Ende des Thüringerreiches eine erneute, kurzfristige Belebung. Freilich scheinen die geistigen Anregungen aus dem Norden nur mehr äußerlich rezipiert und sehr oberflächlich ver-
Abb. 88 arbeitet worden zu sein. Runeninschriften, die vom zweiten Drittel des 6. Jahrhunderts an für etwa zwei Generationen auch im alamannischen Raum heimisch werden, sind größtenteils ihres ursprünglichen Charakters als Mittel der Magie entkleidet. Sie finden sich vorwiegend auf alamannischen Fibeln und enthalten Hinweise auf die Trägerin oder den Schenker, gelegentlich auch schon christliche Namen (wie z. B. Daniel), manchmal auch noch urtümlich-heidnisches wie eine Göttertrias mit Wodan und Donar auf einer Fibel aus Nordendorf. Seit dem Ende des 6. Jahrhunderts ist der Brauch der Runenritzungen am archäologischen Fundstoff Süddeutschlands nur noch ganz vereinzelt nachweisbar. Ebenso kurzlebig sind andere geistige Erscheinungen dieser
Abb. 89 »nordischen« Phase der Alamannen, so silberne Miniaturwaffen aus Frauengräbern, welche im Ostseeraum eine lange Tradition besitzen und ihren Trägerinnen wohl die Macht und den Schutz verleihen sollten wie die gleichen Waffen en nature. Anderes wiederum, etwa nordische Goldbrakteaten, ein Halsschmuck mit oft sehr gegenständlichen zoomorphen Darstellungen, stieß als Import offenbar auf wenig Verständnis. Die auf solchen Schmucksachen zu sehenden Kürzel für ganze szenische Abläufe waren ohne den Besitz des geistigen Hintergrundes von den Alamannen nicht mehr zu entschlüsseln. Von den Bildmotiven, welche um die Mitte des 6. Jahrhunderts aus dem Norden, wenig später dann verstärkt aus dem Süden nach Alamannien gelangten – man denke nur an die Pferdegeschirre von Ittenheim und Hüfingen, an die Fibeln von Güttingen oder an die gepunzten Bil- *Taf. 73*
derfolgen auf koptischen Bronzegefäßen –, fand kaum eines den Weg in den Bilderschatz des heimischen Kunstgewerbes. Szenische Darstellungen, wie sie die *Abb. 90*
Scheibenfibel von Pliezhausen oder die Schwertscheide *Taf. 95*
von Gutenstein aufweisen, sind hervorragende künstlerische Einzelleistungen, und in jedem dieser Fälle ist zu überprüfen, ob sie wirklich im Lande selbst hergestellt

Abb. 90. Die Darstellung auf der Schauseite der Goldscheibenfibel von Pliezhausen (Taf. 95; Reg. 286) zeigt einen über einen offensichtlich besiegten Gegner hinwegreitenden Kämpfer, der sich der Hilfe eines Herrn im Hintergrund erfreuen darf. Eine derartige Szene an der Tracht einer christlichen Adeligen des 7. Jh. verträgt mehrschichtige Ausdeutungen, zumal sie im Motivrepertoire der Scheibenfibeln absolut singulär ist. Nach K. Hauck.

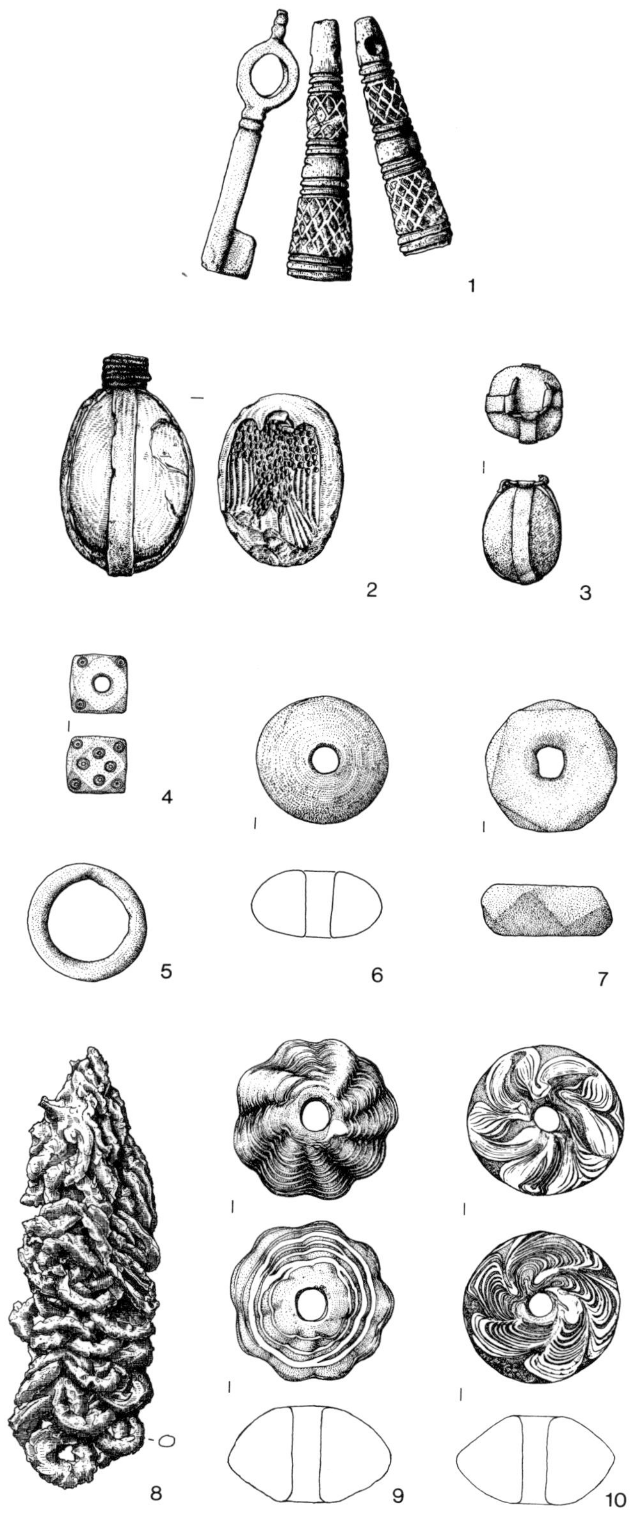

wurden. Dem allein unzweifelhaft heimischen gegenständlichen Verzierungsmotiv des verschlungenen Tierleibs kann kaum noch ein heidnischer Sinngehalt unterstellt werden. Hierzu ist der Zeitpunkt, zu dem dieser Tierstil bei Alamannen nach fränkischen und langobardischen Vorbildern der Mitte des 6. Jahrhunderts aufgegriffen wird, einfach zu spät: er liegt bereits in eindeutig christlich geprägter Zeit. Der Tierstil alamannischer Goldschmiedearbeiten verformt sich denn auch bald, vor allem bei den Tauschierarbeiten auf vielteiligen Gürtelgarnituren, zu immer mehr chiffrierten Floskeln. Auch die gegenständlichen Darstellungen auf alamannischen Preßblechscheibenfibeln wie der von Eichstetten sind *Taf. 97*
keine originalen Meisterleistungen alamannischen Kunstgewerbes. War einmal ihre Initialzündung, das Nachschneiden eines mediterranen Vorbildes – in diesem Falle der Rückseite einer spätrömischen Münze – erfolgt, so wurden die Fibelschauseiten immer wieder kopiert, wobei allein das christliche Kreuz als erkennbare und verständliche Chiffre konstant blieb. Diesen Preßblechfibeln kann bestenfalls apotropäischer Gehalt zugesprochen werden, wie auch aus der zu beobachtenden Scheu der antiken Grabräuber vor derartigen Bildnissen zu ersehen ist.

Der Aberglaube, dem hier das Feld gehört, ist selbstverständlich kein religiöses Problem, erst recht kein spezifisch alamannisches, sondern ein stets latent vorhandener Traditionsfluß, der zu seiner Wirksamwerdung der Sichtbarkeit regelrecht bedurfte. Dementsprechend zahlreich sind die archäologischen Hinweise, angefangen von dem Toten, den man in Bopfingen am Ries bäuchlings in sein Grab legte und mit einer dichten Steinpakkung beschwerte, um seine Wiederkehr zu verhindern. Vor allem an der Frauentracht verband sich gerne der Schmuckwille mit dem Zierangebot von Amuletten. *Abb. 91*

Abb. 91. Amulette aus alamannischen Gräbern des 6. Jh. 1: Bronzeschlüssel und »Donarskeulen« aus Bein aus Grab 33 von Schwangau (Reg. 315). – 2: Als Anhänger gefaßte römische Bergkristallgemme von Dettingen/Erms. – 3: Gefaßter Hämatit aus Grab 51 von Bittenbrunn (Reg. 36). – 4: Bronzeanhänger in Würfelform aus Grab 30 von Bittenbrunn. – 5: Bronzeringanhänger aus Grab 9 von Bittenbrunn. – 6: Bernsteinanhänger aus Grab 24 von Bittenbrunn. – 7: Anhänger aus kobaltblauem Glas aus Grab 10 von Bittenbrunn. –8: Eisernes Kettenpanzergeflecht aus Grab 31 von Bittenbrunn. – 9, 10: Glasanhänger aus den Gräbern 39 und 52 von Unterthürheim (Reg. 366). Maßstab 1:2.

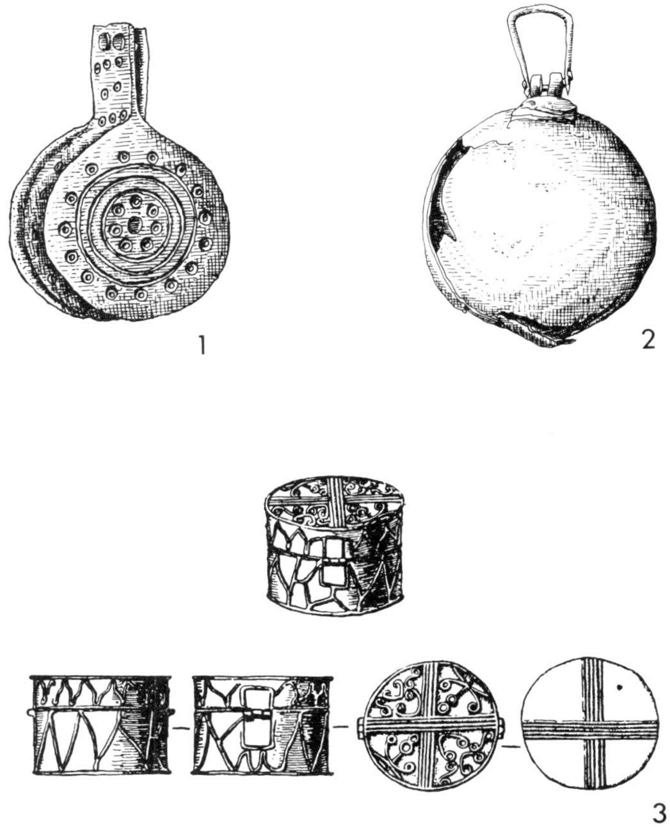

Abb. 92. Amulett- und Riechkapseln aus Bronze (1, 2) und Gold (3) von Beggingen (1; Reg. 23), Gerstheim (2; Reg. 133) und Horbourg (3; Reg. 197). Maßstab etwa 1:1 (1, 2) bzw. 1:2 (3).

Taf. 35 Schon das Muschelamulett aus dem frühalamannischen Kindergrab von Gundelsheim zeigt die Bedeutung, welche funkelnden Steinen – in diesem Falle Bergkristall – und ungewohnter Farbigkeit in diesem Zusammenhange zukam. Mag die apotropäische Wirkung in vielen Fällen auch schwer abzuschätzen sein, so können manchmal Analogieschlüsse auf mittelalterliche Vorstellungen weiterhelfen, etwa beim Blutungen stillenden Hämatit. Er war gefaßt und wie die meisten Amulette an einem vom Gürtel herabhängenden Band befestigt. In die gleiche Amulettgruppe gehören neben Bergkristallwirteln vor allem solche aus Glas, hergestellt in fränkischen und oberitalischen Glashütten. »Sprechende« Amulette sind sodann »Donarskeulen« aus Bein und Teile von Kettenpanzern (zur Abwehr von Bösem) sowie durchbohrte Eckzähne als Sinnbilder von Kraft oder Porzellanschneckenhäuser als Symbole der Fruchtbarkeit. Zu den
Taf. 85 Amuletten zählten bronzene Zierscheiben wie die aus Nordendorf abgebildeten. Schließlich finden sich an gleicher Stelle der Tracht dann im 7. Jahrhundert Dinge un-
Abb. 92 zweifelhaft christlicher Herkunft, etwa Blechkapseln zylindrischer oder kugeliger Form mit Kreuzzeichen. Ihr Inhalt bestand u. a. aus verschiedenartigen Pflanzenresten. Die kostbarste aller dieser Amulettkapseln, die aus dem Adelsgrab von Horbourg im Elsaß, enthielt beispielsweise orientalische Gewürznelken und Räucherharz. So nimmt es denn nicht wunder, wenn zur gleichen Zeit auch gelegentlich schon Metallkreuzchen an Gürtelgehängen auftreten.

Der archäologische Nachweis des Christentums bei den Alamannen war und ist aus verständlichen Gründen eines der vordringlichsten Ziele der Forschung. Die Kluft zwischen den Ansichten derjenigen Forscher, welche auch ohne ausreichende archäologische Belege schon an eine Kontinuität des Christentums bei den in Limesnähe sitzenden Germanen dachten, und derjenigen Leute, die von Christentum beim alamannischen Volk erst von dem Augenblick an sprechen wollten, wo es auch durch Schriftquellen des 8. Jahrhunderts reichlich bezeugt ist, diese Kluft scheint nunmehr durch die Ausgrabungsergebnisse der letzten Jahre wenn schon nicht geschlossen, so doch überbrückbar geworden zu sein. Auszugehen ist von der Existenz christlicher Gemeinden in den grenznahen Römerstädten des 4. Jahrhunderts. Eine missionarische Tätigkeit ins alamannische Vorland hinein gab es in dieser Zeit noch nicht, ein angesichts der ohnehin schütteren Kontakte der Alamannen nach außen nicht verwunderlicher Zustand. Die Christengemeinden überdauerten an zahlreichen festen Plätzen das 5. und 6. Jahrhundert; ihr archäologisches Zeugnis sind die ununterbrochen bis heute benutzten und instandgehaltenen Kirchenbauten, wie beispielsweise in Kaiseraugst und
Epfach. Ebenso blieb die spätantike Bistumsorganisation *Abb. 13*
zumeist noch intakt. Die Bistümer Worms (bis 1800), Speyer, Straßburg, Augst(-Basel), Windisch und wohl auch Augsburg beruhten auf spätantiken Christengemeinden, hatten dann freilich unter dem Wüstungsprozeß des Umlandes zu leiden und mögen gelegentlich sogar als Institution gefährdet gewesen sein. Bis auf Windisch blieben sie jedoch erhalten. Die Gemeindekirchen lagen innerhalb der Siedlungen, im Bereich öffentlicher Gebäude oder vornehmer Wohnhäuser. Kirchenähn-

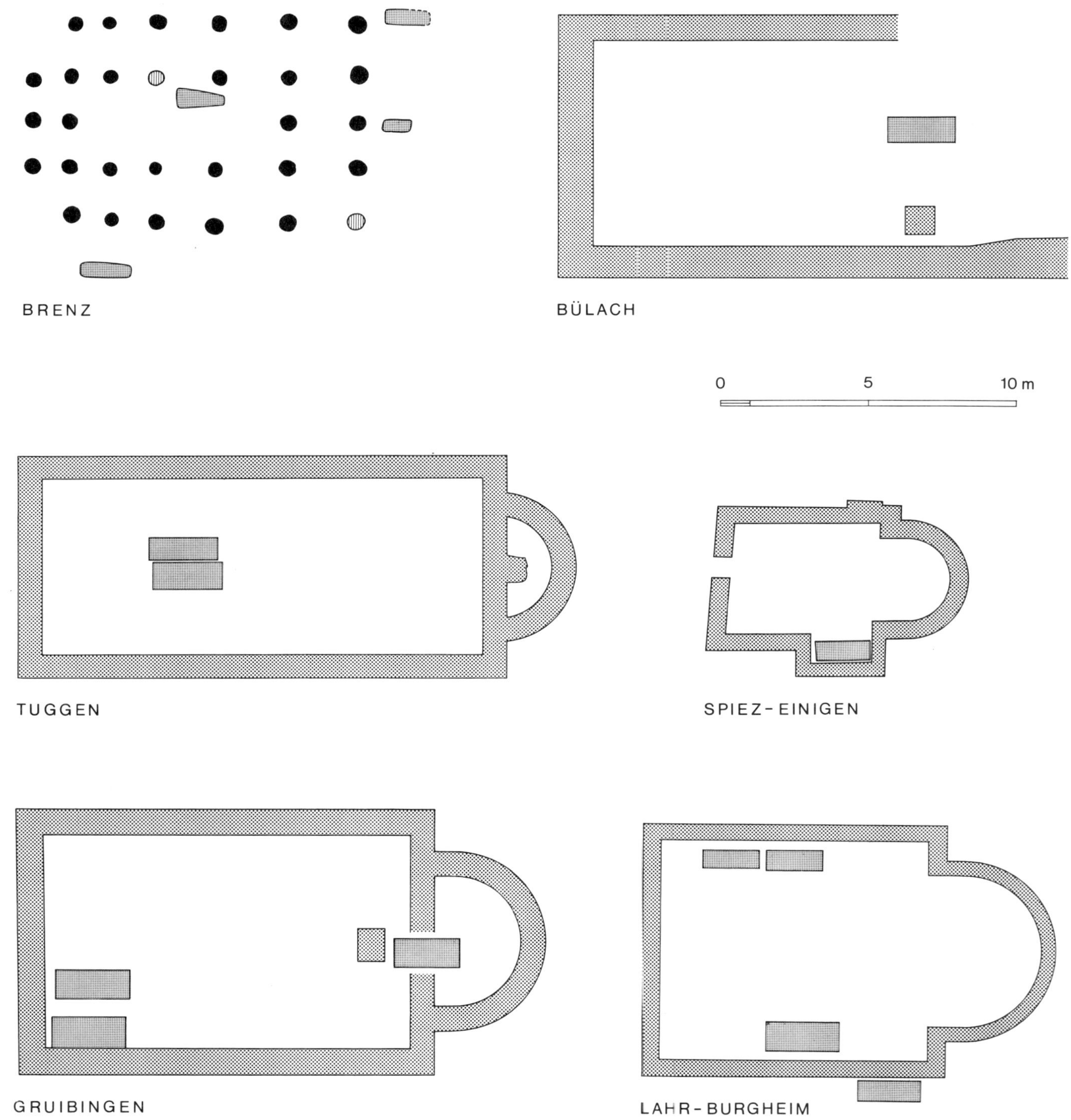

Abb. 93. Grundrisse ländlicher Kirchen mit Bestattungen des 6. und 7. Jh. Durch sie sind die Bauten folgendermaßen datiert: Brenz (Reg. 57) spätestens um 600, Bülach (Reg. 62), Gruibingen (Reg. 150) und Tuggen (Reg. 357) spätestens 1. H. 7. Jh., Lahr-Burgheim (Reg. 231) und Spiez-Einigen (Reg. 327) spätestens 2. H. 7. Jh. Maßstab 1:200.

liche Andachtsstätten bildeten sich später jedoch auch an den Gräbern verehrungswürdiger Toter auf den Friedhöfen vor der Stadt, eventuell anknüpfend an ein spätantikes Grabhaus. Im 5. Jahrhundert entwickelten sich diese Gotteshäuschen extra muros dort, wo sie zu Stätten allgemeiner Verehrung geworden waren, zu regelrechten Coemeterialkirchen. Es spricht für den ernsthaften Urgrund der naturgemäß nur schütteren und legendenhaften Überlieferungen zu den jeweils verehrten Heiligen, daß sich diese Coemeterialkirchen keineswegs auf allen spätantiken Friedhöfen bildeten. Selbst große Städte wie Augst besaßen keinen derartigen Bau. Die Verehrung der heiligen Gebeine brachte Zulauf von weit her, und so werden sich manche Besucher zum Bleiben entschlossen haben. Jedenfalls wurden die Coemeterialkirchen, und nicht die Kirchen intra muros, dann häufig zu Kristallisationskernen mittelalterlicher Stifte. Coemeterialkirchen sind nachgewiesen in Solothurn (St. Ursus), Augsburg (St. Afra) und Regensburg (St. Georg/St. Emmeram), wahrscheinlich in Zurzach (St. Verena) und Kempten (St. Mang), möglich in Zürich (St. Peter) und Füssen (St. Mang). Von frühen klösterlichen Gemeinschaften wissen wir freilich nur dann etwas, wenn sie später nicht wieder eingingen.

Mit den romanischen Frühformen christlichen Lebens kamen die Alamannen erstmals in direkten Kontakt, als sie sich wenig nach 500 zuerst im Elsaß und zwischen Iller und Lech, später dann auch in der Nordschweiz niederließen. Von den vorgefundenen Anregungen werden sie nicht sofort Gebrauch gemacht haben. Doch war bereits eine Generation später, noch im 6. Jahrhundert, der alamannische Adel größtenteils christlich, und dies nicht nur im Gebiet der Nordschweiz. Seit dieser Zeit sind uns mehrere missionarische Expeditionen benediktinischer Mönche, vom Kloster Luxeuil in Burgund ausgehend, überliefert. Doch lagen die Reiserouten eines Columban, Agilus oder Eustasius durchwegs in den ohnehin romanisch durchsetzten südlichen und östlichen Randgebieten Alamanniens – Tuggen, Arbon, Bregenz und Weltenburg an der Donau sind überliefert –; diese Leute konnten zur Missionierung Zentralalamanniens persönlich nur wenig beitragen. Selbst noch ein Jahrhundert später verkehrten die Gallusschüler Theodor und Magnus nur unter Ihresgleichen, nämlich an den Romanenorten Bregenz, Kempten, Epfach und Füssen. Und auch die ersten Klosterneugründungen hielten sich an romanische Landschaften – St. Gallen, St. Ursanne, Moutier, Säckingen – oder wagten sich später im 8. Jahrhundert nur zaghaft in Gebiete nördlich und östlich des Rheins vor. Zentralalamannien blieb überhaupt ohne derartige mönchische Einrichtungen. Hier jedoch sind spätestens für die Jahre um 600 Kirchenbauten nachweisbar. Brenz, Solnhofen, *Abb. 93*
Gruibingen und Kirchheim u. Teck mögen für viele noch nicht gefundene Sakralbauten dieser Zeit stehen, letzterer Bau wahrscheinlich schon in Stein ausgeführt. Die Ortsnamenbildung Kirchheim verweist ebenfalls spätestens in die erste Hälfte des 7. Jahrhunderts, allerdings einschränkend auch darauf, daß Kirchen zu dieser Zeit noch eine Ausnahmeerscheinung darstellten, nachdem sie zur näheren Kennzeichnung eines Ortes taugten. Im Verlaufe des 7. Jahrhunderts werden Kirchenbauten dann immer häufiger. Für einen älteren Abschnitt mögen die Kirchen von Bülach und Tuggen, für einen jüngeren die von Lahr-Burgheim und Spiez-Einigen stellvertretend stehen. Sie sind bereits überwiegend aus Stein errichtet. Ihre Standorte entsprechen den Kirchen intra muros der spätantiken Städte und waren wohl zumeist an herrschaftlichen Besitz gebunden. Coemeterialkirchen scheint es dagegen bei den Alamannen nicht gegeben zu haben. Bestattet wurde weiterhin auf den kirchenlosen Reihengräberfeldern vor dem Dorf. Kirchen auf ihnen hätten sich nicht nur in Holz, sondern auch in der seit etwa 600 geläufigen Steinbauweise finden müssen. Ausnahmen in romanisch geprägten Kleinlandschaften sind jedoch durchaus möglich. Gräber in den Dorfkirchen des Adels waren offenbar weniger üblich als möglich. Ein solcher vorzüglicher Begräbnisplatz wurde nur gelegentlich ausgewählten Persönlichkeiten zuteil. Hierzu gehörten neben Angehörigen der Patronatsherren vor allem Kleriker. Oft blieben allerdings die Innenräume der Kirchen von Bestattungen frei, wie dies de iure auch rechtens war. Damit ist uns freilich zumeist eine exakte Datierung der ältesten Phasen unserer Landkirchen unmöglich gemacht; es ist zu vermuten, daß eine größere Zahl von ihnen, als jetzt noch angenommen wird, ins 7. Jahrhundert gehört.

Eine »Kirchenlandschaft« in dieser Zeit konnte natürlich nicht ohne Organisationsform bleiben. Die Errichtung des Bistums Konstanz in eben jener Zeitspanne um 600 wird wohl eher eine Reaktion auf die beobachtete positive Einstellung des alamannischen Adels zum Christentum gewesen sein als umgekehrt der Ausgangspunkt einer diese Verhältnisse erst hervorrufenden Missionstätigkeit. Die Bistumsgründung von Konstanz als eine kirchliche Bestätigung bestehender Verhältnisse – dies läßt die Grenzen dieses Bistums nach Norden und Westen zu als politische Grenzen verläßlicher interpretieren. Das alamannische Christentum des 7. Jahrhunderts war weit entfernt von synkretistisch-theologischem Dilettantismus und bedurfte auch keinesfalls einer völligen Neuorganisation im 8. Jahrhundert. Zwar wurden damals die etwas in Verwilderung geratenen Vorschriften des Bestattungsrechts im kanonischen Sinne geregelt. Doch knüpfte die Neuordnung des Pfarreiwesens bruchlos an die bestehende Verhältnisse an, was daran zu erkennen ist, daß nahezu alle für das 7. Jahrhundert bezeugten Kirchen noch heute Pfarrkirchen und keine Nebenkirchen sind. Ihre Patrozinien entsprechen dem für frühe Kirchenbauten längst vermuteten Bild: St. Martin ist am häufigsten vertreten, gefolgt von St. Dionysius und St. Laurentius. Wenn hier andere für früh erachtete Patrozinien, beispielsweise das des hl. Remigius, nicht vertreten sind, so mag dies der doch alles in allem noch sehr geringen Ausgrabungstätigkeit in unseren Landkirchen zuzuschreiben sein. Die Wahl der überwiegend betont fränkischen Kirchenpatrone zeigt einmal mehr, in welchem politischen Zustand sich der alamannische Adel in jener Zeit befand.

Alle frühen Kirchenbauten Alamanniens sind nicht im Aufgehenden, sondern lediglich in Grundrissen erhalten. Entsprechend schlecht steht es um die Ausstattungen der Kircheninneren. Steinerne Altarschranken, welche in spätantiken Bauten des Mittelmeerraumes die Regel und auch bei uns vorauszusetzen sind, fehlen ebenso wie Fundamente von entsprechend früh zu datierenden Altären mit einschlägigen Reliquienbehältern. Daß zumindest mit letzteren durchaus zu rechnen ist, zeigt der zufällige Fund eines Bursenreliquiars der Zeit um 700 aus der
Taf. 22 Pfarrkirche von Ennabeuren. Die übrige Kirchenausstattung hatte keine Chance der Erhaltung. Was uns hier verloren gegangen ist, mag man aus dem Fund eines un-
Abb. 94 scheinbaren Goldblechkreuzchens ermessen, das in die Auffüllung eines ältermittelalterlichen Grabes in der Michaelskirche von Burgfelden, Zollernalbkreis, geriet und dadurch erhalten blieb. Solche Kreuzchen finden sich nur in den Kirchenschätzen des 6. Jahrhunderts auf der Iberischen Halbinsel, welche ihrerseits nur erhalten sind, weil sie in Unruhezeiten vergraben wurden. Die große Zahl

Abb. 94. Goldenes Votivkreuzchen aus der Michaelskirche von Burgfelden (Reg. 63). Maßstab 1:2.

der dort vorgefundenen Weihekreuzchen läßt erahnen, was an frühen Kirchenausstattungen in Alamannien einmal vorhanden gewesen war. Eine weitere Interpolationsmöglichkeit solcher Verluste eröffnet ein Goldblattkreuz aus Landsberg/Lech, dessen Form ohne das *Abb. 95*
Vorbild einer sogenannten Crux gemmata, also eines massiven Altarkreuzes, womöglich noch mit gefaßten Edelsteinen geschmückt, nicht zu denken ist. In unmittelbarer Nähe des Landsberger Goldschmiedes muß sich demnach eine wohlausgestattete Kirche des 7. Jahrhunderts befunden haben, was angesichts der ebendort zu dieser Zeit ansässigen christlichen Adelsfamilie sehr wohl denkbar ist.

Angesichts dieser deutlichen Hinweise auf die allgemeine Verbreitung christlichen Glaubensgutes bei den Alamannen muß man sich fragen, ob es überhaupt noch notwendig ist, nach weiteren Beweisen zu suchen. Die Diskussion der letzten beiden Jahrzehnte um die Frage, ob ein Kreuzzeichen auf einem Tracht- und Schmuckstück des 7. Jahrhunderts vom Künstler als christlicher Bekenntnisakt konzipiert war, ob ein solches Zeichen nicht etwa bloß apotropäische Bedeutung hatte, ob es seinen letzten Besitzer wirklich stets als Christen ausweist, diese Diskussion trat in letzter Zeit zu Recht in den Hintergrund. Die Gegenstände, die in der Frühzeit des 5. und 6. Jahrhunderts mit christlichen Symbolen und Namen versehen waren – Christogramme, Apostelnamen und andere christliche Inschriften auf Silberlöffeln, ein *Taf. 47*
Beinkästchen mit Christogramm von Heilbronn, ein Dyptichonfragment aus Fridingen –, alle diese Dinge waren Importe aus romanischen Ländern und hatten dort gewiß in einer christlichen Vorstellungswelt ihren festen Platz. Bei den Alamannen jedoch erhielt ein solches Objekt, vor allem wenn es wie Elfenbeinkästchen zu den absoluten Unika im Importgut gehörte, neben seiner prak-

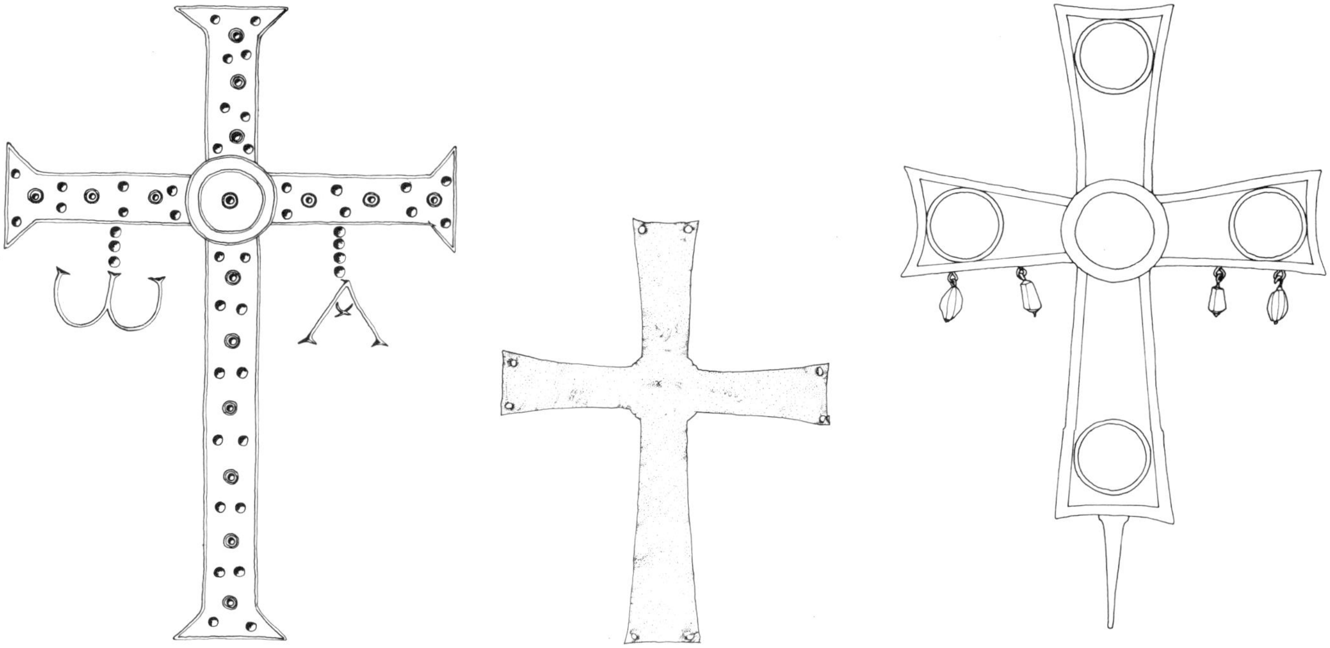

Abb. 95. Goldblattkreuz aus Grab 35 von Landsberg/Lech (Mitte, Reg. 234; Maßstab 1:2) als Umrißkopie eines Altarkreuzes. Zum Vergleich Darstellung einer Crux gemmata auf einer Schrankenplatte im Dom zu Monza (links) und das Aufbauschema des Justinuskreuzes in Rom (rechts).

tischen bestenfalls eine magische Bedeutung. Wenn das Dyptichonplättchen von Fridingen am gleichen Gürtel-
Taf. 51 gehänge wie ein Paar symbolischer Silberschlüssel befestigt war, so kennzeichnet dies den Grad des Verständnisses, das seine Trägerin im frühen 6. Jahrhundert dem christlichen Inhalt des exotischen Schmuckstücks entgegenbrachte.

Unzweifelhaft Ausdruck einer tiefen christlichen Religiosität sind jedoch jene aus hauchdünnem Goldblech
Taf. 87 geschnittenen Kreuzchen, welche auf einem Schleier aufgenäht dem oder der Verstorbenen aufs Gesicht gelegt wurden. Eine Verwendung an der Tracht der Lebenden ist bei der Dünne und Zerbrechlichkeit dieser Goldblattkreuze ausgeschlossen. Die Notwendigkeit, bei einem Todesfall sofort durch den nächsten Goldschmied ein solches Kreuz anfertigen zu lassen, bestimmte Form und Verzierung. Die Form richtete sich nach den lokalen Vorbildern oder den dem Goldschmied geläufigen Mustern, die Verzierung wurde, wenn überhaupt, mittels einfacher Punzen oder durch Abpressen gerade vorhandener Model ausgeführt. Hierbei zeigt sich deutlich der

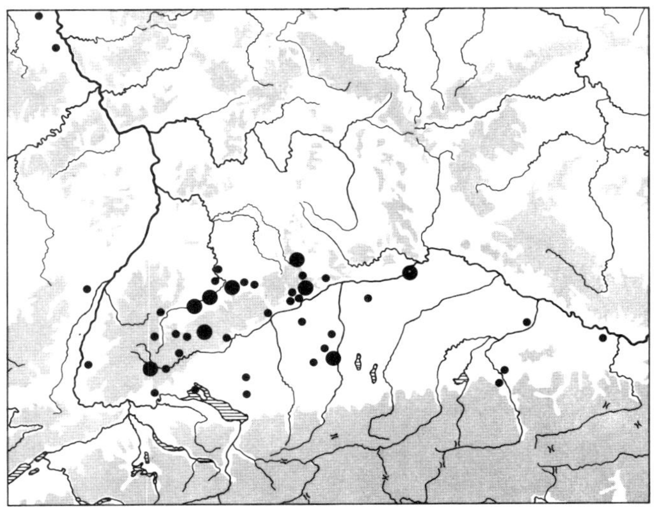

Abb. 96. Die Verbreitung der Goldblattkreuze nördlich der Alpen. Größere Signatur: mehrere Vorkommen.

Charakter der Goldblattkreuze als Gelegenheitsarbeit.
Die meisten der verwendeten Model waren ursprünglich
für ganz andere Blecharbeiten bestimmt, wie beispiels-
Taf. 89 weise ein Kreuz von Landsberg/Lech, das mit einem Wa-
denbindenmodel verziert wurde, oder das Goldblatt-
Taf. 88 kreuz von Hintschingen, das Abpressungen in der Art
von Trinkschalenbeschlägen aufweist. Auch zeitgenössi-
sche Münzen, Riemenzungen und Saxscheidenknöpfe
wurden als Unterlage der Treibarbeit verwendet. Kurz-
um: es scheidet jede Möglichkeit aus, daß die Goldblatt-
kreuze etwa an Wallfahrtsstätten erhältliche, geweihte
Tücher geschmückt hätten, ja es ist generell ein Vertrieb,
erst recht einer durch Handel, zu verneinen. Nur im Do-
nautal zwischen Iller- und Lechmündung könnte ein er-
höhter Bedarf an Goldblattkreuzen dazu geführt haben,
daß eigene Model für sie bereitstanden; das Kreuz von
Taf. 87 Sontheim/Brenz ist ein Beispiel dafür.
Abb. 96 Die süddeutschen Goldblattkreuze sind als Sitte zwei-
felsohne im Zusammenhang mit der gleichen Erschei-
nung bei den Langobarden in Italien zu sehen. In beiden
Landschaften treten sie annähernd gleichzeitig auf: ver-
mutlich vom letzten Jahrzehnt des 6. Jahrhunderts an.
Der geistige Hintergrund ist nur schwer zu fassen. Aus
vielen Bestattungen mit Goldblattkreuzen in Kirchenge-
bäuden wissen wir aber, daß die Sitte mit dem christlich-
katholischen Bekenntnis vereinbar war. Ihre zeitliche
Verteilung verläuft parallel zum Beginn der Errichtung
von Kirchen.

Zu Beginn des 7. Jahrhunderts werden dann Zuwendun-
gen an Kirchen und Klöster auch im alamannischen
Raum faßbar. Zunächst sind es hochwertige Erzeugnisse
des Kunstgewerbes wie das Warnebertus-Reliquiar in
Beromünster, wenig später dann auch besitzrechtliche
Übertragungen. Das Fassen von Reliquien in Gold oder
Silber mag damals zu einem wichtigen Teil der Arbeiten
eines alamannischen Goldschmiedes geworden sein. Nur
selten läßt sich eine solche Tätigkeit auch im archäologi-
schen Material erkennen. Bescheidene Hinweise sind ge-
legentlich Eisenkreuzchen, die – in Silber tauschiert –
einheimische Stilelemente des beginnenden 7. Jahrhun-
Abb. 97 derts (Wittlingen) bzw. der zweiten Hälfte des 7. Jahr-
hunderts (Gammertingen) aufweisen. Solche Kreuzchen
gelangten nur selten in die Gräber, nachdem sie an der
Standardtracht ihrer Zeit offensichtlich keinen Platz hat-
ten. Die wenigen Pektoralkreuze im Alamannien des 6.
und 7. Jahrhunderts erweisen sich wie das byzantinische

Abb. 97. Byzantinisches Pektoralkreuz aus Silberblech aus Grab 15 von Friedberg (1; Reg. 122) und einheimische, silbertauschierte Eisenkreuzchen von Gammertingen (2; Reg. 125) und Wittlingen (3; Reg. 395). Maßstab 1:1.

Silberkreuz von Friedberg zumeist als Importe. Diese
Art, sein Glaubensbekenntnis offen zur Schau zu tragen,
war eine romanische Angelegenheit. Gelegentlich erha-
schen wir jedoch ein Schlaglicht auf die christlichen Vor-
lagen, die ein alamannischer Handwerker zur profanen
Verarbeitung zur Verfügung hatte. Auf einheimischen
vielteiligen Gürtelgarnituren der Mitte und zweiten
Hälfte des 7. Jahrhunderts finden sich zuweilen lateini-
sche Inschriften, die sich als die Anfänge von Psalmver-
sen erweisen. Ihr Inhalt bezieht sich eindeutig auf die
Schutzfunktion des Gürtels: Auf den Riemenzungen von
Nördlingen und Donzdorf steht der Glückwunsch des *Taf. 100*
Verfertigers an den Käufer, die Inschriften der Gürtel
von Ebenhofen und Weilstetten verheißen ihrem Besit- *Abb. 98*
zer regelrecht den Schutz Gottes und seiner Engel. Dies

war natürlich keineswegs das unverständige Kopieren irgendeiner erreichbaren Buchstabengruppe durch einen schlichten Dorfhandwerker. Hier konnten sich vielmehr Feinschmiede an Höfen des Adels der dort greifbaren Vorlagen und wohl schon des Rates eines Geistlichen bei der Auswahl der Texte bedienen.

Durch die jüngsten Ausgrabungen in Kirchen von Augsburg – St. Afra und Gruibingen – St. Martin wissen wir
Taf. 86 nunmehr auch um die Priesterschaft des 7. Jahrhunderts besser Bescheid. Es waren Leute, die sich durch fremdartige Trachteigentümlichkeiten von ihren Zeitgenossen unterschieden. Sie waren zum Teil beritten und von einem gewissen Wohlstand. Ihre Gürtel beziehungsweise deren zu Reliquiaren ausgestaltete Schnallen kamen aus dem romanischen Südwesten, vermutlich auch ihre Träger. Sie sind das archäologische Zeugnis der langen, auf das Alamannengebiet ausgerichteten kirchlichen Tradition, welche noch im 6. Jahrhundert durch Columban von Luxeuil gegründet, von Gallus fortgeführt und durch die in der Afrakirche vor den Toren Augsburg bestatteten namenlosen Kleriker in der Mitte des 7. Jahrhunderts offensichtlich auch in politische Bedeutung umgewandelt werden konnte. Gerade die Befunde an der Augsburger Stätte spätantiker Heiligenverehrung verdeutlichen mit ihrer Kontinuität bis hin zu den karolingisch-ottonischen Bischofsgrüften am gleichen Platze wie jene spätermerowingischen Klerikergräber die doch recht geringe Relevanz der kirchlichen Neuordnung in bonifatianischer Zeit zumindest für den alamannischen Bereich. Im Fundstoff vermögen wir keine Anzeichen einer historischen Zäsur zu erkennen. Die Wurzeln der mittelalterlichen Kirchlichkeit bei den Alamannen liegen vielmehr weiter zurück: punktuell bei den spätantiken Christengemeinden im Süden und Westen des Landes, auf breiter Basis bei einer anonymen Mission in den Jahrzehnten um 600, welche politisch von den Franken, geistig von den Mönchsgemeinden des südlichen Gallien getragen wurde.

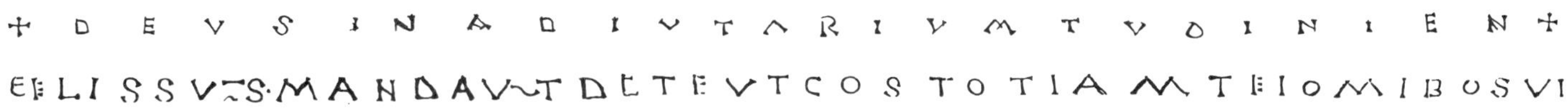

Abb. 98. Die Randinschriften zweier Hauptriemenzungen an Männergürteln der Mitte des 7. Jh. von Ebenhofen (oben; Reg. 87) und Weilstetten (unten; Reg. 374) tragen in verderbtem Latein die Anfänge von Psalm 69 Vers. 2 bzw. Psalm 91 Vers. 11: DEVS IN ADIVTARIVM TVO INTEN (dat), der Herr wird dir Hilfe zuteil werden lassen, heißt es auf der Riemenzunge von Ebenhofen, und die Inschrift von Weilstetten verheißt dem Träger des Gürtels: (An) GELIS SVIS MANDAVIT DE TE VT COSTOTIAM TE I OMIBOS VI (os): Er hat seinen Engeln befohlen über dir, daß sie dich behüten auf allen deinen Wegen. In diesen frommen Wünschen liegt nun nichts Heidnisches mehr verborgen, und keine Rede kann davon sein, daß diese Schriftsätze ihren Trägern nur ornamentale Schnörkel waren. Sie sind vielmehr verständliche Botschaften des Heils gewesen. Die obere Inschrift ist in natürlicher Größe, die untere etwas verkleinert wiedergegeben.

Zusammenfassung

Der archäologische Weg zu den Quellen alamannischer Geschichte war in den Jahren um 700 angetreten worden, die ersten zweieinhalb Jahrhunderte bestimmt von den ältesten Friedhöfen unserer heutigen Siedlungen, den sogenannten Reihengräberfeldern. In ihnen liegt das naturgetreue Abbild der damaligen Bevölkerung verborgen und zur Erfassung gewissermaßen abrufbar bereit. Es ist das Bild von sozial stark gegliederten Traditionsgemeinschaften, in ihrer inneren Entwicklung durch die Motorik eines ständig wachsenden und immer von Grenzen beengten Stammesgebildes bestimmt. Diese »Reihengräberzeit« Alamanniens tritt als fertiges Phänomen vor uns hin und läßt kaum sichtbar werden, daß sich in dem von ihr bestimmten Zeitraum ganz entscheidende politische Vorgänge abspielten: die verwaltungsmäßige und kulturelle Anbindung an das Frankenreich. Die Entscheidung Alamanniens für die Zugehörigkeit zum Kulturkreis des Mittelmeerraumes (in seiner westlichen Ausprägung) war zu dem Zeitpunkt gefallen, als sich das Land zwischen Rhein und Donau im 5. Jahrhundert dem rheinischen Wirtschaftsraum spätantiker Prägung öffnete. Erst seit damals kann man Alamannien zu den antiken Randkulturen rechnen. Vor der Wende vom 4. zum 5. Jahrhundert war der Umgang mit der römischen Antike den Alamannen stets fremd, vielleicht sogar suspekt, allenfalls ein dünner Firnis über den Lebensumständen ihrer Oberschicht gewesen. So tritt er uns auch in archäologischer Gestalt entgegen.

Gleichwohl sind die ersten eineinhalb Jahrhunderte alamannischer Seßhaftigkeit im Südwesten des heutigen Deutschlands die bis heute prägende Zeitspanne dieses Volksstammes gewesen. Die kulturelle Isolation, welche den Alamannen einerseits durch den völligen Abzug der romanischen Vorbevölkerung unverschuldet auferlegt worden war, andererseits das ganze 4. Jahrhundert über sogar recht willkommen schien, verhinderte, daß in diesen entscheidenden frühen Generationen dem Volke das gleiche geschah wie so vielen germanischen Stämmen, die sich auf dem Boden des ehemaligen römischen Weltreiches ansiedelten und zuerst ihre kulturelle, dann ihre staatliche Selbständigkeit durch Assimilation einbüßten, und von denen schließlich kaum mehr kündet als ein Landschaftsname. Daß die Alamannen die Schwellen von der Antike zum Mittelalter und vom Mittelalter zur Neuzeit als ethnische Einheit passierten, liegt in der festigenden Isolation ihres ersten eineinhalb Jahrhunderte Verweilens auf römischem Boden begründet. Der spätere Anschluß an ein wirtschaftliches Gefüge und in der Folge an ein politisches Gebilde antiker Tradition hinterließ dann bei den Alamannen nur mehr oberflächliche Eindrücke; die archäologischen Befunde bezeugen es mit großer Deutlichkeit.

Aus den ersten vier Jahrhunderten der Alamannen wirkte, so scheint es heute, als weiteres historisches Gebilde das System rechtlicher Abhängigkeiten bis weit ins Mittelalter hinein nach. Die archäologischen Befunde in den Friedhöfen des Landausbaues sprechen nachdrücklich für eine Unfreiheit des überwiegenden Teils der Alamannen schon im 7. Jahrhundert. Diese rechtlichen Verhältnisse, wie sie uns wenig später, im 8. Jahrhundert, in den Schenkungen an die großen Klöster am Rande des Alamannengebietes auch schriftlich reichlich bezeugt sind, haben also ihre Wurzeln bereits in der »vorschriftlichen« Reihengräberzeit. Die Voraussetzung hierzu, die Ausbildung einer kleinen Bevölkerungsschicht mit der wirtschaftlichen und politischen Möglichkeit, diese sozialen Abhängigkeitsverhältnisse zu schaffen, rechtlich abzusichern und zu erhalten, ist fast nur mehr archäologisch evident zu machen. Ihre Erforschung ist eine – durchaus noch lösbare – Aufgabe der Zukunft.

Im Bereich dieser Fragenkomplexe, welche der Historiker mit dem Begriff »Adel« zu etikettieren gewohnt ist, vermindert sich die Zahl der verfügbaren Quellen – Adelsgräberfelder, Herrenhöfe – von vornherein ganz enorm. Hier ist die Archäologie aufgerufen, ihre Aufgabe noch ernster zu nehmen, als sie es ohnehin schon tut, und dem rapiden Schwund des Quellenbestandes durch besonders sorgfältige und umfassende Untersuchungen zu begegnen. Dies gilt auch für die ältesten Zeugnisse christlichen Lebens im Alamannengebiet. Sie waren fast stets als Begleiter adelsähnlicher Strukturen aufgetreten. Die Ausgrabungen der letzten Jahrzehnte in heute noch bestehenden Kirchenbauten ließen deren Anfänge häufig weit vor die Zeit zurückverfolgen, da man bisher mit dem Beginn kirchlicher Organisationsformen und kirchlicher Gebäude rechnete. Daß dies erst recht spät erkannt wurde, ist eine Sache des Forschungsstandes. Und so soll die Betrachtung der archäologischen Quellen zur Geschichte der Alamannen nicht ohne den Hinweis geschlossen werden, diese Quellen in größerem Umfange zum Sprechen zu bringen, als dies bislang geschehen konnte. Die ersten Jahrhunderte alamannischer Staatlichkeit sind auch die einzigen, in denen noch die Quellen ihrer Geschichte nahezu beliebig zu vermehren sind, und in denen diese Vermehrung fast nur der Initiative von uns Lebenden bedarf. Dies zu tun sollte eine der vornehmsten Aufgaben derer sein, die als Erben jener ersten alamannischen Einwanderer das damals Geschaffene noch heute verwalten und nutzen.

Tafel 24 Grabfund von Leutkirch im Allgäu. Die Beigaben eines um 400 verstorbenen und im heutigen Stadtbereich von Leutkirch bestatteten Alamannen (*Reg. 237*) sind infolge ungünstiger Fundumstände – das Grab wurde 1951 bei Kanalbauarbeiten zerstört – wohl nicht vollständig auf uns gekommen. Der erhaltene Rest von fünf Bronzeobjekten gehörte einst einem Manne, der einen, römischen Militärgürteln nachgebildeten, Leibriemen trug; der mit zwei Pferdeköpfen verzierte Endbeschlag des Riemens ist erhalten, die zugehörige Schnalle fehlt. Ebenfalls auf die spätrömische Militärtracht geht die Fibel zurück. Bezeichneten die Vorbilder, sog. Zwiebelknopffibeln, einen militärischen Rang ihrer Besitzer im römischen Heer, so wird ähnliches wohl auch für den bei Leutkirch Bestatteten innerhalb dessen germanischer Kriegerschaft gegolten haben. Den Charakter von Rangabzeichen haben schließlich auch die bronzenen, zu keiner praktischen Verwendung taugenden Pfeilspitzen. Alle Gegenstände sind in natürlicher Größe abgebildet. Württ. Landesmuseum Stuttgart

Tafel 25 Bronzeschnalle aus einem Grab bei Hockenheim. Sie gehörte zum Prunk- und Waffengürtel eines vornehmen Alamannen, stammt aus einer römischen Werkstatt und wurde dem um 400 verstorbenen Manne zusammen mit weiteren Gerätschaften und Gefäßen, darunter der Flasche von Tafel 37, ins Grab gegeben (*Reg. 194*). Die Breite des Bügels beträgt 8,8 cm.
Reiß-Museum Mannheim

Tafel 26 Gürtelschnalle von Ditzingen. Das Erzeugnis einer Werkstatt im fränkischen Kernland am Niederrhein ist diese Schnalle, die samt den zugehörigen Beschlägen eines »Militärgürtels« der 1. Hälfte des 5. Jahrhunderts in einem Grab bei Ditzingen (*Reg. 76*) gefunden wurde. Die Schnalle ist aus Bronze gegossen und 5,2 cm breit.
Württ. Landesmuseum Stuttgart

Tafel 27 Riemenzunge vom Lochenstein bei Balingen. Unter den Fundstücken der Ausgrabungen auf dem Lochenstein, einem alamannischen Machtzentrum des 5. Jahrhunderts (*Reg. 238*), befindet sich auch die Riemenzunge eines Militärgürtels, der gleich den beiden auf den vorangegangenen Abbildungen dargestellten Schnallen um 400 im nördlichen Gallien hergestellt worden war. Sein letzter Besitzer hatte ihn im Zuge der nach 400 sprunghaft zunehmenden intensiven Kontakte Alamanniens zu den römischen Gebieten links des Rheins erhalten, sei es nun als Angehöriger einer alamannischen Hilfstruppe in römisch-fränkischen Diensten, oder schlicht als Käufer von seit jeher begehrten, nunmehr leichter als früher erhältlichen römischen Produkten. Die den Rand solcher Riemenzungen und anderer Gürtelbestandteile schmückenden Tierfiguren machten Alamannien nunmehr mit gegenständlichen Darstellungen bekannt, denen man dort bald eine tiefere Sinngebung aus der germanischen Heldensage unterlegt haben mag. Dies ist einer der Schlüssel zu der großen Bedeutung, die dem Männergürtel von nun an zukam, und die noch in den beschwörend-heilsbringenden Psalminschriften auf Gürteln des 7. Jahrhunderts (z. B. Tafel 100) ihren Ausdruck fand. Die Riemenzunge ist aus Bronze gegossen und 7,2 cm lang.
Württ. Landesmuseum Stuttgart

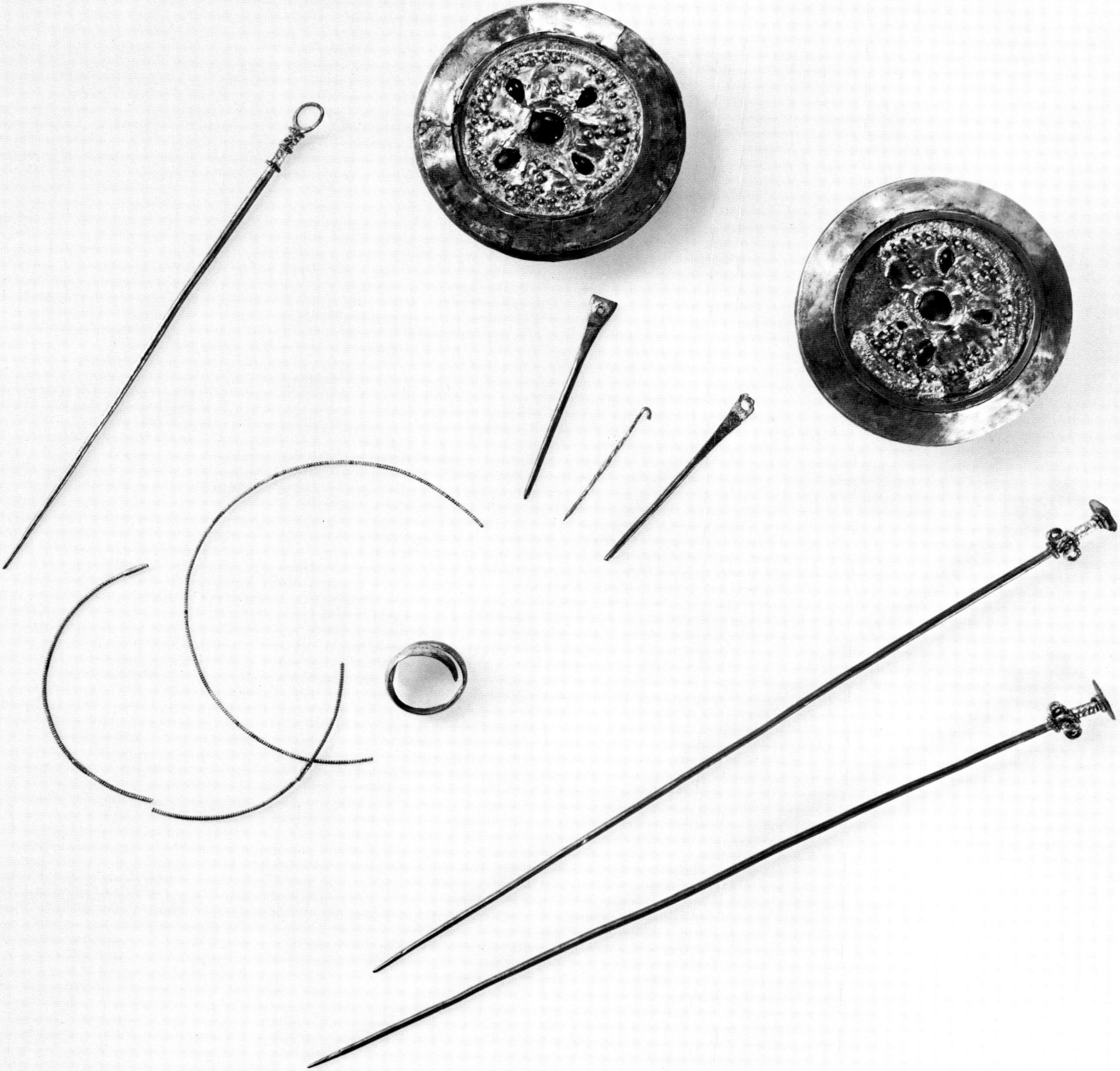

Tafeln 28/29 Schmuck aus einem Frauengrab der Zeit um 300 vom Spielberg bei Erlbach. Das Grabinventar (*Reg. 106*), zu dessen Bestandteilen noch Schnalle, Kamm, Wirtel, Messer und ein Tongefäß gehören, ist als Silbergeschmeide kennzeichnend für den Besitz einer sehr wohlhabenden Frau, die jedoch nicht dem höchsten sozialen Stande der Alamannen angehörte. Was am Schmuck der Fürstinnen dieser Zeit sonst aus Gold zu sein pflegt, ist hier aus Silber: Fibeln, Fingerring, Schmucknadeln und stabförmige Riemenzungen. Die Wurzeln aller dieser Schmuckformen liegen ausnahmslos tief im Freien Germanien, wenngleich auch einzelne Stücke durchaus schon in der neuen Heimat der Alamannen hergestellt worden sein können. Der Durchmesser der Scheibenfibeln beträgt je 7,8 cm.
Heimatmuseum Oettingen/Ries

Tafel 30 Perlenketten aus Grabfunden des 4. Jahrhunderts. Aus dem umfangreichen Perlenbestand des Doppelgrabes 3/4 von Gerlachsheim bei Tauberbischofsheim sind drei Ketten sog. Ösenperlen abgebildet. Links eine Kette aus Bernsteinperlen. Sie kann durchaus in einer Stadt hinter dem Limes hergestellt worden sein. Die Umsetzung der ungewöhnlichen Perlenform in den Werkstoff Glas geschah ebenfalls auf provinzialrömischem Boden. Die Perlen sind ungefähr in natürlicher Größe abgebildet. Bad. Landesmuseum Karlsruhe

Tafel 31 Nadeln aus alamannischen Gräbern des 4. und 5. Jahrhunderts. Auf den ersten Blick wird die große Wandlung im Formengeschmack in der Zeit um 400 deutlich. Sind die Bronzenadel und die beiden Beinnadeln links noch ganz dem innergermanischen Raum und dem 4. Jahrhundert verbunden, so bilden schon die beiden silbernen Dreiknopfnadeln Zeugnisse der intensiven Beziehungen zwischen Alamannien und dem nordgallischen Raum zu Beginn des 5. Jahrhunderts. In diesen Rahmen gehört noch die tierkopfgestaltige Silbernadel aus einem Grab der Zeit um 500. Die längere der Beinnadeln ist 25 cm lang. Bad. Landesmuseum Karlsruhe

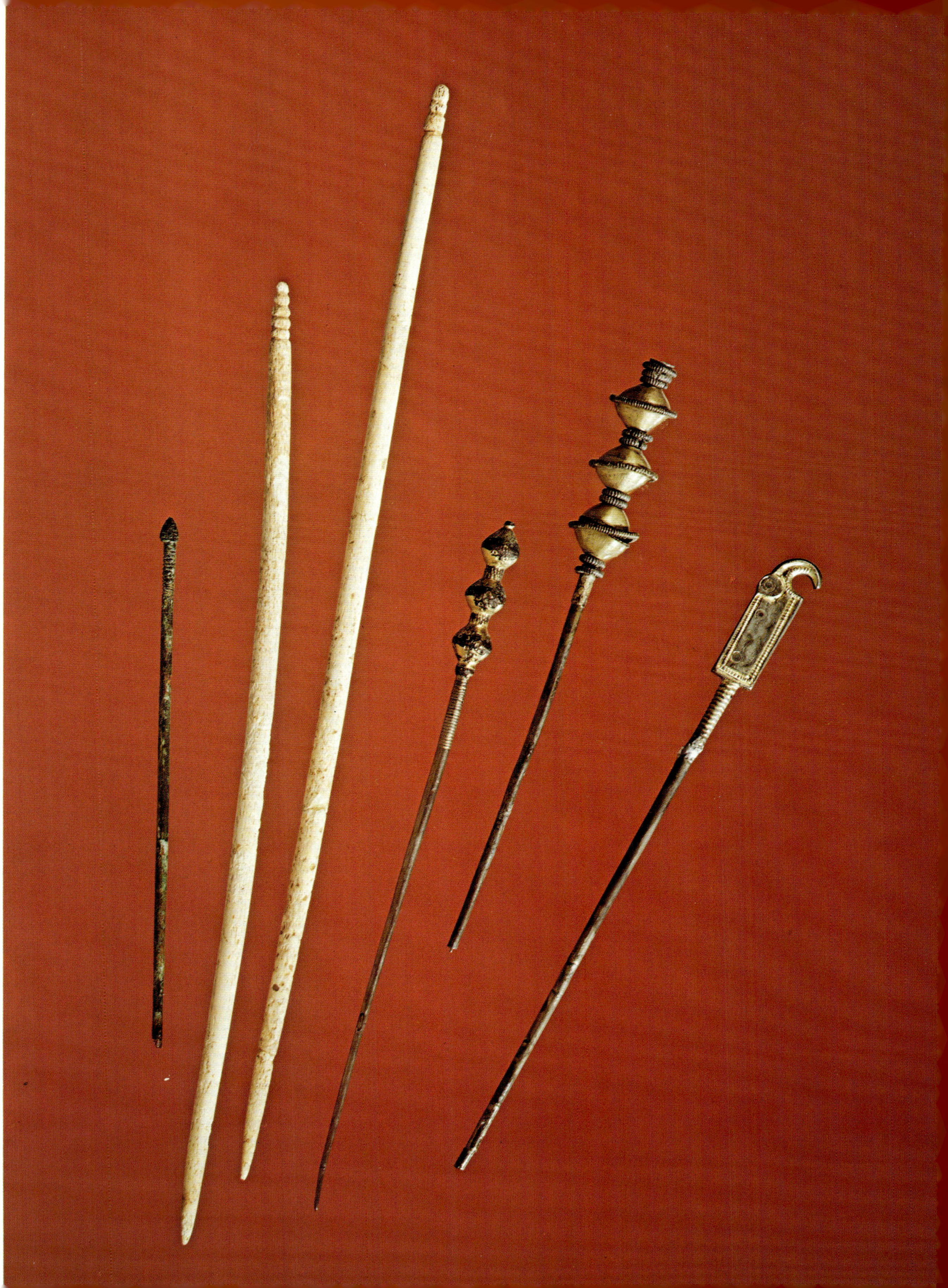

Tafel 32 Fibeln aus den Gräbern von Gerlachsheim. Aus drei Frauengräbern einer kleinen Grablege der 2. Hälfte des 4. Jahrhunderts von Gerlachsheim (*Reg. 132*) sind insgesamt sieben Fibeln der hier abgebildeten Formen überliefert. Ihr Bestand setzt sich aus einheimischen Armbrustfibeln, einer römischen Kniefibel (oben) und einem Paar importierter Schildfibeln innergermanischer Herkunft (unten) zusammen. Die Wahl der Materialien – in der Hauptsache Bronze – bezeugt der bestattenden Familie bei allem Wohlstand nur soziale Drittrangigkeit. Die Schildfibel besteht aus verzinnter Bronze und besitzt Silberblechauflagen mit blauen Glaseinlagen. Sie ist 11 cm lang. Bad. Landesmuseum Karlsruhe

Tafel 33 Goldener Fingerring von Kemnat. Dem alten Bestand der ehemaligen Kgl. Kunstkammer gehörte ein goldener Fingerring an, als dessen Fundort Kemnat gilt (*Reg. 210*). Der Ring besitzt seine nächsten Entsprechungen im Grabgut von Fürsten aus dem Inneren Germaniens und kann nur aus dem Besitz einer jener Familien stammen, die im 3. Jahrhundert in führender Stellung den Grundstein zum alamannischen Staatswesen auf römischem Boden legten. Der Ring hat einen Durchmesser von 2,4 cm. Württ. Landesmuseum Stuttgart

Tafel 34 Glasbecher des 4. Jahrhunderts aus Hilzingen. Einem gut ausgestatteten, kurz vor dem Jahre 400 der Erde übergebenen Mann (*Reg. 191*) gehörte ein exotisch anmutendes Trinkgefäß: eine Facettenschliffschale aus dem östlichen Mittelmeerraum. Die Höhe des Glasbechers beträgt 7,4 cm.
Museum Freiburg i. Br.

Tafel 35 Grabausstattung eines Kleinkindes aus Gundelsheim. Nicht einmal drei Jahre alt war das kleine Mädchen, das um 300 bei Gundelsheim (*Reg. 153*) bestattet und mit einer überdurchschnittlich reichen Ausstattung versehen worden war. Von den drei Fibelpaaren besteht eines aus Silber und ist zusätzlich mit Goldmanschetten geschmückt. Aus Silber ist auch der Armring. Bergkristallamulett und die Bronzepfanne (ein Kinderspielzeug) sind römischer Herkunft. Die Perlen bestehen aus Glas und Bernstein, die Spirale ist aus Eisen. Alle Gegenstände sind in natürlicher Größe abgebildet.
Württ. Landesmuseum Stuttgart

Tafel 36 Tonflasche aus einem Grab bei Hockenheim. Aus dem Grab einer um 400 verstorbenen Frau (*Reg. 194*) stammt eine Flasche aus schwarzbraunem Ton. Sie ist gleich den übrigen drei Gefäßen des gleichen Grabes ohne Zuhilfenahme einer Töpferscheibe hergestellt und bemüht sich offensichtlich, die Form einer scheibengedrehten, hochwertigen Nigraflasche wie der auf dem gegenüberstehenden Bild zu treffen. Dem alamannischen Töpfer gelang dieser Versuch nur unvollkommen. Die Flasche ist 17 cm hoch.
Reiß-Museum Mannheim

Tafel 37 Tonflasche aus einem Grab bei Hockenheim. Ganz anders als das Grab, aus dem die Flasche von Tafel 36 stammt, enthielt die Bestattung eines um die gleiche Zeit verstorbenen Mannes des gleichen Familienverbandes eine Serie hochwertiger, scheibengedrehter und polierter Keramik. Solche »Nigraware« dürfte in römischen, grenznahen Töpfereibetrieben seriell hergestellt worden und in erster Linie für den Export ins Freie Germanien bestimmt gewesen sein. Dabei scheint es nicht undenkbar, daß die römischen Unternehmer im Bestreben, ihre Töpfereien möglichst nahe an den Absatzmarkt zu verlegen, selbst im Freien Germanien Filialbetriebe errichteten. Die Flasche ist 28 cm hoch.
Reiß-Museum Mannheim

Tafel 38 Tongefäße aus alamannischen Gräbern der Zeit um 400. Während die drei Nigraschalen, aus einer Grablege im Stadtgebiet von Heidelberg (*Reg. 164*), in einer grenznahen Töpferei (wohl Worms) hergestellt worden waren, ist die Sigillataschale aus einer Werkstatt in den Argonnen an ihren Fundort (Herten, *Reg. 190*) gelangt. Die größte Schale ist 19,5 cm hoch.
Bad. Landesmuseum Karlsruhe

Tafel 39 Goldschmuck aus einem Frauengrab von Bruckfelden. In den ersten Jahrzehnten des 5. Jahrhunderts lebte und starb jene Frau (*Reg. 58*), zu deren nur bruchstückhaft auf uns gekommener Grabausstattung die drei abgebildeten Goldfunde gehören. Der Fingerring ist eine römische Arbeit. Von einem germanischen Goldschmied stammen die beiden massiven Anhänger. Die Tote gehörte sichtlich zu den wohlhabendsten Familien der Lentienses. Der Innendurchmesser des Fingerrings beträgt 1,9 cm.
Bad. Landesmuseum Karlsruhe

◁ *Tafel 40 Bügelfibeln des 5. und 6. Jahrhunderts.* Man kann sich kaum einen größeren Unterschied vorstellen als den zwischen der spartanisch-kargen Schmuckausstattung einer durchschnittlich wohlhabenden Alamannin des 4. Jahrhunderts und dem prunkenden Geschmeide ihrer Urenkelin. Unser Bild zeigt nur einen Ausschnitt aus dem Schmuckensemble: die Bügelfibeln. Für 100 Jahre lang beginnt seit der Mitte des 5. Jahrhunderts dieser aus den einfachen Armbrustfibeln (wie Tafeln 32 und 35) hervorgegangene Trachtbestandteil gewissermaßen zu wuchern, ein Eigenleben zu führen, jede seiner Schmuckflächen und -möglichkeiten zu nutzen. Aus den dünnen, oft drahtförmigen Bügeln und Fußteilen der bronzenen oder eisernen Vorläufer werden breite, nunmehr aus massivem Silber bestehende Bänder, die Spirale und den Nadelhalter bedecken hypertrophe Zierplatten, an Vergoldung, Nielloeinlagen und Almandineinsätzen wird nicht gespart. Diese gewaltige Schmuckexpansion ist nicht ohne einen beträchtlichen Rohstoffzuwachs, vor allem an Silber, denkbar, wobei als Quelle vor allem römisches Tafelsilber in Frage kommt. All dies geriet dann nach kurzer Zeit des Gebrauchs in den Boden. Wieviel dort noch verborgen ist, mag aus dem Umstand ersichtlich sein, daß der abgebildete Fibelbestand allenfalls der von einem halben Dutzend Dörfern gewesen sein könnte. Die Fibeln sind in natürlicher Größe abgebildet.
Württ. Landesmuseum Stuttgart

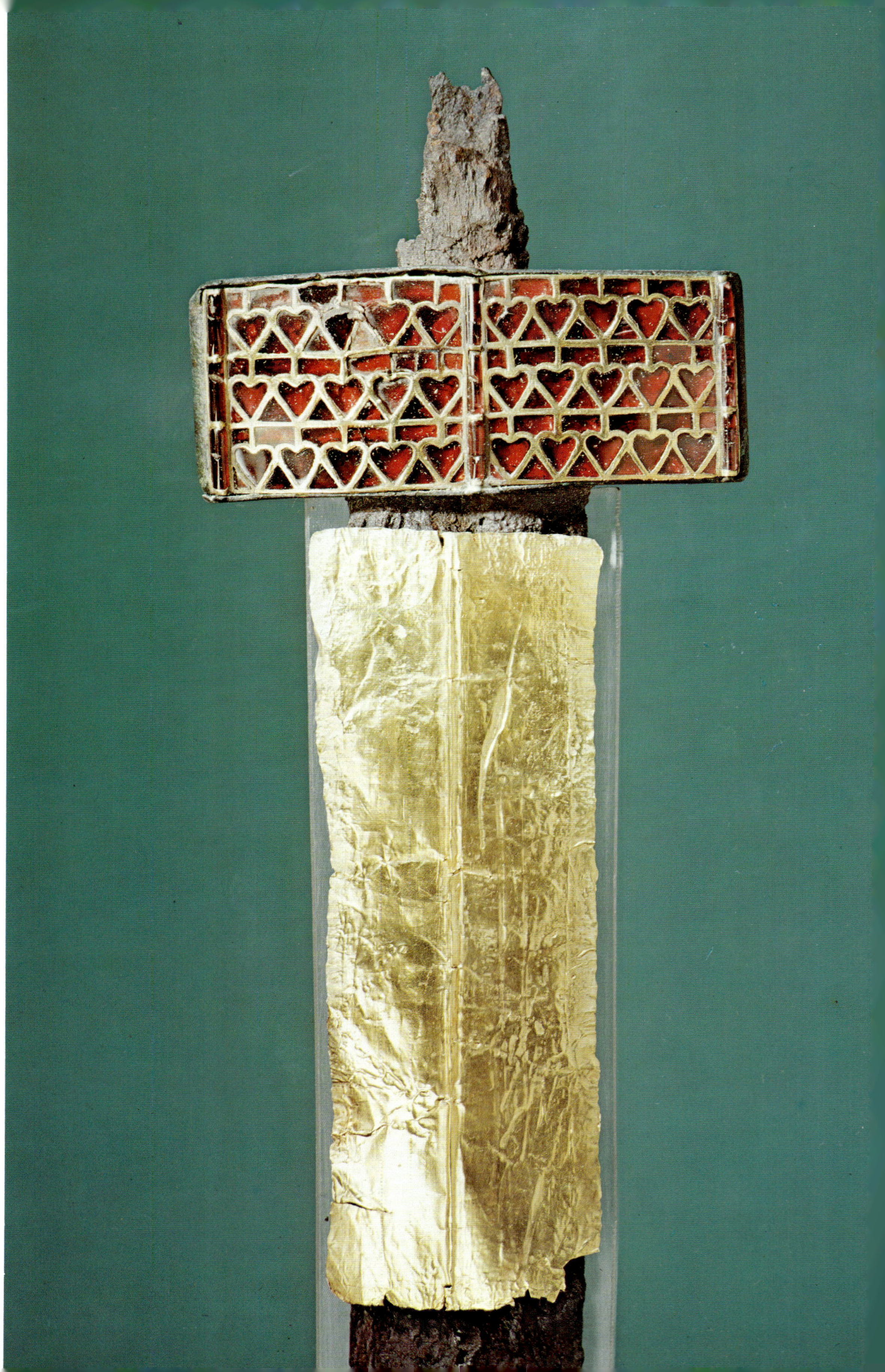

Tafel 41 Oberteil eines Schwertes aus Altlußheim. Einem im Gefolge Attilas an den Rhein gekommenen Manne (*Reg. 2*) gehörte jenes Schwert, dessen Scheide in ihrer oberen Partie mit Goldblech belegt und dessen Griff mit einer granatverzierten, breiten Parierplatte geschmückt war. Derartige Schwerter waren nicht nur Waffen, sondern auch Schaustücke, die absolute Bewunderung und Ergebenheit für ihren Träger und Besitzer forderten. Diese Prunkwaffen und ihre ostgermanischen Umformungen wurden Vorbilder für eine ganze Generation alamannischer Schwerter. Die Parierstange ist im Original 11 cm breit.
Bad. Landesmuseum Karlsruhe

Tafel 42 Schwerter aus alamannischen Gräbern des 5. Jahrhunderts. Das Schwert links (Hemmingen, *Reg. 185*) ist mit seiner bronzebeschlagenen Scheide und dem elfenbeinernen Griff das Produkt einer römisch-fränkischen Waffenschmiede der Gegend um Namur. Wenn derartige Spathas trotz ihrer seriellen Herstellungsweise einen hohen Wert besaßen – sie kommen nur in reich ausgestatteten Gräbern Englands, Belgiens und Deutschlands vor –, so geht dies auf die ganz allgemeine Seltenheit zweischneidiger Schwerter in jener Zeit zurück. Um so höher ist der Repräsentationswert der weit prunkvolleren Spatha aus Pleidelsheim (*Reg. 285*) zu veranschlagen, deren Griff auf der Vorderseite mit Goldblech belegt ist, und deren Scheidenbeschläge – abgesehen von den silbertauschierten, eisernen Riemendurchzügen – sämtliche aus vergoldetem Silber bestehen. Das Scheidenmundblech des Schwertes aus Hemmingen ist 5,9 cm breit.
Württ. Landesmuseum Stuttgart

Tafel 43 Der Helm von Baldenheim. Aus der Grablege einer der führenden Adelsfamilien des Elsaß (*Reg. 13*) ist jener prunkvolle Helm auf uns gekommen. Er wurde in einer romanisch-byzantinischen Werkstatt des Mittelmeerraumes um 500 hergestellt und gelangte wohl als Geschenk oder als Rangabzeichen, allenfalls noch als Beutestück nach Alamannien. Die wenigen bekannten gleichartigen Helme finden sich stets in den reichsten Grabfunden ihrer Zeit. Der Helm besteht aus sechs silberblechbelegten Eisenplatten unter einem Gerüst aus vergoldeten Bronze»spangen«. Seine Weite beträgt etwa 23 cm.
Musée Archéologique Strasbourg

◁ *Tafel 44 Ortbandbeschlag einer Schwertscheide der Zeit um 500.* Aus einem der reichsten Gräber des Pfullinger Ortsfriedhofs (*Reg. 281*) wurde eine Spatha geborgen, deren Scheide an beiden Enden mit Silber beschlagen war. Der Ortbandbeschlag auf unserem Bild orientiert sich formal an den Ortbändern aus fränkischen Werkstätten, welche in Serie Schwerter wie das von Hemmingen (Tafel 42) herstellten. Seine Ausführung in Edelmetall erweist die zugehörige Waffe jedoch als einheimische Einzelanfertigung. Dies waren die Waffen, mit denen ein Mann sein Leben lang lebte, die ihn auch ins Jenseits begleiteten, denen man Namen gab. Der Beschlag ist 5,4 cm hoch.
Württ. Landesmuseum Stuttgart

Tafel 45 Gürtelschnallen der Zeit um 500 aus dem Besitz vornehmer Alamannen. Bis auf die Schnalle mit dem goldenen, kreuzförmigen Beschlag, welche wohl einst eine Tasche am Gürtel zu befestigen hatte, handelt es sich bei allen abgebildeten Gegenständen um Schnallen, die zum Leibriemen des Mannes gehörten. Der größte Teil von ihnen stammt aus dem Adelsfriedhof bei Gültlingen (*Reg. 151*) und ist dementsprechend kostbar: die Schnallen mit einem Bügel aus Achat, Meerschaum oder Bergkristall sind Erzeugnisse mediterraner Werkstätten und wohl durch die Vermittlung des Ostgotenreiches nach Norden gelangt. Einheimischen Silberschmieden entstammen die Silberschnallen mit ovalem oder rechteckigem Beschlag, die letzteren in der Weise von Bügelfibeln verziert. Aus fränkischen Werkstätten auf dem Boden des ehemaligen Römerreiches kamen dagegen tauschierte Schnallen wie die aus Hemmingen (*Reg. 185*), ein letzter Nachfahr spätrömischer Militärgürtel, oder die seitlich ebenfalls streifentauschierte Schnalle mit nierenförmigem Beschlag deren Oberfläche mit Granaten belegt war (Stuttgart-Stammheim, *Reg. 345*). Die Anregung zur glitzernden Farbigkeit war Alamannen und Franken durch jene ostgermanischen Einlegearbeiten (wie 41) vermittelt worden, die mit ihren Trägern im Gefolge Attilas nach Westen gelangt waren. In diesen ursächlichen Zusammenhang gehört auch die aus massivem Goldzellenwerk aufgebaute Schnalle von Rüdern (*Reg. 299*), ohne Zweifel gleich ihren einzigen Parallelen, Schnallen aus dem Grabe des Frankenkönigs Childerich und aus den gepidischen Fürstengräbern von Apahida, das Erzeugnis eines Goldschmieds am Hofe eines Großen seiner Zeit. Aus fürstlichem Hause stammte gewiß auch der Mann, dem dieser prunkvolle Gürtel einst gehörte, und der im 5. Jahrhundert auf dem Gipfel des Ailenberges bestattet wurde.

Zu den Fundortnachweisen siehe die Übersicht am Ende des Tafelteils. Alle Schnallen sind in natürlicher Größe abgebildet.
Württ. Landesmuseum Stuttgart

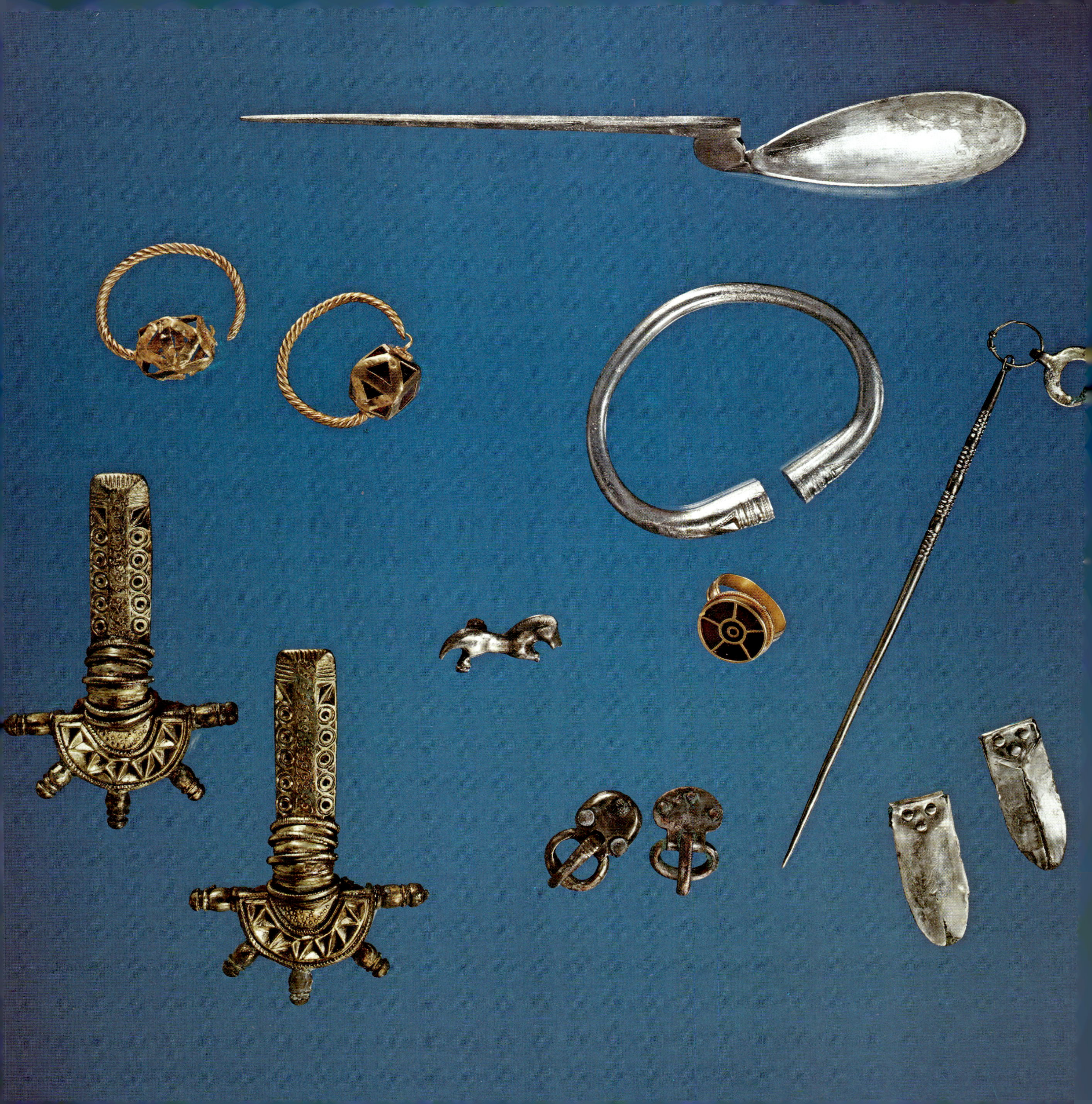

◁◁ *Tafel 46 Schmuck und Gerät aus einem Frauengrab von Mahlberg.* Alle Gegenstände sind ungefähr in natürlicher Größe dargestellt.
Museum Freiburg i. Br.

◁ *Tafel 47 Schmuck und Gerät aus einem Frauengrab von Kirchheim am Neckar.* Alle Gegenstände sind ungefähr in natürlicher Größe abgebildet.
Württ. Landesmuseum Stuttgart

Die beiden Damen, die um 500 lebten und starben und in zwei entgegengesetzten Landschaften Alamanniens mit allen Attributen ihres vornehmen Standes bestattet worden waren, bezeugen allein schon durch ihre gewissermaßen genormte Schmuckausstattung, daß im 5. Jahrhundert das Land zu einer politischen und kulturellen Einheit zusammengewachsen war. Nur wenige der der 1. Hälfte des 5. Jahrhunderts angehörenden Fundstücke – im Grab von Mahlberg (*Reg. 241*) die Nadel, im Grab von Kirchheim (*Reg. 213*) die Riemenzunge – erinnern noch daran, daß dieser Prozeß im entstehenden Frankenreich am Niederrhein seinen unmittelbaren Vorläufer und wohl auch sein Vorbild hatte. Die Riemenzunge von Kirchheim entstammt dabei dem Waffengurt eines führenden germanischen Soldatenkriegers und war wohl auf dem Erbwege an die eine oder zwei Generationen später lebende Frau geraten. Andere Fundstücke – die goldenen Ohrringe des Mahlberger Grabes oder die Silberlöffel aus beiden Gräbern – sind Importe des Mittelmeerraumes und zeigen den südlichen Einfluß an, dem sich die Alamannen nunmehr verstärkt und über 100 Jahre lang öffneten.

Tafel 48 Frauenschmuck aus Schwenningen. Das nur in Auswahl vorgestellte Geschmeide einer im frühen 6. Jahrhundert verstorbenen Frau (*Reg. 316*) von ungewöhnlichem Reichtum entspricht in seinen Bestandteilen dem üblichen Trachtschema: Halskette, Fibelpaar an Hals und rechter Schulter, Bügelfibelpaar in Hüfthöhe, daran eine (nicht abgebildete) Bergkristallkugel, schließlich Riemenwerk von Schuhen und Strümpfen. Ungewöhnlich ist allein die Ausführung vieler Stücke. Vor allem die beiden Scheibenfibeln aus Gold und Granaten, die als Einzelanfertigungen nie im Handel waren, machen es zur Gewißheit, daß der Familie der Toten von Schwenningen ein Goldschmied von Rang verfügbar war. Aus seiner Werkstatt war außer der runden Scheibenfibel unten links auch die Schnalle mit kreuzförmigem Beschlag von Gültlingen (Tafel 45) hervorgegangen. Die zweite Scheibenfibel verrät dagegen unverhüllt die Herkunft der Zelleinlagentechnik von ostgotischen oder gepidischen Vorbildern des 5. Jahrhunderts. Sie könnte sogar – ähnlich wie die Goldanhänger der Halskette – direkter Import aus dem Donauraum sein. Die Bügelfibeln sind 9,4 cm lang.
Württ. Landesmuseum Stuttgart

Tafel 49 Fibeln aus Schmiden. Waren in den vorangegangenen Bildern Schmuckstücke aus den Gräbern vornehmer Damen vorgestellt worden, so vermittelt der Friedhof von Schmiden (*Reg. 308*) einen Einblick in den Fibelvorrat gewöhnlicher Leute, in diesem Fall dreier Frauen, von denen die eine mit den Pferdchen- und Bügelfibeln links oben um 500, die zweite mit dem Miniaturbügelfibelpaar rechts oben um die gleiche Zeit, die dritte mit Scheibenfibelpaar und lange getragenen Bügelfibeln um die Mitte des 6. Jahrhunderts verstorben sein mag. Die Fibeln sind in natürlicher Größe abgebildet.
Württ. Landesmuseum Stuttgart

Tafel 50 Schmuck aus einem Frauengrab des 5. Jahrhunderts von Graben-Neudorf. Wenn auch das Grabgut dieser gegen 500 verstorbenen Alamannin (*Reg. 142*) nicht vollständig auf uns gekommen ist, so weisen die vorhandenen Objekte (dazu der Kamm Tafel 68) doch auf die Zugehörigkeit der Toten zu einer reichen Familie hin. Das Bügelfibelpaar ist in einem einheimischen Atelier nach ostgotischen Vorbildern entstanden. Das von ihm ausgehende Gehänge war der Sitte der Zeit gemäß mit Silberanhängern bestückt. Hierzu taugte nahezu alles beprägte Silber: mittelrömische Denare, fränkische Nachahmungen spätrömischer Silbermünzen und schließlich gepunzte Silberscheibchen. Alle Gegenstände sind in ungefähr natürlicher Größe abgebildet.
Bad. Landesmuseum Karlsruhe

◁◁ *Tafel 51 Schmuck aus einem Frauengrab von Fridingen.* Der Gründerfamilie einer bedeutenden Siedlung im Donautal (*Reg. 120*) gehörte jene um 540 verstorbene Frau an, deren Grabgut erkennen läßt, daß sie den durch die Beigaben auf den Tafeln 46, 47 und 50 umschriebenen, eine Generation älteren Persönlichkeiten ebenbürtig war. Neu ist jetzt, weit im 6. Jahrhundert, die Verwendung von flächigen Almandineinlagen auch an seriell gefertigten Gegenständen, wie es die beiden Scheibenfibeln offensichtlich waren. Die Frau, zu deren Grabgut die abgebildeten Fundstücke gehörten, war die Ahnherrin eines noch 150 Jahre später blühenden Adelsgeschlechtes (Tafel 109). Die Fibeln sind in natürlicher Größe abgebildet.
Württ. Landesmuseum Stuttgart

◁ *Tafel 52 Bügelfibeln aus alamannischen Gräbern.* Wiewohl die Bügelfibeln des Bildes auf den ersten Blick eine homogene Einheit zu bilden scheinen, zumal sie alle einer relativ kurzen Zeitspanne, nämlich der 1. Hälfte des 6. Jahrhunderts angehören, so wird bei näherem Zusehen doch deutlich, wie sehr sich damals schon die Fibelentwicklung verästelt hatte, wie groß die sozialen Unterschiede der einzelnen Besitzerinnen gewesen waren, welche Fibeln schließlich Zeugnisse des Vorrückens nichtalamannischer Bevölkerungsgruppen nach Alamannien darstellen. Eine Aufschlüsselung nach Fundorten findet sich am Schluß des Tafelteiles. Die Fibeln sind in natürlicher Größe abgebildet.
Württ. Landesmuseum Stuttgart

Tafel 53 Fibeln in Fischform von Bülach. Die singuläre Fibelform verrät, daß die Schmuckstücke Sonderanfertigungen sind. Die Auftraggeber waren jene Leute, welche noch in der 1. Hälfte des 6. Jahrhunderts auf ehemals römischem Boden Fuß faßten und den Ort Bülach gründeten (*Reg. 61*). Ihre wirtschaftliche und soziale Unabhängigkeit verloren sie freilich bald. Die Fibeln sind 9 cm lang.
Schweizerisches Landesmuseum Zürich

Tafel 54 Vogelfibeln aus Zürich. Waren die Fischfibeln aus Bülach (Tafel 53) unzweifelhaft Ersatz für die langsam aus der Mode kommenden Bügelfibeln gewesen, so sind die beiden Vogelfibeln aus einer alamannischen Ansiedlung vor den Toren des Kastells Turicum-Zürich (*Reg. 404*) Vertreter der eigentlichen Trachtträger, der sog. Kleinfibeln in Schulterhöhe. Die Ausführung in Gold mit Granatbelag spricht für den überdurchschnittlichen Wohlstand der hier ansässigen Familie. Die Fibeln sind 2,6 cm lang.
Schweizerisches Landesmuseum Zürich

Tafel 55 Kleinfibeln aus alamannischen Grabfunden. Ein Bügelfibelpaar war kein unbedingt notwendiger, wenn auch für eine Frau von Rang und Stand sehr wünschenswerter Trachtbestandteil. Unentbehrlich war dagegen ein Paar kleinerer Fibeln, welche das Gewand an rechter Schulter und am Hals zusammenzuhalten hatten. Kleinfibeln dieser Funktion zeigt unsere Tafel, beginnend mit Reiter- und Tierfibeln der Zeit um 500. Im 6. Jahrhundert kommen dann S-Fibeln hinzu, eine östliche Variante der Kleinfibeln, und der flächige Granat- (= »Almandin«-)Belag der Schauseite nimmt zu. Scheibenfibeln werden häufiger und kündigen die Modeformen der Mitte des 6. Jahrhunderts an. Bis auf das kostbare S-Fibelpaar rechts unten sind alle Stücke aus Silber und Serienanfertigungen ohne überragenden materiellen Wert. Ein Fundortnachweis findet sich am Ende des Tafelteils. Die Fibeln sind in natürlicher Größe abgebildet.
Württ. Landesmuseum Stuttgart

Tafel 56 Scheibenfibel aus Beringen. Aus dem Grab einer adeligen Dame (*Reg. 29*) stammt eine einzelne Scheibenfibel, deren Stegwerk aus Gold besteht, und deren flächiger Granatbelag zeigt, daß wir uns schon in der 2. Hälfte des 6. Jahrhunderts befinden. Es ist der Wendepunkt einer neuen, durch die Trachtsitte des Mittelmeerraumes angeregten Moderichtung, bei der vom früheren Fibelreichtum lediglich eine einzige Fibel an der rechten Schulter übrigbleibt. Auf diese Fibel konzentrieren sich dann für 100 Jahre Einfallsreichtum der Goldschmiede und Repräsentationswille der Trägerinnen. Die Fibel hat einen Durchmesser von 4,25 cm.
Schweizerisches Landesmuseum Zürich

Tafel 57 Almandinscheibenfibeln der Mitte und 2. Hälfte des 6. Jahrhunderts. In geraffter Form läßt sich anhand der abgebildeten Scheibenfibeln die Entwicklung vom Scheibenfibelpaar, das noch der Trachtsitte des 5. Jahrhunderts verpflichtet ist, zur Einzelscheibenfibel des 7. Jahrhunderts verfolgen. Es wird dabei deutlich, daß der im Verlaufe dieser Entwicklung zunehmende Rohmaterialbedarf für die Anfertigung einer Fibel nur noch wenigen reichen Familien gestattete, ihren Fibelschmuck in Gold herzustellen. Fundortnachweis am Schluß des Tafelteils. Die Fibeln sind in natürlicher Größe abgebildet.
Württ. Landesmuseum Stuttgart

Tafel 58 Goldener Halskettenzierat aus Hüfingen. Aus dem Grabgut von acht Frauengräbern der Mitte und 2. Hälfte des 6. Jahrhunderts stammen neben zahlreichen anderen Beigaben diese Goldanhänger, welche an den Halsketten jeweils neben Glas- oder Amethystperlen eingeschoben waren. Die sonst häufigste Ausführung dieser Schmuckgattung, kreisrunde Goldscheibchen mit Golddrahtbesatz, ist nur einmal vertreten. Alle übrigen Anhänger sind seltene Einzelanfertigungen oder Importstücke aus südlichen Werkstätten und bezeugen ihren Besitzerinnen überdurchschnittlichen Wohlstand. Die Anhänger sind in ungefähr natürlicher Größe wiedergegeben.
Museum Freiburg i. Br.

▷
Tafel 59 Ziernadeln des 5. bis 7. Jahrhunderts. Der Gebrauch der Nadeln als eines Teiles des Kopfschmucks kam um 500 aus der Mode; den unmittelbar davor liegenden Jahrzehnten gehören die durchweg silbernen Exemplare oben links an. Erst in der 2. Hälfte des 6. Jahrhunderts kommen wieder Ziernadeln auf, zunächst Einzelstücke und oft Importe, wie die aus dem Mittelmeerraum stammende Nadel mit Anhängekette. In der Folgezeit werden Nadeln zum gängigen Trachtbestandteil wohlhabender Damen; ihre Funktion bleibt dabei häufig nicht auf den Kopfschmuck beschränkt. Nur noch in sehr reichen Bestattungen treffen wir dann auf Nadeln aus Edelmetall; die meisten wurden aus Bronze seriell gefertigt. Die Silbernadel mit dem Anhänger ist 25,7 cm lang.
Württ. Landesmuseum Stuttgart

Tafel 60 Ohrringe aus Grabfunden des 5. bis 7. Jahrhunderts. ▷▷ Für die Zierform der Ohrringe gilt ähnliches wie für die Nadeln: Ursprünglich ein Trachtbestandteil des mittelmeerischen Kulturkreises, bleibt er im 5. Jahrhundert auf sehr wohlhabende Trägerinnen beschränkt und ist zu Beginn des 6. Jahrhunderts so kostbar geworden, daß er nur in ungewöhnlich reich ausgestatteten Gräbern zu finden ist, oft als Import aus dem Mittelmeerraum wie die beiden Goldringe mit Granateinlagen. Erst in der 2. Hälfte des 6. Jahrhunderts werden Ohrringe wieder Allgemeingut. Sie bestehen in der Folgezeit zumeist aus Bronze, aufwendigere Stücke sind aus Silber und häufig mediterranen »Körbchenohrringen« nachgemacht. Um 700 beginnt mit den goldenen Bommelohrringen awarischen Formengeschmacks eine neue, lang andauernde Stilphase. Fundortnachweis am Ende des Tafelteils. Das größte Ohrringpaar ist 9,5 cm weit.
Württ. Landesmuseum Stuttgart

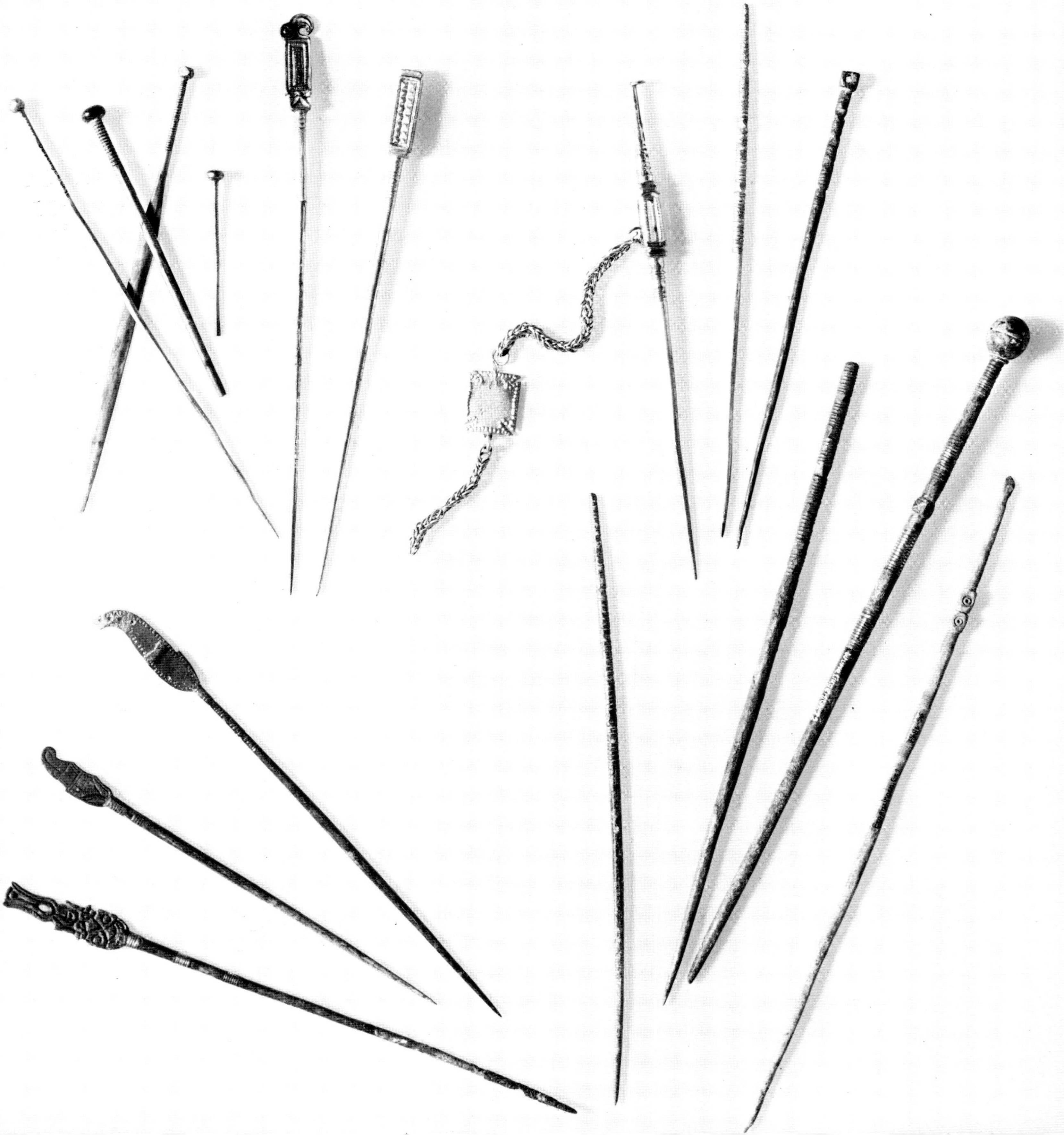

Tafel 61 Tonbecher aus Wurmlingen bei Tuttlingen. Aus einem Grab des frühen 6. Jahrhunderts (*Reg. 396*) stammt ein ohne Drehscheibe hergestellter Rippenbecher. Er gehörte zum Trinkservice und ist das Erzeugnis einer einheimischen Töpferei. Der Becher ist 7,5 cm hoch.
Württ. Landesmuseum Stuttgart

Tafel 62 Trinkbecher aus Gräbern der Zeit um 500. Seit dem frühen 5. Jahrhundert war Alamannien eines der Hauptexportgebiete römisch-fränkischer Glashütten. Die einheimische Tonkopie eines gläsernen »Glockenbechers« (gefunden in Hemmingen, *Reg. 185*) stammt von Sindelfingen (*Reg. 318*). Sie ist 9,5 cm hoch.
Württ. Landesmuseum Stuttgart

Tafel 63 Schuhgefäße aus Ton von Pleidelsheim. Aus Stiefeln zu trinken war schon immer ein Menschheitstraum. Gelegentlich wurde er verwirklicht, wie hier von einem um 500 in der Gegend von Pleidelsheim (*Reg. 285*) ansässigen Töpfer für eine Dame aus der fränkischen Oberschicht des Landes. Die Gefäße sind 13 cm hoch.
Württ. Landesmuseum Stuttgart

Tafel 64 Tonkrug und Glasschale aus Hemmingen. Wiewohl aus zwei verschiedenen Grabfunden des Hemminger Friedhofs (*Reg. 185*) stammend, stellen beide Gefäße ein typisches Trinkgefäßservice des 5. und frühen 6. Jahrhunderts dar; es war aus linksrheinischen Gebieten importiert. Der Krug ist 16,5 cm hoch.
Württ. Landesmuseum Stuttgart

Tafel 65 Glasgefäße des 6. Jahrhunderts aus Hüfingen. Der große Friedhof östlich von Hüfingen (*Reg. 198*) erbrachte eine für ganz Süddeutschland bezeichnende Auswahl an Importgläsern des 6. Jahrhunderts. Ältere Glasformen (wie Tafeln 62, 64) sind nicht mehr vertreten. Es überwiegen Spitz- und Sturzbecher aus fränkischen Glashütten. Gleicher Herkunft ist ein Rüsselbecher, während die kleine blaue Amphore ein Unikat aus dem Mittelmeerraum darstellt; sie ist 17 cm hoch.
Museum Freiburg i. Br.

Tafel 66 Bronzebecken aus Unterthürheim. Aus dem Frauengrab 71 des Ortsfriedhofs von Unterthürheim (*Reg. 366*) wurde ein getriebenes Bronzebecken mit geperltem Rand geborgen, ein fränkisches Importstück der 1. Hälfte des 6. Jahrhunderts. Seine Besonderheit ist die noch in Resten erhaltene Bemalung der Innenseite mit weißer Paste, welche eine Funktion der Schale als Behälter für Flüssigkeiten ausschließt und auf den Repräsentationswert derartiger seltener Gefäße hinweist. Der äußere Durchmesser des Perlrandbeckens beträgt 27,2 cm. Römisches Museum Augsburg

Tafel 67 Kämme aus Adelsgräbern des 6. Jahrhunderts. Die Kämme aus den Gräbern 71 von Unterthürheim (oben, *Reg. 366*) und 3a von Niederstotzingen (*Reg. 264*) sind Erzeugnisse einheimischer Kammacherkunst, die vor allem im östlichen Alamannien im 6. und frühen 7. Jahrhundert in hoher Blüte stand. Nicht nur auf die reiche Ornamentierung der Seitenflächen, sondern auch auf deren polychrome Gliederung mittels verschiedenfarbiger Zierniete wurde geachtet. Solche Kämme waren von hohem Wert, und dementsprechend finden sich Exemplare wie die hier gezeigten nur in Gräbern sehr reicher Personen. Der Kamm aus Niederstotzingen ist 25,5 cm breit.
Römisches Museum Augsburg und Württ. Landesmuseum Stuttgart

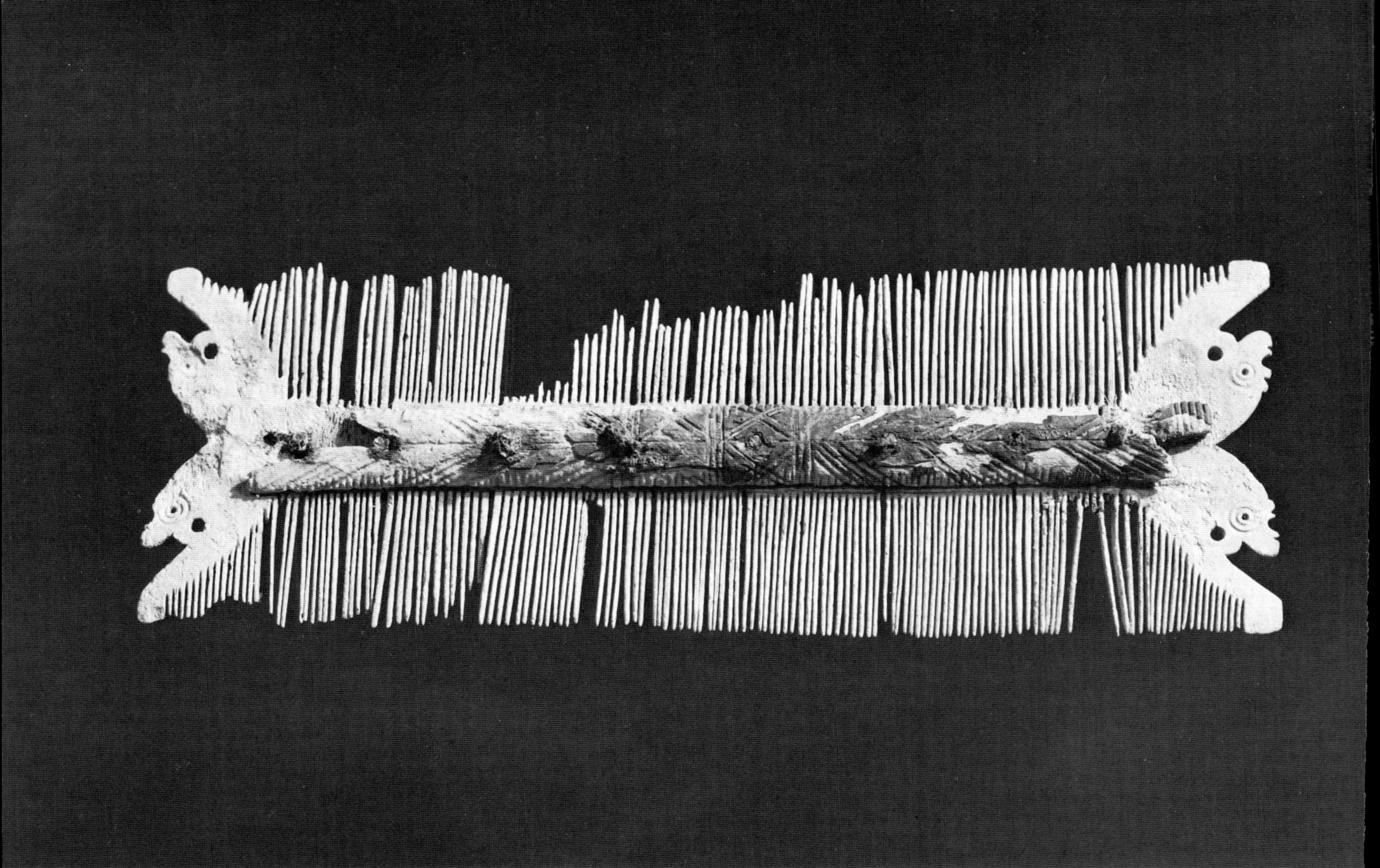

Tafel 68 Kamm des 5. Jahrhunderts aus Graben-Neudorf. Der Frau, welche zusammen mit dem auf Tafel 50 abgebildeten Schmuck bestattet worden war (*Reg. 142*), gehörte ein in seinen Verzierungsdetails, vor allem in den seitlichen Tierkopfpaaren noch spätrömischen Vorbildern verpflichteter Kamm. Er ist etwas vergrößert abgebildet.
Bad. Landesmuseum Karlsruhe

Tafel 69 Schmuck aus einem Frauengrab von Täbingen. Die Zusammensetzung des Schmuckensembles mit seiner goldenen Scheibenfibel, den filigran- und granatgeschmückten Anhängern und der einzelnen Bügelfibel nordgermanischen Ursprungs kennzeichnet den Besitz einer ungewöhnlich reichen Frau (*Reg. 349*) und den beginnenden Modegeschmack des 7. Jahrhunderts. Die Bügelfibel ist 16,6 cm lang.
Württ. Landesmuseum Stuttgart

Tafel 70 Riemenkreuzungen des Pferdegeschirrs von Geislingen-Altenstadt. Nachdem Beschlagwerk aus Edelmetall, am Zaumzeug der Reitpferde angebracht, seit der Zeit Attilas das Attribut der Vornehmsten gewesen war, vollzog sich in der 2. Hälfte des 6. Jahrhunderts auch hierin eine Wandlung. Die nunmehr immer zahlreicher werdenden Pferdegeschirrgarnituren sind zunächst bei den Alamannen noch Importe – wie die Garnitur von Geislingen (*Reg. 130*) aus dem fränkischen Reich –, werden jedoch bald auch vor allem im Raum an der oberen Donau selbst hergestellt. Die Riemenkreuzungen sind je 7,2 cm groß und bestehen aus vergoldeter und mit tierstilverziertem Silberblech belegter Bronze.
Württ. Landesmuseum Stuttgart

Tafel 71 Phaleren des Pferdegeschirrs aus Hüfingen. Um die gleiche Zeit wie die Objekte der Tafel 70 waren im Mittelmeerraum die Silberblechbeschläge hergestellt worden, die schließlich das Pferdegeschirr eines kurz nach 600 verstorbenen alamannischen Adeligen (*Reg. 199*) schmückten. Ihr christlicher Sinngehalt wird von seinem letzten Besitzer zweifelsohne verstanden und akzeptiert worden sein. In der bildenden Kunst Alamanniens der Zeit um 600 setzten sich jedoch die südlichen, sehr gegenständlich-konkreten Anregungen nicht durch; der germanische Tierstil der auf Tafel 70 dargestellten Art behielt weiterhin die Oberhand. Der größte Durchmesser der rechten Scheibe beträgt 11,4 cm.
Museum Freiburg i. Br.

Tafel 72 Löffel aus dem Besitz einer adeligen Dame. 6. Jahrhundert. Gegen Ende des 6. Jahrhunderts war jene Dame verstorben, die maßgeblich an der Gründung des Ortes Güttingen (*Reg. 157*) beteiligt und auch dort bestattet worden war. Zu ihrem Grabgut gehörte u. a. ein silberner Löffel mit eisernem, vergoldetem Griff. Die Länge des Löffels beträgt (ohne Ring) 17,4 cm.
Hegau-Museum Singen

Tafel 73 Fibeln aus dem Adelsgrab von Güttingen. Aus dem gleichen Grabgut wie Tafel 72 sind uns vier bemerkenswerte Fibeln überkommen. Die beiden größten Stücke hatten laut Ausweis der Grabsituation die Funktion eines zu dieser Zeit nur noch gelegentlich anzutreffenden Bügelfibelpaares übernommen, bezeugen andererseits durch ihre mediterrane Herkunft die weitreichenden Verbindungen ihrer Besitzerin. Auch die massiv goldene Scheibenfibel war durch eine altgermanische S-Fibel zu einem zweiten Fibelpaar komplettiert worden. Mithin die Tracht einer Frau, welche in ihrer äußeren Erscheinung die auf den Süden ausgerichteten Beziehungen ihres Familienverbandes noch mit einer konservativ-germanischen Trachtsitte zu verbinden und darzustellen verstand. Die silberne Scheibenfibel hat einen Durchmesser von 6,8 cm.
Hegau-Museum Singen

Tafel 74 Tafelservice aus dem Adelsgrab von Güttingen. Eine erlesene Zusammenstellung der kostbarsten und ausgefallensten Gefäßgattungen: der überreich mit Bronzeblech beschlagene Holzdaubeneimer, die Bronzepfanne aus dem östlichen Mittelmeerraum, der aus römischer Zeit stammende Glasbecher, eine – nicht abgebildete – silberbeschlagene Holzschale und das einheimische Drillingsgefäß aus Ton. In dieser Zusammensetzung jedoch auf einer Tafel: ein barbarisches Service. Der Daubeneimer ist mit Griff 26 cm hoch. Hegau-Museum Singen

Tafel 75 Tongefäß aus Ulm (Reg. 361). Das Erzeugnis einer einheimischen Töpferei aus den Jahrzehnten um 600 läßt in seiner Plumpheit kaum etwas davon ahnen, daß es in dieser Zeit zum Tafelgeschirr gehörte. Seine akkurat eingestempelten Verzierungsmuster und die sorgfältige Glättung seiner Oberfläche machten den Topf zu einem arbeitsintensiven Produkt, das gewiß seinen Preis hatte: derartige Gefäße sind in Siedlungsfunden dieser Zeit stets als Seltenheiten ausgewiesen. Der Topf ist 14 cm hoch.
Württ. Landesmuseum Stuttgart

◁ *Tafel 76 Beschläge des Pferdegeschirrs aus Niederstotzingen.* Der Sitte des 7. Jahrhunderts gemäß war jeder Ledergurt des jungen Adeligen aus Grab 6 von Niederstotzingen (*Reg. 264*) überreich mit metallenem Beschlagwerk verziert, auch das Geschirr seines Reitpferdes. Es entstammt mehreren alamannischen Werkstätten. Alle Gegenstände in natürlicher Größe.
Württ. Landesmuseum Stuttgart

Tafel 77 Gürtelbeschläge aus Nenzingen. Aus einer im Süden Alamanniens gelegenen Werkstatt kommt diese in Nenzingen (*Reg. 261*) gefundene, aus verzinnter Bronze bestehende und im Tierstil des frühen 7. Jahrhunderts verzierte Gürtelgarnitur eines Mannes. Die Schnalle ist 13,5 cm lang.
Bad. Landesmuseum Karlsruhe

Tafel 78 Gürtelgarnitur von Landsberg am Lech. Der Adelige aus Grab 8 von Spötting (*Reg. 234*) besaß einen außergewöhnlich kostbaren Gürtel, dessen Beschläge mit Gold- und Silberdraht eingelegt und mit Silbernieten verziert waren. Die Muster sind geometrischen Vorlagen der 2. Hälfte des 6. Jahrhunderts entnommen und mit angedeuteten randlichen Tierköpfen angereichert. Vielleicht eine fränkische Arbeit vom Ende des 6. Jahrhunderts. Die Schnalle ist 7,8 cm breit.
Prähist. Staatssammlung München

Tafel 79 Beschläge des Leibriemens aus Grab 20 von Buggingen. In der 1. Hälfte des 7. Jahrhunderts lebte und starb ein wohlhabender Mann (*Reg. 59*), dessen Leibgurt mit großen Eisenplatten beschlagen war. Deren Form und die Muster der darauf befindlichen Silbertauschierung lassen keinen Zweifel daran, daß dieser Gürtel auf dem Boden des Frankenreichs hergestellt worden war. An Gürteln mit derartigen »dreiteiligen« Garnituren (siehe auch Tafeln 77, 78 und 82) befand sich der einschneidige Sax. Für die zweischneidige Spatha benutzte man ein separates Gurtsystem. Die Schnalle ist 14,5 cm lang.
Museum Freiburg i. Br.

Tafel 80 Beschläge des Spathagürtels aus Grab 7 von Bülach. Um die Mitte des 6. Jahrhunderts begann sich die Sitte abzuzeichnen, Ledergürtel jeder Art mit metallenem Beschlagwerk zu versehen. Zu den ältesten Erzeugnissen dieser Schmuckphase gehören die Spathagurtbeschläge eines der Bülacher Gründergräber (*Reg. 61*). Sie tragen apotropäisch wirkende, in Silber mit Nielloeinlagen ausgeführte Darstellungen menschlicher Gesichter und können nur in einer Werkstatt entstanden sein, der romanisch-mediterrane Anregungen und Vorbilder ebenso verfügbar waren wie der germanische Absatzmarkt. Die Beschläge sind 5,2 cm hoch.
Schweizerisches Landesmuseum Zürich

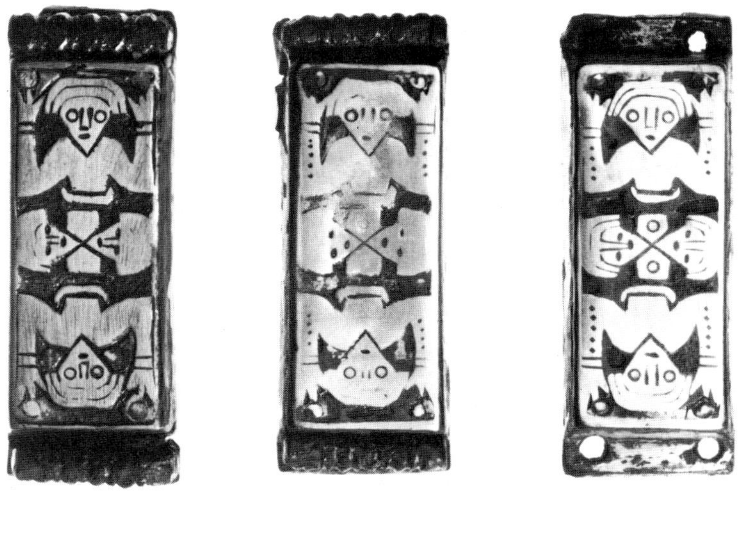

Tafel 81 Spathagarnitur des frühen 7. Jahrhunderts von Buggingen. Im gleichen Grab wie der Leibriemen Tafel 79 fand sich der bronzebeschlagene Gürtel einer Spatha, im Gegensatz zum Leibriemen in sehr gegenständlichem Tierstil verziert und einheimischer Herkunft. Die Schnalle ist 12,5 cm lang.
Museum Freiburg i. Br.

Tafel 82 Gürtelbeschläge des späten 6. Jahrhunderts aus Niederstotzingen. In Gold und Silber tauschiert waren die kostbaren Eisenbeschläge zweier Leibriemen aus dem Adelsfriedhof von Niederstotzingen (*Reg. 264*). Der obere Gürtel, in Verzierungsschema und Materialwahl dem freilich weniger gekonnt ausgeführten Gürtel von Landsberg/Lech (78) ähnlich, stammt aus dem ältesten der dortigen Adelsgräber, die untere Garnitur war dagegen einem der Gefolgsleute überlassen worden und längst aus der Mode, ehe sie um 630 in den Boden gelangte. Die Länge der oberen Schnalle beträgt 11,5 cm.
Württ. Landesmuseum Stuttgart

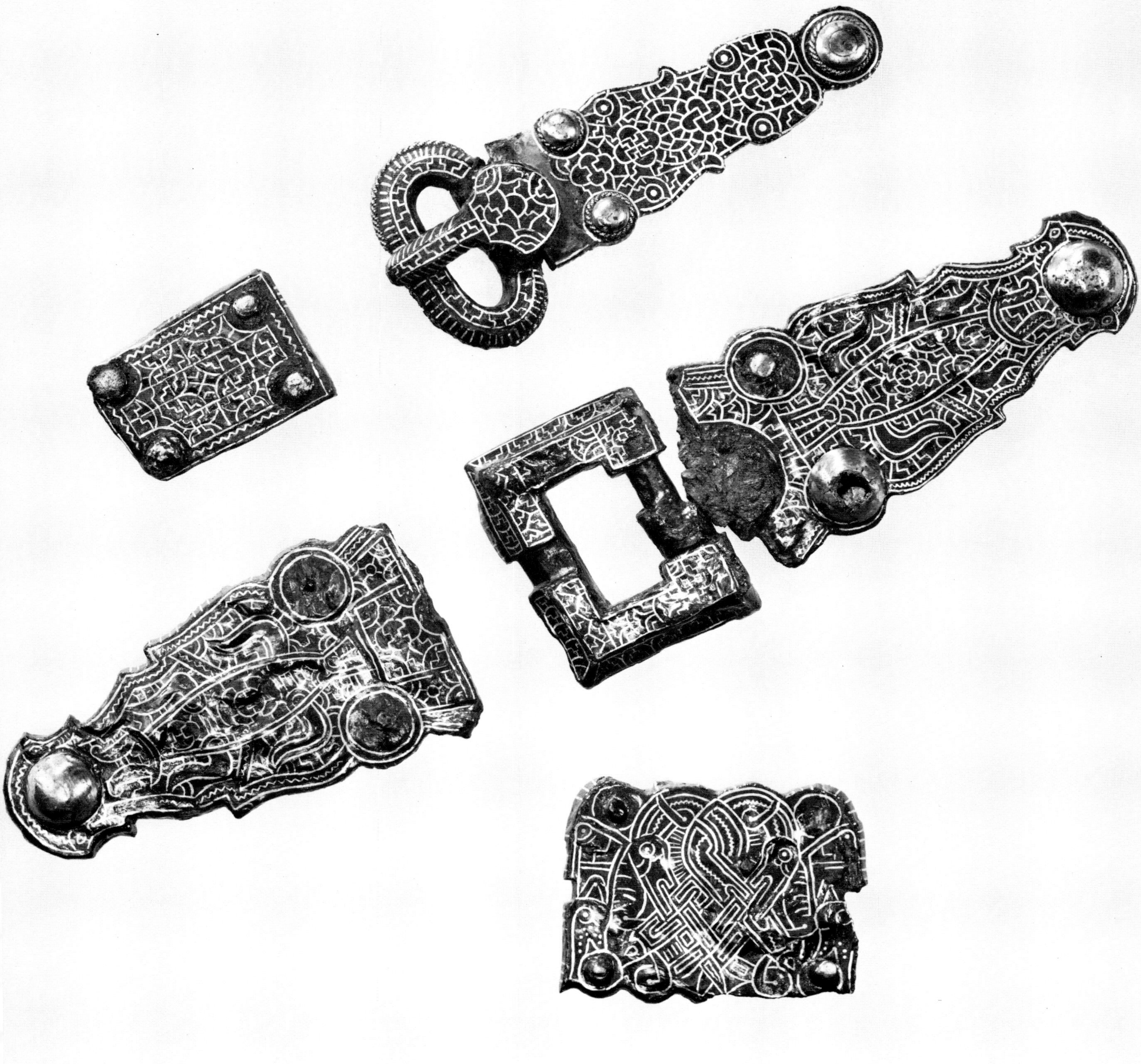

Tafel 83 Gürtelgehänge von Kirchheim am Ries. Mit dem 7. Jahrhundert wuchs das Bedürfnis nach apotropäischen und heilsbringenden Amuletten und verband sich mit einem wachsenden Schmuckwillen. Beiden Wurzeln entstammen Dinge wie dieses Kettengehänge aus Bronze, getragen an den Gürteln begüterter Damen und gefunden im Grab 326 von Kirchheim am Ries (*Reg. 214*, Tafel 101); es ist das Erzeugnis einer ostalamannischen Werkstatt. Die beiden Zwischenglieder sind je 5 cm breit.
Württ. Landesmuseum Stuttgart

Tafel 84 Goldene Fingerringe aus alamannischen Gräbern. Ein goldener Fingerring war stets das Abzeichen gediegener Wohlhabenheit und wurde vor allem von reichen Frauen gern und ausdauernd getragen. Als Zierelement bevorzugte man Halbedelsteine, römische Gemmen und später byzantinische Münzen. Blaue Glaseinlagen waren dagegen schon fast zu simpel für einen goldenen Ring; sie fanden vor allem an Silberringen Verwendung. Fundortnachweis am Ende des Tafelteils. Der Ring mit blauer Glaseinlage hat einen Durchmesser von 2,2 cm.
Württ. Landesmuseum Stuttgart

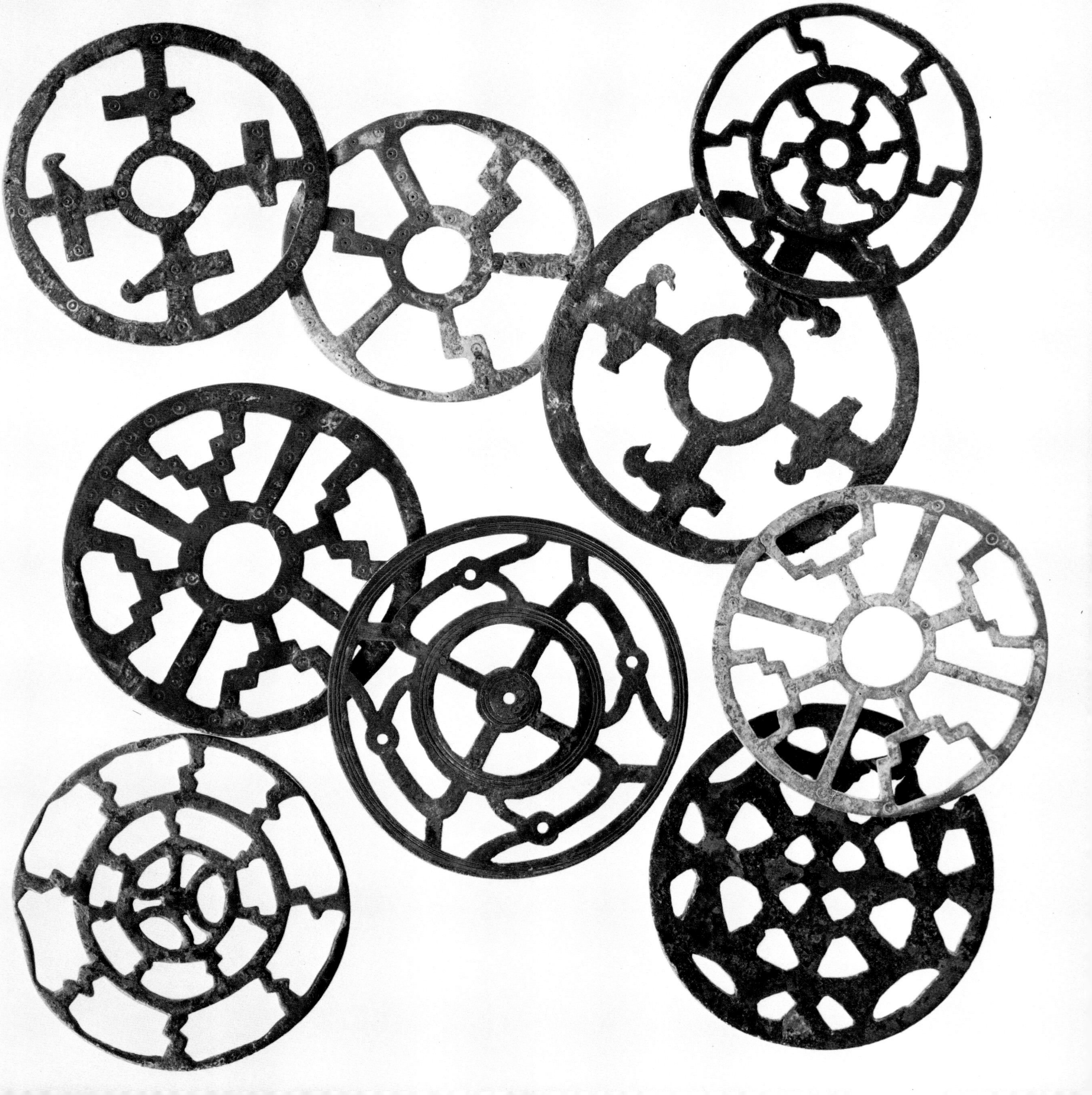

Tafel 85 Zierscheiben aus dem Gräberfeld von Nordendorf. Zu den Dingen, mit denen sich Alamanninnen im 7. Jahrhundert ihrer Schutzwirkung wegen behängten, gehörten Zierscheiben. Ihre Beliebtheit mag aus der Tatsache hervorgehen, daß kaum eine der reichen Frauen in Nordendorf (*Reg. 265*) im 7. Jahrhundert auf ein derartiges Amulett verzichtete. Die Scheiben sind aus Bronze und in ungefähr natürlicher Größe abgebildet.
Römisches Museum Augsburg

Tafel 86 Knochenschnalle aus Augsburg. Aus dem Grab eines in der 2. Hälfte des 7. Jahrhunderts verstorbenen und bei der Wallfahrtsstätte der hl. Afra in Augsburg (*Reg. 8*) bestatteten Mannes stammt eine Knochenschnalle südfranzösischer Herkunft mit der Darstellung des Jonaswunders. Ihr Besitzer war ein hoher geistlicher Würdenträger romanischer Abstammung. Die Schnalle ist 8,7 cm lang.
Römisches Museum Augsburg

Tafel 87 Goldblattkreuze aus Gräbern des 6. und 7. Jahrhunderts. Die augenfälligsten Zeugnisse des christlichen Glaubens unter den Alamannen sind jene Kreuze aus dünnem Goldblech, einst auf einem schleierartigen Gewebe aufgenäht und dem Toten aufs Antlitz gelegt. Bereits ihre Verletzbarkeit schließt aus, daß sie an der Tracht der Lebenden befestigt waren. Sie mußten vielmehr bei jedem Todesfall eigens von einem in erreichbarer Nähe vorhandenen Goldschmied nach gerade verfügbaren Vorbildern aus Goldblech ausgeschnitten werden. So erklären sich die großen Unterschiede in Form und Qualität. Gleiches gilt für die Verzierungsweise. Waren Model oder modelähnliche Objekte für eine Abpressung vorhanden, wurden sie genutzt. So finden sich auf Goldblattkreuzen Abdrucke von römischen und byzantinischen Münzen, von Bronzeriemenzungen und Saxscheidenknöpfen, aber auch von regulären Preßmodeln, die sonst vielleicht zur Verzierung von Trinkgefäßbeschlägen (Tafel 88) oder von Wadenbindenriemenzungen (Tafel 89) dienten. Das Bild Christi oder ein anderes Heilszeichen stellte man gern im Zentrum des Kreuzes dar, wobei auch hier mit Vorlagen großzügig umgegangen wurde.

Goldblattkreuze kommen bevorzugt in Gräbern reicher Personen vor. Ärmere Leute mußten sich mit Stoffkreuzen begnügen. Die Sitte der Goldblattkreuze, die man früher häufig auf langobardische Anregungen zurückführte, ja sogar als durchweg langobardische Importe bezeichnet hat, ist seit dem Ende des 6. Jahrhunderts auch bei den Alamannen heimisch und ein weiterer Hinweis darauf, wie früh das Christentum hier Fuß gefaßt hatte, und wie einträchtig heidnisches und christliches Vorstellungsgut lange nebeneinander herliefen. Ein Fundortnachweis findet sich am Ende des Tafelteils. Die Kreuze sind in natürlicher Größe abgebildet.

Württ. Landesmuseum Stuttgart

Tafel 88 Goldblattkreuz von Hintschingen (Reg. 192). Größe 10,5 cm. Bad. Landesmuseum Karlsruhe

Tafel 89 Goldblattkreuz von Landsberg/Lech (Reg. 234). Größe 6,2 cm. Prähist. Staatssammlung München

◁◁ *Tafel 90 Scheibenfibel aus Grab 144 von Merdingen (Reg. 247).* Gold über Bronze mit Granateinlagen, Durchmesser 3,4 cm.
Museum Freiburg i. Br.

◁ *Tafel 91 Goldschmuck aus Adelsgräbern von Kirchheim unter Teck (Reg. 216).* Die Fibel oben besitzt einen Durchmesser von 3,7 cm.
Württ. Landesmuseum Stuttgart

Tafel 92 Goldscheibenfibeln von württembergischen Fundorten. Alle Fibeln sind in natürlicher Größe abgebildet.
Württ. Landesmuseum Stuttgart

Die Hinwendung zum gediegenen Gold, wie sie von der Mitte des 6. Jahrhunderts an bei der Tracht wohlhabender Damen immer sichtbarer wird und bald in Grabinventaren wie den hier aus Kirchheim unter Teck gezeigten kulminiert (vgl. auch Tafeln 56, 58, 69), ebbt zu Beginn des 7. Jahrhunderts wieder etwas ab, wohl eine Frage des immer knapper werdenden Rohstoffs Gold. Übrig blieb als goldener Zierträger die Scheibenfibel, wobei von den beiden im 6. Jahrhundert noch einträchtig nebeneinander bestehenden Varianten, der Ausführung in flächigem Granatzellenwerk (wie Tafel 56) und der mit flächigem Perldrahtdekor (wie Tafel 90), schließlich die letztere sich durchsetzte. Ihre Entwicklung verläuft von flachen Stücken mit Mittelbuckel zu Fibeln mit stark reliefierter Oberfläche und der Andeutung von Tierstildekor. Alle derartigen Scheibenfibeln sind Einzelanfertigungen in örtlichen Ateliers.

▷
Tafel 93 Bügelfibel aus dem Fürstengrab von Wittislingen. Silber, vergoldet, mit goldenen Einlagen und granat- bzw. glasgefülltem goldenem Zellenwerk, Länge 16 cm.
Prähist. Staatssammlung München

▷▷
Tafel 94 Goldene Scheibenfibel aus dem Fürstengrab von Wittislingen. Goldblech mit Granat- und Glaseinlagen, Durchmesser 8 cm.
Prähist. Staatssammlung München

Der reichste alamannische Grabfund des 7. Jahrhunderts, derjenige einer um die Mitte dieses Jahrhunderts verstorbenen und zu Wittislingen bestatteten Dame (*Reg. 390*), enthielt die außergewöhnlichsten Gegenstände der unterschiedlichsten Herkunft. Singulär ist beispielsweise die noch im 6. Jahrhundert auf Bestellung in einem fränkischen Hofatelier angefertigte Bügelfibel von Tafel 93 mit ihrer christlichen Inschrift auf der Rückseite (Tafel 23). Das Erzeugnis einer ostalamannischen, vielleicht sogar in Wittislingen ansässigen Werkstatt ist dagegen die Scheibenfibel. Sie wurde ein halbes Jahrhundert nach der Bügelfibel hergestellt und übertrifft andere Erzeugnisse ihres Meisters nur an Umfang, nicht an Qualität.

Tafel 93 *Tafel 94*
Legenden siehe vorhergehendes Blatt

Tafel 95 Goldscheibenfibel von Pliezhausen. In jeder Hinsicht ungewöhnlich ist die aus dem Grabe einer adeligen Dame des 7. Jahrhunderts stammende Scheibenfibel (*Reg. 286*). Sie ist zunächst über ein Model gepreßt, somit in einer auf Massenfertigung ausgelegten Technik hergestellt. Gleichwohl ist sie ein Einzelstück geblieben. Ihre Schauseite zeigt in bewegter szenischer Darstellung einen Reiter, der siegreich über einen am Boden liegenden Feind hinwegreitet, wobei er sich eines ihm die Lanze führenden, gewiß göttlichen Sieghelfers erfreuen durfte. Ein solches Bild kann sich auf ein bestimmtes persönliches Erleben beziehen, kann aber auch mythologische, ja christliche Vorstellungen beinhalten. Die Fibel hat einen Durchmesser von 7,5 cm. ▷
Württ. Landesmuseum Stuttgart

◁ *Tafel 96 Fibelmodel aus Gammertingen (links) und Preßblechfibel aus Hailfingen.* Einfachere und billigere Fibeln waren seriell mit Hilfe von Preßmodeln hergestellt. Ein solches Bronzemodel stammt von Gammertingen (*Reg. 126*). Wie die Endprodukte aussahen, verbildlicht eine Silberblechfibel von Hailfingen (*Reg. 158*). Beide Fundstücke entstanden um 600. Das Bronzemodel hat einen Durchmesser von 4,9 cm. Privatbesitz und Württ. Landesmuseum Stuttgart

Tafel 97 Scheibenfibel aus Bronzeblech von Eichstetten. Das Material zeigt bereits an, daß die Fibel (*Reg. 93*) dem Besitz einer nur durchschnittlich wohlhabenden Frau angehörte. Sie war seriell über ein Model gefertigt worden, dessen Meister die Rückseite einer römischen Münze vergrößert abgekupfert hatte. Die Figur der INVICTA ROMA hatte er noch leidlich getroffen, die Inschrift jedoch nicht mehr. Die Fibelplatte hat einen Durchmesser von 5 cm.
Museum Freiburg i. Br.

Tafel 98 Riemenzungen aus Silberblech von Burggen. Zubehör der Strumpfgarnitur einer wohlhabenden, in der 1. Hälfte des 7. Jahrhunderts zu Burggen (*Reg. 64*), verstorbenen Frau waren Riemenzungen aus silbernem Preßblech, verziert in barock anmutendem Tierstil. Derartige Arbeiten sind charakteristisch für den ostalamannischen Raum, wo sie in kleinen, nur wenig mehr als den lokalen Bedarf deckenden Werkstätten hergestellt wurden. Die Riemenzungen sind 16 cm lang.
Prähist. Staatssammlung München

Tafel 99 Riemenzunge einer vielteiligen Gürtelgarnitur aus Bohlingen (Reg. 42). Eisen, silbertauschiert. Länge 10,2 cm.
Museum Freiburg i. Br.

Tafel 100 Beschläge einer vielteiligen Gürtelgarnitur aus Grab 75 von Donzdorf (Reg. 82). Eisen, silbertauschiert. Länge der Hauptriemenzunge 9,4 cm.
Württ. Landesmuseum Stuttgart

Die zur Männertracht gehörenden Leibriemen, die um 600 mit nur drei großen Metallbeschlägen versehen waren (siehe Tafeln 77 bis 79, 80), wurden noch in der 1. Hälfte des 7. Jahrhunderts nach dem Vorbild ostmediterraner Gürtel umgestaltet und mit zahlreichen Beschlägen und Nebenriemen geschmückt. Deren Ornamentik wird hauptsächlich vom germanischen Tierstil gestellt. Nur gelegentlich sind original-mediterrane Einflüsse zu spüren, wie etwa beim Rankenwerk der Riemenzunge von Bohlingen; hier können Ornamente der kirchlichen Bauplastik, etwa Schrankenplatten des Konstanzer Domes, Pate gestanden haben. Gleicher Herkunft sind die christlichen, zumeist Psalmanfänge wiedergebenden Inschriften, deren eine auf den Donzdorfer Riemenzungen steht. Sie wünscht dem Käufer und Benutzer des Gürtels Freude und Glück. Um die Mitte des 7. Jahrhunderts – aus dieser Zeit stammen beide Gürtelgarnituren – wußte man sehr wohl um den christlichen Sinngehalt einer solchen Floskel.

+GAVDEATQVIE

◁ *Tafel 101 Schmuck aus dem Grab einer adeligen Dame aus Kirchheim am Ries.* Um die Mitte des 7. Jahrhunderts hatte jene Dame gelebt, die in Grab 326 des Friedhofs von Kirchheim am Ries (*Reg. 214*) aufgefunden worden, und deren Grabausstattung den sonst allgegenwärtigen Grabräubern wunderbarerweise entgangen war. Ihr Schmuck ist komplett und läßt keine der damals angebotenen Zierflächen aus, beginnend bei Hauben-, Ohr- und Halsschmuck über Fibel, Armring, Fingerring zu Wadenbinden und Schuhgarnituren. Besonders auffallend ist das überreiche Arsenal an Amuletten. Vom Gürtel herab hingen, jeweils gesondert, eine bronzene Gürtelkette (abgebildet Tafel 83), ein Perlengehänge, eine Zierscheibe, eine Cypraea tigris und eine silberne Amulettkapsel. Bemerkenswert bei dem Wohlstand der Kirchheimer Adelsfamilie ist die Herkunft des Schmucks: bis auf wenige fremdländische Rohmaterialien, etwa die Amethyste der Halskette und die Cypraea, stammen alle Objekte aus einheimischen Werkstätten. Alle Gegenstände sind in natürlicher Größe dargestellt.
Württ. Landesmuseum Stuttgart

Tafel 102 Schmuck aus Grab 10 von Lahr-Burgheim. Die adelige Dame, die gegen Ende des 7. Jahrhunderts verstorben und in der Kirche von Burgheim (*Reg. 231*) bestattet worden war, ist laut Ausweis ihres hier in Auswahl gezeigten Schmucks jener Adeligen aus Grab 326 von Kirchheim am Ries (Tafel 101) in jeder Hinsicht absolut ebenbürtig gewesen. Dies beginnt bei den Einzelheiten, etwa der goldenen Scheibenfibel mit ihrer lebendig gestalteten Schaufläche, der Halskette mit den zwischen Amethyste eingeschobenen Goldperlen und Goldanhängern (darunter eine gefaßte langobardische Goldmünze), dem silbernen Ohrringpaar, dem Silberarmring und dem goldenen Fingerring. All dies findet sich austauschbar im Kirchheimer Grab, lediglich fortschrittliche Elemente an der Goldscheibenfibel zeigen an, daß wir uns in einer jüngeren Zeitphase befinden. Gleichgeblieben ist auch die generelle Herkunft des Schmuckensembles. Bis auf die wohl dem Familienschatz entnommenen Goldgegenstände (geflochtene Halskette und Goldmünze) sind alle Objekte in einheimischen alamannischen Ateliers der 2. Hälfte des 7. Jahrhunderts entstanden. Die Ohrringe haben einen Durchmesser von 6,5 cm.
Museum Freiburg i. Br.

Tafel 103 Sporen aus dem 7. Jahrhundert. Der Reitersporn beginnt – von einem kurzen, auf die oberste Bevölkerungsschicht beschränkten Gastspiel in den Jahrzehnten um 500 abgesehen – erst im 7. Jahrhundert bei den Alamannen heimisch zu werden, zunächst zögernd, dann furios beschleunigt und schließlich um 700 in weiten Bevölkerungskreisen gebräuchlich. Fundortnachweis am Ende des Tafelteils. Der Sporn rechts ist 11,5 cm lang. Württ. Landesmuseum Stuttgart

Tafel 104 Silberne Gürtelbeschläge der Zeit um 700. Die Mode der dem Zierbedürfnis so entgegenkommenden vielgliedrigen Männergürtel (wie Tafel 100) war noch im 7. Jahrhundert erloschen. An ihre Stelle traten Leibriemen mit nichts als einer Schnalle, allenfalls noch einer Riemenzunge als Metallbeschlag. Auf diese Teile konzentrierten sich Schmuckwillen und Repräsentationsbedürfnis. Wir wissen, daß Schnallen wie die von Stuttgart-Bad Cannstatt (*Reg. 340*) oder Riemenzungen wie die von Kornwestheim (*Reg. 228*) eigentlich nur im Besitz der Reichsten gewesen sein können. Die Riemenzunge ist 17 cm lang.
Württ. Landesmuseum Stuttgart

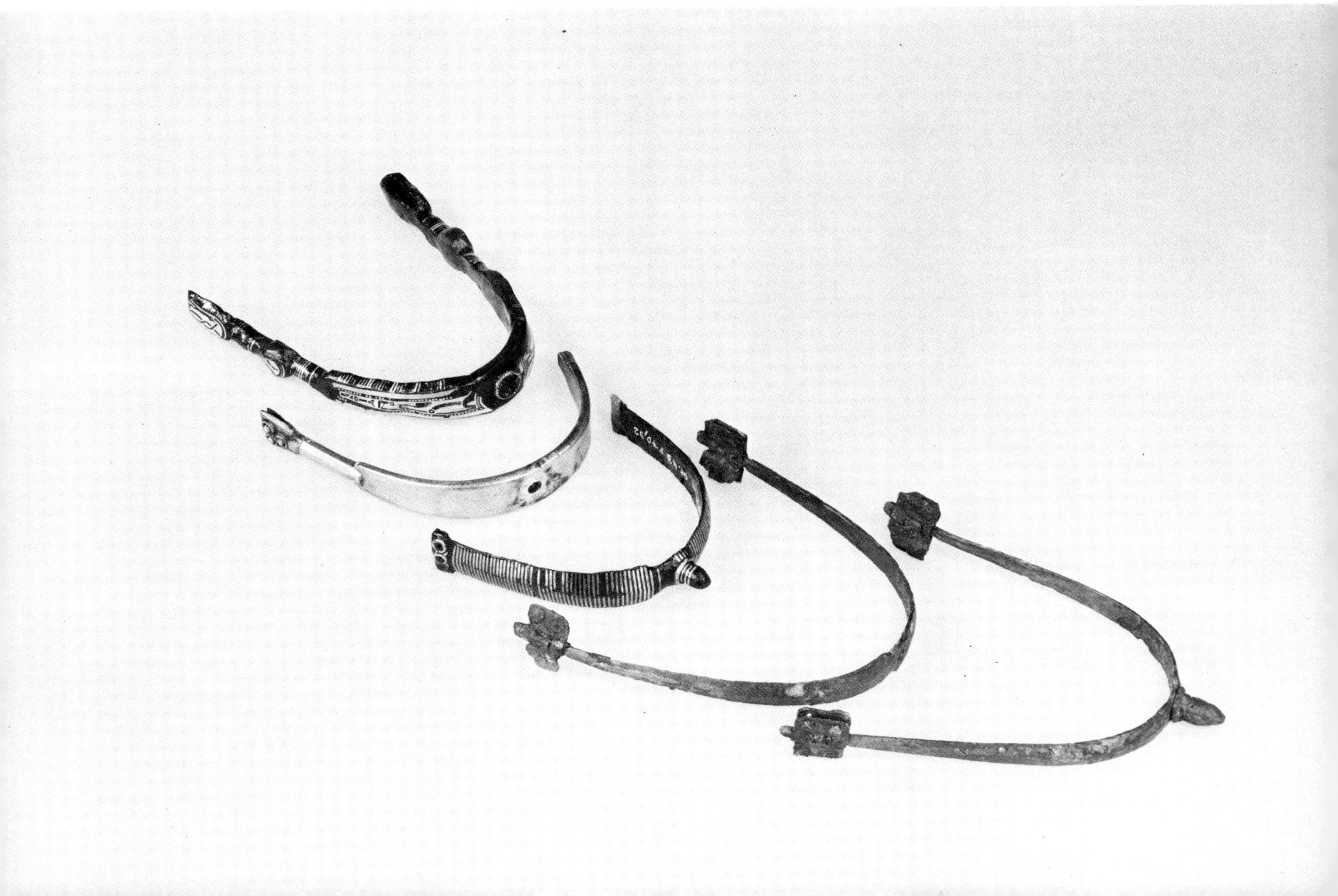

Tafel 105 Schildbuckel aus Adelsgräbern der Zeit um 700. Ein Mann von überragender Bedeutung war schon an seinem Äußeren zu erkennen: sein Schild war mit silbernen Nägeln beschlagen, der Schild des gemeinen Mannes bestenfalls mit Eisen. Aus Adelsgräbern stammen die Schildbuckel von Göggingen (links, *Reg. 138*) und Pfullingen (*Reg. 282*). Der Schildbuckel von Göggingen ist 14,2 cm hoch.
Römisches Museum Augsburg und Württ. Landesmuseum Stuttgart

Tafel 106 Preßblechfibeln vom Ende des 7. Jahrhunderts aus Kirchheim am Ries. Die Vielfalt der Vorbilder, die Nachlässigkeit der seriellen Ausführung, die Seltenheit kostbarer Materialien, all dies wird augenfällig, wenn man die Scheibenfibeln einer Generation, getragen an einem Ort (*Reg. 214*) von einer in sich vergleichbaren, wohlhabenden Bevölkerungsschicht und entstanden im gleichen Gebiet Ostalamanniens, nebeneinander aufreiht. Die Fibeln sind in natürlicher Größe abgebildet.
Württ. Landesmuseum Stuttgart

Tafel 107 Goldener Ohrring aus Gruibingen. Ein Streufund aus der Kirche St. Martin zu Gruibingen (*Reg. 150*) ist der letzte Rest wohl eines der bedeutendsten Grabfunde des alamannischen Adels aus der Zeit um 700. Im Gegensatz zu den auch bei den reichsten Familien in einheimischen Ateliers angefertigten Schmuckausstattungen (siehe Tafel 102) war der hier abgebildete goldene Ohrring ein Importstück aus dem Mittelmeerraum. Seine Form wurde in der Folgezeit von einheimischen Goldschmieden immer wieder kopiert und wirkte noch weit ins 8. Jahrhundert nach. Länge des Ohrrings 5,7 cm.
Württ. Landesmuseum Stuttgart

Tafel 108 Scheibenfibel der Zeit um 700 aus Baden-Baden. Vielleicht aus einem nicht erkannten Grab (*Reg. 9*) stammt jene Scheibenfibel, von der uns allein das Goldblech der Schauseite erhalten ist. Sein Zentrum wurde über einen Sesterz des Kaisers Trajan abgepreßt, jedoch nachgearbeitet, wie denn überhaupt die ganze Fibel ein hochwertiges Goldschmiedeerzeugnis darstellt. Die Randrundeln dienten ursprünglich als Fassungen der wohl silbernen Nietstifte, welche die Schauseite der Fibel auf deren (verlorener) Grundplatte festhielten. Der größte Durchmesser der Fibel beträgt 3,9 cm.
Bad. Landesmuseum Karlsruhe

Tafel 109 Scheibenfibeln aus Grab 278 von Fridingen. Zu den jüngsten, von monumentalen Hügeln bedeckten Bestattungen des Adelsgräberfriedhofes von Fridingen (*Reg. 120*) gehört das Grab einer Frau. Sie war um 700 verstorben und bald darauf von Grabräubern ihres Grabgutes beraubt worden, mit Ausnahme jenes Fibelpaars. Von ihm ist die sternförmige Fibel eine geläufige Form der Zeit um 700, sowohl in ihrer Gliederung wie in der technischen Ausführung die geradlinige Fortsetzung der Scheibenfibelentwicklung des 7. Jahrhunderts. Ihr Meister war gewiß in Alamannien ansässig. Der Tracht ihrer Besitzerin wurde, der sich um 700 wiederum wandelnden Mode entsprechend, eine zweite Fibel hinzugefügt, welche sich erst gar nicht darum bemüht, das vorhandene Pendant zu kopieren. Sie scheint vielmehr von einem findigen Goldschmied aus vorhandenen Einzelteilen an goldenem Zellenwerk zusammenkomponiert worden zu sein. Man darf nicht außer acht lassen, daß es ja die gleichen Meister waren, die neben dem Trachtenschmuck auch schon Fassungen für kirchliche Instrumente und Reliquien herzustellen hatten. Aus Abfällen eines solchen Auftrags, vielleicht auch aus einer Umarbeitung, können durchaus die Cloisonnéestreifen unserer Fibel stammen. Die Sternfibel ist 4,3 cm groß.
Württ. Landesmuseum Stuttgart

Tafel 110 Glasbecher aus Stein am Rhein. Einem Mitglied der Adelsfamilie, welche um 700 die Johanneskirche im spätrömischen Kastell Tasgaetium auf Burg (*Reg. 330*) als Grablege wählte, war ein gläserner Stengelbecher ins Grab gegeben worden. Er ist das Erzeugnis einer im langobardischen Oberitalien, möglicherweise in Venedig arbeitenden Glashütte. Für diese Werkstätten war der Raum der alamannischen Nordschweiz, allenfalls noch der dem Hochrhein vorgelagerte Landstrich der nordwestlichste Bereich ihrer Absatzgebiete, dies jedoch gleichmäßig über Jahrhunderte hinweg. Stengelbecher sind das Leitfossil dieser südlichen Importe. Nur wenig weiter nördlich wird der Markt dann ganz von den fränkischen Glashütten beherrscht.
Im 7. Jahrhundert hatte eine Reduzierung der fränkischen Glasproduktion den Wert von Glasgeschirr beträchtlich ansteigen lassen; Gläser finden sich von da an nur noch im Besitz überdurchschnittlich wohlhabender Familien, wie der in Burg bestattenden. Der Becher ist in nicht ganz doppelter natürlicher Größe dargestellt.
Kantonsarchäologie Thurgau, Frauenfeld ▷

Fundortnachweise zu den Tafeln 31, 45, 52, 55, 57, 59, 60, 84, 92 und 103

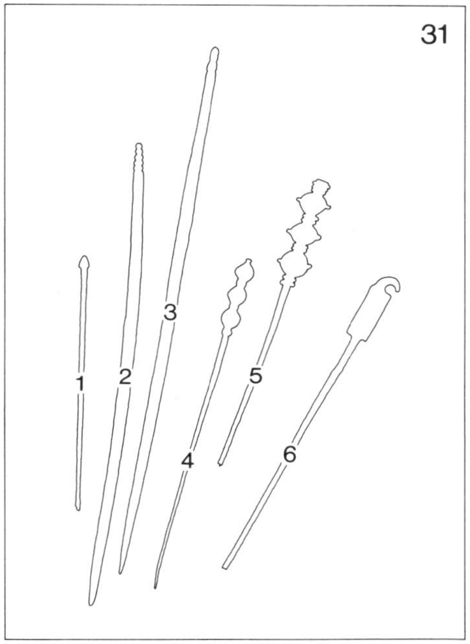

Zu Tafel 31: 1–3 Gerlachsheim Grab 4 (Reg. 132). – 4 Heidelberg-Neuenheim (Reg. 164). – 5 Herten (Reg. 190). – 6 Lörrach (Reg. 239).

Zu Tafel 45: 1–4, 6, 8 Gültlingen (Reg. 151). – 5 Sindelfingen (Reg. 318). – 7 Stuttgart-Stammheim (Reg. 345). – 9 Fundort unbekannt. – 10 Hemmingen (Reg. 185). – 11 Rüdern (Reg. 299). – 12 Nagold (Reg. 257).

Zu Tafel 52: 1 Wurmlingen (Reg. 396). – 2 Fützen (Reg. 123). – 3 Dettingen u. Teck (Reg. 71). – 4 Gültlingen (Reg. 151). – 5 Ditzingen (Reg. 78). – 6, 7 Hemmingen (Reg. 185). – 8 Böttingen (Reg. 50). – 9 Ulm (Reg. 361).

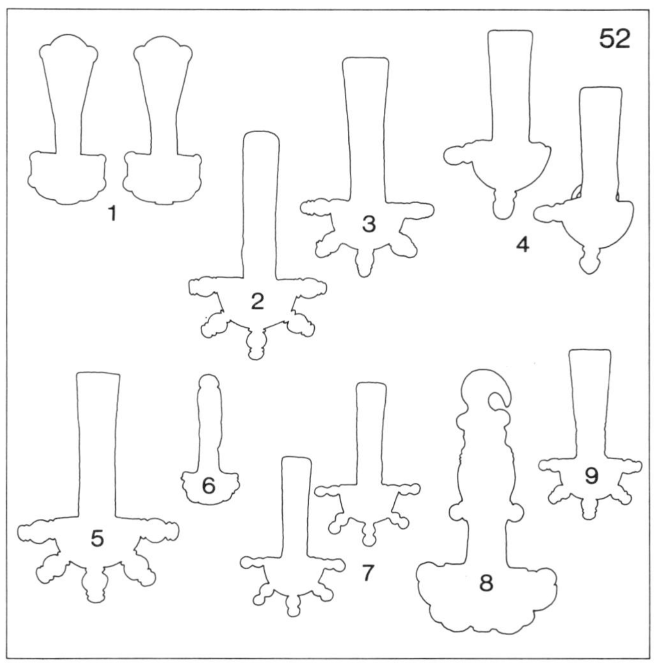

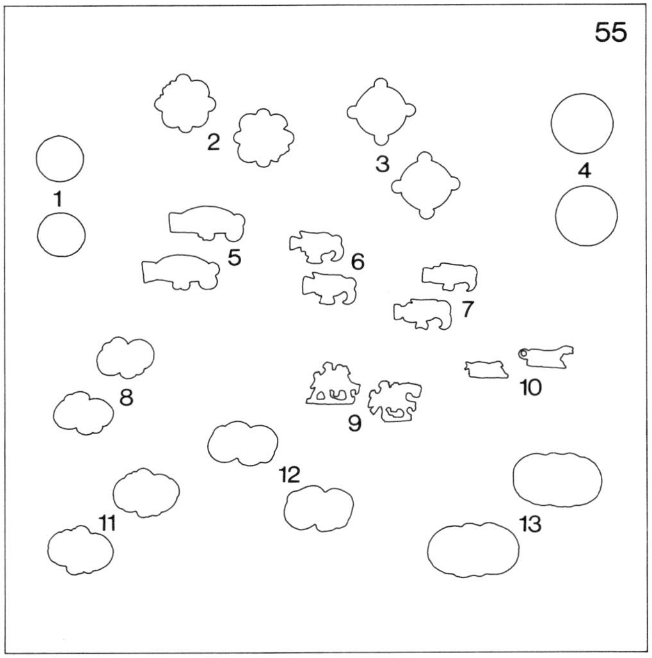

Zu Tafel 55: 1 Ditzingen (Reg. 77). – 2 Oberflacht (Reg. 271). – 3 Wurmlingen (Reg. 396). – 4, 13 Deißlingen (Reg. 69). – 5 Pfullingen (Reg. 281). – 6 Nagold (Reg. 257). – 7 Hemmingen (Reg. 185). – 8 Ditzingen (Reg. 77). – 9 Stuttgart-Münster (Reg. 343). – 10 Sindelfingen (Reg. 318). – 11 Nusplingen (Reg. 267). – 12 Sontheim/Brenz (Reg. 323).

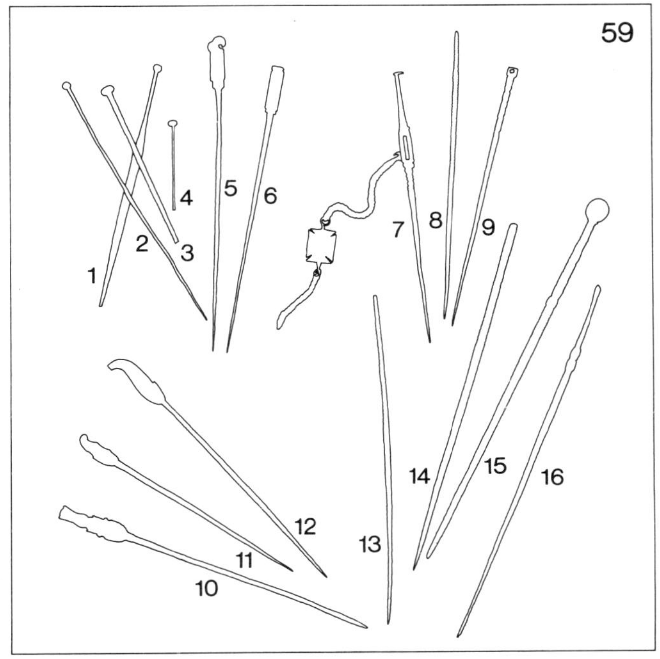

Zu Tafel 59: 1, 3 Heidenheim/Brenz (Reg. 169). – 2 Deißlingen (Reg. 69). – 4 Ditzingen (Reg. 78). – 5, 12 Pfullingen (Reg. 281). – 6 Walheim (Reg. 373). – 7 Bopfingen (Reg. 49). – 8 Wurmlingen (Reg. 396). – 9 Tübingen-Derendingen (Reg. 356). – 10 Donzdorf (Reg. 82). – 11 Hailfingen (Reg. 158). – 14 Sindelfingen (Reg. 318). – 15 Wurmlingen (Reg. 397). – 16 Ergenzingen.

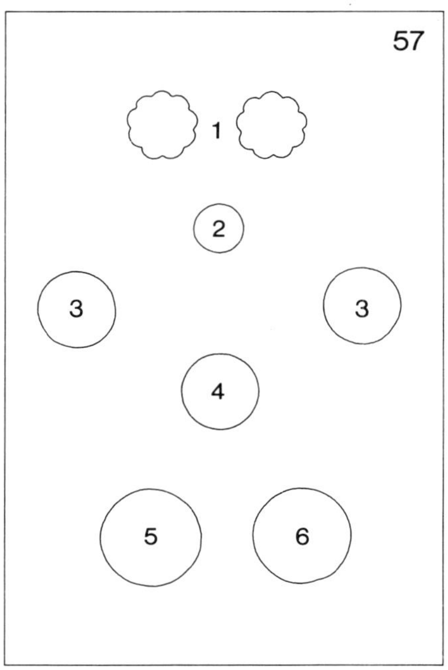

Zu Tafel 57:
1 Hailfingen (Reg. 158). – 2, 5 Pfullingen (Reg. 281).
3 Donzdorf (Reg. 82).
4 Oberstotzingen (Reg. 274). –
6 Heidenheim (Reg. 169).

Zu Tafel 60:
1 Hemmingen (Reg. 185). – 2 Böbingen (Reg. 39). – 3 Gültlingen (Reg. 151).
4 Donzdorf (Reg. 82). – 5 Sontheim/Brenz (Reg. 323).
6, 7 Kirchheim/Ries (Reg. 214). – 8 Nusplingen (Reg. 267).
9 Kirchheim u. T.-Ötlingen (Reg. 223).

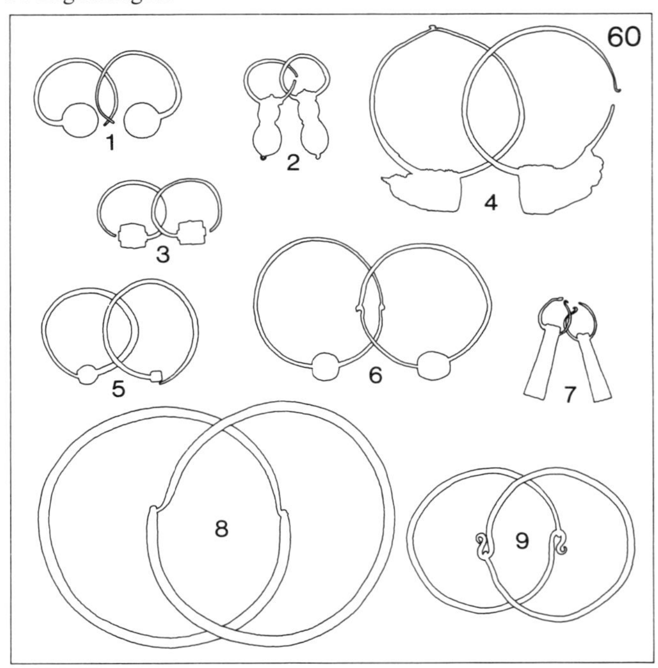

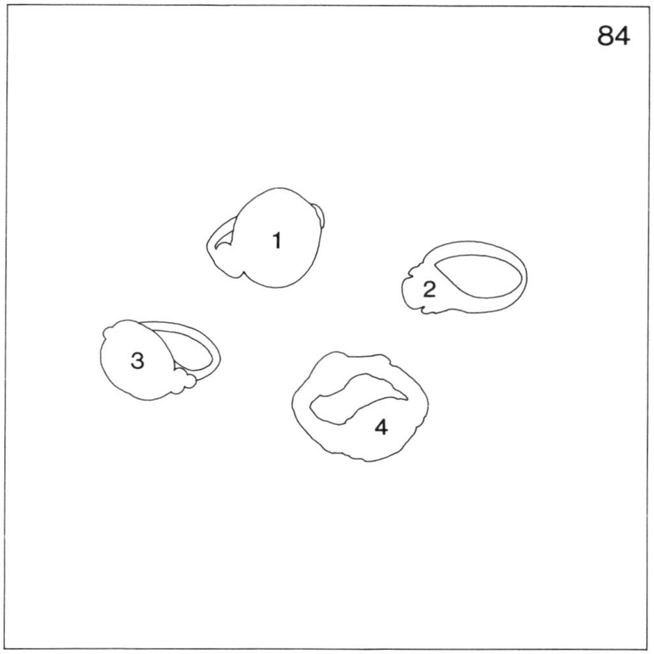

Zu Tafel 84: 1 Deißlingen (Reg. 69). – 2 Donzdorf (Reg. 82). – 3 Eislingen (Reg. 95). – 4 Fundort unbekannt.

Zu Tafel 87: 1 Sontheim/Brenz (Reg. 323). – 2 Neresheim (Reg. 262). – 3, 5, 6 Kirchheim u. T. (Reg. 216). – 4, 9 Tübingen-Derendingen (Reg. 356). – 7 Oberiflingen (Reg. 272). – 8 Andelfingen (Reg. 4). – 10 Pliezhausen (Reg. 286). – 11 Ulm (Reg. 361).

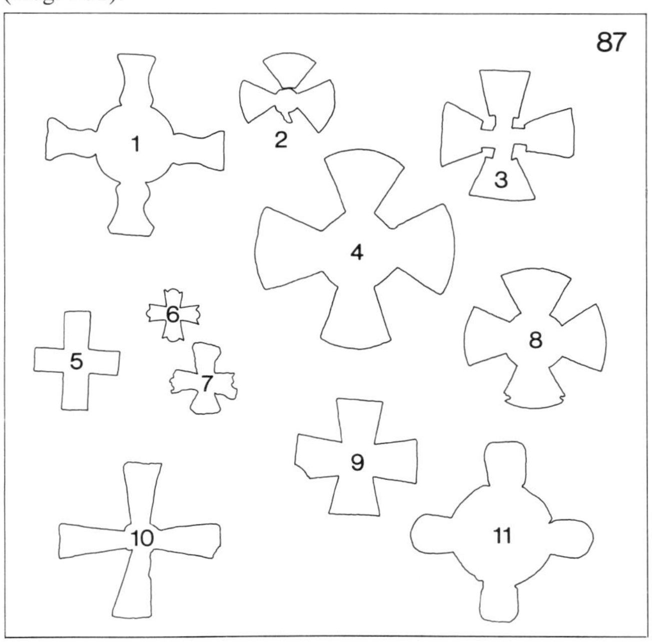

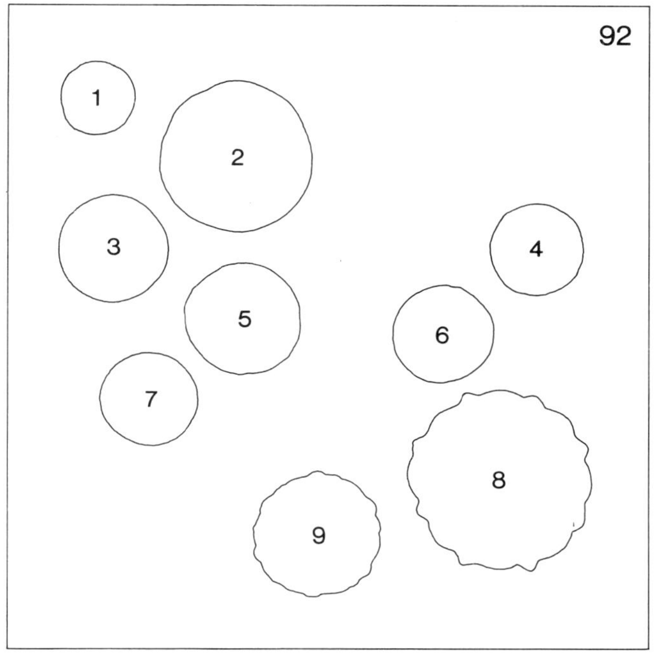

Zu Tafel 92: 1 Sontheim/Brenz (Reg. 323). – 2 Eislingen (Reg. 95). – 3 Balingen (Reg. 14). – 4 Horkheim, Kr. Heilbronn. – 5 Kleinsachsenheim (Reg. 224). – 6 Tübingen-Derendingen (Reg. 356). – 7 Oberflacht (Reg. 271). – 8 Pleidelsheim (Reg. 285). – 9 Sindelfingen (Reg. 318).

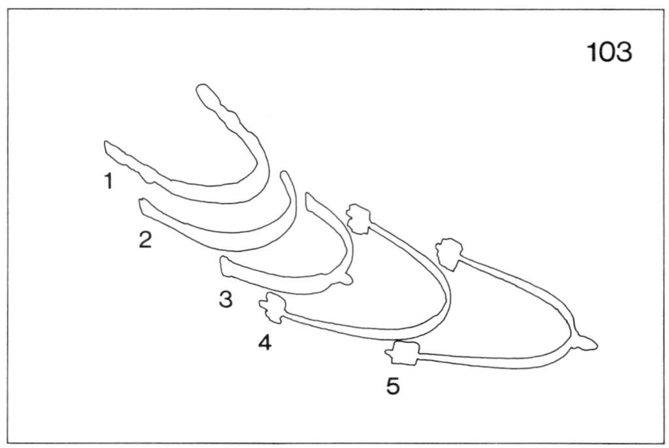

Zu Tafel 103: 1 Unterjesingen (Reg. 363). – 2 Göppingen (Reg. 140). – 3 Kirchheim/Ries (Reg. 214). – 4, 5 Öschingen (Reg. 277).

Bedeutende Fundstellen des frühen Mittelalters im alamannischen Raum

Dieser abschließende Teil des Buches soll zunächst die Funktion eines Registers erfüllen und den Abbildungs- und Tafelteil erschließen. Die Ortsnamen sind daher in alphabetischer Reihenfolge, ungeachtet ihrer politischen Zugehörigkeit, aufgeführt, wobei der bisher allgemein gebräuchliche und bekannte Fundstellenname der heutigen Gemeindebezeichnung vorgezogen wurde, wenn beide nicht identisch waren; zum Beispiel: Hailfingen und nicht Rottenburg-Hailfingen. Zusätzliche Fundorte, vor allem aus den nach 500 noch alamannischen Kernlanden, wurden aufgenommen, wenn der Grad ihrer archäologischen Erschließung zu einer historisch relevanten Aussage geführt hat oder führen kann. Funde, welche zu Recht in der archäologischen Literatur der Vergangenheit eine Rolle spielten, fanden ebenfalls Aufnahme. Literaturhinweise mußten sich auf die Stellen beschränken, an denen das Fundmaterial am ausführlichsten vorgelegt wurde, die trotz ihrer Bedeutung für die Beurteilung des Fundplatzes bisher wenig ausgeschöpft wurden, oder die ausführlich in die ältere Literatur einführen. Abkürzungen wurden mit Ausnahme verständlicher Kürzel (z. B. BadWtbg. = Baden-Württemberg) nur in drei Fällen verwendet:

Garscha = F. Garscha, Die Alamannen in Südbaden (1971).
Roeren = R. Roeren, Zur Archäologie und Geschichte Südwestdeutschlands im 3. bis 5. Jahrhundert n. Chr. Jahrbuch des Römisch-Germanischen Zentralmuseums Mainz 7, 1960, 214 ff.
Veeck = W. Veeck, Die Alamannen in Württemberg (1931).

Die eingestreuten Karten wichtiger Fundplätze und Fundregionen haben den Topographischen Atlas 1 : 50 000 und dessen Maßstab zur Grundlage. In ihrem Bereich wurde die Erfassung *aller* frühmittelalterlicher Fundstellen angestrebt. Diese sind dann nach Möglichkeit alle im Regestenteil aufgeführt; die Ordnungsnummer wurde stets auf dem Plan eingetragen. Die Signaturen bedeuten:

Siedlungsplatz ●

Kirche vor 700 ✝

Bestattungsplatz ▬

Albstadt *siehe Burgfelden, Ebingen*

Altheim, Gde. Schemmerhofen, Lkr. Biberach

1 Von hier stammt ein überdurchschnittlich reich ausgestattetes Frauengrab aus der Mitte des 7. Jh.
Lit.: Deutsche Gaue, Sonderheft 35/36, 1903, 46 ff. – Veeck 335.

Altlußheim, Rhein-Neckar-Kreis

2 Zur Zeit, als die Umgebung in burgundischem oder alamannischem Besitz war, wurde am Rande des Hochgestades, nur 4 km von Speyer entfernt, ein zusammen mit den Hunnen an den Rhein gekommener Krieger prunkvoll bestattet.
Tafel 41
Lit.: F. Garscha, Germania 20, 1936, 191 ff. – J. Werner, Beiträge zur Archäologie des Attila-Reiches (1956).

Altstädten, Stadt Sonthofen, Lkr. Oberallgäu

3 Westlich des Dorfes größerer, etwa 150 Bestattungen umfassender Friedhof, dessen zugehörige Siedlung – sicher Altstädten – gegen Ende des 6. Jh. gegründet und von einer Bevölkerung nur sehr durchschnittlichen Wohlstands bewohnt worden war.
S. 30, 31
Lit.: M. Franken, Die Alamannen zwischen Iller und Lech (1944) 64 f. – Bayer. Vorgeschichtsblätter 22, 1957, 233.

Ammerbuch *siehe Entringen, Pfäffingen*

Andelfingen, Gde. Langenenslingen, Lkr. Biberach

4 Aus zwei Gräbern des 7. Jh. stammt als Zeugnis des christlichen Glaubens eines der Bestatteten ein Goldblattkreuz.
Tafel 87
Lit.: Veeck 335.

Arbon, Kanton Thurgau

5 In dem zum spätrömischen Kastell Arbor Felix (unter Schloß und Martinskirche) gehörenden Gräberfeld auch Bestattungen des 7. Jh.
S. 117
Lit.: E. Vonbank, Schriften des Vereins für Geschichte des Bodensees und seiner Umgebung 77, 1959, 155 ff. – Ders., Ur-Schweiz 28, 1964, 1 ff.

Augsburg

6 Wenn auch vorläufig ein eindeutiger archäologischer Nachweis noch aussteht, kann davon ausgegangen werden, daß die auf die Gegend um den Dom reduzierte spätantike Reststadt Augustis die Völkerwanderungszeit und Merowingerzeit als Gemeinwesen überstand.
Lit.: W. Hübener, Jahrbuch des Römisch-Germanischen Zentralmuseums 5, 1958, 218 ff.
7 Der große spätantike Friedhof vor dem Westtor der Stadt, der heute weitgehend im Bahnhofsgelände und nördlich davon liegt, wurde auch im 6. und 7. Jh. von romanischer Bevölkerung weiterbelegt.
S. 25, 36
Lit.: M. Franken, Die Alamannen zwischen Iller und Lech (1944) 32.
8 Auch im spätrömischen Friedhof entlang der nach Süden führenden Via Claudia wurde im frühen Mittelalter weiterbestattet. Die Belegung klammerte sich an die Verehrung des Grabes der 304 verstorbenen und auf dem spätantiken Friedhof bestatteten Märtyrerin Afra. Um eine in der ersten Hälfte des 7. Jh. an dieser Stelle errichteten Kirche fanden sich beigabenführende Bestattungen des 7. Jh. Im Inneren des steinernen Gotteshauses waren zur gleichen Zeit u. a. Kleriker bestattet worden, welche mit südländisch-romanischen Gürteln und einheimisch-alamannischen Waffen versehen waren.
Tafel 86. S. 117, 121
Lit.: J. Werner, Die Ausgrabungen in St. Ulrich und Afra in Augsburg 1961–1968 (1977).

Augsburg *siehe Göggingen*
Bachhagel *siehe Burghagel*

Baden-Baden

9 Wohl als ein Hinweis auf den Bestattungsplatz einer überdurchschnittlich reichen Familie ist eine goldene Scheibenfibel des späten 7. Jh. zu werten, die um das Jahr 1923 am Südabhang des Schloßberges zwischen den römischen Thermen und den Schloßterrassen gefunden wurde.
Tafel 108
Lit.: Garscha 4 f.

Baden-Oos, Stadt Baden-Baden

10 1876 wurde im Ortsteil Scheuern das Grab eines überdurchschnittlich reichen Mannes gefunden, der um 500 gestorben und mit einer Goldgriffspatha bestattet worden war.
Lit.: Garscha 4 f.
11 Im Gewann »Haul« des Ortsteiles Oos größeres Reihengräberfeld, von dem bisher Bestattungen des 7. Jh. bekannt geworden sind.
Lit.: Garscha 5.

Badenweiler, Lkr. Breisgau-Hochschwarzwald

12 Im Schutt der römischen Baderuine wurden 1781 und 1786 als Einzelfunde zwei Scheibenfibeln geborgen, welche die Begehung des Platzes durch weibliche Personen im 7. Jh. nachweisen.
Lit.: Garscha 5.

Baldenheim, Dép. Bas-Rhin

13 In einem Reihengräberfeld des 6. und 7. Jh. die Grablege einer sehr reichen, adeligen Familie des 6. Jh.
Tafel 43. S. 73
Lit.: R. Henning, Der Helm von Baldenheim. Mitteilungen der Gesellschaft für Elsässische Altertumskunde 21, 1906. – R. Forrer, Cahiers d'archéologie et d'histoire d'Alsace 8, 1939/1946, 59 ff.

Balingen, Zollernalbkreis

14 1872 wurden im Norden des Stadtkerns beim Bahnbau Teile eines im 6. und 7. Jh. belegten Gräberfeldes angeschnitten und daraus Funde aus überdurchschnittlich reich ausgestatteten Gräbern geborgen.
Tafel 92
Lit.: Veeck 244 f. Nr. II.

Balingen *siehe Lochenstein, Weilstetten*

Barbing-Irlmauth, Lkr. Regensburg

15 Unmittelbar südlich des alten Ortskerns Irlmauth eine Gruppe von wohl alamannischen Gräbern der Zeit um 500.
Lit.: U. Koch, Grabfunde der Merowingerzeit aus dem Donautal um Regensburg (1968) 173 ff.
16 250 m südöstlich von 15 zweite Gruppe von ebenfalls wohl alamannischen Bestattungen zumeist einer überdurchschnittlich wohlhabenden Familie der 2. Hälfte des 5. und des beginnenden 6. Jh.

Lit.: U. Koch, Grabfunde der Merowingerzeit aus dem Donautal um Regensburg (1968) 175 ff.

17 260 m ostnordöstlich von 16 die wohl zugehörende Siedlung angeschnitten.
S. 30
Lit.: H. Dannheimer, Bayer. Vorgeschichtsblätter 32, 1967, 97 ff.

Basel

18 An einer Weiterbesiedlung des spätrömischen Kastells Basilia auf dem Münsterhügel kann kein Zweifel bestehen, nachdem das zugehörige spätrömische Gräberfeld im Bereich der Aeschenvorstadt bis ins 7. Jh. hinein kontinuierlich belegt wurde.
Abb. 99
Lit.: R. Fellmann, Basel in römischer Zeit (1955) 68 ff.; R. Laur-Belart, Ur-Schweiz 21, 1957, 1 ff. – Jahresber. der Schweizerischen Gesellschaft für Urgeschichte 49, 1962, 75 und 50, 1963, 77 ff.

19 1,5 km südwestlich von 18 am Bernerring der Friedhof einer fränkischen Adelsfamilie, die sich um 540 in der Nähe niedergelassen hatte und mit Teilen des Gefolges und Gesindes bis zum Ende des 6. Jh. hier bestattete.
Abb. 99. S. 14, 111

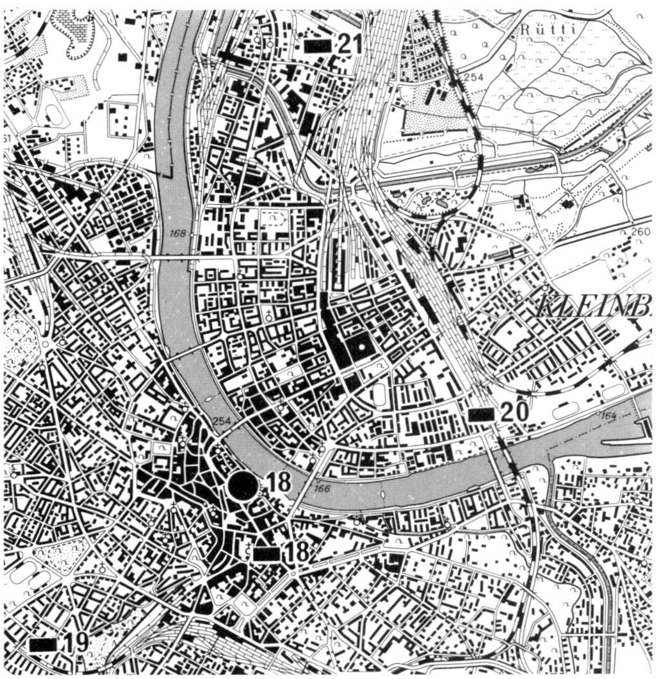

Abb. 99. Basel (L 8510)

Lit.: M. Martin, Das fränkische Gräberfeld von Basel-Bernerring. Basler Beiträge zur Ur- und Frühgeschichte 1 (1976).

20 Am nördlichen Rheinufer am ehemaligen Gotterbarmweg (heute Schwarzwaldallee) Bestattungsplatz mehrerer überdurchschnittlich wohlhabender alamannischer Familien, die seit der Mitte des 5. Jh. in der Nähe lebten. Friedhof (und Siedlung) wurden schon zu Beginn des 6. Jh. wieder aufgegeben.
Abb. 99. S. 30
Lit.: E. Vogt, Anzeiger für Schweizerische Altertumskunde NF 32, 1930, 145 ff.

21 Östlich des alten Ortskerns von Kleinhüningen das Ortsgräberfeld. Es weist einen Siedlungsbeginn spätestens um die Mitte des 5. Jh. sowie zumindest im 5. Jh. das Vorhandensein einer überdurchschnittlich wohlhabenden Bevölkerung nach.
Abb. 53, 54, 99. S. 30, 31, 80
Lit.: R. Laur-Belart, Jahrbuch für prähistorische und ethnographische Kunst 12, 1938, 126 ff. – Ders., Ur-Schweiz 10, 1946, 66 ff. – R. Moosbrugger-Leu, Die Schweiz zur Merowingerzeit (1971) passim.

Beffendorf, Stadt Oberndorf a. N., Lkr. Rottweil

22 Am nordöstlichen Dorfrand befand sich der älteste Ortsfriedhof mit etwa 300 Bestattungen, von denen der größte Teil 1971 durch das Landesdenkmalamt (Tübingen) ausgegraben wurde. Danach wurde Beffendorf um 600 gegründet; seine Gründer waren von durchschnittlichem Wohlstand. Unter den Grabbeigaben ist eine aus dem Mittelmeerraum importierte »koptische« Bronzepfanne bemerkenswert.
S. 30
Lit.: Veeck 263. – S. Schiek, Denkmalpflege in BadWtbg. 6, 1977, 25 ff.

Beggingen, Kanton Schaffhausen

23 Südlich des Ortes befand sich der älteste Bestattungsplatz des Ortes mit etwa 100 Gräbern. Sie bezeugen eine Gründung von Beggingen kurz nach 600. Der Ort bestand damals schon aus mehreren Höfen, deren Besitzstand zwar gediegen, jedoch nicht überdurchschnittlich groß war. Bald nach der Mitte des 7. Jh. brach die Belegung des Friedhofs ab.
Abb. 92. S. 14, 30, 31
Lit.: W. U. Guyan, Das alamannische Gräberfeld von Beggingen-Löbern. Schriften des Institutes für Ur- und Frühgeschichte der Schweiz 12 (1958).

Benningen am Neckar, Lkr. Ludwigsburg

24 Vielleicht aus einem Grabfund stammt eine Riemenzunge der Zeit um 400, gefunden 1951 einen Kilometer südöstlich des Ortskernes in Flur Mitteltal.

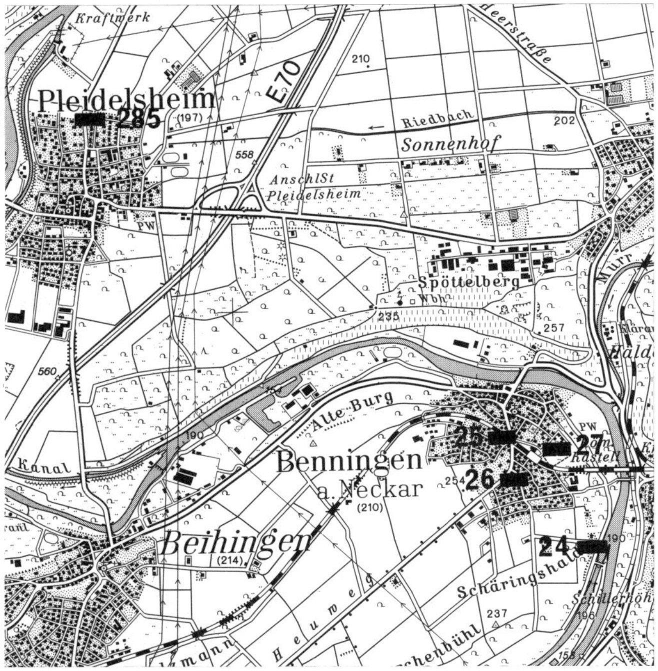

Abb. 100. Benningen, Pleidelsheim (L 7120)

Abb. 100
Lit.: Fundbericht aus Schwaben NF 13, 1955, 88 f.

25 Ein großer Friedhof 200 m südlich des Ortskerns dürfte das zur Ursiedlung des heutigen Dorfes gehörende Ortsgräberfeld sein. Bisher Funde des späten 6. und 7. Jh.
Abb. 100
Lit.: Veeck 224. – Fundber. aus Schwaben NF 16, 1962, 275. – O. Paret, Benningen am Neckar. Ur- und Frühgeschichte (1962) 62 ff.

26 400 m südlich der Pfarrkirche Anzeichen eines kleinen Bestattungsplatzes einer adeligen Familie. Vorerst Reste eines reichen Männergrabes und einer Pferdebestattung der Mitte bis 2. Hälfte des 6. Jh.
Abb. 100
Lit.: Fundber. aus BadWtbg. 2, 1975, 136. 138 Abb. 67.

27 350 bis 400 m südöstlich der Pfarrkirche geostete Bestattungen wohl eines frühmittelalterlichen Friedhofs.
Abb. 100
Lit.: Fundber. aus BadWtbg. 2, 1975, 142.

Bergheim, Lkr. Dillingen a. d. Donau

28 Von hier stammt das Grabinventar einer im 5. Jh. verstorbenen, überdurchschnittlich reich ausgestatteten Frau.
Lit.: Roeren 245 Nr. 4.

Beringen, Kanton Schaffhausen

29 Am östlichen Ortsrand von Beringen befindet sich die Stelle eines kleinen Friedhofes, auf dem zwischen den letzten Jahrzehnten des 6. Jh. und dem Ende des 7. Jh. eine überdurchschnittlich reiche, zumindestens in der Spätzeit christliche Familie bestattete.
Tafel 56. S. 100
Lit.: D. Viollier, Anzeiger für Schweizerische Altertumskunde NF 13, 1911, 20 ff.

Berkheim, Stadt Esslingen, Lkr. Esslingen

30 Am Südwestende des alten Dorfkerns das zu Berkheim gehörende Reihengräberfeld mit Grabfunden des 7. Jh.
Abb. 113
Lit.: Veeck 213. – Fundber. aus Schwaben NF 9, 1935/38, 118 f.; NF 16, 1962, 275 f. – R. Koch, Katalog Esslingen 2 (1969) 121.

Bern-Bümpliz, Kanton Bern

31 Nördlich des Ortsteiles Bethlehem wurde 1913 bis 1916 ein alamannisches Gräberfeld mit annähernd 300 Bestattungen vollständig ausgegraben. Die zugehörige Siedlung entstand in der 2. Hälfte des 6. Jh.; ihre Bewohner waren von sehr bescheidenem Wohlstand. In der 2. Hälfte des 7. Jh. endete die Belegung des Friedhofs.
Abb. 85. S. 30, 110
Lit.: O. Tschumi, Jahrbuch des Bernischen Historischen Museums in Bern 19, 1940, 99 ff.

Bießenhofen *siehe Ebenhofen*

Bietigheim, Lkr. Ludwigsburg

32 1,0 bis 1,2 km östlich des Stadtkernes wurden seit 1849 immer wieder Bestattungen eines sehr großen Friedhofs angeschnitten, dessen älteste Belegungsphase noch dem 5. Jh. und damit vorfränkischer Zeit angehört. Die jüngsten Gräber stammen aus der Zeit um 700. Die zugehörige Siedlung ist abgegangen und östlich des Enzüberganges zu vermuten.
Lit.: Veeck 185 Nr. IV. – Fundber. aus Schwaben NF 18. 2. 1967, 130 f. Nr. 1 und 2.

33 Das zur Ursiedlung Bietigheim gehörende Gräberfeld befand sich nordwestlich des alten Ortskernes entlang der Löchgauer Straße und erbrachte bisher nur Bestattungen des 6. und 7. Jh.
Lit.: Veeck 184 Nr. 1. – Fundber. aus Schwaben NF 12, 2, 1938/51, 100. – Fundber. aus BadWtbg. 2, 1975, 233 Nr. 1 und 2.

Binningen, Gde. Hilzingen, Lkr. Konstanz

34 Etwa 600 m nordwestlich des heutigen Dorfes der älteste Ortsfriedhof aus dem späten 6. und 7. Jh. mit den Bestattungen wohlhabender Bauern. Der größte Teil des Gräberfeldes durch Straßenbau und Kiesabbau zerstört.
Lit.: G. Fingerlin, Badische Fundber. 22, 1962, 89 ff. – Garscha 8 ff.

Bittenbrunn, Stadt Neuburg a. d. Donau, Lkr. Neuburg-Schrobenhausen

35 Nordwestlich Laisacker das Grab eines im 4. Jh. verstorbenen Germanen mit überdurchschnittlich reicher Ausstattung.
S. 53
Lit.: P. Reinecke, Germania 18, 1934, 117 ff. – Roeren 248 Nr. 31.
36 Westlich oberhalb des Ortskerns kleines Gräberfeld mit ursprünglich etwa 80 Bestattungen, von denen 65 durch das Landesamt für Denkmalpflege Augsburg ausgegraben wurden. Es gehörte zu einem um 450 gegründeten alamannischen Hof (Fährhof?), dessen Bewohner zunächst von durchschnittlichem Wohlstand waren, vom Beginn des 6. Jh. an jedoch auffallend verarmten. Das Ende des Friedhofs (und der Siedlung?) lag um die Mitte des 7. Jh.
Abb. 7, 38, 44, 78, 91. S. 14, 17, 25, 30, 41, 56
Lit.: R. Christlein, Jahresbericht der bayerischen Bodendenkmalpflege 8/9, 1967/68, 87 ff.

Blumberg *siehe Fützen*

Blumenfeld, Stadt Tengen, Lkr. Konstanz

37 An nicht mehr genau zu lokalisierender Stelle bei Blumenfeld wurde 1885 das Grab eines um 500 verstorbenen und überdurchschnittlich reich mit Waffen und Gürtelzubehör ausgestatteten Mannes entdeckt.
Lit.: Garscha 18.

Böbingen a. d. Rems, Ostalbkreis

38 In der Flur »Halden« östlich des Ortsteiles Oberböbingen ein Bestattungsplatz des 7. Jh. mit zum Teil überdurchschnittlich gut ausgestatteten Gräbern.
Lit.: Veeck 171. – Fundber. aus BadWtbg. 2, 1975, 234 ff.
39 Beim Ortsteil Unterböbingen oberhalb der Kirche Bestattungsplatz einer überdurchschnittlich wohlhabenden Familie der Zeit um 700.
Tafel 60
Lit.: Veeck 171. – F. Stein, Adelsgräber des achten Jahrhunderts in Deutschland (1967) 292.

Bodman, Gde. Bodman-Ludwigshafen, Lkr. Konstanz

40 Im 7. Jh. befand sich wahrscheinlich im Ortsbereich um die Kirche als Vorläufer der späteren karolingischen Königspfalz ein Siedlungsplatz mit zentralörtlichen Funktionen. In ihm prägte in der 1. Hälfte des 7. Jh. der Münzmeister SVABTVLFVS.
Abb. 84. S. 109
Lit.: Reallexikon der Germanischen Altertumskunde^2 s. v. Bodman. – W. Erdmann, B. Boesch, H. Lieb und F. Wielandt, in: H. Berner (Hrsg.), Bodman I. Bodensee-Bibliothek 13 (1977).
41 700 m nordwestlich der Kirche Bodman wurden 1897 bis 1899 insgesamt 44 Gräber eines mit Sicherheit sehr viel größeren Friedhofs ausgegraben. Schon jetzt läßt sich sagen, daß die zugehörige Siedlung – vermutlich Bodman oder eine diesem Ort angegliederte „Zivilsiedlung" – spätestens zu Beginn des 6. Jh. bereits bestanden haben muß. Bei der geringen Größe des erforschten Friedhofausschnitts kann das Fehlen überdurchschnittlich wohlhabender Bevölkerungsteile eine Forschungslücke sein.
Lit.: Garscha 18 ff.

Böblingen *siehe Dagersheim*

Bohlingen, Stadt Singen, Lkr. Konstanz

42 Im Gewann »Lummold« der zu Bohlingen gehörende älteste Ortsfriedhof, von dem bisher ein Ausschnitt von etwa 100 Gräbern des 7. Jh. durch das Landesdenkmalamt (Freiburg i. Br.) untersucht wurde.
Tafel 99
Lit.: Unveröffentlicht.

Bolheim-Anhausen, Stadt Herbrechtingen, Lkr. Heidenheim

43 300 m nördlich Anhausen Gräber des frühen 6. Jh. eines abgegangenen Ortes.
Abb. 121
Lit.: H. Zürn, Katalog Heidenheim, Die vor- und frühgeschichtlichen Funde im Heimatmuseum (1957) 16.

Bolligen, Kanton Bern

44 Oberhalb der Papiermühle etwa 30 Gräber eines alamannischen Friedhofs, beginnend mit Grab 6 aus der 2. Hälfte des 6. Jh. Das jüngste Grab (Grab 16) stammt aus der Mitte des 7. Jh.

Lit.: O. Tschumi, Jahrbuch des Bernischen Historischen Museums in Bern 21, 1942, 85 ff.

Bondorf, Lkr. Böblingen

45 Auf einem Geländesporn 2 km südlich des Ortskerns römische Villa rustica, die 1975 dem Autobahnbau weichen mußte. Bei der Ausgrabung durch das Landesdenkmalamt (Stuttgart) wurde festgestellt, daß die Baulichkeiten nach dem Limesfall bis etwa 400 durch die Alamannen weiterbenutzt wurden. Innerhalb des einstigen Hauptgebäudes vereinzeltes Grab einer Alamannin des 4. Jh.
Abb. 101. S. 28
Lit.: D. Planck, Archäologische Ausgrabungen 1975. Bodendenkmalpflege in den Reg.-Bez. Stuttgart und Tübingen (1975) 51. – Ders., Denkmalpflege in BadWtbg. 5, 1976, 112 ff.
46 Im Bereich einer weiteren Villa rustica 1,5 km ostnordöstlich des Ortskernes intensive germanische Siedlungsspuren des 4. Jh.
Abb. 101
Lit.: H. Stoll, Fundber. aus Schwaben NF 8, 1933–1935, 141 ff. 152.
47 Am Westrand des alten Ortskerns ausgedehntes, immer wieder bei Bahn- und Straßenbauarbeiten angeschnittenes Gräberfeld. Geborgen u. a. überdurchschnittlich reiche Bestattungen des 7. und beginnenden 8. Jh.
Abb. 101
Lit.: Veeck 254 f. – Fundber. aus Schwaben NF 7, 1932, 64
48 Südsüdwestlich des Ortes 1878 beim Eisenbahnbau vereinzeltes Grab.
Abb. 101
Lit.: Veeck 254.

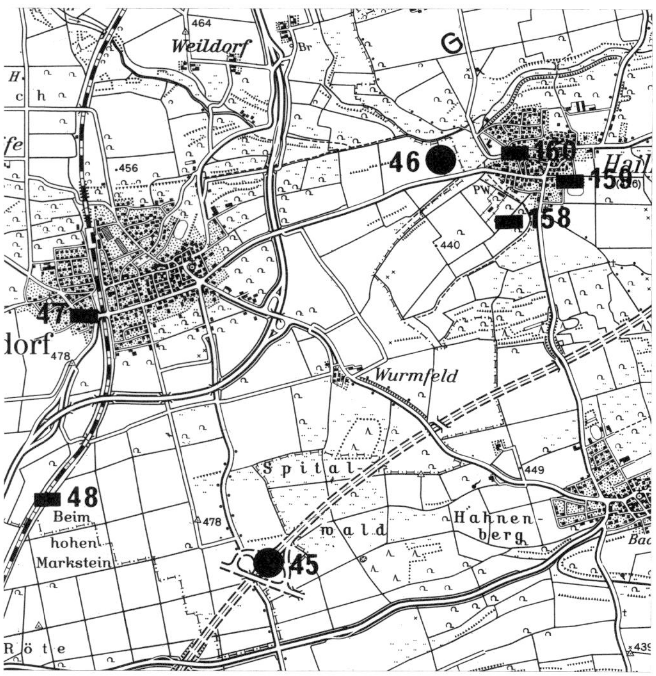

Abb. 101. Bondorf, Hailfingen (L 7518)

Bopfingen, Ostalbkreis

49 Am Westrand der Stadt ausgedehntes Ortsgräberfeld mit mehreren Hundert teils zerstörten, teils untersuchten Bestattungen. Aus dem Fundmaterial ist für den zugehörigen Ort Bopfingen eine Gründung spätestens in der 1. Hälfte des 6. Jh. und eine stark differenzierte soziale Schichtung der Bevölkerung zu erschließen.
Tafel 59. S. 30
Lit.: E. Frickhinger, Jahrbuch des historischen Vereins für Nördlingen 14, 1930, 41 ff. – Veeck 180 f. – H. Arntz, K. Böhner, Bayer. Vorgeschichtsblätter 20, 1954, 145 ff. – E. M. Neuffer, Ellwanger Jahrbuch 23, 1971, 31 ff.

Böttingen, Lkr. Tuttlingen

50 Aus dem seit 1900 weitgehend zerstörten Ortsgräberfeld von Böttingen stammen Funde, die den Beginn der Siedlung in der 1. Hälfte des 6. Jh. anzeigen.
Tafel 52
Lit.: Veeck 290.

Breisach, Lkr. Breisgau-Hochschwarzwald

51 Auf dem Münsterberg, einer ehemaligen Rheininsel, das spätrömische Kastell Brisiacum mit Hinweisen auf eine Nutzung des Platzes im älteren Mittelalter.
Abb. 102
Lit.: Garscha 29. – G. Fingerlin, in: Reallexikon der Germanischen Altertumskunde[2] s. v. Breisach. – H. Bender, R. M. Swoboda, B. Heiligmann, Arch. Korrespondenzblatt 6, 1976, 309 ff.
52 Auf dem Hochgestade 2,5 km ostsüdöstlich des Münsterberges in der Flur Kinkelrain alamannische Siedlung mit Funden der 2. Hälfte des 4. Jh.
Abb. 102
Lit.: Garscha 30 Nr. III.
53 In unmittelbarer Nachbarschaft zu 52 zeigt ein Grab des 5. Jh. vielleicht den zu dieser Siedlung gehörenden Bestattungsplatz an.
Abb. 102
Lit.: Garscha 30 Nr. II D.

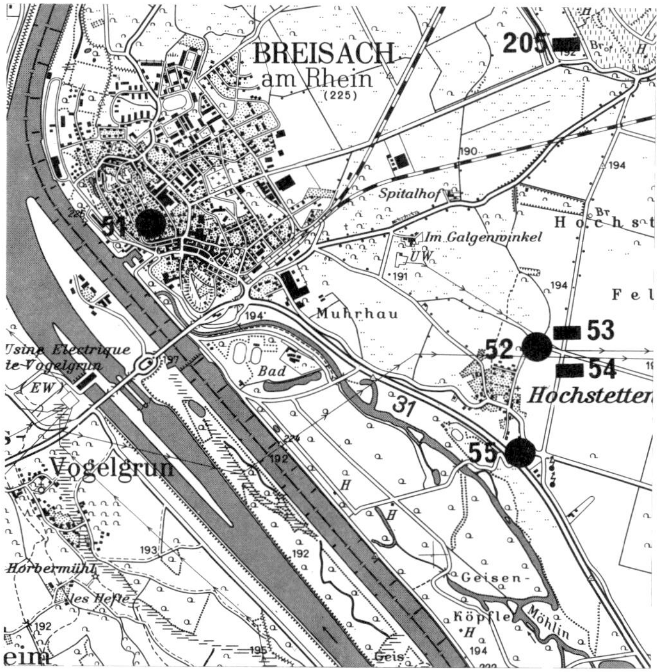

Abb. 102. Breisach, Ihringen (L 7910)

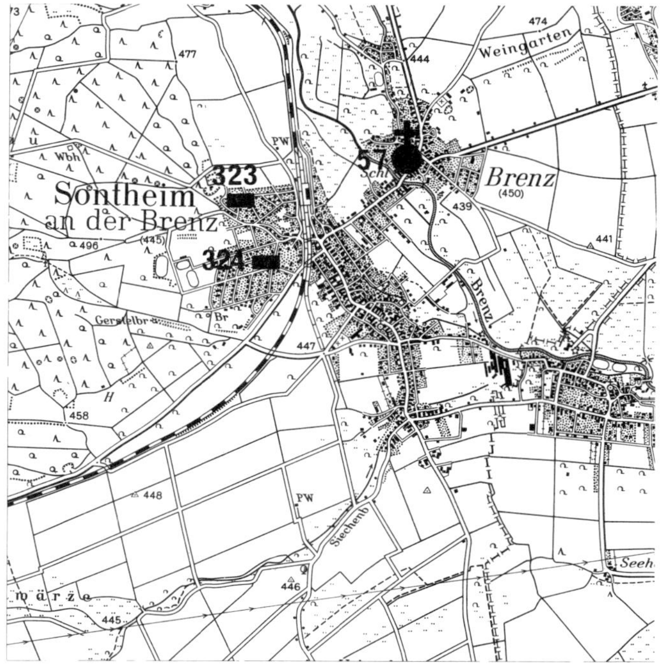

Abb. 103. Brenz, Sontheim/Brenz (L 7526)

54 In nächster Nachbarschaft zu 52 und 53, am nordöstlichen Ortsrand von Hochstetten, vier Bestattungen der 2. Hälfte des 7. Jh.
Abb. 102
Lit.: Garscha 29 f. Nr. II c.

55 Südsüdöstlich von Hochstetten ausgedehnte, im 7. Jh. einsetzende Siedlung mit vereinzelten, zwischen den Gehöften liegenden Grabgruppen der Zeit um oder kurz nach 700.
Abb. 102. S. 14, 58
Lit.: G. Kraft, Badische Fundber. 3, 1933/36, 225 ff. – Fundber. aus BadWtbg. 2, 1975, 236.

Breitenfurt, Lkr. Eichstätt

56 Grabfunde am südöstlichen Dorfrand können für Breitenfurt einen Siedlungsbeginn schon im 5. Jh. andeuten.
Lit.: H. Dannheimer, Die germanischen Funde der späten Kaiserzeit und des frühen Mittelalters in Mittelfranken (1962) 157 f.

Brenz, Gde. Sontheim a. d. Brenz, Lkr. Heidenheim

57 Vor 600 Errichtung einer dreischiffigen Holzkirche von über 10 m Länge und 7,5 m Breite. Darin wenige, zumeist ärmliche, beigabenführende Bestattungen der Zeit zwischen 600 und dem beginnenden 8. Jh., darunter vielleicht Priestergräber. Später Pfarrkirche St. Gallus.
Abb. 93, 103. S. 14, 43, 111, 117
Lit.: B. Cichy, Die Kirche von Brenz (1966). – H. Dannheimer, Fundber. aus Schwaben NF 19, 1971, 298 ff.

Bruckfelden, Gde. Frickingen, Bodenseekreis

58 Aus einem um 400 von einer sehr wohlhabenden Familie angelegten Bestattungsplatz stammen eine Rädchensigillataschale und der Rest eines reichen Frauengrabinventars.
Tafel 39. S. 85
Lit.: R. Christlein, Fundber. aus BadWtbg. 1, 1974, 565 ff.

Buggingen, Lkr. Breisgau-Hochschwarzwald

59 Im Gewann »Weckersgraben« der zu Buggingen gehörende Ortsfriedhof, von dem jedoch nur 60 Bestattungen zumeist des 7. Jh. untersucht werden konnten. Zumindest ein Teil der Bewohner war christlichen Glaubens.
Tafeln 79, 81
Lit.: G. Fingerlin, Denkmalpflege in BadWtbg 3, 1974, 34 ff.

60 Im Gewann »Gollacker« ein kleiner Ausschnitt eines großen, teilweise schon zerstörten Reihengräberfeldes ausgegraben. Die zugehörige, abgegangene Siedlung entstand schon im 5. Jh. Der bisher jüngste Fund aus der 2. Hälfte des 6. Jh.
Lit.: Unveröffentlicht.

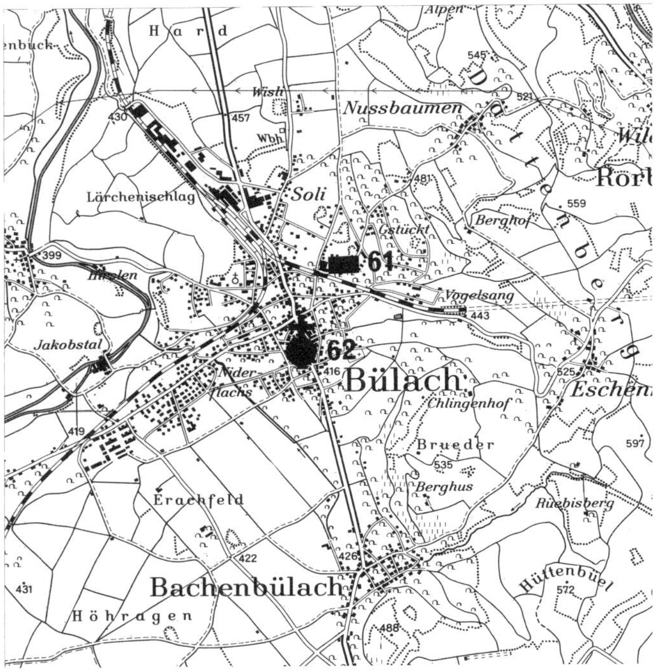

Abb. 104. Bülach (L 8516)

Bülach, Kanton Zürich

61 600 m nordnordöstlich des Ortskernes von Bülach befindet sich die Stelle des nahezu ganz ausgegrabenen Ortsfriedhofs von Bülach mit ursprünglich etwa 330 Bestattungen. Danach wurde Bülach um die Mitte des 6. Jh. von einer ehemals sehr wohlhabenden, jedoch verarmten Familie als Hofsiedlung gegründet. Wiewohl die Ansiedlung schon bald auf das Doppelte und Dreifache der ursprünglichen Größe anwuchs, blieb der Wohlstand ihrer Bewohner bescheiden. Noch vor 700 brach die Belegung ab, nachdem schon in den letzten Jahren zuvor den Toten kaum noch Beigaben mitgegeben worden waren. Der Bestattungsplatz wurde nach St. Laurentius verlegt.
Abb. 7, 104. Tafeln 53, 80. S. 13, 14, 15, 26, 30, 62, 100, 117
Lit.: J. Werner, Das alamannische Gräberfeld von Bülach. Monographien zur Ur- und Frühgeschichte der Schweiz 9 (1953).
62 Ausgrabungen in der Kirche St. Laurentius im Ortszentrum erbrachten als ältesten Bau eine um die Mitte des 7. Jh. errichtete Kirche von 7 m Breite und mindestens 16 m Länge. In ihrem Zentrum wurde um 650 eine überdurchschnittlich wohlhabende Frau in alamannischer Tracht bestattet.
Abb. 55, 56, 93. Tafeln 16, 17
Lit.: W. Drack, Helvetia archaeologica 1, 1970, 16 ff.

Burgfelden, Stadt Albstadt, Zollernalbkreis

63 Die Kirche St. Michael hat in ihrem Aufgehenden anscheinend keine Bauteile bewahrt, die vor das 11. Jh. zu datieren wären. Dagegen bezeugt ein Weihekreuz aus Goldblech als das Ausstattungsstück einer Kirche des 6. oder 7. Jh., daß bisher mit Recht die Anfänge der Urpfarrei in dieser Zeit vermutet worden sind.
Abb. 94. S. 118
Lit.: E. Paulus, Blätter des Schwäbischen Albvereins 8, 1896, 315. – Veeck 245. – K. Hecht, Zeitschrift für Württembergische Landesgeschichte 11, 1952, 75 ff.

Burggen, Lkr. Weilheim-Schongau

64 Reihengräberfeld des 7. Jh. östlich des Ortes.
Tafel 98. S. 101
Lit.: Bayer. Vorgeschichtsblätter 22, 1957, 233.

Burghagel, Gde. Bachhagel, Lkr. Dillingen a. d. Donau

65 Im Nordwesten des Ortes der älteste, mindestens seit der Mitte des 6. Jh. benutzte Ortsfriedhof.
Abb. 105
Lit.: H. Dannheimer, Bayer, Vorgeschichtsblätter 25, 1960, 179 ff.

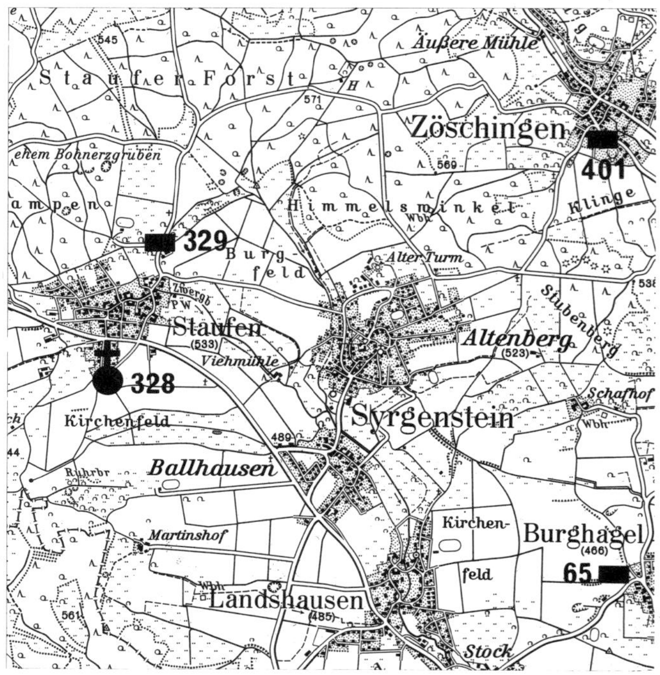

Abb. 105. Burghagel, Staufen, Zöschingen (L 7326)

Burladingen, Zollernalbkreis

66 Am Ostrand der Stadt größerer Reihengräberfriedhof des 5. bis 7. Jh.
Lit.: Fundber. aus Schwaben NF 14, 1957, 207 ff.

Buttenwiesen *siehe Unterthürheim*

Dagersheim, Stadt Böblingen, Lkr. Böblingen

67 Südwestlich des Ortskernes der älteste Bestattungsplatz von Dagersheim mit teilweise sehr reich ausgestatteten Gräbern der 2. Hälfte des 6. Jh.
Lit.: Veeck 189. – Fundber. aus BadWtbg. 2, 1975, 236 f.

Dangolsheim, Dép. Bas-Rhin

68 Ein Gräberfeld enthält gut ausgestattete Grabinventare und kann stellvertretend stehen für einen alamannischen, fränkisch beeinflußten Ortsfriedhof des 7. Jh.
Lit.: C. Sauer, Cahiers d'archéologie et d'histoire d'Alsace 132, 1952, 99 ff.

Deißlingen, Lkr. Rottweil

69 Von einem großen, südlich des heutigen Dorfes beim Straßenbau 1930 großenteils zerstörten Gräberfeld wurden noch 66 Gräber notdürftig beobachtet. Die erhaltenen Beigaben überliefern einen solide ausgestatteten, schon in der ersten Hälfte des 6. Jh. beginnenden Begräbnisplatz, dessen Belegung kurz vor 700 abbricht.
Tafeln 55, 57, 84, 100
Lit.: Veeck 282 ff. Nr. II.

Denklingen *siehe Epfach*

Denzingen, Stadt Günzburg, Lkr. Günzburg

70 Westlich des Ortskerns zugehöriger Reihengräberfriedhof, belegt mindestens zwischen 570 und 680.
Abb. 106
Lit.: M. Franken 50 f. – Bayer. Vorgeschichtsblätter 21, 1956, 320.

Dettingen unter Teck, Lkr. Esslingen

71 Am östlichen Rand des alten Ortskerns im Bereich des Bahnhofsgeländes und westlich davon großes Reihengräberfeld. Die zugehörige Siedlung spätestens um die Mitte des 6. Jh. entstanden; Einwohner z. T. überdurchschnittlich wohlhabend.
Abb. 107. Tafel 52. S. 93

Abb. 106. Denzingen, Günzburg, Reisensburg (L 7526)

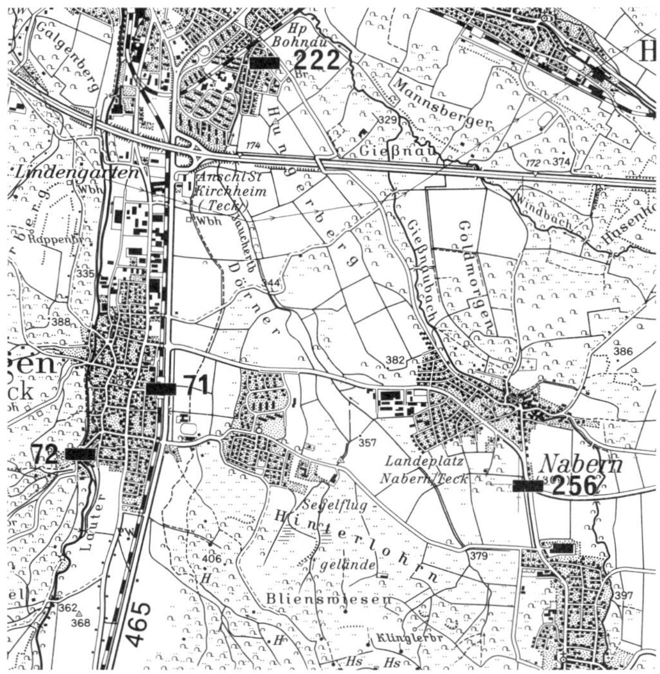

Abb. 107. Dettingen u. T., Kirchheim u. T., Nabern (L 7322)

Lit.: Veeck 323. – Fundber. aus BadWtbg. 2, 1975, 237.

72 600 m südwestlich von 71 am südwestlichen Ortsrand von Dettingen ein weiteres größeres Gräberfeld. Die zugehörige Siedlung entstand ebenfalls spätestens in der 2. Hälfte des 6. Jh. und wies zumindest im frühen 7. Jh. eine Familie mit überdurchschnittlichem Wohlstand auf.
Abb. 107
Lit.: Fundber. aus Schwaben NF 12, 2, 1938/51, 105; NF 15, 1959, 181.

Dillingen *siehe Schretzheim*

Dirlewang, Lkr. Unterallgäu

73 Nördlich des Ortskerns wurde zwischen 1931 und 1968 der älteste Ortsfriedhof untersucht. Er bezeugt das Entstehen von Dirlewang als Weilersiedlung um die Mitte des 7. Jh. Um 700 war eine Familie deutlich wohlhabender als ihre Nachbarn. Der Friedhof bricht um diese Zeit ab.
S. 14, 16, 30, 34, 93
Lit.: R. Christlein, Das alamannische Gräberfeld von Dirlewang bei Mindelheim (1971).

Dischingen, Lkr. Heidenheim

74 Im Süden des Ortes großer, zugehöriger Friedhof mit z. T. solide ausgestatteten Gräbern. Danach die Ortsgründung spätestens um die Mitte des 6. Jh.
Lit.: Veeck 181. – Fundber. aus Schwaben NF 12, 2, 1938/51, 105; NF 13, 1952/54, 91; NF 14, 1957, 209. – Fundber. aus BadWtbg. 2, 1975, 237.

Dittenheim, Lkr. Weißenburg-Gunzenhausen

75 Östlich des Dorfes wurde 1968 bis 1972 das Ortsgräberfeld mit 250 teilweise überdurchschnittlich gut ausgestatteten Bestattungen des 6. und 7. Jh. durch die Prähistorische Staatssammlung München ausgegraben.
S. 14, 30, 56, 62
Lit.: H. Dannheimer, in: Ausgrabungen in Deutschland, gefördert von der Deutschen Forschungsgemeinschaft 1950–1975, Teil 2 (1975) 224 ff.

Dittenheim *siehe Gelbe Bürg*

Ditzingen, Lkr. Ludwigsburg

76 Etwa 350 m nordnordwestlich der Friedhofskirche das Grab eines in der 1. Hälfte des 5. Jh. verstorbenen Mannes.
Tafel 26
Lit.: Fundber. aus Schwaben NF 15, 1959, 181 f.

Abb. 108. Ditzingen (L 7120)

77 Unmittelbar nordwestlich der Friedhofskirche wird seit dem frühen 19. Jh. ein großer Reihengräberfriedhof zerstört. Die zugehörige Siedlung, die um die Glemskirche zu vermuten ist, wurde spätestens zu Beginn des 6. Jh. gegründet und wies im 6. und 7. Jh. Familien von überdurchschnittlichem Wohlstand auf.
Tafel 55
Lit.: Fundber. aus Schwaben NF 3, 1926, 140; NF 8, 1933/35, 126; NF 9, 1935/38, 121; NF 14, 1957, 209; NF 15, 1959, 182 Nr. 2. – Veeck 220 ff. Nr. I.

78 Am Westrand des Dorfes ein vereinzeltes Grab einer um 500 verstorbenen Alamannin von überdurchschnittlichem Wohlstand.
Tafeln 52, 59
Lit.: Fundber. aus Schwaben NF 18, 2, 1967, 134.

79 Im Südosten des Ortes Friedhof mit Bestattungen durchschnittlicher Grabausstattung des späten 7. Jh.
Lit.: Veeck 222 Nr. II. – Fundber. aus Schwaben NF 12, 2, 1938/51, 106; NF 13, 1952/54, 91; NF 14, 1957, 209.

Donaueschingen, Schwarzwald-Baar-Kreis

80 Im einstigen Gewann »Beim Tafelkreuz« nördlich des heutigen Ortskerns großer Reihengräberfriedhof. Danach Gründung des Ortes Eschingen um die Mitte des 6. Jh. Nur durchschnittlicher Wohlstand der Bevölkerung.

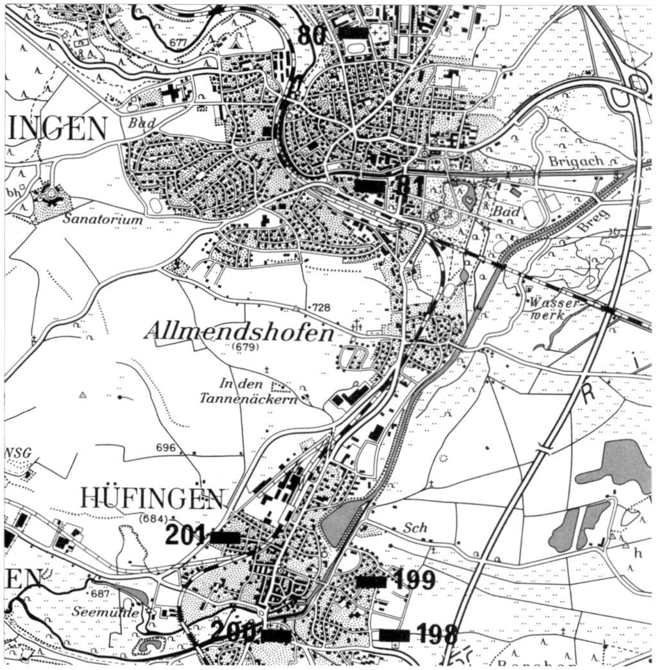

Abb. 109. Donaueschingen, Hüfingen (L 8116)

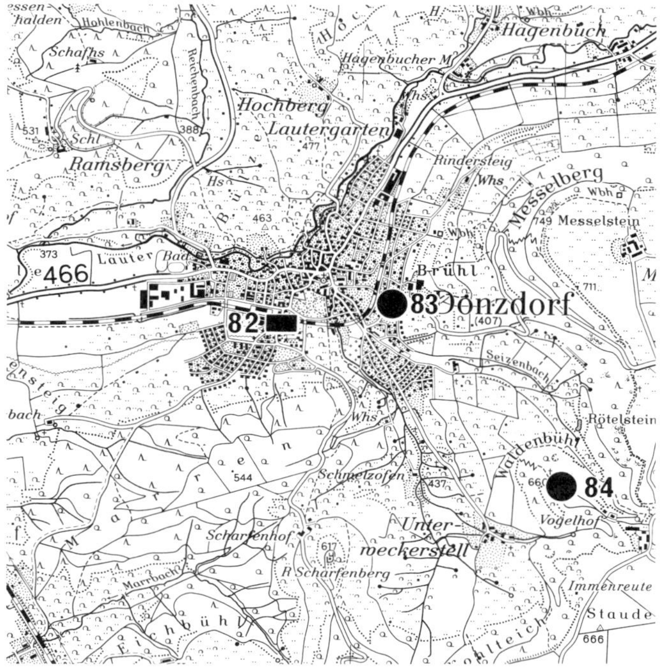

Abb. 110. Donzdorf (L 7324)

Abb. 109. S. 30
Lit.: Garscha 35 ff. Nr. II.

81 Im Süden des heutigen Ortskerns Friedhof einer spätestens zu Beginn des 6. Jh. gegründeten und nach 700 wieder abgegangenen Siedlung.
Abb. 109
Lit.: Garscha 37 f. Nr. III.

Donzdorf, Lkr. Göppingen

82 Südwestlich des Ortskerns großer Reihengräberfriedhof, von dem 1964 durch das Landesdenkmalamt (Stuttgart) über 100 Bestattungen ausgegraben wurden. Danach Belegungsbeginn spätestens um die Mitte des 6. Jh. Belegungsende nicht feststellbar. Im westlichen Friedhofsteil Gräbergruppe einer Adelsfamilie mit überdurchschnittlich reichen Beigaben aus der 2. Hälfte des 6. Jh.
Abb. 110. Tafeln 57, 59, 60, 84, 100. S. 14, 81, 120
Lit.: E. M. Neuffer, Der Reihengräberfriedhof von Donzdorf (1972).

83 Östlich des Ortskerns Töpferofen der 1. Hälfte des 7. Jh.
Abb. 110
Lit.: K. Natter, R. Roeren, W. Hübener, Fundber. aus Schwaben NF 16, 1962, 172 ff.

84 Auf dem Berg »Waldenbühl« Anzeichen von Besiedlung seit dem 7. Jh.
Abb. 110
Lit.: E. M. Neuffer, Der Reihengräberfriedhof von Donzdorf (1972) 56.

Dorfmerkingen, Stadt Neresheim, Ostalbkreis

85 Aus dem Ortsgräberfeld des 6. und 7. Jh. am Nordostrand des Dorfes stammt ein Männergrab vom Ende des 6. Jh. mit fremdartigen, auf Beziehungen zum fränkischen Burgund hinweisenden Beigaben.
Lit.: Fundber. aus Schwaben NF 16, 1962, 277; W. Hübener, Fundber. aus Schwaben NF 18, 1, 1967, 207 ff.

Dürbheim, Lkr. Tuttlingen

86 Im Gewann »Häuslensrain« Adelssepultur der Zeit um 700. Daneben kleine Holzkirche mit rechteckigem Altarraum ohne Bestattungen im Kircheninneren.
Lit.: G. Fingerlin, Archäologische Nachrichten aus Baden 18, 1977, 12 und 20, 1978, 22 f.

Ebenhofen, Gde. Bießenhofen, Lkr. Ostallgäu

87 Am nordwestlichen Ortsrand der Ortsfriedhof mit teilweise überdurchschnittlich reich ausgestatteten Gräbern. Die zugehörige, aus mindestens zwei Höfen bestehende Siedlung Ebenhofen wurde in der 1. Hälfte des 7. Jh. gegründet.
Abb. 98. S. 30, 120
Lit.: M. Franken, Die Alamannen zwischen Iller und Lech (1944) 55 f.

Eberbach am Neckar, Rhein-Neckar-Kreis

88 Westlich der Altstadt, südlich des Neckars zwei Bronzehalsringe des 4. Jh. Keine Flußfunde!
Lit.: Roeren 258 Nr. 115. – Fundber. aus BadWtbg. 2, 1975, Tafeln 301, 3. 4.

Eberfingen, Stadt Stühlingen, Lkr. Waldshut

89 Bei Bauarbeiten wurden 1956/57 etwa 600 m südsüdwestlich der Ortsmitte acht Gräber der 1. Hälfte des 6. Jh. angeschnitten; die Beigaben deuten einen durchschnittlichen Wohlstand der Bewohner des zugehörigen, heute abgegangenen Ortes an.
Lit.: F. Garscha, Badische Fundber. 22, 1962, 165 ff. – Garscha 39 ff.

Ebermergen, Stadt Harburg, Lkr. Donau-Ries

90 Nördlich von Ebermergen Grablege einer christlichen Adelsfamilie des 7. Jh.
Lit.: 12. Jahresbericht des historischen Kreis-Vereins für den Regierungsbezirk von Schwaben und Neuburg 1846, 1 ff.

Ebingen, Stadt Albstadt, Zollernalbkreis

91 Im Westen des Stadtgebietes befand sich ein größerer, immer wieder bei Bauarbeiten angeschnittener Reihengräberfriedhof. Ein Ausschnitt von 50 Gräbern weist für die zugehörige (abgegangene) Siedlung eine Entstehung spätestens um die Mitte des 6. Jh. nach.
Lit.: Fundber. aus Schwaben NF 9, 1935/38, 121 ff.

Ebringen, Gde. Schallstadt-Wolfenweiler, Lkr. Breisgau-Hochschwarzwald

92 Südwestlich des Dorfes befindet sich am Fuße des Dürenberges der älteste Ortsfriedhof. Er wurde 1825 von H. Schreiber entdeckt und teilweise ausgegraben. Da Schreiber die Gräber mit einer Sonde suchte und ihm dabei nur die allgemein

Abb. 111. Eislingen/Fils (L 7324)

jungen Steinplattengräber auffallen konnten, stellen die geborgenen 125 Bestattungen nur den Ausschnitt des späten 7. Jh. eines wohl viele Hundert Gräber umfassenden Friedhofs dar. Daß dieser Friedhof und damit der zugehörige Ort Ebringen bis mindestens in die erste Hälfte des 6. Jh. zurückreichen dürften, deutet eine von Schreiber gefundene Scheibenfibel dieser Zeit an. Der Besitzstand der dort bestatteten Bewohner von Ebringen war zumindest im späten 7. Jh. nur durchschnittlich.
Lit.: Garscha 43 ff.

Ehingen a. d. Donau *siehe Rißtissen*

Eichstetten, Lkr. Breisgau-Hochschwarzwald

93 Im Gewann »Wanne« der 250 Bestattungen enthaltende und vom Landesdenkmalamt (Freiburg i. Br.) vollständig untersuchte Friedhof einer abgegangenen Hof- oder Weilersiedlung, die spätestens um 500 entstanden war und mindestens bis 700 existierte. Die Bewohner teilweise überdurchschnittlich wohlhabend.
Tafel 97. S. 30
Lit.: G. Fingerlin, Archäologische Nachrichten aus Baden 16, 1976, 14.

Eigeltingen *siehe Münchhöf-Homberg*

Eislingen a. d. Fils, Stadt Göppingen, Lkr. Göppingen

94 Südlich der Fils aus einem zum ehemaligen Dorf Kleineislingen gehörenden Reihengräberfeld wenige Funde, darunter ein Gehängering des 6. Jh.
Abb. 111
Lit.: Fundber. aus Schwaben NF 15, 1959, 183.
95 Nördlich der Fils Bestattungsplatz einer überdurchschnittlich reichen, christlichen Familie aus der 2. Hälfte des 7. Jh.
Abb. 111. Tafeln 84, 92
Lit.: Fundber. aus Schwaben NF 15, 1959, 182 f.
96 Bestattungsplatz einer Familie aus der 2. Hälfte des 7. Jh.
Abb. 111
Lit.: Fundber. aus Schwaben NF 15, 1959, 183.
97 Bestattungsplatz der 2. Hälfte des 7. Jh. Wie 95 und 96 zu den ersten Gehöften des ehemaligen Dorfes Großeislingen gehörend.
Abb. 111
Lit.: Fundber. aus Schwaben NF 18, II, 1967, 135 ff.

Ellwangen *siehe Pfahlheim*

Endingen, Lkr. Emmendingen

98 Zum Dorf Endingen gehört ein ursprünglich bis zu 250 Bestattungen enthaltendes Ortsgräberfeld im Gewann »Diehl«, von dem 150 Gräber untersucht werden konnten. Danach wurde Endingen im 6. Jh. gegründet und von überdurchschnittlich wohlhabender Bevölkerung bewohnt.
Lit.: Unveröffentlicht.

Engen *siehe Welschingen*

Ennabeuren, Gde. Heroldstatt, Alb-Donau-Kreis

99 Beigabenführende Körpergräber am Ostrand des Dorfes bezeugen eine Entstehung des Ortes noch im 7. Jh.
Lit.: Veeck 333.
100 Aus dem Altar der Pfarrkirche stammt ein schlichtes Bursenreliquiar der Zeit um 700; eine Kirche ist schon zu dieser Zeit vorauszusetzen.
Tafel 22. S. 118
Lit.: K. Gröber, Münchner Jahrbuch für bildende Kunst NF 12/13, 1938/39, 7 ff. – J. Werner, in: Suevia sacra. Frühe Kunst in Schwaben. Ausstellungskatalog Augsburg (1973) 79 f. Nr. 33.

Entringen, Gde. Ammerbuch, Lkr. Tübingen

101 Westlich des Ortskerns der älteste Friedhof von Entringen. Bei Bauarbeiten immer wieder Bestattungen des späten 5.

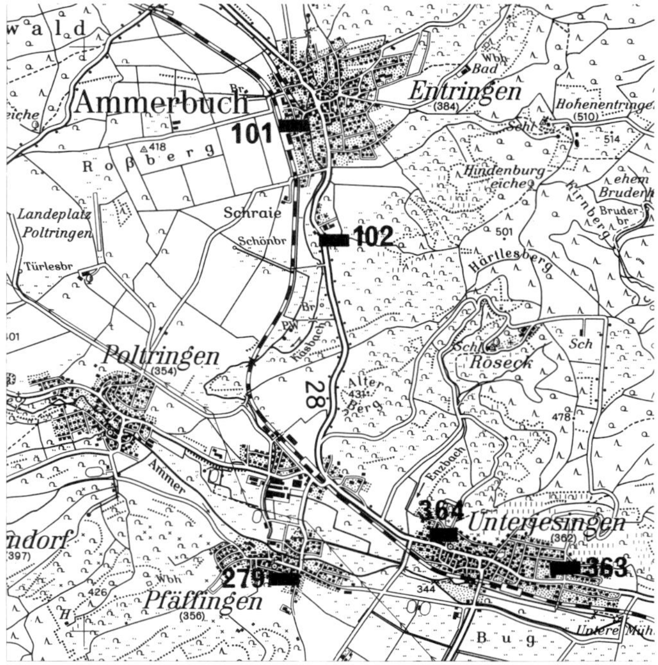

Abb. 112. Entringen, Pfäffingen, Unterjesingen (L 7518)

bis 7. Jh. angeschnitten, darunter das mit einer Goldgriffspatha ausgestattete Grab eines Mannes des ausgehenden 5. Jh.
Abb. 112
Lit.: Veeck 254 f.
102 Südlich von Entringen zweites Reihengräberfeld. Daraus um 1910 das Grab eines Mannes mit Goldgriffspatha.
Abb. 112
Lit.: Veeck 254. – S. Schiek, in: Der Landkreis Tübingen I (1967) 195.

Epfach, Gde. Denklingen, Lkr. Landsberg/Lech

103 Im Westteil der spätrömischen Befestigung Abodiacum ein frühmittelalterliches Gräberfeld, dessen weit über 500 Bestattungen (hiervon noch nicht einmal 200 ausgegraben) sich auf einen Zeitraum zwischen etwa 580 und 700 verteilen. Die Beigabenausstattung ist unterdurchschnittlich.
S. 30
Lit.: H. Dannheimer, in: J. Werner, Der Lorenzberg bei Epfach. Die spätrömischen und frühmittelalterlichen Anlagen (1969) 215 ff.
104 Im Ostteil der spätrömischen Befestigung Abodiacum zwei massive Steinbauten, deren Nutzung in nachrömischer Zeit wahrscheinlich ist. Im Nordostteil der Befestigung ein Magazinbau mit Metall- und Glasfunden des frühen 5. Jh. Ob zwi-

schen diesen Funden und dort ebenfalls vorkommender verzierter Siedlungskeramik der Zeit um 600 ein Zusammenhang besteht, ist unsicher. Im späten 7. Jh. greift das Gräberfeld auf dieses Gebäudeareal über. Ein spätantiker Kirchenbau südwestlich des Magazins scheint im 7. Jh. noch intakt, nachdem in ihn die Bestattungen zweier für Epfacher Verhältnisse überdurchschnittlich wohlhabender Personen eingebracht werden können, Gräber, die offensichtlich keinen Kontakt zum Reihengräberfeld wenig weiter westlich besitzen. Die Kontinuität des Kirchenbaus vom 7. Jh. bis heute ist archäologisch gesichert.
Abb. 13. S. 14, 44, 48, 117
Lit.: H. Dannheimer, in: J. Werner, Der Lorenzberg bei Epfach. Die spätrömischen und frühmittelalterlichen Anlagen (1969) 227 ff.; 237 ff.
105 Im heutigen Ortskern von Epfach Hofgrablege der Zeit um 700.
Lit.: F. Stein, in: J. Werner, Studien zu Abodiacum-Epfach (1964) 96 ff.

Erlbach, Stadt Oettingen i. Bay., Lkr. Donau-Ries

106 Auf dem Spielberg bei Erlbach wurde 1910 das anscheinend isoliert gelegene Grab einer um 300 verstorbenen, überdurchschnittlich wohlhabenden Alamannin gefunden.
Tafeln 28, 29. S. 52, 77, 84, 85, 95
Lit.: J. Werner, Bayer. Vorgeschichtsblätter 25, 1960, 164 ff.

Eschenz, Kanton Thurgau

107 Etwa 700 m südöstlich des Kastells »Burg« (siehe 330) größeres alamannisches Gräberfeld mit Funden des 7. Jh.
Lit.: K. Keller-Tarnuzzer, H. Reinerth, Urgeschichte des Thurgaus (1925) 270.
108 Ebenfalls auf der Gemarkung Eschenz kam 1829 das Grab von zwei Personen zum Vorschein, welche um 700 verstorben und mit überdurchschnittlich reichen Beigaben beigesetzt worden waren.
Lit.: K. Keller-Tarnuzzer, H. Reinerth, Urgeschichte des Thurgaus (1925) 269. – F. Stein, Adelsgräber des achten Jahrhunderts in Deutschland (1967) 375.

Esslingen am Neckar

109 Unter der Kirche St. Dionysius Spuren einer Siedlung mit Funden des 7. Jh.
Abb. 113. S. 62
Lit.: G. P. Fehring, Germania 44, 1966, 357 f.
110 Nordöstlich des alten Ortskerns von Oberesslingen das

Abb. 113. Esslingen, Esslingen-Sirnau, Berkheim (L 7320, 7322)

zugehörige Reihengräberfeld mit Funden des ganzen 6. und des 7. Jh. durch Ziegeleibetrieb zerstört.
Abb. 113
Lit.: Veeck 214 Nr. III. – R. Koch, Katalog Esslingen. Die vor- und frühgeschichtlichen Funde im Heimatmuseum 2 (1969) 125 f.
111 500 m nordwestlich des alten Ortskerns von Oberesslingen wurde in den ehemaligen Fluren »Kreuzäcker« und »Hirschländer« ein großes Reihengräberfeld zerstört, dessen wenige erhaltenen Funde für den zugehörigen, jedenfalls nach 700 abgegangenen Ort eine Entstehung noch im 5. Jh. bezeugen.
Abb. 113
Lit.: R. Koch, Katalog Esslingen 2 (1969) 124 f.
112 Südwestlich des alten Ortskerns von Oberesslingen eine Gräbergruppe der 2. Hälfte des 7. Jh., wohl zu einem in der Nähe zu suchenden Herrenhof dieser Zeit gehörend.
Abb. 113
Lit.: R. Koch, Katalog Esslingen 2 (1969) 121 ff.

Esslingen *siehe Berkheim, Mettingen, Rüdern*

Esslingen-Sirnau, Stadt Esslingen a. N., Lkr. Esslingen

113 400 m nordwestlich des Sirnauer Hofes Ortsgräberfeld des abgegangenen Dorfes Sirnau. Dieses Dorf wurde danach

um die Mitte des 6. Jh. gegründet. Im Ortsgräberfeld bestattete bis gegen 700 eine nur durchschnittlich wohlhabende Bevölkerung.
Abb. 113. S. 30
Lit.: R. Koch, Katalog Esslingen 2 (1969) 9 ff.
114 450 m nördlich des Hofes Sirnau wurde 1922 bei den Baggerarbeiten zum Kraftwerkskanal ein zur Kirche des abgegangenen Dorfes Sirnau gehörendes Gräberfeld angeschnitten. Neben zahlreichen beigabenlosen Bestattungen fand sich als älteste Gräberschicht eine sicher schon zur kirchlichen Sepultur gehörende Gruppe von überdurchschnittlich reich ausgestatteten Gräbern einer adeligen Familie der 2. Hälfte des 7. Jh. Die Siedlung Sirnau, die 1922 und 1938 angeschnitten worden war, erbrachte Keramik vom 7. Jh. an.
Abb. 113. S. 14, 16
Lit.: R. Koch, Fundber. aus Schwaben NF 18, 1, 1967, 264 ff. – Ders., Katalog Esslingen 2 (1969) 120 f.

Fellbach *siehe Schmiden*

Fessenheim, Lkr. Donau-Ries

115 500 bis 700 m südlich von Fessenheim am Wörnitzufer frühalamannische Siedlung des 3./4. Jh.
Lit.: E. Keller, Bayer. Vorgeschichtsblätter 35, 1970, 150 ff.
116 Am Westrand von Fessenheim der zugehörige Ortsfriedhof. Darin die Bestattung eines überdurchschnittlich wohlhabenden Mannes aus der Mitte des 7. Jh.
Lit.: M. Strohmeyer-Franken, Bayer. Vorgeschichtsblätter 17, 1948, 55 f.

Fleinheim, Gde. Nattheim, Lkr. Heidenheim

117 Am Nordwestrand des Ortes Gräber der 2. Hälfte des 5. Jh.
Lit.: Fundber. aus Schwaben NF 16, 1962, 278 f.

Forchtenberg, Hohenlohekreis

118 Grabungen in der im 13. Jh. abgegangenen Siedlung Wülfingen (nördlich des Kocher) ergaben die Gründung dieses Ortes spätestens gegen Ende des 6. Jh. Reichliche Funde des 3. und 4. Jh. können zu einer frühalamannischen Vorgängersiedlung gehören.
S. 43
Lit.: G. P. Fehring, in: Château Gaillard 3 (1969) 48 ff. – Führer zu vor- und frühgeschichtlichen Denkmälern 24 (1973) 29 ff.; 44 ff.; 188 ff.

Frankfurt am Main-Praunheim

119 Bei Ziegeleiarbeiten auf dem Ebel wurde unweit eines römischen, in alamannischer Zeit wiederverwendeten und umgebauten Gutshofes das Grab eines um 400 verstorbenen Mannes gefunden, der mit seinen Waffen und mit einer ungewöhnlich großen Zahl römischer Importgefäße (Sigillata, Gläser) bestattet worden war.
Abb. 40. S. 28, 68, 71
Lit.: K. Woelcke, Das Museum für Heimische Vor- und Frühgeschichte Frankfurt am Main 1, 1937, 11 ff. – Roeren 244 Nr. 13a und Nr. 91a.

Freiburg i. Breisgau *siehe Tiengen*
Frickingen *siehe Bruckfelden*

Fridingen a. d. Donau, Lkr. Tuttlingen

120 Etwa 800 m westsüdwestlich der Pfarrkirche Fridingen wurde 1971 ein bis dahin unbekannter, zu einem abgegangenen Ort gehörender Reihengräberfriedhof angeschnitten und anschließend durch das Staatliche Amt für Denkmalpflege Tübingen ausgegraben, wobei von ursprünglich mehr als 350 Gräbern 320 Bestattungen untersucht werden konnten. Danach begann die Belegung mit der Gründung der zugehörigen Siedlung noch in der 1. Hälfte des 6. Jh. Vom Siedlungsbeginn an ist unter den wenigen Siedlerfamilien eine mit überdurchschnittlichem Wohlstand nachweisbar. Diese Familie begann von der Mitte des 7. Jh. an ihre Toten in immer größer werdenden Grabdenkmälern in Form von Grabhügeln zu bestatten und besaß wohl adelsähnlichen Status. Um diese – später verflachten – Grabhügel gruppierten sich die Gräber von Abhängigen und Gefolgsleuten.
Abb. 34. Tafeln 8, 51, 109. S. 14, 30, 57, 91, 106, 118, 119
Lit.: H. Reim, Fundber. aus BadWtbg. 1, 1974, 628 ff.

Friedberg, Lkr. Aichach-Friedberg

121 Südwestlich der Altstadt an der Terrassenkante zum Lechtal hin Siedlung des 7. bis 10. Jh.
Lit.: G. Krahe, Zeitschrift des Historischen Vereins für Schwaben 71, 1977, 55.
122 Südlich von 121 ein nur wenige Jahrzehnte in der 2. Hälfte des 7. Jh. von einer christlichen Adelsfamilie mit Gefolge und Gesinde belegter Bestattungsplatz.
Abb. 7, 35, 51, 59, 65, 97. Tafel 10. S. 14, 17, 19, 53, 56, 61, 62, 81, 88, 91, 120
Lit.: R. Christlein, Jahrbuch des Römisch-Germanischen Zentralmuseums Mainz 20, 1973, 169.

Fützen, Stadt Blumberg, Schwarzwald-Baar-Kreis

123 Im Ortsbereich Gräberfeld mit Funden des späten 7. Jh. Von hier sollen auch wenige Funde der 1. Hälfte des 5. Jh. stammen.
Tafel 52
Lit.: Garscha 58.

Gamburg, Gde. Werbach, Main-Tauber-Kreis

124 Im Norden des Ortes auf dem linken Tauberufer abgegangene Siedlung mit Gruben des 4. und wohl des 6. Jh. Im Zusammenhang mit Funden der Zeit um 400 Hinweise auf Eisenverarbeitung und auf den Handel mit Mühlsteinen.
Abb. 22
Lit.: Fundber. aus BadWtbg. 2, 1975, 154 ff.

Gammertingen, Lkr. Sigmaringen

125 Im Ostteil des heutigen Ortes (zwischen Friedhofstraße und Sigmaringer Straße) großer, ursprünglich viele Hundert Gräber enthaltender Friedhof einer Siedlung mit zentralörtlichen Funktionen, beginnend noch im 4. oder frühen 5. Jh. Vom Ende des 5. Jh. bis in die Mitte des 7. Jh. hinein ist eine seit Beginn des 7. Jh. christliche Familie mit überdurchschnittlichem Wohlstand in Gammertingen ansässig. Ihr entstammt der Mann, der um 570 mit Helm und Panzer in einem der prunkvollsten Reihengräber Süddeutschlands beigesetzt wurde.
Abb. 63, 97. S. 29, 30, 31, 48. 73, 91, 101, 105, 120
Lit.: W. Gröbbels, Der Reihengräberfriedhof von Gammertingen (1905). – O. Paret, Hohenzollerische Jahreshefte 7, 1940, 100 ff.
126 Südlich des Ortskerns auf dem rechten Lauchertufer als Einzelfund das Bronzemodel einer Preßblechscheibenfibel der 1. Hälfte des 7. Jh.
Tafel 96
Lit.: Unveröffentlicht.

Geislingen a. d. Steige, Lkr. Göppingen

127 Siedlung mit Grubenhütten der 1. Hälfte des 7. Jh.
Abb. 114
Lit.: H. Zürn, Fundber. aus Schwaben NF 14, 1957, 145 ff.
128 Grabfunde des 6. oder 7. Jh.
Abb. 114
Lit.: Veeck 318.
129 Grabfunde der Zeit um 600.
Abb. 114
Lit.: Veeck 318. – Fundber. aus Schwaben NF 9, 1935/1938, 116 f.

Abb. 114. Geislingen an der Steige (L 7324)

130 Großer Friedhof mit z. T. überdurchschnittlich reichen Bestattungen der 2. Hälfte des 6. und 7. Jh.
Abb. 114. Tafel 70. S. 76
Lit.: Veeck 318.

Gelbe Bürg bei Dittenheim, Lkr. Weißenburg-Gunzenhausen

131 Der dem Hahnenkamm vorgelagerte isolierte Bergkegel trug eine ausgedehnte alamannische Siedlung, von der zahlreiche Einzelfunde vorliegen. Der Beginn der Besiedlung scheint im 4. Jh., die Blütezeit im 5. Jh. zu liegen. Damals wurde, laut Ausweis einer in der Wehrmauer gefundenen Glasschale des 5. Jh., die Siedlung befestigt. Ihr Ende ist durch den Hortfund eines Bügelfibelpaars für die Zeit um 500 angedeutet. Funde des 6. und 7. Jh. fehlen.
Abb. 23. S. 29, 84, 99
Lit.: H. Müller-Karpe, Funde von bayerischen Höhensiedlungen (1959) 12 f. – H. Dannheimer, Die germanischen Funde der späten Kaiserzeit und des frühen Mittelalters in Mittelfranken (1962) 170 ff. – F. R. Herrmann, Jahresbericht des Historischen Vereins für Mittelfranken 1969/70, 221 ff. – Ders., in: Neue Ausgrabungen in Bayern. Sonderheft »Probleme der Zeit« (1970) 36 ff.

Gerlachsheim, Stadt Lauda-Königshofen, Main-Tauber-Kreis

132 Südwestlich des alten Ortskerns kleine Gräbergruppe der 2. Hälfte des 4. Jh. mit Bestattungen durchschnittlich wohlhabender Alamannen.
Abb. 52. Tafeln 30–32. S. 52, 77, 78, 84
Lit.: A. Dauber, Badische Fundber. 21, 1958, 139 ff. – Roeren 245 f. Nr. 16.

Gerstheim, Dép. Bas-Rhin

133 Funde aus Reihengräbern des 7. Jh.
Abb. 92
Lit.: R. Henning, Denkmäler der Elsässischen Altertums-Sammlung zu Straßburg i. Els. (1912) Taf. 58, 27; 61, 27.

Giengen a. d. Brenz, Lkr. Heidenheim

134 Im Norden des alten Ortskerns Gräberfeld. Daraus 1901 wenige Bestattungen; ein Männergrab mit Beigaben der ersten Hälfte des 6. Jh.
Abb. 115
Lit.: Veeck 173. – H. Zürn, Katalog Heidenheim (1957) 16.

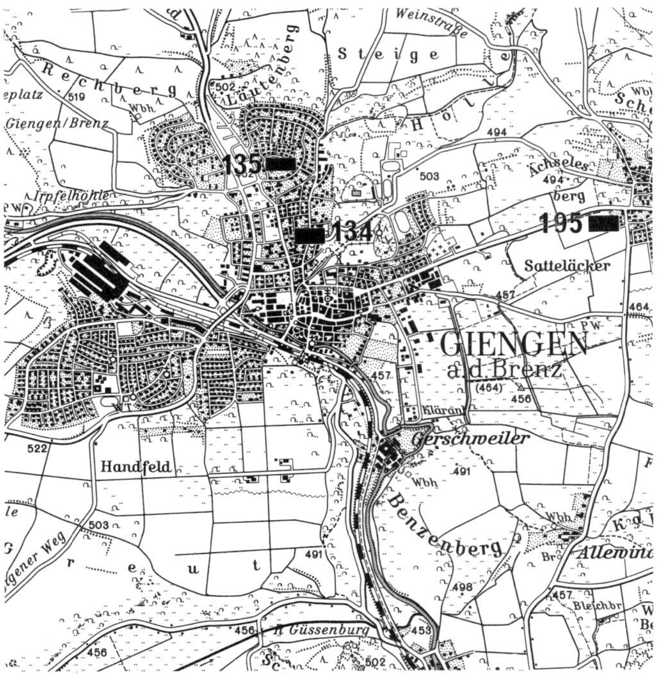

Abb. 115. Giengen/Brenz, Hohenmemmingen (L 7326)

135 500 m nordnordwestlich der Fundstelle 134 wurde vom Staatlichen Amt für Denkmalpflege Stuttgart 1969 ein weiterer Friedhof aufgedeckt, auf dem zwischen 600 und 700 eine christliche Adelsfamilie samt ihrem Gefolge und Gesinde bestattete.
Abb. 115. S. 14, 42
Lit.: Unveröffentlicht.

Giengen a. d. Brenz *siehe Hohenemmingen*

Gnotzheim, Gde. Markt Gnotzheim, Lkr. Weißenburg-Gunzenhausen

136 Westlich des Ortes im Bereich des einstigen römischen Kastells der Ortsfriedhof des frühmittelalterlichen Dorfes. Bisher durchschnittlich ausgestattete Gräber des späten 6. und 7. Jh.
Lit.: H. Dannheimer, Die germanischen Funde der späten Kaiserzeit und des frühen Mittelalters in Mittelfranken (1962) 176 ff.

Göggingen, Stadt Augsburg

137 Östlich des alten Ortskerns der älteste Ortsfriedhof, von dem mit 170 ausgegrabenen Bestattungen nur der kleinere Teil erforscht sein dürfte. Der Friedhofsausschnitt bezeugt für Göggingen eine Gründung auf jeden Fall noch im 6. Jh. Die Ausstattungen der Gräber waren nur durchschnittlich. Noch zu Beginn des 8. Jh. wurde auf dem Friedhof bestattet.
Lit.: F. Stein, Bayer. Vorgeschichtsblätter 26, 1961, 75 ff.
138 200 m südlich des Ortsgräberfeldes wurde 1887 die um 700 angelegte Sepultur einer Familie von überdurchschnittlichem Reichtum gefunden.
Tafel 105. S. 14, 36, 71
Lit.: F. Stein, Adelsgräber des achten Jahrhunderts in Deutschland (1967) 230 Nr. 1.

Goldburghausen, Gde. Riesbürg, Ostalbkreis

139 Vom Goldberg südlich des Ortes stammen Einzelfunde des späten 7. Jh., die eine Besiedlung des Platzes zu dieser Zeit wahrscheinlich machen.
Lit.: H. Dannheimer, Fundber. aus Schwaben NF 18, 1, 1967, 199 ff. – P. Schröter, in: Neue Ausgrabungen in Deutschland, gefördert von der Deutschen Forschungsgemeinschaft 1950 bis 1975, Teil 1 (1975) 111.

Göppingen, Lkr. Göppingen

140 Westlich des Ortskerns ein unbeobachtet zerstörtes Reihengräberfeld. Ein massiv silberner Sporn hieraus läßt auf den

Bestattungsplatz einer ungewöhnlich reichen Familie gegen Ende des 7. Jh. schließen.
Tafel 103
Lit.: Veeck 320.

Göppingen *siehe Eislingen a. d. Fils*

Göschweiler, Gde. Löffingen, Lkr. Breisgau-Hochschwarzwald

141 Etwa 350 m südöstlich der Kirche im Unterdorf das Gräberfeld eines gegen Ende des 7. Jh. errichteten Hofes oder Weilers mit überdurchschnittlich wohlhabender Bevölkerung.
Lit.: Garscha 59 ff.

Graben-Neudorf, Lkr. Karlsruhe

142 In einem anscheinend vereinzelt gelegenen Grab wurde gegen Ende des 5. Jh. eine überdurchschnittlich wohlhabende Alamannin bestattet.
Tafeln 50, 68. S. 109
Lit.: R. H. Behrends, Archäologische Nachrichten aus Baden 14, 1975, 20.

Grenzach-Wyhlen *siehe Wyhlen*

Griesheim, Dép. Bas-Rhin

143 Überdurchschnittlich ausgestattete Gräber der 1. Hälfte des 6. Jh. in einem Gräberfeld des 6. und 7. Jh.
Lit.: R. Henning, Denkmäler der Elsässischen Altertums-Sammlung zu Straßburg i. Els. (1912) Taf. 61, 20; 63, 1. 2. 13.

Grimmelshofen, Stadt Stühlingen, Lkr. Waldshut

144 Etwa 500 m südlich der Kirche wurden 1939 73 Gräber des ältesten Ortsfriedhofs von Grimmelshofen untersucht. In ihnen wurde während der 2. Hälfte des 7. Jh. eine ausgesprochen ärmliche Bevölkerung bestattet.
Abb. 116. S. 30
Lit.: H. Stoll, Badische Fundber. 17, 1941/47, 196 ff. – Garscha 63 ff.
145 Am Nordausgang des Dorfes, etwa 120 m nordnordwestlich der Kirche ein kleinerer, offenbar dem späten 7. Jh. zuzuweisender Bestattungsplatz.
Abb. 116
Lit.: Garscha 63.
146 Nordwestlich der Kirche wurde 1955 der Bestattungsplatz einer adeligen Familie aus der Zeit um 700 oder kurz da-

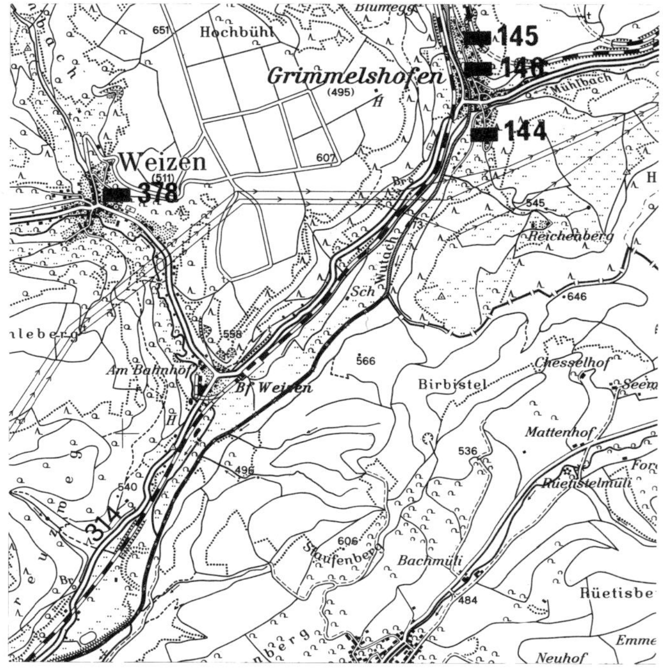

Abb. 116. Grimmelshofen, Weizen (L 8316)

nach angeschnitten. Der zugehörige Herrenhof ist in unmittelbarer Nachbarschaft zu suchen.
Abb. 116
Lit.: Garscha 63.

Großkuchen, Stadt Heidenheim a. d. Brenz, Lkr. Heidenheim

147 Am nördlichen Ortsrand untersuchte das Landesdenkmalamt 1976 und 1977 in der Flur »Hintere Wiesen« Teile einer ausgedehnten, mindestens im 5. Jh. beginnenden Siedlung, die vorläufig bis ins 7. Jh. nachweisbar ist und später wüst wurde.
Abb. 117. S. 14
Lit.: Unveröffentlicht.
148 Etwa 200 m westlich von 147 ein offenbar zugehöriger Bestattungsplatz, von dem bisher Gräber des 7. Jh. bekannt geworden sind.
Abb. 117
Lit.: Fundber. aus Schwaben NF 8, 1933/35, 127 f.; NF 15, 1959, 185.
149 Etwa 250 m südöstlich von 147 ein wahrscheinlich zum heute noch bestehenden Ort gehörendes Gräberfeld, von dem

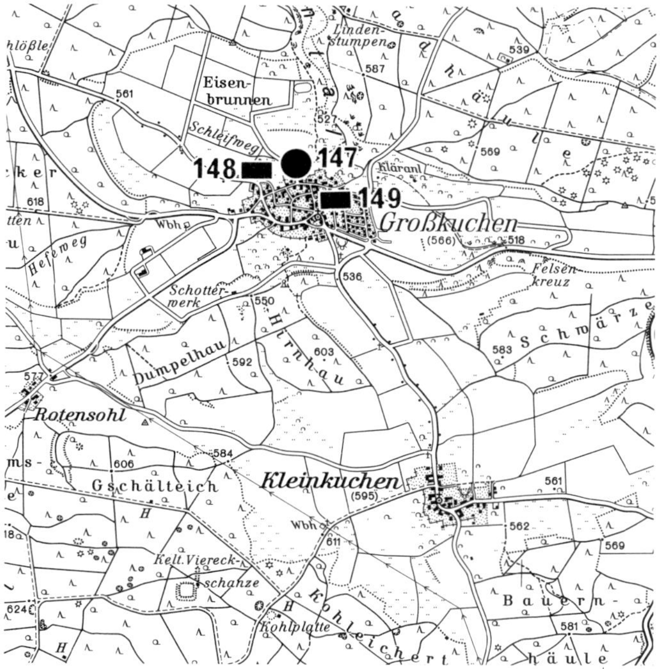

Abb. 117. Großkuchen (L 7326)

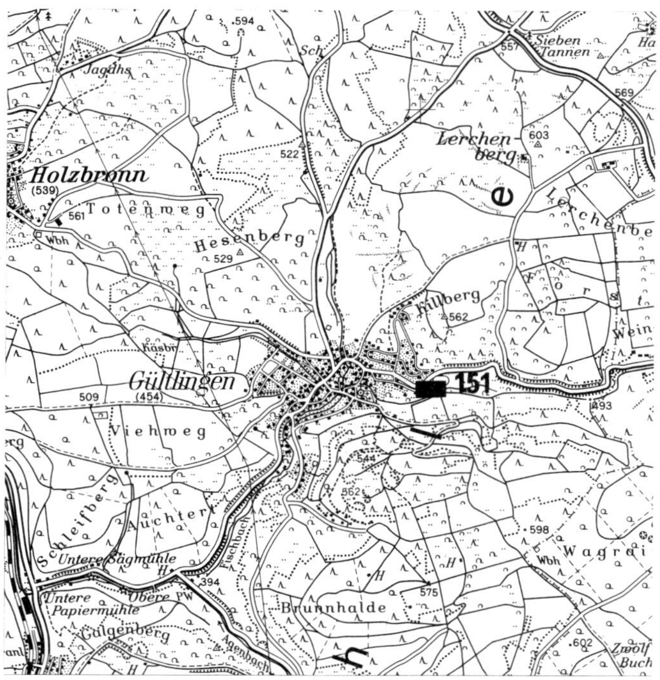

Abb. 118. Gültlingen (L 7318)

bisher nur ein kleiner Ausschnitt mit Gräbern der 2. Hälfte des 6. Jh. bekannt geworden ist.
Abb. 117
Lit.: Fundber. aus Schwaben NF 18, 2, 1967, 138 f.

Gruibingen, Lkr. Göppingen

150 Aus dem ältesten Kirchenbau unter St. Martin stammen einige beigabenführende Bestattungen, unter denen das Grab eines zu Beginn des 7. Jh. verstorbenen Priesters und das einer außergewöhnlich reichen Frau aus dem frühen 8. Jh. besonders auffallen. Leider wurde der Untergrund dieser Eigenkirche der Zeit um 600 nicht flächig untersucht.
Abb. 93. Tafel 107. S. 82, 117, 121
Lit.: H. Schäfer, Denkmalpflege in BadWtbg. 3, 1974, 9 ff.

Gültlingen, Stadt Wildberg, Lkr. Calw

151 Östlich des Ortes großes Reihengräberfeld des 5. bis 7. Jh. Für die zugehörige Siedlung Gültlingen sind für das 5. Jh. zentralörtliche Bedeutung und die Anwesenheit einer Personenschicht mit weit überdurchschnittlicher politischer und wirtschaftlicher Machtstellung zu erschließen. Dieser Personenkreis ist vom 6. Jh. an nicht mehr nachweisbar.
Abb. 38, 118. Tafeln 5, 45, 52, 60. S. 25, 66, 86 f., 100
Lit.: L. Lindenschmit, Alamannischer Grabfund von Gültlingen. Die Altertümer unserer heidnischen Vorzeit 5 (1911) 45 ff. – Veeck 258 f. – Fundber. aus Schwaben NF 12, 2, 1938/51, 111; NF 13, 1952/54, 95.

Günzburg *siehe Denzingen, Reisensburg*

Gundelfingen, Lkr. Dillingen a. d. Donau

152 Im Ortsbereich von Gundelfingen zahlreiche Bestattungsplätze des 6. und 7. Jh., wohl zumeist Hofgrablegen.
S. 43
Lit.: H.-J. Seitz, J. Werner, Bayer. Vorgeschichtsblätter 18/19, 1951/52, 291 ff.

Gundelsheim, Stadt Heilbronn

153 Südöstlich des ehemaligen Ortskernes, zu einer abgegangenen Siedlung gehörendes größeres Gräberfeld mit Funden vorwiegend des 7. Jh. In seinem Bereich, jedoch nicht sicher im Zusammenhang mit ihm, wurde 1958 das überdurchschnittlich reich ausgestattete Grab eines um 300 verstorbenen kleinen Mädchens gefunden.
Tafel 35. S. 52, 84, 85, 115

Lit.: Veeck 233 f. – R. Roeren, Fundber. aus Schwaben NF 15, 1959, 83 ff. – K. Weidemann, Jahrbuch des Römisch-Germanischen Zentralmuseums Mainz 19, 1972, 141 Abb. 31.

Günzburg, Lkr. Günzburg

154 Im Westen Günzburgs auf dem Galgenberg, zu abgegangener Siedlung gehörend, ein Gräberfeld. Daraus ein Grab des 6. Jh.
Lit.: M. Franken, Die Alamannen zwischen Iller und Lech (1944) 51.

155 An der Dillinger Straße Grabfunde des 6. Jh. wohl zu abgegangener Siedlung gehörend.
Lit.: G. Krahe, Zeitschrift des Historischen Vereins für Schwaben 70, 1976, 59.

Gutenstein, Stadt Sigmaringen, Lkr. Sigmaringen

156 1887 wurde unweit der Kirche die Grablege einer überdurchschnittlich reichen Familie der Zeit um 700 angeschnitten. Von besonderer Bedeutung ist die mit figürlich verziertem, silbernem Preßblech belegte Spatha eines Grabes.
S. 113
Lit.: Garscha 82 f.

Güttingen, Stadt Radolfzell, Lkr. Konstanz

157 Westlich des Ortes im Gewann »Kirchental« der älteste Ortsfriedhof. Von den ursprünglich etwa 250 Bestattungen wurden 150 durch eine planmäßige Ausgrabung erschlossen. Danach erfolgte die Ortsgründung wenig vor 600 durch eine Familie des Hochadels. Ein weibliches Mitglied dieser Familie wurde schon bald nach der Siedlungsgründung bestattet. Keines der Gräber des 7. Jh. erhielt dann eine ähnlich prunkvolle Ausstattung wie dieses »Gründergrab«. Immer jedoch weist der Friedhof bis zum Ende seiner Belegung um 700 die Bewohner von Güttingen als überdurchschnittlich wohlhabend aus.
Abb. 77. Tafeln 72–74. S. 14, 16, 18, 106, 113
Lit.: G. Fingerlin, Grab einer adligen Frau aus Güttingen. Badische Fundber., Sonderheft 4 (1964). – G. Fingerlin, Die alamannischen Gräberfelder von Güttingen und Merdingen in Südbaden (1971). – Garscha 73 ff.

Hailfingen, Stadt Rottenburg a. N., Lkr. Tübingen

158 In der Flur »Vordere Breite« wurde 1921 beim Lehmgraben der älteste Ortsfriedhof entdeckt und 1928 bis 1933 nahezu vollständig untersucht. Von den ursprünglich etwas mehr als 700 Bestattungen wurden ungefähr 630 ausgegraben. Nach den Ergebnissen wurde der heutige Ort Hailfingen um 520 gegründet. Seine Bewohner waren wohlhabend, jedoch nicht überdurchschnittlich reich. Eine adelsähnliche Familie bestattete nicht im Friedhof. Bevölkerungszahl gleichbleibend. In der 2. Hälfte des 6. Jh. zeitweilig intensiver Kontakt zum fränkischen Kernland. Zu Beginn der 2. Hälfte des 7. Jh. Aufgabe des Friedhofs.
Abb. 101. Tafeln 57, 59, 96. S. 14, 30, 48, 58, 62, 91
Lit.: H. Stoll, Die Alamannengräber von Hailfingen in Württemberg (1939).

159 Kleiner Friedhof am östlichen Ortsrand (»Ostfriedhof«) mit durchschnittlich reichen Grabausstattungen (wie 160) der 2. Hälfte des 7. Jh.
Abb. 101
Lit.: H. Stoll, Hailfingen (1939) 79 f.

160 Im westlichen Ortsteil Gräbergruppe der 2. Hälfte des 7. Jh. (»Rosengarten«) mit durchschnittlich reichen Grabausstattungen (wie 159). 159 und 160 wohl Familiengrablegen vom Umfang einer Hofgemeinschaft, gegründet nach der Auflassung des Ortsfriedhofes 158. Um 700 Aufgabe auch dieser Bestattungsplätze und Beginn der Sepultur bei der Kirche St. Laurentius.
Abb. 101
Lit.: H. Stoll, Hailfingen (1939) 78 f.

Hammelburg, Lkr. Bad Kissingen

161 Am westlichen Abhang des Hammelberges zwei Gräber überdurchschnittlich wohlhabender, in der 2. Hälfte des 5. Jh. verstorbener Personen.
Abb.43. S. 25, 71, 72
Lit.: R. Koch, Bodenfunde der Völkerwanderungszeit aus dem Main-Tauber-Gebiet (1967) 129 ff.

Harburg *siehe Ebermergen*

Hartheim, Lkr. Breisgau-Hochschwarzwald

162 Von einem ursprünglich vielleicht 400 Bestattungen enthaltenden und durch Kiesgrube und Autobahnbau größtenteils zerstörten Reihengräberfriedhof im Gewann »Retthammer« barg das Landesdenkmalamt (Freiburg i. Br.) etwa 80 Bestattungen des 6. und 7. Jh. Der zugehörige Ort ist abgegangen.
Lit.: Fundber. aus BadWtbg. 2, 1975, 242.

Heidelberg

163 Nördlich des alten Ortskerns Rohrbach (Heidelberger Str. 33) Gräber des 3./4. Jh.
Lit.: Roeren 247 Nr. 22.

164 Im Ortsteil Neuenheim (Brückenstr. 12) zwei Gräber der Zeit um 400.
Tafeln 31, 38
Lit.: E. Wagner, Fundstätten und Funde aus vorgeschichtlicher, römischer und alamannisch-fränkischer Zeit im Großherzogtum Baden 2 (1911) 300 f. – L. Lindenschmit, Die Altertümer unserer heidnischen Vorzeit 5 (1911) 17 ff. – Roeren 247 Nr. 21.
165 In der Belfortstraße Gräberfeld des 5. Jh.
Lit.: Roeren 246 f. Nr. 20.

Heidelberg-Kirchheim

166 2,7 km westsüdwestlich des Ortes kleines alamannisches Gräberfeld des 5. Jh.
Lit.: P. H. Stemmermann, Badische Fundber. 14, 1938, 73 ff.
167 1 km ostnordöstlich von 166 fränkisches Gräberfeld. Die zugehörige (nach 700 abgegangene) Siedlung wurde zu Beginn des 6. Jh. gegründet und wies eine Familie mit überdurchschnittlichem Wohlstand auf.
Lit.: G. Clauß, Reihengräberfeld von Heidelberg-Kirchheim, Badische Fundber., Sonderheft 14 (1971).

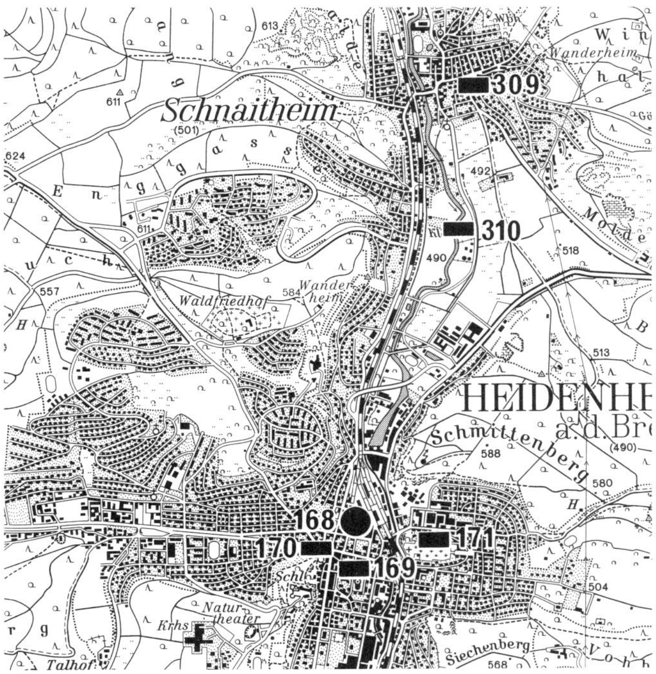

Abb. 119. Heidenheim a. d. Brenz, Schnaitheim (L 7326)

Heidenheim a. d. Brenz, Lkr. Heidenheim

168 In den Ruinen des mittelkaiserzeitlichen Kastells Aquileia alamannische Siedlung des 4. Jh. Im Zusammenhang mit dieser Siedlung Schatzfund von 77 römischen Bronzemünzen, vergraben vor 350.
Abb. 119
Lit.: D. Planck, in: 75 Jahre Heimat- und Altertumsverein Heidenheim 1901–1976 (1976) 97 ff.
169 Südlich des römischen Kastells ausgedehntes Gräberfeld der 2. Hälfte des 6. und des 7. Jh. mit überdurchschnittlich reichen Bestattungen.
Abb. 119. Tafel 57
Lit.: Veeck 173.
170 Am Nordende der Hauptstraße Reihengräber.
Lit.: Veeck 174.
171 Am Südabhang des Totenberges ausgedehntes Gräberfeld; wohl zu einer abgegangenen Siedlung am linken Brenzufer gehörend. Die geborgenen Beigaben stammen einerseits aus dem späten 5. Jh., andererseits aus dem 7. Jh.
Abb. 119. Tafel 59
Lit.: Veeck 174.

Heidenheim *siehe Großkuchen, Schnaitheim*

Heilbronn

172 Südlich des Wartberges Grabfund der Zeit um 400.
Abb. 120
Lit.: Roeren 247 Nr. 23.
173 Am Südwestrand der Altstadt, in Neckarnähe, der Friedhof einer überdurchschnittlich wohlhabenden alamannischen Bevölkerungsgruppe der 2. Hälfte des 5. Jh.
Abb. 120. S. 25, 118
Lit.: A. Schliz, Jahresbericht des Historischen Vereins Heilbronn 7, 1904, 14 f. – Veeck 216 f. Nr. I. – G. Beiler, 18. Veröffentlichung des Historischen Vereins Heilbronn (1937) 138.
174 Östlich der Altstadt größeres fränkisches Gräberfeld des 6. und 7. Jh. mit z. T. überdurchschnittlich gut ausgestatteten Gräbern.
Abb. 120
Lit.: Veeck 217 f. Nr. II. – Fundber. aus Schwaben NF 15, 1959, 185; NF 18, 2, 1967, 139 Nr. 1.

Heilbronn-Böckingen

175 Als Überrest eines sehr reichen alamannischen Grabfundes der Zeit um 300 haben ein bronzebeschlagener Holzeimer und eine Nigraschale zu gelten, welche 1927 nördlich des

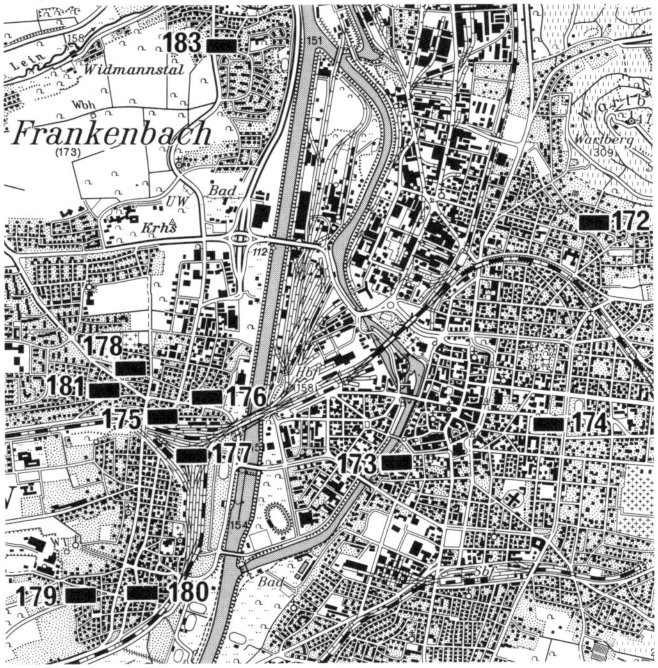

Abb. 120. Heilbronn, Heilbronn-Böckingen (L 6920)

Bahnhofs beim Haus Heidelberger Straße 8 gefunden wurden.
Abb. 57, 120. S. 53, 84, 109
Lit.: Roeren 247 Nr. 24.

176 300 m ostnordöstlich von 175 das Grab eines im 4. Jh. verstorbenen Alamannen.
Abb. 120
Lit.: J. Werner, Germania 22, 1938, 114 ff.

177 In der einstigen Flur »Klammenäcker« im Bereich des heutigen Rangierbahnhofs Gräbergruppen einer überdurchschnittlich wohlhabenden Familie der 2. Hälfte des 5. Jh.
Abb. 120
Lit.: A. Schliz, Jahresbericht des Historischen Vereins Heilbronn 7, 1904, 29 ff. – Veeck 215 Nr. I.

178 750 m nordwestlich von 175 ein weiterer Bestattungsplatz einer überdurchschnittlich wohlhabenden Familie aus der 2. Hälfte des 5. Jh.
Abb. 120
Lit.: Fundber. aus Schwaben NF 12, 2, 1938/51, 101 f. – R. Roeren, Fundber. aus Schwaben NF 16, 1962, 119 ff.

179 Westlich des alten Ortskerns Böckingen ein fränkisches Gräberfeld des 6./7. Jh.
Abb. 120
Lit.: Fundber. aus Schwaben NF 12, 2, 1938/51, 102 Nr. II; NF 13, 1952/54, 89 Nr. I–IV; NF 14, 1957, 211; NF 15, 1959, 185 Nr. 1; NF 16, 1962, 279.

180 Südlich des alten Ortskerns fränkisches Gräberfeld des 7. Jh.
Abb. 120
Lit.: Veeck 216 Nr. III. – Fundber. aus Schwaben NF 15, 1959, 185 Nr. 3.

181 Im Nordwesten des heutigen Ortsteiles Gräberfeld, das zu einer abgegangenen fränkischen Siedlung des 6. und 7. Jh. gehörte.
Abb. 120
Lit.: G. Beiler, 18. Veröffentlichung des Historischen Vereins Heilbronn (1937) 136 Nr. 3. – Fundber. aus Schwaben NF 9, 1935/38, 119; NF 15, 1959, 185 Nr. 3; NF 16, 1962, 279 Nr. 3.

Heilbronn *siehe Gundelsheim*

Heilbronn-Neckargartach

182 In Ortsmitte das Grab einer im 4. Jh. verstorbenen Alamannin.
Lit.: Fundber. aus Schwaben NF 9, 1935/38, 133. – E. Keller, in: Festschrift J. Werner (1974) 274 Abb. 12.

183 Im südlichen Ortsteil das Grab eines zu Beginn des 7. Jh. verstorbenen wohlhabenden Franken.
Abb. 120
Lit.: Fundber. aus Schwaben NF 18, 2, 1967, 139.

Hemmingen, Lkr. Ludwigsburg

184 Unmittelbar südwestlich des alten Ortskerns eine offenbar kleine Gräbergruppe mit dem Grab eines überdurchschnittlich wohlhabenden Mannes der 2. Hälfte des 5. Jh.
Lit.: Veeck 223 Nr. II.

185 Im nordwestlichen Ortsteil der Bestattungsplatz mehrerer überdurchschnittlich wohlhabender alamannischer Familien, die zwischen etwa 440 und 500 in der Nähe siedelten.
Tafeln 43, 45, 52, 55, 60, 62, 64. S. 14, 25, 30, 31, 69
Lit.: H. F. Müller, Das alamannische Gräberfeld von Hemmingen (1976).

186 Am Nordrand des Dorfes größerer Friedhof wohl des 6. und 7. Jh., zum heutigen Ort gehörend, mit anscheinend reichen Bestattungen großenteils zerstört.
Lit.: Veeck 222 Nr. I.

Herbrechtingen, Lkr. Heidenheim

187 Im Westteil des Ortes auf dem Gänsbühl ein von der Mitte des 6. bis zum Ende des 7. Jh. belegtes Gräberfeld eines abgegangenen Ortes. Mindestens um 600 befand sich eine überdurchschnittlich wohlhabende Familie unter den Einwohnern.

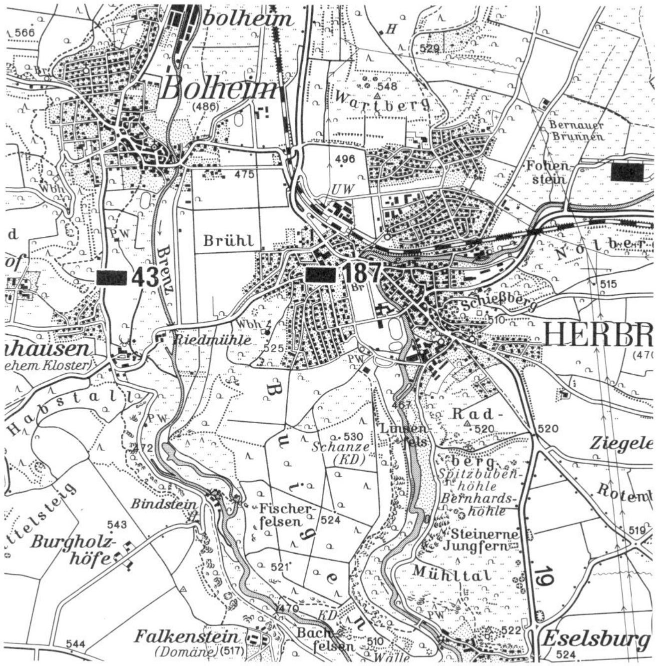

Abb. 121. Herbrechtingen, Bolheim-Anhausen (L 7326)

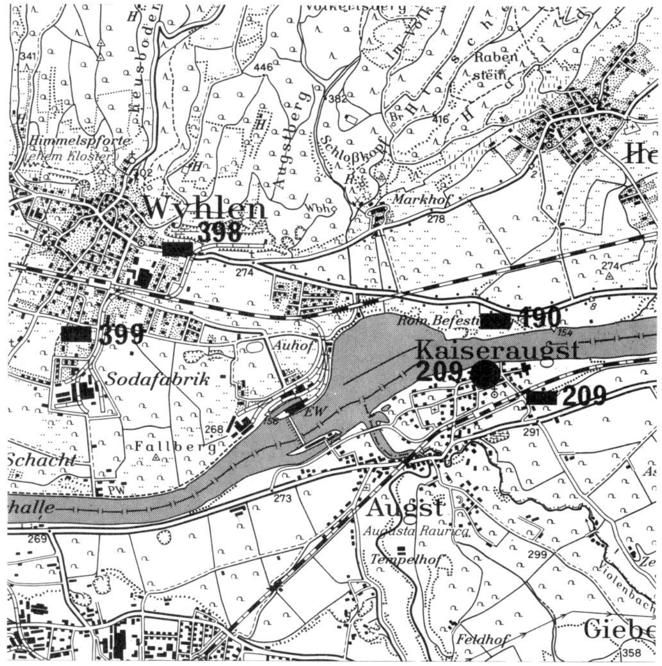

Abb. 122. Herten, Kaiseraugst, Wyhlen (L 8512)

Abb. 74, 121. S. 101
Lit.: Veeck 175 f Nr. I. – H. Zürn, Katalog Heidenheim. Die vor- und frühgeschichtlichen Funde im Heimatmuseum (1957) 17 f.

Herbrechtingen *siehe Bolheim-Anhausen*

Herlisheim, Dép. Haut-Rhin

188 Aus einem im 19. Jh. angeschnittenen Gräberfeld stammt die Pferdegeschirrausstattung eines überdurchschnittlich wohlhabenden, in der 1. Hälfte des 7. Jh. lebenden Mannes.
Lit.: Die Altertümer unserer heidnischen Vorzeit 4 (1900) Taf. 30, 2–5. – Cahiers d'archéologie et d'histoire d'Alsace 134, 1954, 111 f.

Heroldstatt *siehe Ennabeuren*

Herrenberg, Lkr. Böblingen

189 Am Westrand der Stadt am »Markweg« großes, zu einer abgegangenen Siedlung gehörendes, spätestens um 500 einsetzendes Gräberfeld.
Lit.: Fundber. aus Schwaben NF 18, 2, 1967, 140.

Herten, Stadt Rheinfelden, Lkr. Lörrach

190 Zwischen 1887 und 1934 wurden gegenüber der spätrömischen Stadt Kaiseraugst etwa 300 Gräber eines ursprünglich etwa 400 Bestattungen enthaltenden Friedhofs ausgegraben. Die zugehörige Siedlung war bald nach 400 gegründet worden und wurde von einer nur durchschnittlich wohlhabenden Bevölkerung bewohnt. Sie bestand bis ins 7. Jh. hinein anscheinend nur aus einem Gehöft (Fährhof?), erhielt dann jedoch Zuwachs durch zwei weitere Höfe mit gleichem Besitzstatus; deren Bewohner bestatteten auf zwei dem »Hauptfriedhof« locker angeschlossenen Separatfriedhöfen.
Abb. 84, 122. Tafeln 31, 38. S. 13, 30, 31, 36
Lit.: Garscha 86 ff.

Hilzingen, Lkr. Konstanz

191 Unweit des Ortes das vereinzelte, gut ausgestattete Grab eines kurz vor 400 verstorbenen Mannes.
Tafel 34
Lit.: Ausstellungskatalog »Die Alamannen in Südwestdeutschland« Karlsruhe 1973, 11.

Hilzingen *siehe Binningen*

Hintschingen, Gde. Immendingen, Lkr. Tuttlingen

192 Auf dem nördlichen Donauufer wurden 1915 43 Bestattungen des 7. Jh. eines wohl umfangreichen Reihengräberfeldes geborgen. In der zugehörigen, im Mittelalter abgegangenen Siedlung war eine überdurchschnittlich wohlhabende, christliche Familie ansässig, von der ein um die Mitte des 7. Jh. verstorbener Angehöriger in Grab 14 des Friedhofs bestattet worden war.
Tafel 88
Lit.: Garscha 158 ff.

Hochfelden, Dép. Bas-Rhin

193 Nicht im Zusammenhang mit dem großen alamannischen Reihengräberfeld bei Hochfelden steht das Einzelgrab einer in der 1. Hälfte des 5. Jh. fern der Heimat verstorbenen ostgermanischen Frau, die wohl im Zuge der Unternehmungen Attilas an den Rhein gelangt war.
S. 99
Lit.: J. J. Hatt, Gallia 23, 1965, 250 ff.

Hockenheim, Rhein-Neckar-Kreis

194 Im Gewann »Zwischen den Wegen« kleine Gräbergruppe mit den Körperbestattungen wohlhabender, um 400 verstorbener Alamannen.
Tafeln 25, 36, 37. S. 51
Lit.: E. Gropengießer, Neue Ausgrabungen und Funde im Mannheimer Raum 1961–1975. Ausstellungskatalog Mannheim (1976) Nr. 103–108.

Hohenemmingen, Stadt Giengen a. d. Brenz, Lkr. Heidenheim

195 Im Südwesten des Dorfes Ortsfriedhof des 6. und 7. Jh.
Abb. 115
Lit.: Fundber. aus BadWtbg. 2, 1975, 244 ff.

Holzgerlingen, Lkr. Böblingen

196 Das Ortsgräberfeld des Dorfes Holzgerlingen, dem Namen nach eine Siedlung unmittelbar am Wald, wurde 1925 und 1926 nordwestlich des einstigen Ortskernes ausgegraben. Seine 370 Gräber weisen für den zugehörigen Ort eine Gründung um die Mitte des 6. Jh. nach, zunächst wohl als Einzelhof. Der Wohlstand der Bewohner blieb von Anfang an bescheiden, auch als sich die Einwohnerzahl des Ortes bis gegen Ende des 7. Jh. etwa verdreifachte.
S. 13, 30
Lit.: Veeck, Fundber. aus Schwaben NF 3, 1926, 154 ff. – Veeck 190 ff. mit Plan II nach S. 10. – Fundber. aus Schwaben NF 16, 1962, 280.

Horbourg, Dép. Haut-Rhin

197 Im Inneren des spätrömischen Kastells Argentovaria eine im 16. Jh. abgebrochene Kirche. In deren Bereich wurden bei Ausgrabungen 1884 Gräber des frühen Mittelalters gefunden, darunter die Bestattung einer im 7. Jh. verstorbenen Frau von ganz ungewöhnlichem Wohlstand.
Abb. 92. S. 48, 115
Lit.: Westdeutsche Zeitschrift, Korrespondenzblatt 4, 1885, 2; – Westdeutsche Zeitschrift 5, 1886, 160 f. – E. A. Herrenschneider, Römerkastell und Grafenschloß Horburg (1894) 128 ff. – R. Forrer, Cahiers d'archéologie et d'histoire d'Alsace 25, 1934, 233.

Hüfingen, Schwarzwald-Baar-Kreis

198 Im Gewann »Auf Hohen« wird seit 1975 durch das Landesdenkmalamt (Freiburg) der Friedhof einer in der 1. Hälfte des 6. Jh. gegründeten Siedlung mit zentralörtlichen Funktionen ausgegraben. Neben zahlreichen Importgütern italischer oder fränkischer Herkunft fällt vor allem das Vorhandensein einer breiten Bevölkerungsschicht mit überdurchschnittlichem Wohlstand auf.
Abb. 109. Tafeln 58, 65. S. 18, 30, 48, 53, 93, 106
Lit.: G. Fingerlin, Archäologische Nachrichten aus Baden 16, 1976, 15 f. und 18, 1977, 12 ff. – Ders., Neue alamannische Grabfunde aus Hüfingen. Texte zu einer Ausstellung (1977).
199 Etwa 500 m nordwestlich von 198 der Bestattungsplatz eines kurz nach 600 verstorbenen Adeligen mit aus Italien importiertem Zaumzeug.
Abb. 31, 109. Tafel 71. S. 76, 105, 113
Lit.: G. Fingerlin, in: Studien zur vor- und frühgeschichtlichen Archäologie. Festschrift für Joachim Werner zum 65. Geburtstag II (1974) 591 ff.
200 Im Bereich des Spitalfriedhofs offenbar kleine Gräbergruppe des 7. Jh.
Abb. 109
Lit.: Garscha 166 Nr. I.
201 Nordwestlich des Ortskernes vereinzeltes (?) Grab der 2. Hälfte des 7. Jh.
Abb. 109
Lit.: Garscha 166 Nr. II.

Hugstetten, Gde. March, Lkr. Breisgau-Hochschwarzwald

202 Im Gewann »Obere Riedel« wurden neun Gräber der 1. Hälfte des 6. Jh. mit durchschnittlich reicher Ausstattung angeschnitten.
Lit.: Garscha 167 f. Nr. II.

Hundersingen i. Lautertal, Stadt Münsingen, Lkr. Reutlingen

203 Südlich des Hofes Haldenegg zwei alamannische Grabhügel. In einem die Bestattung eines um 700 verstorbenen Mannes von überdurchschnittlichem Reichtum.
Abb. 46
Lit.: F. Stein, Adelsgräber des achten Jahrhunderts in Deutschland (1967) 270 f.

Hüttlingen, Ostalbkreis

204 Am Nordostrand des Dorfes 21 z. T. gut ausgestattete Gräber eines Friedhofs der 2. Hälfte des 7. Jh.
Lit.: Fundber. aus Schwaben NF 9, 1935/38, 120 ff.

Ihringen, Lkr. Breisgau-Hochschwarzwald

205 Am Westfuß des Winklerberges Körpergrab mit Ango und Bronzehalsring.
Abb. 41, 102. S. 68, 72
Lit.: Roeren 248 Nr. 28. – Garscha 173 Nr. II.

Illnau, Kanton Zürich

206 1 km nordwestlich des Ortsteils Ottikon sieben Grabhügel mit den Bestattungen einer wohlhabenden alamannischen Familie der 2. Hälfte des 7. Jh.
Lit.: R. Moosbrugger-Leu, in: Festschrift E. Vogt (1966) 293 ff.

Immendingen *siehe Hintschingen*

Inzlingen, Lkr. Lörrach

207 Zu Oberinzlingen gehörendes Gräberfeld, von dem fünf Gräber mit Beigaben des 5. bis 7. Jh. angeschnitten wurden.
Lit.: Garscha 174 f. Nr. II.

Ittenheim, Dép. Bas-Rhin

208 Innerhalb des Ortes die Bestattung eines überdurchschnittlich wohlhabenden, gegen Ende des 6. Jh. verstorbenen Mannes.
Abb. 60. S. 18, 106, 113
Lit.: J. Werner, Der Fund von Ittenheim. Ein alamannisches Fürstengrab des 7. Jahrhunderts im Elsaß (1943).

Kaiseraugst, Kanton Aargau

209 Das große spätrömische Gräberfeld südöstlich des gleichzeitigen Kastells wurde kontinuierlich bis gegen 700 von einer romanischen Bevölkerung weiterbelegt.
Abb. 122. S. 14, 26
Lit.: M. Martin, Das spätrömisch-frühmittelalterliche Gräberfeld von Kaiseraugst, Kt. Aargau (1976).

Kemnat, Stadt Ostfildern, Lkr. Esslingen

210 Ein goldener Fingerring, als dessen Fundort Kemnat überliefert ist, kann nur aus dem Besitz einer überdurchschnittlich reichen alamannischen Familie der Zeit um 300 stammen.
Tafel 33, S. 84
Lit.: R. Christlein, Archäologisches Korrespondenzblatt 2, 1972, 47 f.

Kernen i. Remstal *siehe Rommelshausen*

Kipfenberg, Lkr. Eichstätt

211 Auf dem Michelsberg Anzeichen germanischer Besiedlung im 4. und 5. Jh.
Lit.: H. Dannheimer, Die germanischen Funde der späten Kaiserzeit und des frühen Mittelalters in Mittelfranken (1962) 165.
212 Am Nordfuß des Michelsberges wohl zugehöriges Gräberfeld, das spätestens zu Beginn des 5. Jh. einsetzt und bis Ende des 7. Jh. kontinuierlich von einer durchschnittlich wohlhabenden Bevölkerung belegt wird.
S. 25, 30, 31
Lit.: H. Dannheimer, Die germanischen Funde der späten Kaiserzeit und des frühen Mittelalters in Mittelfranken (1962) 160 ff.

Kirchheim am Neckar, Lkr. Ludwigsburg

213 Anscheinend ein Einzelgrab war die mit überdurchschnittlich reichen Beigaben versehene Bestattung einer Alamannin, welche noch im 5. Jh. verstorben war, und deren Grabstätte 1964 bei Kanalisationsarbeiten im Südteil des heutigen Ortes vor dem Haus Neckarstraße 7 wieder aufgefunden wurde.
Tafel 47. S. 53, 85, 87, 99, 100
Lit.: R. Koch, Fundber. aus Schwaben NF 18, 1, 1967, 238 ff.

Kirchheim am Ries, Ostalbkreis

214 Am Nordostrand des Dorfes im Bereich der neuen Schule der älteste Ortsfriedhof, von dessen ursprünglich wohl annähernd 1000 Bestattungen insgesamt 576 durch das Staatliche Amt für Denkmalpflege Stuttgart untersucht wurden. Da das Gräberfeldzentrum durch Bauarbeiten zerstört wurde, kann das Gründungsdatum des Ortes Kirchheim nicht mehr angegeben werden. Die ältesten geborgenen Bestattungen stammen aus der 2. Hälfte des 6. Jh., die jüngsten aus dem beginnenden 8. Jh. Um 600 beginnt sich eine Familie durch überdurchschnittlichen Reichtum von den übrigen Dorfbewohnern abzuheben. Von der Mitte des 7. Jh. an bestattet diese Familie in einem Separatfriedhof südöstlich des Ortsgräberfeldes. Aus dieser Adelsgrablege die unberaubte Bestattung einer ungewöhnlich reich ausgestatteten und in der 2. Hälfte des 7. Jh. verstorbenen, christlichen Frau.
Abb. 64. Tafeln 60, 83, 101, 103, 106. S. 14, 82, 91, 101
Lit.: Chr. Neuffer-Müller, Archäologisches Korrespondenzblatt 2, 1972, 329 ff. – E. M. Neuffer, Ellwanger Jahrbuch 23, 1971, 50 ff. – Chr. Neuffer-Müller, Das alamannische Reihengräberfeld von Kirchheim am Ries (Manuskript 1975).

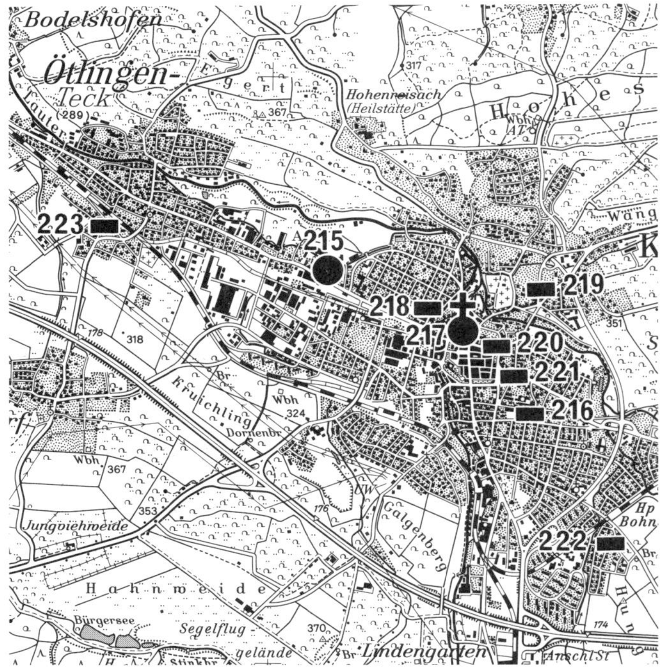

Abb. 123. Kirchheim, Kirchheim u. T.-Ötlingen (L 7322)

Kirchheim unter Teck, Lkr. Esslingen

215 Zwischen dem Stadtkern und dem Ortsteil Ötlingen germanische Siedlung des 4. Jh.
Abb. 123
Lit.: R. Koch, Fundber. aus BadWtbg. 3, 1977, 528 ff.
216 Etwa 600 m südöstlich der Altstadtmitte im »Rauner« großes, ursprünglich wohl an die 1000 Bestattungen (davon über 300 ausgegraben) enthaltendes Ortsgräberfeld, das für die zugehörige Siedlung Kirchheim einen Beginn spätestens in der 2. Hälfte des 5. Jh. und – zumindest während der ganzen Belegungszeit des Friedhofs (bis gegen 700) – zentralörtliche Bedeutung bezeugt. Spätestens seit der 1. Hälfte des 6. Jh. waren in Kirchheim Personen mit überdurchschnittlichem Wohlstand ansässig; sie geben sich seit etwa 600 als Christen zu erkennen.
Abb. 123. Tafeln 87, 91. S. 30, 31, 32, 93, 111
Lit.: Veeck 324 ff. Nr. II. – R. Fiedler, Katalog Kirchheim u. Teck. Die vor- und frühgeschichtlichen Funde im Heimatmuseum (1962) 24 ff. – R. Wolf, Schmuck und Gerät des Frühen Mittelalters. Ausstellungskatalog Pforzheim (1971) Nr. 208–214. 265–267. – Jahrbuch der Staatlichen Kunstsammlungen in Baden-Württemberg 8, 1971, 301 ff. Abb. 5–7. – R. Christlein, in: W. Hübener (Hrsg.), Die Goldblattkreuze des frühen Mittelalters (1975) 107 f. – Fundber. aus BadWtbg. 2, 1975, 248.
217 In einem Vorgängerbau der Stadtpfarrkirche St. Martin befand sich die Grablege einer überdurchschnittlich reichen Familie; von ihr wurden bei Renovierungsarbeiten 1953 ein Männer- und ein Frauengrab aus der 1. Hälfte des 7. Jh. aufgefunden.
Abb. 123. S. 14, 43, 117
Lit.: R. Koch, Fundber. aus Schwaben NF 19, 1971, 309 ff.
218 Nordwestlich der Altstadt, jenseits der Lauter, ein zu einer abgegangenen Siedlung gehörendes, mindestens seit der 2. Hälfte des 6. Jh. belegtes Gräberfeld mit z. T. reichen Beigaben des beginnenden 7. Jh.
Abb. 123
Lit.: Veeck 324 Nr. I. – Fundber. aus Schwaben NF 8, 1932/35, 130 f. – R. Fiedler, Katalog Kirchheim u. Teck (1962) 33 Nr. 2.
219 500 m nordöstlich des Stadtzentrums, jenseits der Lindach wenige Gräber einer abgegangenen Siedlung mit Beigaben der Mitte und 2. Hälfte des 7. Jh.
Abb. 123
Lit.: R. Fiedler, Katalog Kirchheim u. Teck (1962) 34 Nr. 3.
220 Im Stadtzentrum 50 m östlich des Rathauses vier Gräber vom Ende des 7. Jh.
Abb. 123
Lit.: Fundber. aus Schwaben NF 8, 1932/35, 130. – R. Fiedler, Katalog Kirchheim u. Teck (1962) 34 Nr. 4.
221 Südöstlich außerhalb des mittelalterlichen Stadtkerns vier Gräber der Zeit um 700.
Abb. 123

Lit.: Veeck 328 Nr. III. – R. Fiedler, Katalog Kirchheim u. Teck (1962) 34 Nr. 5.
222 Am Nordfuß des Hungerberges Grab wohl der Zeit um 700, zu einer abgegangenen Siedlung gehörend.
Abb. 107, 123
Lit.: Veeck 328 Nr. VI.

Kirchheim unter Teck *siehe Nabern*

Kirchheim unter Teck-Ötlingen, Lkr. Esslingen

223 Südlich des Ortes Gräberfeld, von dem mehrere Gräber einer Adelsfamilie der 1. Hälfte des 7. Jh. bekannt geworden sind.
Abb. 123. Tafel 60
Lit.: Veeck 329 f. – J. Werner, Münzdatierte austrasische Grabfunde (1935) Taf. 29 B. – R. Fiedler, Katalog Kirchheim u. Teck (1962) 34.

Kleinsachsenheim, Stadt Sachsenheim, Lkr. Ludwigsburg

224 Am Westrand des Ortskerns Gräberfeld des 7. Jh.
Tafel 92
Lit.: Veeck 242.

Kornwestheim, Lkr. Ludwigsburg

225 Östlich des Stadtkerns ausgedehntes, zur Ursiedlung Westheim gehörendes Gräberfeld, von dem vor allem Bestattungen des 7. Jh. im Bereich der Bergstraße gefunden wurden. Nordwestlich davon, im Gebiet der Aldinger Straße, ist der Friedhofskern zu vermuten. Die ältesten Bestattungen vorläufig aus der 2. Hälfte des 6. Jh.
Abb. 124
Lit.: Veeck 226 Nr. VI und VII. – Fundber. aus Schwaben NF 8, 1933/35, 131; NF 9, 1935/38, 129 f.; NF 15, 1959, 189; NF 18, 2, 1967, 141. – Fundber. aus BadWtbg. 2, 1975, 248.
226 Unter der Pfarrkirche St. Martin Bestattungen, von denen eine mit Beigaben der Mitte des 7. Jh. ausgestattet war. Damals muß sich bereits eine Kirche an dieser Stelle befunden haben.
Abb. 124
Lit.: B. Scholkmann, Nachrichtenblatt der Denkmalpflege in BadWtbg. 13, 1970, 86 f.
227 600 m nordwestlich von St. Martin ein größerer Friedhof mit Funden des 7. Jh.
Abb. 124
Lit.: Veeck 225 f. Nr. I. – Fundber. aus BadWtbg. 2, 1975, 249 Nr. 3.
228 Ein, 1200 m südwestlich von St. Martin, größeres, zu ei-

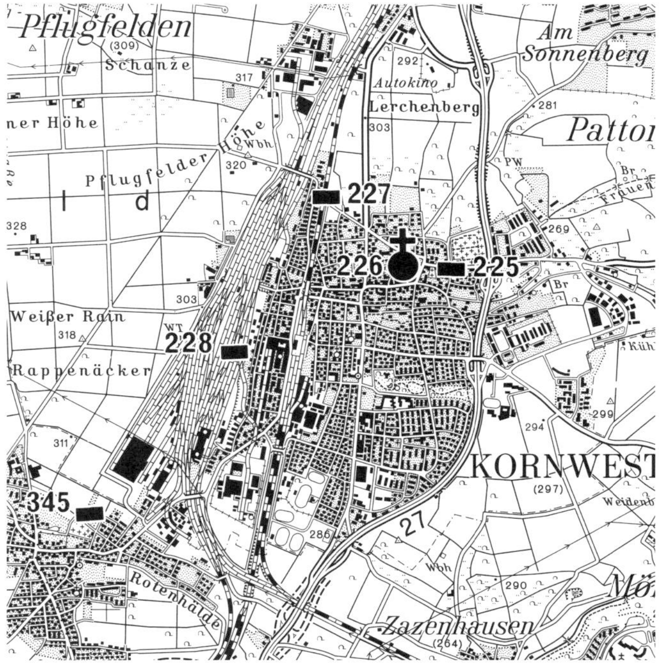

Abb. 124. Kornwestheim, Stuttgart-Stammheim (L 7120)

ner abgegangenen Siedlung gehörendes Gräberfeld mit Funden der Zeit zwischen 650 und 700. Zu den jüngsten Bestattungen zählt das Grab eines Mannes von überdurchschnittlichem Reichtum.
Abb. 124. Tafel 104
Lit.: Veeck 226.

Küssaberg *siehe Rheinheim*

Ladenburg, Rhein-Neckar-Kreis

229 In der ehemaligen römischen Stadt Lopodunum befand sich im 4. Jh. eine alamannische Ansiedlung.
Lit.: D. Baatz, Lopodunum-Ladenburg a. N. Die Grabungen im Frühjahr 1960 (1962) 25 f. 34. – Fundber. aus BadWtbg. 2, 1975, Taf. 30, 1. 2.
230 1 km nordnordwestlich des Ortszentrums kleine Gräbergruppe mit Funden der 2. Hälfte des 5. Jh.
Lit.: E. Wagner, Fundstätten und Funde im Großherzogtum Baden 2 (1911) 235.

Lahr-Burgheim, Ortenaukreis

231 Die Kirche St. Peter, im späten 7. Jh. als steinerer Saalbau von 7,5 x 9 m innerer Weite mit östlicher Apsis errichtet,

diente seit ihrer Erbauung einer adeligen alamannischen Familie als Begräbnisplatz.
Abb. 93. Tafel 102. S. 14, 82, 117
Lit.: A. Tschira, Neue Ausgrabungen in Deutschland (1958) 477 ff. – Garscha 183 ff. – Zur Baugeschichte K. List, Archäologisches Korrespondenzblatt 5, 1975, 149 ff.

Lampertheim, Kr. Bergstraße

232 Am nordwestlichen Ortsrand alamannisches Gräberfeld mit mindestens 50 Brand- und Körpergräbern. Die zugehörige Siedlung entstand nach 300 und wurde noch vor 400 wieder aufgegeben.
Abb.25, 42. S. 24, 29, 30, 31
Lit.: F. Behn, Mainzer Zeitschrift 30, 135, 56 ff. – Roeren 248 Nr. 32.
233 Im Gewann »Hammelsbett« 2 km nordwestlich von 232 sechs Gräber einer kurzfristigen (burgundischen?) Siedlung der 1. Hälfte des 5. Jh.
Lit.: F. Illert, Wormsgau 2, 1942, 374. – W. Meier-Arendt, Inventar der ur- und frühgeschichtlichen Geländedenkmäler und Funde des Kreises Bergstraße (1968) 80.

Landsberg a. Lech, Lkr. Landsberg

234 Zum links des Lech gelegenen Ortsteil Spötting gehört als ältester Bestattungsplatz ein umfangreiches Reihengräberfeld, das heute im Südteil der Justizvollzugsanstalt liegt. Die bisher ältesten Bestattungen stammen vom Ende des 6. Jh. Zwischen 600 und mindestens 650 bestattete in einem separaten Teil des Friedhofs eine christliche Familie mit überdurchschnittlichem Besitz.
Abb. 47, 50, 95. Tafeln 78, 89. S. 70, 76, 101, 118, 120
Lit.: Unveröffentlicht.

Langenau, Alb-Donau-Kreis

235 Am westlichen Ortsrand zwischen Kurze Straße und der Straße nach Albeck größeres Reihengräberfeld des 6. bis 7. Jh. mit überdurchschnittlich reich ausgestatteten Gräbern des 6. Jh. Die zugehörige Siedlung ist abgegangen.
Tafel 14
Lit.: Fundber. aus Schwaben NF 9, 1935/38, 130. – Fundber. aus BadWtbg. 2, 1975, 249 ff.

Langenenslingen, Lkr. Biberach

236 Bei Langenenslingen kleine Adelssepultur aus der 1. Hälfte des 6. Jh.
S. 91
Lit.: L. Lindenschmit, Die vaterländischen Altertümer der Fürstlich Hohenzoller'schen Sammlungen zu Sigmaringen (1860) 199 f.

Langenenslingen *siehe Andelfingen*
Lauchringen *siehe Unterlauchringen*
Lauda-Königshofen *siehe Gerlachsheim*

Leutkirch, Lkr. Ravensburg

237 Westlich der Altstadt wurde 1951 bei Kanalisationsarbeiten das Grab eines um 400 verstorbenen Alamannen aufgefunden.
Tafel 24. S. 53
Lit.: R. Roeren, in: Festschrift für P. Goessler (1954) 137 ff. – Roeren 248 Nr. 34.

Lochenstein, Städte Meßstetten und Balingen, Zollernalbkreis

238 Auf dem isolierten Bergkegel des Lochensteins eine wohl befestigte alamannische Siedlung mit Funden des 4. und 5. Jh.
Tafeln 21, 27. S. 29, 44
Lit.: G. Bersu, P. Goessler, Fundber. aus Schwaben NF 2, 1924, 73 ff.

Löffingen *siehe Göschweiler*

Lörrach, Lkr. Lörrach

239 Im Stadtkern unter Tumringer-, Teich- und Grabenstraße größeres Reihengräberfeld mit z. T. überdurchschnittlich reich ausgestatteten Gräbern der Zeit zwischen 500 und 700.
Tafel 31
Lit.: Garscha 204 ff.

Lörrach-Stetten

240 Unter und östlich der Riehenstraße kleiner Bestattungsplatz einer Hofsiedlung der 2. Hälfte des 7. Jh. mit bescheidenem Besitzstand.
S. 30
Lit.: Garscha 207 ff.

Lonsee *siehe Urspring*

Mahlberg, Ortenaukreis

241 1974 wurde bei Mahlberg das vereinzelt gelegene Grab einer im späten 5. Jh. verstorbenen Frau mit überdurchschnitt-

lich reicher Grabausstattung entdeckt.
Tafel 46. S. 87, 100
Lit.: G. Fingerlin, Archäologische Nachrichten aus Baden 14, 1975, 14.

March *siehe Hugstetten*
Markt Gnotzheim *siehe Gnotzheim*

Marktoberdorf, Lkr. Ostallgäu

242 Etwa 700 m nordnordwestlich des heutigen Ortskerns ein Reihengräberfeld, von dessen etwa 280 Bestattungen 240 durch das Landesamt für Denkmalpflege Augsburg 1962 bis 1964 ausgegraben wurden. Danach wurde der zugehörige Ort (wohl Oberdorf) um die Mitte des 6. Jh. von einer oder zwei alamannischen Familien mit sehr bescheidenem Wohlstand gegründet. Die soziale Struktur blieb auch nach einer deutlichen Bevölkerungsvermehrung vom Beginn des 7. Jh. an kaum verändert und gleichmäßig undifferenziert. Noch vor 700 brach die Belegung des Friedhofs ab.
S. 14, 16, 19, 30, 62, 104
Lit.: R. Christlein, Das alamannische Reihengräberfeld von Marktoberdorf im Allgäu (1966).
243 Am nördlichen Rand des Ortskerns vereinzeltes Grab eines um 700 verstorbenen Mannes.
Lit.: M. Franken, Die Alamannen zwischen Iller und Lech (1944) 56. – H. Dannheimer, Blätter für oberdeutsche Namenforschung 11, 1970, 24 ff.

Mengen, Gde. Schallstadt-Wolfenweiler, Lkr. Breisgau-Hochschwarzwald

244 Am südlichen Ortsrand ausgedehnte alamannische Siedlung des 4. Jh. durch das Landesdenkmalamt (Freiburg i. Br.) 1974 ausgegraben. Am Rande der Siedlung zwei gut ausgestattete Körpergräber. Kurz nach 400 aufgegeben.
Lit.: G. Fingerlin, Archäologische Nachrichten aus Baden 14, 1975, 13.
245 Am Munzinger Buck 600 m nordwestlich des Ortskerns großes Gräberfeld des späten 5. bis Ende des 7. Jh. Unter den insgesamt über 1000 Bestattungen vor allem im Anfangsstadium der zugehörigen Siedlung einige gut ausgestattete Gräber.
Tafeln 9, 11. S. 13, 14, 30
Lit.: Garscha 215 ff. und unveröffentlicht.

Merdingen, Lkr. Breisgau-Hochschwarzwald

246 Etwa 1 km südsüdwestlich von Merdingen befindet sich in der Flur »Auf der Gans« ein größerer Friedhof, von dem nur 171 Bestattungen untersucht werden konnten. Die zugehörige, abgegangene Siedlung bestand mindestens von der 1. Hälfte des 6. Jh. an und besaß in ihrer Frühzeit mindestens eine Familie von überdurchschnittlichem Wohlstand.
S. 30, 31
Lit.: Garscha 220 Nr. I. – Fundber. aus BadWtbg. 2, 1975, 254 Nr. 2.
247 Etwa 1 km ostnordöstlich von Merdingen wurde 1954/55 durch das Staatliche Amt für Urgeschichte Freiburg i. Br. in den Gewannen »Schönberg« und »Hütstel« ein Bestattungsplatz von etwa 400 Gräbern zu drei Vierteln untersucht. Die zugehörige, abgegangene Siedlung wurde in den letzten Jahrzehnten des 6. Jh. von einer oder zwei Familien mit durchschnittlichem Wohlstand gegründet und vergrößerte sich bis zum Ende der Friedhofsbelegung zu Beginn des 8. Jh. etwa auf das Doppelte, ohne jede Veränderung ihrer sozialen Struktur.
Tafel 90. S. 16, 30, 62, 101
Lit.: G. Fingerlin, Die alamannischen Gräberfelder von Güttingen und Merdingen in Südbaden (1971).
248 Eine abgegangene Siedlung des älteren Mittelalters, von der 1939/40 und 1964/66 1200 m westsüdwestlich des Ortskernes Merdingen ein Ausschnitt von etwa 100x70 m ausgegraben wurde, reicht in ihren Anfängen bis ins späte 7. Jh. zurück.
Lit.: F. Garscha, K. Hammel, W. Kimmig, G. Kraft, E. Schmid, Badische Fundber. 18, 1948/50, 137 ff. – Fundber. aus BadWtbg. 2, 1975, 254.

Mertingen, Lkr. Donau-Ries

249 Nördlich von Mertingen Gräberfeld des 6. und 7. Jh. mit überdurchschnittlich gut ausgestatteten Gräbern der 2. Hälfte des 6. Jh.
Lit.: I. Moosdorf-Ottinger, Nordschwaben 3, 1975, 90 ff.

Messen, Kanton Solothurn

250 Teile eines außerordentlich qualitätvollen Grabinventars der Zeit um 700, gefunden im Chor der Pfarrkirche und vielleicht zu einem Vorgängerbau gehörend.
Lit.: Jahresbericht der Schweizerischen Gesellschaft für Urgeschichte 44, 1954/55, 131.

Meßstetten *siehe Lochenstein*

Mettingen, Stadt Esslingen, Lkr. Esslingen

251 Beim Haus Obertürkheimer Straße 35 ein Grab des 7. Jh.
Abb. 130
Lit.: Veeck 213.

Mindelheim, Lkr. Unterallgäu

252 Im Südosten des mittelalterlichen Stadtkerns der Ortsfriedhof einer abgegangenen Siedlung. Von den ursprünglich etwa 220 Gräbern wurden etwa 175 erforscht. Sie geben als Siedlungsbeginn die 2. Hälfte des 6. Jh. an. Im 7. Jh. konnte sich eine der im Friedhof bestattenden Familien besitzmäßig über die anderen herausheben; sie war bereits christlich. Das Ende des Friedhofs lag um 700.
S. 14, 15, 30, 33, 34, 93, 101
Lit.: J. Werner, Das alamannische Gräberfeld von Mindelheim (1955). – H. Dannheimer, Bayer. Vorgeschichtsblätter 25, 1960, 180 f.

Mössingen *siehe Öschingen*

Molsheim, Dép. Bas-Rhin

253 Ortsgräberfeld mit zum Teil überdurchschnittlich qualitätvollen Grabinventaren des 7. Jh.
Lit.: J. und E. Griess, Cahiers d'archéologie et d'histoire d'Alsace 134, 1954, 75 ff.

Münchhöf – Homberg, Gde. Eigeltingen, Lkr. Konstanz

254 In den »Rautwiesen« wurde 1938 bei Entwässerungsarbeiten ein Weihefund nordgermanischer Art angeschnitten. Erhalten sind von ihm noch vier Lanzenspitzen.
Abb. 87. Tafel 4. S. 112
Lit.: Garscha 224.

Münsingen *siehe Hundersingen*

Munningen, Lkr. Donau-Ries

255 Bei Ausgrabungen am römischen Kastell Munningen nördlich des Dorfes wurde immer wieder ein ausgedehnter, spätestens seit der Mitte des 6. Jh. belegter Friedhof angeschnitten. Von der 2. Hälfte des 6. Jh. an ist eine überdurchschnittlich wohlhabende Bevölkerungsschicht nachweisbar.
Abb. 38
Lit.: G. Eidam, Jahresbericht des Historischen Vereins Mittelfranken 65, 1928/29, 6 ff. – H. Ament, Saalburg-Jahrbuch 33, 1976, 63 ff.

Nabern, Stadt Kirchheim unter Teck, Lkr. Esslingen

256 Südlich des Ortes und westlich der Straße nach Bissingen ein seit etwa 600 für ungefähr 100 Jahre belegter Friedhof mit durchschnittlich ausgestatteten Grabfunden.
Abb. 107
Lit.: R. Fiedler, Katalog Kirchheim u. Teck. Die vor- und frühgeschichtlichen Funde im Heimatmuseum (1962) 34 f.

Nagold, Lkr. Calw

257 Am Westfuß des Galgenberges kleiner Friedhof mit überdurschschnittlich reichen Bestattungen der 2. Hälfte des 5. Jh.
Abb. 125. Tafeln 45, 55
Lit.: Veeck 260 Nr. II.
258 Nordnordwestlich der Altstadt hart am Nagoldufer der wohl zur heutigen Siedlung Nagold gehörende Ortsfriedhof mit Gräbern des 6. und 7. Jh.
Abb. 125
Lit.: Veeck 260 Nr. IV. – Fundber. aus Schwaben NF 16, 1962, 282 f. – Fundber. aus BadWtbg. 2, 1975, 256.
259 Am Nordwestfuß des Wolfsberges Gräberfeld mit Beigaben des 7. Jh.
Abb. 125
Lit.: Veeck 259 Nr. I.
260 Im hallstattzeitlichen Fürstengrabhügel Krautbühl Nachbestattungen des späten 7. Jh.
Abb. 125
Lit.: Veeck 260 Nr. III.

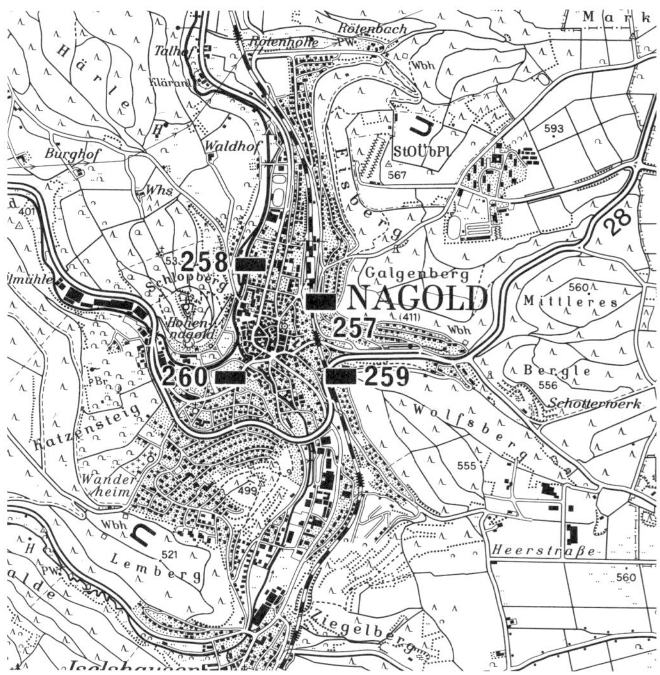

Abb. 125. Nagold (L 7518)

Nattheim *siehe Fleinheim*

Nenzingen, Gde. Orsingen-Nenzingen, Lkr. Konstanz

261 Im 19. Jh. wurden aus einem bei Nenzingen gelegenen, sicher umfangreichen Gräberfeld Funde vom frühen 6. bis zur Mitte des 7. Jh. geborgen.
Tafel 77. S. 105
Lit.: Garscha 225.

Neresheim, Ostalbkreis

262 Am östlichen Stadtrand ausgedehntes Ortsgräberfeld, von dessen mehreren Hundert Bestattungen 1975 142 Gräber des beginnenden 6. bis zum späten 7. Jh. ausgegraben wurden. Der anfangs nur durchschnittliche Wohlstand der Bewohner wuchs im Laufe des 7. Jh. zusehends. Zu dieser Zeit waren mindestens die reichsten Einwohner bereits Christen.
Tafel 87
Lit.: J. Biel, in: Archäologische Ausgrabungen 1975. Bodendenkmalpflege in den Reg.-Bez. Stuttgart und Tübingen (1975) 58 f.

Neresheim *siehe Dorfmerkingen*
Neuburg a. d. Donau *siehe Bittenbrunn*

Niedernberg, Lkr. Miltenberg

263 800 m nördlich des Ortes großes Gräberfeld mit Bestattungen vom frühen 5. Jh. bis ins 7. Jh. In der zugehörigen, abgegangenen Siedlung wohnte zumindest um 600 eine überdurchschnittlich wohlhabende Familie.
Lit.: Chr. Pescheck, Prähistorische Zeitschrift 43/44, 1965/66, 346 f. – R. Koch, Bodenfunde der Völkerwanderungszeit aus dem Main-Tauber-Gebiet (1967) 147 ff.

Niederstotzingen, Lkr. Heidenheim

264 Östlich des Ortskerns kleiner Friedhof einer alamannischen Adelsfamilie, 1962 bis 1963 durch das Staatliche Amt für Denkmalpflege Stuttgart ausgegraben. Um 600 bis gegen 630 waren dort insgesamt acht adelige Familienangehörige, sechs Gefolgschaftsleute, die ihren »Herren« größtenteils freiwillig ins Grab gefolgt waren, und drei Pferde begraben worden. Das Gesinde der Adelsfamilie, die anscheinend an mehreren Orten begütert war, bestattete zusammen mit den übrigen Dorfbewohnern auf dem (noch nicht gefundenen) Ortsfriedhof.
Abb. 7, 27, 37, 47, 48, 61, 126. Tafeln 13, 67, 76, 82. S. 14, 17, 19, 42, 56, 59, 63, 73, 76, 89, 91, 93, 105, 106

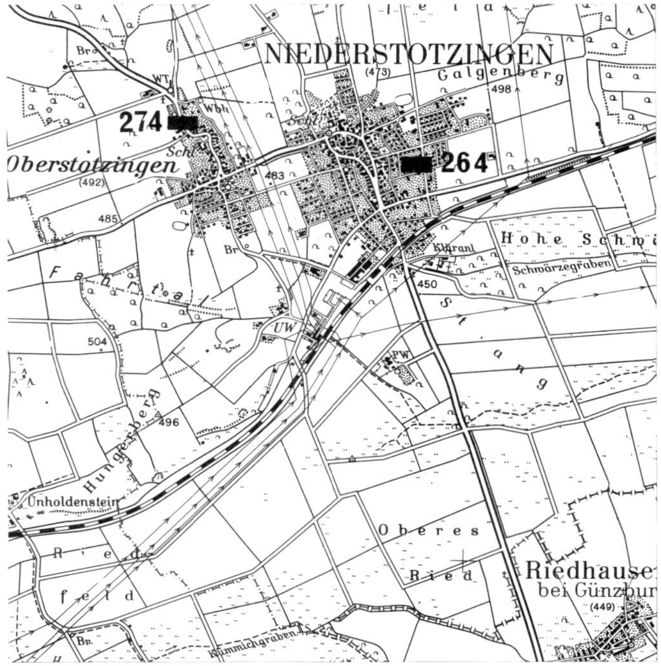

Abb. 126. Niederstotzingen, Oberstotzingen (L 7526)

Lit.: P. Paulsen, Alamannische Adelsgräber von Niederstotzingen (1967).

Niederstotzingen *siehe Oberstotzingen*

Nordendorf, Lkr. Augsburg

265 Nordöstlich des Dorfes wurde 1843 beim Eisenbahnbau ein großes Reihengräberfeld angeschnitten und bis 1855 untersucht, wobei die 443 beobachteten Bestattungen wohl nicht den ganzen Friedhof gebildet haben dürften. Nach den geborgenen Beigaben entstand der zugehörige Ort (wohl Nordendorf) in der 1. Hälfte des 6. Jh. als Dorfsiedlung, in der auch überdurchschnittlich wohlhabende Leute wohnten.
Abb. 3. Tafel 85. S. 11, 25, 30, 101, 113
Lit.: G. C. Mezger, De operibus antiquis ad vicum Nordendorf e solo erutis (1846). – M. Franken, Die Alamannen zwischen Iller und Lech (1944) 37 ff.

Nördlingen, Lkr. Donau-Ries

266 Am »Hohlen Schänzle« Reihengräberfeld des 6. und 7. Jh.; aus einem Grab der Mitte des 7. Jh. stammt eine Gürtelgarnitur mit lateinischer Inschrift.
S. 120
Lit.: E. Frickhinger, Germania 4, 1920, 86 f.; 9, 1925, 107.

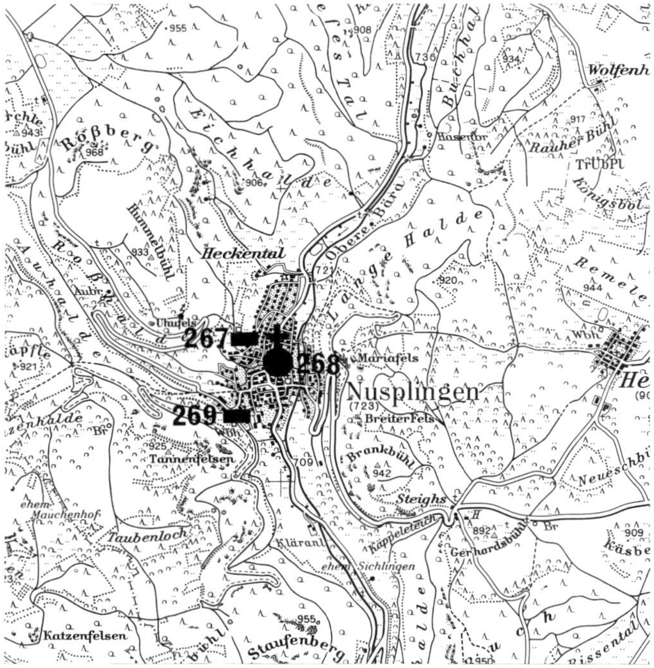

Abb. 127. Nusplingen (L 7918)

Nusplingen, Zollernalbkreis

267 Im Nordteil des Ortes der zugehörige Reihengräberfriedhof, der mit über 300 in den Jahren 1934/35 ausgegrabenen Bestattungen wohl vollständig erforscht wurde. Danach wurde Nusplingen um die Mitte des 6. Jh. gegründet und bis zum Ende des 7. Jh. von einer Bevölkerung nur durchschnittlichen Wohlstands bewohnt.
Abb. 127. Tafeln 55, 60. S. 30
Lit.: Veeck 291 Nr. II. – Fundber. aus Schwaben NF 8, 1933/35, 133 f.; NF 12, 2, 1938/51, 120 ff.

268 In der Pfarrkirche alamannische Bestattung der Zeit um 700.
Abb. 127
Lit.: F. Stein, Adelsgräber des achten Jahrhunderts in Deutschland (1967) 282.

269 Südwestlich des Ortskerns anscheinend Gräber des 7. Jh.
Abb. 127
Lit.: Veeck 291 Nr. I.

Oberbuchsiten, Kanton Solothurn

270 Auf dem »Bühl« der Ausschnitt eines größeren Ortsgräberfeldes, das von der 2. Hälfte des 6. Jh. an von einer durchschnittlich wohlhabenden Bevölkerung belegt wurde.
Lit.: E. Tatarinoff, Die Kultur der Völkerwanderungszeit im Kanton Solothurn. Jahrbuch für Solothurnische Geschichte 7, 1934, 11 ff.

Oberflacht, Gde. Seitingen-Oberflacht, Lkr. Tuttlingen

271 700 m nordnordöstlich der Ortsmitte von Oberflacht ein größererer Reihengräberfriedhof, der 1809 zum erstenmal angeschnitten worden war. Geologische Besonderheiten hatten für einen ungewöhnlich guten Erhaltungszustand aller organischen Grabbestandteile, vor allem der Hölzer, gesorgt, und so war das Gräberfeld stets Ziel mehr oder weniger befugter Ausgrabungen. Zwei davon, 1846 und 1933/34, können als Plangrabungen bezeichnet werden und erbrachten insgesamt etwa 270 Bestattungen. Ursprünglich dürften es wesentlich mehr gewesen sein. Der Friedhof und mit ihm der zugehörige Ort (wohl Oberflacht) entstanden danach in der 1. Hälfte des 6. Jh. Oberflacht war von Anfang an Sitz einer überdurchschnittlich wohlhabenden Familie, die vorerst bis zum Beginn des 7. Jh. nachweisbar ist. Gräber des 7. Jh. sind im veröffentlichten Fundstoff deutlich unterrepräsentiert.
Abb. 29, 30, 32, 38, 62, 77, 128. Tafeln 3, 55, 92. S. 12, 18, 30, 53, 56, 89

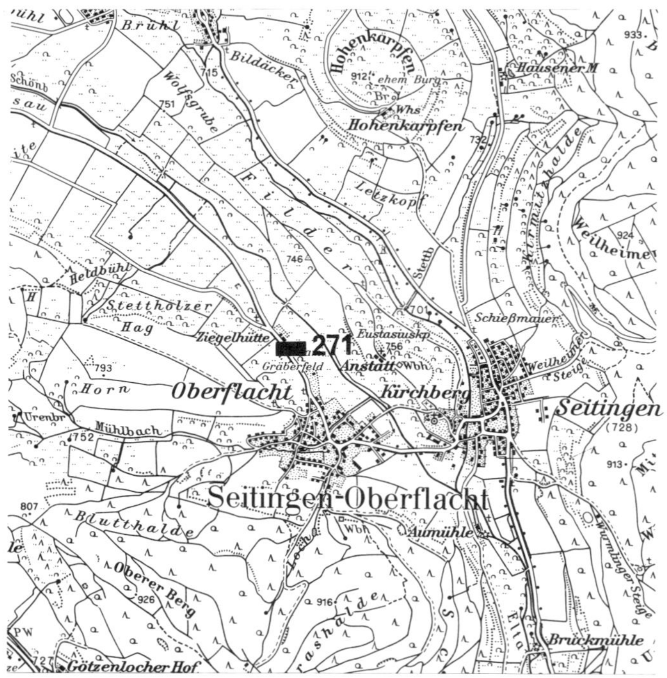

Abb. 128. Oberflacht (L 7918)

Lit.: H. v. Dürrich, W. Menzel, Die Heidengräber am Lupfen (bei Oberflacht) (1847); dazu die Tafeln 8–11 der Jahreshefte des Wirtembergischen Alterthumsvereins Bd. 1 Heft 3 (1847). – W. Veeck, Der Alamannenfriedhof von Oberflacht (1924). – Veeck 296 ff. – W. Veeck, in: Festschrift H. Seger (1934) 302 ff. – Fundber. aus Schwaben NF 8, 1933/35, 135. – P. Paulsen, H. Schach-Dörges, Holzhandwerk der Alamannen (1972). – B. Becker, Fundber. aus BadWtbg. 1, 1974, 545 ff. – J. Werner, Fundber. aus BadWtbg. 1, 1974, 650 ff.

Oberiflingen, Gde. Schopfloch, Lkr. Freudenstadt

272 Bei einem oder mehreren überdurchschnittlich reich ausgestatteten Gräbern des 7. Jh. in einem Grabhügel am Westrand des Ortes fand sich als Zeichen des christlichen Bekenntnisses der Bestatteten ein Goldblattkreuz.
Tafel 87
Lit.: Veeck 253.

Obernau, Lkr. Aschaffenburg

273 Auf dem rechten Mainufer gegenüber Niedernberg Bestattungsplatz des 4. Jh.
Lit.: R. Koch, Bayer, Vorgeschichtsblätter 32, 1967, 82 ff.

Oberndorf *siehe Beffendorf*

Oberstotzingen, Stadt Niederstotzingen, Lkr. Heidenheim

274 Nördlich des alten Ortskerns ausgedehntes, im 19. Jh. zerstörtes Ortsgräberfeld mit Funden von der Mitte des 6. bis Ende des 7. Jh.
Abb. 126. Tafel 57
Lit.: Veeck 341.

Offenburg, Ortenaukreis

275 Im Süden der Stadt größeres Gräberfeld des 7. Jh. seit 1846 zerstört.
Lit.: Garscha 232 f.

Öhningen, Lkr. Konstanz

276 Östlich des Ortes und westlich der Straße nach Schienen der älteste Ortsfriedhof, von dem 1906 und 1907 26 Gräber einer durchschnittlich wohlhabenden Bevölkerung der 2. Hälfte des 7. Jh. ausgegraben wurden.
Abb. 132
Lit.: G. Fingerlin, in: Dorf und Stift Öhningen (1966) 39 ff. – Garscha 228 ff.

Öschingen, Gde. Mössingen, Lkr. Tübingen

277 Am Westrand des Ortes 1954 zwei Bestattungen der Zeit um 700.
Tafel 103
Lit.: F. Stein, Adelsgräber des achten Jahrhunderts in Deutschland (1967) 283 f.

Oettingen i. Bay., Lkr. Donau-Ries

278 Der Ortsfriedhof der Ursiedlung Oettingen wurde 1975 angeschnitten und teilweise durch das Landesamt für Denkmalpflege Augsburg untersucht. Danach wurde der Ort spätestens um die Mitte des 6. Jh. gegründet. Der größte Teil des Friedhofs ist in jüngster Zeit durch Hausbauten zerstört worden.
Lit.: G. Krahe, Zeitschrift des Historischen Vereins für Schwaben 71, 1977, 56.

Oettingen i. Bay. *siehe Erlbach*
Orsingen-Nenzingen *siehe Nenzingen*
Ostfildern *siehe Kemnat*

Pfäffingen, Gde. Ammerbuch, Lkr. Tübingen

279 Südlich des Ortskerns wenige Gräber des 7. Jh.
Abb. 112
Lit.: Fundber. aus Schwaben NF 16, 1962, 285.

Pfahlheim, Stadt Ellwangen, Ostalbkreis

280 Südlich des Dorfes bestatteten in der 1. und beginnenden 2. Hälfte des 7. Jh. mehrere Familien von überdurchschnittlichem Wohlstand in dem wohl zu Pfahlheim gehörenden Ortsfriedhof. In dieser Zeit war Pfahlheim mit Sicherheit einer der zentralen Orte am Ostrand Alamanniens.
Abb. 51, 82
Lit.: Veeck 164 ff. – W. Menghin, Ellwanger Jahrbuch 26, 1975/76, 7 ff.

Pfullingen, Lkr. Reutlingen

281 Im Südteil des Ortes großes, wohl zu Pfullingen gehörendes Ortsgräberfeld mit Funden von der Mitte des 5. Jh. an bis um 700. Im 5. Jh. überdurchschnittlich gut ausgestattete Gräber.
Abb. 129. Tafeln 44, 55, 57, 59. S. 30, 31
Lit.: Veeck 266 ff.
282 Unmittelbar bei der Pfarrkirche St. Martin die Grablege

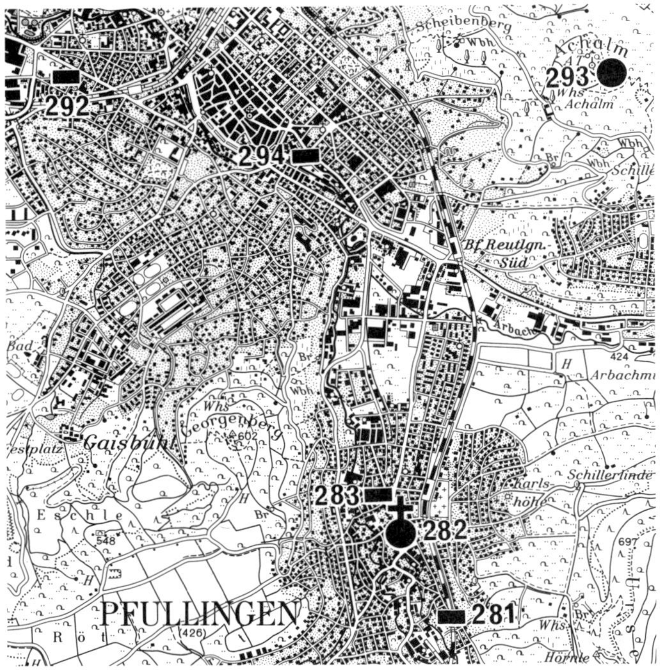

Abb. 129. Pfullingen, Reutlingen (L 7520)

einer überdurchschnittlich wohlhabenden Familie mit der Bestattung eines um 700 verstorbenen Mannes.
Abb. 129. Tafel 105. S. 71
Lit.: F. Stein, Adelsgräber des achten Jahrhunderts in Deutschland (1967) 285 f. Nr. 161.
283 Weitere Gräber im Nordteil des alten Ortskernes gehören wohl zu einer Hofgrablege der Zeit um 700.
Abb. 129
Lit.: Veeck 271 Nr. V.

Philippsburg, Lkr. Karlsruhe

284 Im Gewann »Oberfeld« wurde im Frühjahr 1962 die Doppelbestattung eines Erwachsenen und eines Kindes zusammen mit einem Halsring des 4. Jh. als Beigabe beobachtet.
Lit.: Fundber. aus BadWtbg. 2, 1975, 261.

Pleidelsheim, Lkr. Ludwigsburg

285 Auf der Anhöhe nördlich von Pleidelsheim befindet sich das älteste Ortsgräberfeld, von dessen annähernd 1000 Bestattungen etwa 160 Gräber durch zufällige Beobachtungen von Baugruben und durch eine Plangrabung des Staatlichen Amtes für Denkmalpflege Stuttgart in den Jahren 1951 bis 1969 erschlossen wurden. Danach wurde der Friedhof zwischen der Mitte des 5. Jh. und dem Ende des 7. Jh. von Bevölkerungsschichten aller sozialen Gruppierungen bis hin zu überdurchschnittlich reichen Personen gleichmäßig belegt. Sowohl die stark differenzierte soziale Schichtung, als auch überdurchschnittlich zahlreiches Importgut aus Italien, aus dem Zentrum des Frankenreiches, vom Niederrhein und aus dem Thüringerreich lassen im Pleidelsheim des 6. Jh. zentralörtliche Funktionen vermuten.
Abb. 100. Tafeln 12, 42, 63, 92. S. 25, 30, 31, 48, 53, 69, 87
Lit.: Veeck 230 Nr. II. – Fundber. aus Schwaben NF 16, 1962, 285 und NF 18, 2, 1967, 148. – Fundber. aus BadWtbg. 2, 1975, 261 f. – R. Christlein, Denkmalpflege in BadWtbg. 4, 1975, 101 ff.

Pliezhausen, Lkr. Reutlingen

286 Am Südrand des Ortes bestattete in der 2. Hälfte des 7. Jh. auf einem Separatfriedhof eine christliche Familie von überdurchschnittlichem Reichtum.
Abb. 90. Tafeln 87, 95. S. 113
Lit.: Veeck 294 f.

Radolfzell *siehe Güttingen*

Regensburg

287 Am Rande des großen spätantiken Friedhofs südwestlich des Legionslagers Castra Regina an zwei Stellen frühmittelalterliche Bestattungen: Im Südwesten des Friedhofsareals Gräber des 5. und 6. Jh., im Nordosten, um die ehemalige Kirche St. Georg (heute St. Emmeram) Bestattungen des 7. Jh.
S. 25, 117
Lit.: U. Koch, Grabfunde der Merowingerzeit aus dem Donautal um Regensburg (1968) 204 ff. – S. v. Schnurbein, Das römische Gräberfeld von Regensburg (1977).
288 Vor dem Westtor des Legionslagers, wohl im Bereich eines spätantiken Friedhofs, 1976 die Bestattung eines überdurchschnittlich wohlhabenden, vor 600 verstorbenen Mannes.
Lit.: Unveröffentlicht.

Regensburg-Kumpfmühl

289 An der Nordostecke des ehemaligen römischen Kastells eine Gruppe wohl alamannischer Gräber aus der Zeit um 500.
Lit.: U. Koch, Grabfunde der Merowingerzeit aus dem Donautal um Regensburg (1968) 203 f.

Reisensburg, Stadt Günzburg, Lkr. Günzburg

290 Im Vorburgbereich der Reisensburg wurden bei Ausgrabungen des Bayerischen Landesamtes für Denkmalpflege (Augsburg) Anzeichen frühmittelalterlicher Besiedlung festgestellt. Wohl das RIZINIS des Geographen von Ravenna.
Abb. 106
Lit.: Unveröffentlicht.
291 Im Vorburgbereich der Reisensburg bei gleichen Anlaß wie 290 kleine Gräbergruppe mit wenigen, wohl frühmittelalterlichen Funden ausgegraben. Eine Bestattung mit umfangreichen eisernen Sargbeschlägen.
Abb. 106
Lit.: Unveröffentlicht.

Reutlingen, Lkr. Reutlingen

292 In den Auwiesenäckern nordwestlich der Altstadt alamannische Gräber der Zeit um 400.
Lit.: Roeren 250 Nr. 50.
293 Von der Achalm das Bruchstück einer Bronzeschnalle des frühen 5. Jh.
Lit.: Fundber. aus Schwaben NF 16, 1962, 285 f.
294 An der Ecke Seestraße/Albstraße kleine Gräbergruppe der Zeit um 500.
Lit.: Veeck 271 Nr. II.

Rheinfelden *siehe Herten*

Rheinheim, Gde. Küssaberg, Lkr. Waldshut

295 Nördlich von Rheinheim im Gewann »Auf der Linden« ein Reihengräberfeld, von dem seit 1882 insgesamt über 50 durchschnittlich ausgestattete Grabfunde des 7. Jh. bekannt geworden sind.
Lit.: Garscha 235 ff.

Riedisheim, Dép. Haut-Rhin

296 1300 m südöstlich des Ortskerns von Riedisheim und 300 m südöstlich der im 15. Jh. abgegangenen Siedlung Leibersheim eine Siedlung, von der hauptsächlich Grubenhütten mit Funden des 6. bis 9. Jh. aufgedeckt wurden. Aus der Grubenhütte 10 ein Messingmodel für Preßblecharbeiten aus der 1. Hälfte des 7. Jh.
Abb. 17
Lit.: J. Schweitzer, Bulletin du Musée Historique de Mulhouse 83, 1975/76, 67 ff. – J. Werner, Germania 55, 1977, 166 ff.

Riesbürg *siehe Goldburghausen*

Rißtissen, Stadt Ehingen a. d. Donau, Alb-Donau-Kreis

297 Auf dem Gelände des ehemaligen römischen Kastells am Ostrand des Ortes Friedhof mit Adelsgräbern des 7. Jh.
Lit.: K. Miller, Die Altertümer im Oberamt Ehingen (1893) 48 f. – Veeck 317. – Fundber. aus Schwaben NF 12, 2, 1938/51, 74. 127; NF 16, 1962, 286.

Rommelshausen, Gde. Kernen im Remstal, Rems-Murr-Kreis

298 Aus einem Gräberfeld der 2. Hälfte des 7. Jh. am Westrand des Ortes stammt ein Kriegergrab der Zeit um 700.
Abb. 49. Tafel 15
Lit.: R. Roeren, Fundber. aus Schwaben NF 16, 1962, 146 ff.

Rosenfeld *siehe Täbingen*
Rottenburg *siehe Hailfingen*

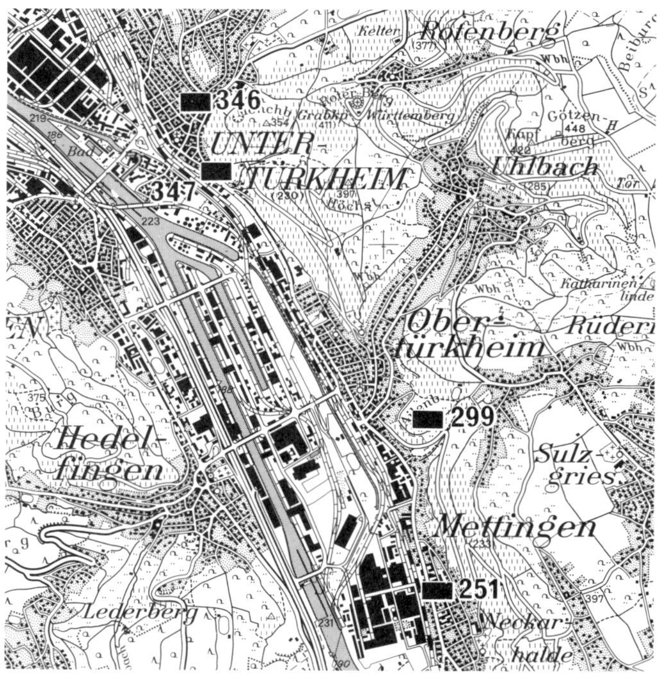

Abb. 130. Rüdern, Mettingen, Stuttgart-Untertürkheim (L 7320)

Rüdern, Stadt Esslingen, Lkr. Esslingen

299 Auf dem Gipfel des Ailenberges südöstlich Obertürkheim wurde 1852 das Grab eines in der 2. Hälfte des 5. Jh. verstorbenen und mit Waffen reiternomadischen Ursprungs versehenen Mannes entdeckt. Die auf uns gekommenen reichen

Reste des Inventars lassen, ähnlich wie die Lage des Bestattungsplatzes auf einem ins Neckartal vorspringenden Berggipfel, die ungewöhnliche, gewiß historische Bedeutung des Toten ahnen.
Abb. 130. Tafeln 19, 20, 45. S. 65, 73, 85 f., 87, 100
Lit.: E. Paulus, Jahreshefte des Wirtembergischen Alterthumsvereins 1, Heft 9, 1859, Taf. 34, 1–7 mit Tafelerläuterungen. – R. Christlein, Germania 50, 1972, 259 ff.

Sachsenheim *siehe Kleinsachsenheim*

Säckingen, Lkr. Waldshut

300 600 m nordnordwestlich des Altstadtkerns ein Brandgräberfeld mit germanischen Waffen des 3./4. Jh.
Lit.: Garscha 245 Nr. I.
301 Etwa 100 m westlich von 300 Reihengräber des 7. Jh.
Lit.: Garscha 245 f. Nr. II.

Salem, Bodenseekreis

302 In einem hallstattzeitlichen Grabhügel des Hardtwaldes, 2 km westlich des Klosters, wurde 1891 die Nachbestattung eines um 400 verstorbenen Mädchens gefunden.
Lit.: Garscha 246 f.

Salgen, Lkr. Unterallgäu

303 Westlich des Dorfes wurde der zugehörige Ortsfriedhof um 1900 durch eine Kiesgrube völlig zerstört. Von mehreren Hundert Bestattungen wurden nur Einzelfunde aufgelesen, welche für Salgen eine Gründung in der 1. Hälfte des 6. Jh. und von der 2. Hälfte dieses Jh. an das Vorhandensein einer Familie mit überdurchschnittlichem Reichtum anzeigen.
S. 25, 33, 34
Lit.: M. Franken, Die Alamannen zwischen Iller und Lech (1944) 59 ff.

Sasbach, Lkr. Emmendingen

304 Auf dem »Limberg« als Lesefunde wenige Scherben und eine römische Zwiebelknopffibel als Hinweise auf eine alamannische Siedlung im Vorfeld des römischen Kastells unter der Burg Sponeck.
Lit.: Unveröffentlicht.
305 Am Ostfuß des »Lützelberges« nördlich Sasbach umfangreiches Gräberfeld einer großen frühmittelalterlichen Siedlung. Von den etwa 2000 Bestattungen wurden durch Grabungen des Staatlichen Amtes für Urgeschichte Freiburg 1939 und 1964/65 insgesamt annähernd 600 Gräber untersucht. Aus ihren Beigaben und Grabbauten gehen die Dauer der wohl mit dem heutigen Ort Sasbach gleichzusetzenden frühmittelalterlichen Siedlung seit mindestens dem Ende des 5. Jh. und deren starke soziale Differenzierung hervor.
Abb. 28. S. 30, 48
Lit.: Garscha 248 Nr. III. – Fundber. aus BadWbtg. 2, 1975, 264.
306 Etwa 600 m nördlich von 305 ein zu einer abgegangenen Siedlung gehörender Friedhof des 6. bis 7. Jh.
Lit.: Garscha 247 f.

Schallstadt-Wolfenweiler *siehe Mengen*
Schemmerhofen *siehe Altheim*

Schleitheim, Kanton Schaffhausen

307 In der Flur »Hebsack« südlich von Schleitheim wurden 1865 und in den folgenden Jahren etwa 230 Gräber des sicher umfangreicheren ältesten Ortsfriedhofs ausgegraben. Sie bezeugen einen Siedlungsbeginn noch im 5. Jh. und einen durchschnittlichen Wohlstand der hier 200 Jahre lang bestatteten Bevölkerung.
S. 12, 14, 30
Lit.: W. U. Guyan, Das alamannische Gräberfeld von Schleitheim-Hebsack (1965).

Schmiden, Stadt Fellbach, Rems-Murr-Kreis

308 Das Landesdenkmalamt (Stuttgart) grub 1974 als Teil eines größeren Ortsfriedhofs einige durchschnittliche ausgestattete Gräber des späten 5. und 6. Jh. aus.
Tafel 49
Lit.: Unveröffentlicht.

Schnaitheim, Stadt Heidenheim a. d. Brenz, Lkr. Heidenheim

309 Südlich des Ortskerns größerer Ortsfriedhof der Zeit vor 700.
Abb. 119
Lit.: Veeck 177.
310 In der Niederung des linken Brenzufers südlich von Schnaitheim befand sich ein ausgedehntes Grabhügelfeld der Hallstattzeit, das 1974 bis 1976 durch das Landesdenkmalamt (Stuttgart) untersucht wurde. Dabei kamen in seinem nördlichen Teil immer wieder Nachbestattungen mit überdurchschnittlich reichen Inventaren des ausgehenden 5. und der Mitte des 7. Jh. zum Vorschein. Sie gehören zu einer unweit gelegenen, abgegangenen Siedlung.
Abb. 119
Lit.: J. Biel, Denkmalpflege in BadWtbg. 6, 1977, 39 ff.

Schopfloch *siehe Oberiflingen*

Schretzheim, Stadt Dillingen, Lkr. Dillingen a. d. Donau

311 Knapp 1000 m westnordwestlich der Ortsmitte von Schretzheim befand sich das etwa 660 Bestattungen umfassende Ortsgräberfeld einer abgegangenen Siedlung. Diese war um 530 als Dorf mit maximal zehn Gehöften gegründet worden, wobei sich eine Familie durch überdurchschnittlichen Wohlstand auszeichnete. Weder die Bevölkerungszahl, noch die Sozialstruktur änderten sich wesentlich bis 580, dem Ende der Friedhofsbelegung. Eine Adelsfamilie bestattete auf dem Friedhof nicht.
Abb. 4–6. S. 14, 16, 17, 31, 48, 62, 91
Lit.: U. Koch, Das Reihengräberfeld bei Schretzheim (1977).

Schwabmünchen, Lkr. Augsburg

312 Am östlichen Stadtrand das zum heutigen Ort (= Menkingen) gehörende Reihengräberfeld durch Ziegeleibetrieb zerstört. Belegung und Siedlung beginnen spätestens zu Beginn des 6. Jh. Im 6. Jh., vielleicht auch noch später, ist eine überdurchschnittlich wohlhabende Familie nachweisbar.
S. 25
Lit.: H. P. Uenze, Vor- und Frühgeschichte im Landkreis Schwabmünchen (1971) 130 ff.
313 Im Norden des Stadtgebietes am Terrassenrand zur Singold abgegangene Siedlung des 6. und 7. Jh.
Lit.: L. Ohlenroth, Das Schwäbische Museum 1930, 85 ff.
314 Östlich von 313 das wohl zugehörige Gräberfeld mit Funden des 7. Jh.
Lit.: H. P. Uenze, Vor- und Frühgeschichte im Landkreis Schwabmünchen (1971) 164 f.

Schwangau, Lkr. Ostallgäu

315 Am Nordrand des Dorfes wurde 1970 bis 1972 durch das Landesamt für Denkmalpflege (Augsburg) das aus 130 Bestattungen bestehende älteste Ortsgräberfeld von Schwangau nahezu vollständig ausgegraben. Es weist eine Gründung des Ortes Schwangau gegen Ende des 6. Jh. durch allenfalls durchschnittlich begüterte Alamannen nach. Die Siedlung bestand um 700, als die Belegung des Gräberfeldes endete, aus etwa fünf Gehöften, deren Bewohner unverändert ärmlich gewesen waren wie die Ortsgründer drei Generationen früher.
Abb. 26, 88, 91. S. 14, 31, 57
Lit.: R. Christlein, in: Neue Ausgrabungen in Bayern. Sonderheft »Probleme der Zeit« (1970) 46 ff.

Schwenningen, Stadt Villingen-Schwenningen, Schwarzwald-Baar-Kreis

316 Unmittelbar nördlich des Stadtkerns die Grablege einer überdurchschnittlich reichen Familie des 6. Jh. Unklar ist, ob sich diese Grablege innerhalb eines größeren Bestattungsplatzes befand. Erhalten sind die Bestattung eines Mannes aus der 2. Hälfte des 6. Jh. und das Grab einer um 530 verstorbenen Frau mit einer der reichsten Grabausstattungen, die aus der Völkerwanderungszeit bisher bekannt geworden sind.
Tafel 48. S. 100
Lit.: Veeck, Germania 23, 1939, 40 ff. – Fundber. aus Schwaben NF 12, 2, 1938/51, 128 ff.

Seengen, Kanton Aargau

317 Bei der Unteren Dorfstraße Gräbergruppe mit überdurchschnittlich reichen Bestattungen des 7. Jh.
Lit.: G. Meyer von Knonau, Mitteilungen der Antiquarischen Gesellschaft Zürich 18, 3, 1876; 19, 2, 1876, 79.

Seitingen-Oberflacht *siehe Oberflacht*
Sigmaringen *siehe Gutenstein*

Sindelfingen, Lkr. Böblingen

318 Südlich des Ortskerns großer, im 19. Jh. unsachgemäß ausgebeuteter Friedhof der Ursiedlung Sindelfingen. Nach den erhaltenen Funden um die Mitte des 5. Jh. gegründet, war der Ort bis mindestens um 700 von sehr unterschiedlichen Bevölkerungsgruppen bewohnt. Während der ganzen Belegungsdauer lassen sich Bestattungen mit überdurchschnittlichem Reichtum nachweisen.
Tafeln 45, 55, 59, 62, 92. S. 101
Lit.: Veeck 205 ff. Nr. II.
319 Am Westhang des Goldberges, etwa 1,4 km südsüdöstlich des Ortskerns ausgedehntes, zu einer abgegangenen Siedlung gehörendes Gräberfeld, von dem bislang durchschnittlich reich ausgestattete Gräber des späten 6. und des 7. Jh. bekannt geworden sind.
S. 31
Lit.: Veeck 210 Nr. IV. – Fundber. aus Schwaben NF 9, 1935/38, 135; NF 12, 2, 1938/51, 130; NF 15, 1959, 192; NF 18, 2, 1967, 151 f. – Fundber. aus BadWtbg. 2, 1975, 266.

Singen am Hohentwiel, Lkr. Konstanz

320 Das älteste Gräberfeld des Ortes Singen befand sich südöstlich des alten Ortskernes, nördlich des heutigen Bahnhofs. Von seinen ehemals vielleicht 800 Gräbern wurden zwischen 1888 und 1975 insgesamt über 300 Bestattungen beobachtet

bzw. untersucht. Sie erweisen die Gründung des Ortes spätestens um die Mitte des 6. Jh. Die jüngsten Gräber stammen aus der Zeit um 700. Obwohl der Friedhof nur sehr lückenhaft untersucht und eine stärkere soziale Differenzierung nur andeutungsweise festzustellen ist, sind Hinweise auf die zentralörtliche Funktion des Platzes vorhanden. Am Südrand des Gräberfeldes kleiner rechteckiger Holzbau.
Abb. 85. S. 31
Lit.: G. Fingerlin, Badische Fundber. 22, 1962, 119 ff. – Garscha 255 ff. – Fundber. aus BadWtbg. 266.
321 In unmittelbarer Nähe der Kirche St. Peter und Paul mehrere Gräber des fortgeschrittenen 7. Jh.
Lit.: Unveröffentlicht.

Singen *siehe Bohlingen*

Solnhofen, Lkr. Weißenburg-Gunzenhausen

322 Ausgrabungen seit 1962 in der ehemaligen Propsteikirche deckten als ältesten Bau eine steinerne Saalkirche des 7. Jh. mit Doppelapsis auf.
S. 117
Lit.: V. Milojčić, Bericht der Römisch-Germanischen Kommission 46/47, 1965/66, 133 ff. – Ders., in: Ausgrabungen in Deutschland, gefördert von der Deutschen Forschungsgemeinschaft 1950–1975, Teil 2 (1975) 270 ff.

Sontheim a. d. Brenz, Lkr. Heidenheim

323 Nordwestlich des alten (nördlichen) Ortskernes Ortsfriedhof mit 500 bis 1000 Bestattungen, von denen 1958 bis 1961 200 Gräber untersucht wurden. Sie wurden zwischen 550 und 680 angelegt und lassen den bestatteten Personenkreis als durchschnittlich wohlhabend umschreiben. Um 560 spürbare fränkische Infiltration im Fundstoff.
Abb. 89, 103. Tafeln 55, 60, 87, 92. S. 14, 31, 120
Lit.: Chr. Neuffer-Müller, Ein Reihengräberfriedhof in Sontheim an der Brenz (1966).
324 400 m südöstlich von 323 kleinerer Separatfriedhof einer überdurchschnittlich wohlhabenden, dort mindestens zwischen 580 und 650 bestattenden Familie.
Abb. 103
Lit.: Fundber. aus Schwaben NF 13, 1955, 101 f. – P. Paulsen, Alamannische Adelsgräber von Niederstotzingen (1967) 194 f.

Sontheim a. d. Brenz *siehe Brenz*

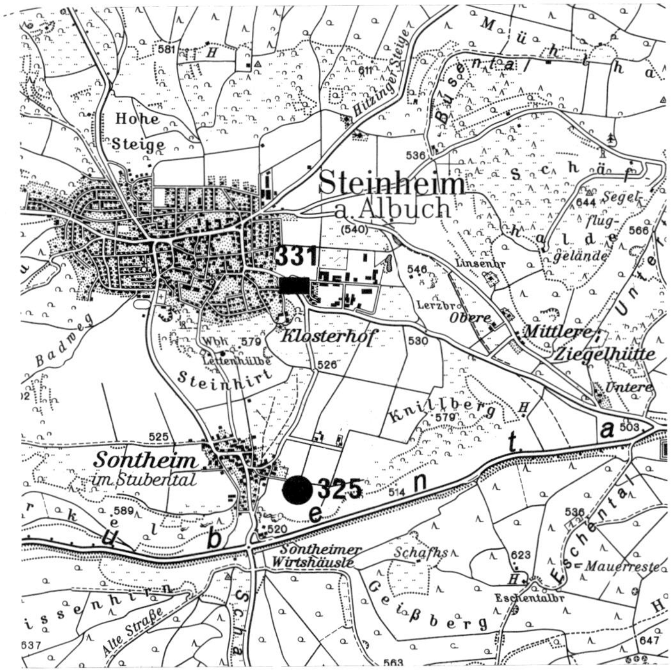

Abb. 131. Sontheim im Stubental, Steinheim a. Albuch (L 7326)

Sontheim im Stubental, Gde. Steinheim a. Albuch, Lkr. Heidenheim

325 Im Südosten des Ortes wird seit 1973 eine Siedlung des 4. Jh. ausgegraben. An Baubefunden bemerkenswert die rechteckige Palisadenumwehrung eines größeren Hofbereiches mit über 2 m weitem Tordurchlaß und ein Pfostenbau mit quadratischem Grundriß von 6,5 m Seitenlänge.
Abb. 15, 131. S. 14, 41
Lit.: D. Planck, Fundber. aus BadWtbg. 3, 1977, 539 ff.

Sonthofen *siehe Altstädten*

Spiez, Kanton Bern

326 Südlich der Schloßkirche frühmittelalterliche Gräber. Unter ihnen das Grab eines um 700 verstorbenen Mannes mit langobardischer Gürtel- und Waffenausstattung.
S. 14, 43
Lit.: O. Tschumi, Jahrbuch des Bernischen Historischen Museums in Bern 25, 1946, 108 ff. – F. Stein, Adelsgräber des achten Jahrhunderts in Deutschland (1967) 377 f. Nr. 328.

Spiez-Einigen, Kanton Bern

327 Die älteste, im späten 7. Jh. errichtete Kirche besaß unter

der Südwand des Schiffs einen Gruftanbau für eine Grabstätte, in die um 700 zwei Bestattungen, wohl der Kirchenstifter, eingebracht wurden.
Abb. 93. S. 117
Lit.: Jahrbuch des Bernischen Historischen Museums in Bern 34, 1954, 166 ff. – R. Moosbrugger-Leu, Die Schweiz zur Merowingerzeit B (1971) 73.

Staufen, Gde. Syrgenstein, Lkr. Dillingen a. d. Donau

328 Im Bereich der Pfarrkirche St. Martin bei Abbrucharbeiten überdurchschnittlich reich ausgestattetes Grab eines um 700 verstorbenen und wohl schon bei einem Kirchengebäude bestatteten Mannes.
Abb. 105. S. 112
Lit.: F. Stein, Adelsgräber des achten Jahrhunderts in Deutschland (1967) 249 ff.
329 Nördlich von Staufen eine Gräbergruppe mit wenigen Beigaben des späten 7. Jh.
Abb. 105
Lit.: Jahrbuch des Historischen Vereins von Dillingen 45/46, 1932/33, 66.

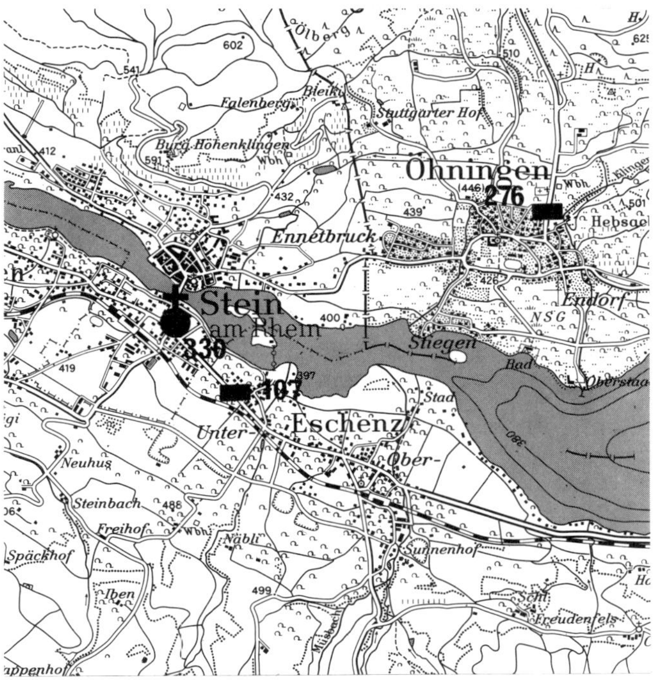

Abb. 132. Stein am Rhein, Öhningen (L 8318)

Stein am Rhein, Kanton Thurgau

330 Im spätrömischen Kastell Tasgaetium »auf Burg« im Stadtteil Vorderbrugg befindet sich eine dem hl. Johannes d. T. geweihte Kirche, dessen Vorläuferbauten 1976 durch die Kantonsarchäologie Thurgau untersucht wurden. Dabei stellte sich heraus, daß die Kirche in der Zeit um 700 der Bestattungsplatz einer überdurchschnittlich wohlhabenden Familie gewesen ist. Eine romanische Bevölkerung dieses Wohlstandes ist laut Ausweis von Grabfunden bereits für das späte 4. Jh. anzunehmen.
Abb. 132. Tafel 110. S. 48
Lit.: W. U. Guyan, Helvetia archaeologica 22/23, 1975, 42 ff. (Kastell) und 50 ff. (Gräberfeld). – J. Bürgi, ebenda 78 ff. (Gräberfeld). – Ders., Jahrbuch der Schweizer. Gesellschaft für Ur- und Frühgeschichte 61, 1978, 225.

Steinheim a. Albuch, Lkr. Heidenheim

331 Südöstlich des alten Ortskerns ausgedehntes Gräberfeld einer durchschnittlich wohlhabenden Bevölkerung, belegt mindestens seit dem Ende des 6. Jh.
Abb. 131
Lit.: Veeck 178. – D. Planck, Fundber. aus BadWtbg. 3, 1977, 540 Anm. 4.

Steinheim a. Albuch *siehe Sontheim im Stubental*

Stockach-Rißtorf, Lkr. Konstanz

332 Im Gewann »Haidach« im westlichen Ortsteil größeres Ortsgräberfeld (wohl zu Rißtorf) des 6. und 7. Jh. mit wenigen überdurchschnittlich gut ausgestatteten Gräbern.
Lit.: Garscha 265 ff.

Stockstadt a. Main, Lkr. Aschaffenburg

333 Auf der Berme des mittelkaiserzeitlichen Kastells wurden zwei Waffengräber gefunden, die wohl zu einer germanischen Siedlung des 4. Jh. im Kastellinneren gehören.
Abb. 42. S. 68
Lit.: H. Schönberger, Bayer. Vorgeschichtsblätter 20, 1954, 128 ff. – Roeren 251 Nr. 59.

Strasbourg, Dép. Bas-Rhin

334 Neben Siedlungs- und Einzelfunden ist die Weiterbelegung des spätrömischen Gräberfeldes im Bereich des Weißenturm-Viertels bis ins 7. Jh. Beleg für die Kontinuität romanischer und germanischer Bevölkerung von Argentoratum.
Lit.: R. Henning, Denkmäler der Elsässischen Altertums-

Sammlung zu Strassburg i. Els. (1912) Text zu Taf. 59, 2.5; 61,5. – R. Forrer, Strasbourg-Argentorate 1 (1927) 231 ff. und 2 (1927) 745 ff.

Stühlingen, Lkr. Waldshut

335 Südlich des Ortes einige Gräber mit Beigaben der Mitte des 6. Jh.
Lit.: Garscha 273 Nr. II.
336 Im nordöstlichen Ortsteil, östlich des Bahnhofs ein Gräberfeld, von dem bislang Bestattungen der Mitte des 6. Jh. bekannt geworden sind.
Lit.: Garscha 273 Nr. III.

Stühlingen *siehe Eberfingen, Grimmelshofen, Weizen*

Stuttgart

337 Bei Bauarbeiten am Haus Gaisburgstr. 2 westlich des Stadtzentrums wurde die Grablege eines um 700 gegründeten Hofes angeschnitten.
Lit.: P. Goessler, Vor- und Frühgeschichte von Stuttgart-Cannstatt (1920) 64 ff. – Veeck 238 Nr. II.

Stuttgart-Bad Cannstatt

338 Im südwestlichen Vicus des Kastells kam eine Millefiorischale der Zeit um 300 zum Vorschein, vielleicht der Hinweis auf einen reichen frühalamannischen Grabfund.
Abb. 133
Lit.: R. Christlein, Archäologisches Korrespondenzblatt 2, 1972, 48 ff.
339 Am Ostfuß der Wilhelmsbrücke ein Männergrab des späten 4. Jh.
Abb. 133
Lit.: Veeck 237 Nr. VII. – Roeren 251 Nr. 60.
340 Im Bereich der Waiblinger Straße großes Gräberfeld, welches sowohl Funde des 5. Jh. wie auch solche der Zeit um 700 erbracht hat. Aus der letzteren Zeitspanne Überreste eines sehr reich ausgestatteten Männergrabes.
Abb. 133. Tafel 104. S. 73
Lit.: Veeck 237 Nr. VI. – O. Paret, Die frühschwäbischen Gräberfelder von Groß-Stuttgart und ihre Zeit (1937) 18 ff. – Roeren 251 Nr. 61. – F. Stein, Adelsgräber des achten Jahrhunderts in Deutschland (1967) 291 Nr. II.
341 Beim Bau des Hauses Schmidener Straße 7 wurde eine kleine Gräbergruppe der Zeit um 700 angeschnitten, wohl die Hofgrablege einer überdurchschnittlich wohlhabenden Familie.
Abb. 133

Abb. 133. Stuttgart-Bad Cannstatt, Stuttgart-Münster, Stuttgart-Zazenhausen (L 7120)

Lit.: Veeck 237. – F. Stein, Adelsgräber des achten Jahrhunderts in Deutschland (1967) 290 f. Nr. I.

Stuttgart-Feuerbach

342 Unmittelbar westlich des alten Ortskerns wurde 1911 und 1927 ein Teil eines größeren Gräberfeldes aufgedeckt. Die Funde hieraus bezeugen dem zugehörigen Ort eine Entstehung noch im 6. Jh. und das Vorhandensein einer Familie von überdurchschnittlichem Wohlstand.
Lit.: Veeck 239 ff. – O. Paret, Die frühschwäbischen Gräberfelder von Groß-Stuttgart und ihre Zeit (1937) 31 ff.

Stuttgart-Münster

343 Im nordwestlichen Ortsteil kleine Gräbergruppe mit Funden des 5. Jh.
Abb. 133. Tafel 55
Lit.: Fundber. aus Schwaben NF 12, 2, 1938/51, 118. – Roeren 251 Nr. 62. – Fundber. aus BadWtbg. 2, 1975, 269.
344 Im Ortskern westlich des Rathauses Gräberfeld wohl des 7. Jh.
Abb. 133
Lit.: O. Paret, Die frühschwäbischen Gräberfelder von Groß-Stuttgart und ihre Zeit (1937) 26 f.

Stuttgart-Stammheim

345 Nördlich des alten Ortskerns, heute im Friedhofsbereich, ein Gräberfeld mit Funden des 5. und 6. Jh.
Abb. 124. Tafel 45
Lit.: Fundber. aus Schwaben NF 12, 2, 1938/51, 131 NF 14, 1957, 214; NF 15, 1959, 193; NF 16, 1962, 288; NF 18, 2, 1967, 152.

Stuttgart-Untertürkheim

346 Nördlich des alten Ortskerns großes Reihengräberfeld mit Funden von der Mitte des 5. Jh. bis zum Ende des 7. Jh.
Abb. 130
Lit.: Veeck 238 Nr. II. – O. Paret, Die frühschwäbischen Gräberfelder von Groß-Stuttgart und ihre Zeit (1937) 28 ff.
347 Südöstlich des alten Ortskerns Hofgrablege des 7. Jh., angeschnitten schon 1789. Von hier scheint ein Goldblattkreuz als Zeichen von Wohlstand und christlichem Glauben der Hofbesitzer zu stammen.
Abb. 2, 130. S. 11
Lit.: O. Paret, Die frühschwäbischen Gräberfelder von Groß-Stuttgart und ihre Zeit (1937) 120 ff.

Stuttgart-Zazenhausen

348 Oberhalb des alten Ortskerns Gräberfeld des 7. Jh.
Lit.: Veeck 240 f. – O. Paret, Die frühschwäbischen Gräberfelder von Groß-Stuttgart und ihre Zeit (1937) 18.

Syrgenstein *siehe Staufen*

Täbingen, Stadt Rosenfeld, Zollernalbkreis

349 Im Ortsbereich Reihengräberfeld. Daraus das Grab einer überdurchschnittlich reich ausgestatteten Frau aus der 2. Hälfte des 6. Jh.
Tafel 69
Lit.: W. Veeck, Germania 16, 1932, 58 ff.

Tannheim, Lkr. Biberach

350 In einem Reihengräberfeld am Südostrand des Dorfes Bestattungen mit überdurchschnittlich reicher Ausstattung vom Ende des 7. Jh.
Lit.: Veeck 332. – Fundber. aus Schwaben NF 9, 1935/38, 140 f.

Tengen *siehe Blumenfeld*

Thalmässing, Lkr. Roth

351 Südöstlich des Ortskernes größeres Ortsgräberfeld, von dem insgesamt über 100 Gräber untersucht wurden. Danach entstand die zugehörige Siedlung (wohl der heutige Ort) spätestens um die Mitte des 6. Jh. und besaß zentralörtliche Funktionen, wie den im Grabgut vorhandenen ungewöhnlichen Importen zu entnehmen. Die Bevölkerung war wohlhabend. Die Friedhofsbelegung endete anscheinend gegen 700.
Lit.: H. Dannheimer, Die germanischen Funde der späten Kaiserzeit und des frühen Mittelalters in Mittelfranken (1962) 189 ff.

Thüngersheim, Lkr. Würzburg

352 Bei Thüngersheim 1861 ein Grabfund der 1. Hälfte des 5. Jh. mit drei linksrheinischen Importgefäßen.
S. 24
Lit.: R. Koch, Bodenfunde der Völkerwanderungszeit aus dem Main-Tauber-Gebiet (1967) 166.

Tiengen, Stadt Freiburg i. Breisgau

353 Südöstlich des Dorfes Ortsgräberfeld mit Bestattungen vom Beginn des 6. Jh. an, darunter auch ein überdurchschnittlich reich ausgestattetes Frauengrab der 1. Hälfte des 6. Jh.
Lit.: Garscha 274 f.

Tiengen, Stadt Waldshut-Tiengen, Lkr. Waldshut

354 Am Ostrand von Tiengen in Gewann »Untere Gaisäcker« Friedhof von etwa 400 Bestattungen. Die zugehörige Siedlung ist anscheinend abgegangen. Sie wurde noch im 5. Jh. gegründet und bestand bis mindestens um 700.
S. 31
Lit.: Garscha 276 Nr. I. – Fundber. BadWtbg. 2, 1975, 271.

Trossingen, Lkr. Tuttlingen

355 Im Ortszentrum im Bereich Löhr- und Goethestraße Ortsgräberfeld (wohl zum Ortsteil Sontheim) mit z. T. gut ausgestatteten, sich durch eine vorzügliche Erhaltung der hölzernen Grabeinbauten auszeichnenden Bestattungen der 2. Hälfte des 6. Jh.
S. 53
Lit.: Veeck 301. – O. Paret, Fundber. aus Schwaben NF 9, 1935/38, 141 ff.

Tübingen-Derendingen, Lkr. Tübingen

356 Am Südwestrand des Ortsteils Derendingen der Bestat-

tungsplatz einer überdurchschnittlich wohlhabenden, christlichen Familie des 7. Jh.
Abb. 50. Tafeln 59, 87, 92. S. 76, 101
Lit.: Veeck 293 f. – H. Bott, Germania 23, 1939, 43 ff.

Tübingen *siehe Unterjesingen*

Tuggen, Kanton Schwyz

357 Der Urbau der heutigen Pfarrkirche war eine steinerne Saalkirche von 14,8x6 m lichter Größe mit halbrundem Altarraum im Osten. In der westlichen Kirchenmitte zwei Gräber, in denen drei Männer bestattet waren: Im nördlichen Teil von Grab 1/2, genau in der Kirchenachse, ein Mann (Grab 1) mit qualitätvoller, jedoch keineswegs überdurchschnittlicher Ausstattung süddeutsch-alamannischer Herkunft. Da das Grab durch jüngere Baumaßnahmen gestört ist, kann nicht gesagt werden, ob die fehlenden Ausstattungsteile (Sporn, Schild, Lanze) ursprünglich vorhanden waren. Gleichzeitig mit Grab 1 war südlich davon ein Mann deutlich minderer Ausstattung einheimischer Herkunft bestattet worden (Grab 2). Offenbar nicht in der gleichen Grabgrube wie Grab 1/2 lag aufgrund der abweichenden Skelettlage Grab 3 (nördlich von Grab 1/2) mit ebenso schlichter und ebenfalls einheimischer, jedoch etwas älterer Ausstattung wie Grab 2. Westlich außerhalb der Kirche anscheinend ein weiteres, jüngeres Grab.
Abb. 93. S. 14, 117
Lit.: W. Drack/R. Moosbrugger-Leu, Zeitschrift für Schweizerische Archäologie und Kunstgeschichte 20, 1960, 176 ff.

Abb. 134. Tuttlingen, Wurmlingen (L 8118, 7318)

Tuttlingen, Lkr. Tuttlingen

358 Am Südrand des Stadtkerns Gräberfeld der 2. Hälfte des 7. Jh. Unter den Funden fällt eine Gruppe überdurchschnittlich ausgestatteter Gräber auf, möglicherweise Hinweise auf eine Adelsfamilie des 7. Jh.
Abb. 47, 134
Lit.: O. Paret, Fundber. aus Schwaben NF 8, 1932/35, 136 ff.; NF 13, 1952/54, 104 f. – Fundber. aus BadWtbg. 2, 1975, 271 f.

Uhingen, Lkr. Göppingen

359 Bei Uhingen in der Flur »Säuwasen« Gräberfeld mit Bestattungen des 6. und 7. Jh.
Lit.: Veeck 322.

Ulm

360 Südlich und südwestlich des Doms alamannische Siedlung.
Lit.: W. Hübener/U. Lobbedey, Bonner Jahrb. 164, 1964, 118, Abb. 30. – G. P. Fehring, in: K. Anschütz, Die Tierknochenfunde aus der mittelalterlichen Siedlung Ulm-Weinhof (1966). – G. P. Fehring, Ulm und Oberschwaben 38, 1967, 31 ff. – U. Lobbedey, Untersuchungen mittelalterlicher Keramik, vornehmlich aus Südwestdeutschland (1968) 131 ff. – G. P. Fehring, Denkmalpflege in BadWtbg. 13, 1970, 93 ff. – A. Rieber/K. Reutter, Die Pfalzkapelle in Ulm (1974) 17 ff.
361 Im Bahnhofsgelände das zugehörige Reihengräberfeld, beginnend mit Brandgräbern des 4. Jh. und endend mit Bestattungen des späten 7. Jh. Im 5. und 6. Jh. eine überdurchschnittlich wohlhabende Familie nachweisbar. Die Siedlung Ulm besaß offenbar zentralörtliche Bedeutung.
Tafeln 52, 75, 87. S. 12, 29, 31
Lit.: K. D. Haßler, Verhandlungen des Vereins für Kunst und Alterthum in Ulm und Oberschwaben 12, 1860, 1 ff. – W. Veeck/P. Goessler, Museum der Stadt Ulm. Verzeichnung der vor- und frühgeschichtlichen Altertümer (1927) 86 ff. – Veeck 342 ff.

Ulm-Söflingen

362 Am Südrand des Ortsteils ein Gräberfeld des 6. und 7. Jh. Darin das überdurchschnittlich reich ausgestattete Grab eines

in der 2. Hälfte des 6. Jh. verstorbenen Mannes.
Lit.: Veeck 342 Nr. II. – Fundber. aus Schwaben NF 12, 2, 1938/51, 130 f.; NF 15, 1959, 193 f.

Unterjesingen, Stadt Tübingen, Lkr. Tübingen

363 Östlich des alten Ortskerns ausgedehnter Ortsfriedhof. Bei verschiedenen Anlässen seit 1879 immer wieder z. T. überdurchschnittlich reich ausgestattete Gräber angeschnitten; bislang nur Bestattungen der 2. Hälfte des 7. Jh.
Abb. 112. Tafel 103
Lit.: Veeck 256. – F. Stein, Adelsgräber des achten Jahrhunderts in Deutschland (1967) 292 ff. – S. Schiek, Fundber. aus BadWtbg. 2, 1975, 272 ff. – H. Reim, Archäologische Ausgrabungen 1976. Bodendenkmalpflege in den Reg.-Bez. Stuttgart und Tübingen (1976) 60 ff.
364 Im Ortskern bei der alten Pfarrkirche St. Barbara Reihengräber des späten 7. Jh.
Abb. 112
Lit.: Veeck 256.

Unterlauchringen, Gde. Lauchringen, Lkr. Waldshut

365 Südlich des Wiggenberges Gräberfeld des 6. und 7. Jh.
Lit.: Garscha 278 f.

Unterschneidheim *siehe Zöbingen*

Unterthürheim, Gde. Buttenwiesen, Lkr. Dillingen a. d. Donau

366 Am westlichen Dorfrand großes Ortsgräberfeld mit mehreren Hundert Bestattungen. Die Gründung des zugehörigen Ortes Thürheim noch vor der Mitte des 6. Jh. Von Anfang an Bewohner mit überdurchschnittlichem Wohlstand vorhanden.
Abb. 50, 78, 91. Tafeln 66, 67. S. 31
Lit.: J. Werner, Münzdatierte austrasische Grabfunde (1935) 84 Nr. 13. – M. Franken, Die Alamannen zwischen Iller und Lech (1944) 66. – Unveröffentlichte Neufunde.

Urach, Lkr. Reutlingen

367 2,5 km westlich der Stadtmitte von Urach befindet sich auf dem Runden Berg eine 1967 bis 1978 z. T. erforschte Siedlung, welche von den Alamannen schon bald nach dem Fall des Limes gegründet und mit einer Palisade umgeben worden war. Im 4. Jh. lassen sich Wohnbezirke wohlhabender Leute aussondern. Im 5. Jh. Blütezeit der Anlage und erneute Befestigung, diesmal in Gestalt einer 2 m breiten, holzpfostenversteiften Steinmauer. Wohl gleichzeitig damit auch Abtrennung des östlichen Gipfelteiles durch eine Quermauer ohne Graben. Im Bereich westlich vor dieser Abschnittsmauer ist die Produktion von Edelmetallschmuck des späten 5. Jh. nachweisbar, innerhalb der abgetrennten Fläche wurde Gagatschmuck hergestellt. Kurz nach 500 Eroberung und Zerstörung der Anlage, wohl durch die Franken 506. In der 2. Hälfte des 7. Jh. Wiederbesiedlung der Fläche und Befestigung durch Steinmauern. Der größte Teil der festgestellten Gebäude aus Holz (auf dem Plateau) und Stein (am Plateaurand) stammt aus dieser Periode. Damals auch eine Kirche im Süden des Plateaus wahrscheinlich. Besiedelt waren in beiden frühgeschichtlichen Perioden neben dem eigentlichen Gipfelplateau die beiden Terrassen am Hang des Berges und die anschließende Albhochfläche. Diese Siedlungsteile sind noch unerforscht. Seit dem 11. Jh. ist der Runde Berg unbesiedelt.
Abb. 24, 71, 73, 85, 135. Tafeln 6, 18. S. 14, 29, 39, 41, 43 f., 48 f., 84, 95, 98, 99, 100, 108
Lit.: V. Milojčić, in: Ausgrabungen in Deutschland, gefördert von der Deutschen Forschungsgemeinschaft 1950–1975, Teil 2 (1975) 181 ff. – R. Christlein. Der Runde Berg bei Urach I. Die frühgeschichtlichen Kleinfunde außerhalb der Plangrabungen (1974). – B. Kaschau, Der Runde Berg bei Urach II. Die Drehscheibenkeramik aus den Plangrabungen 1967–1972 (1976). – R. Christlein, Der Runde Berg bei Urach III. Kleinfunde aus den Plangrabungen 1967–1972 (im Druck).

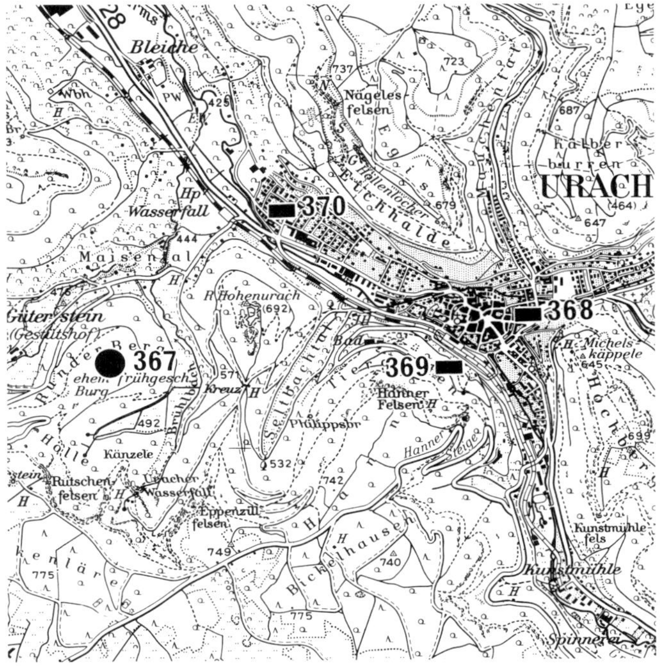

Abb. 135. Urach (L 7522)

368 Am Nordostrand der Altstadt ein Friedhof mit gut ausgestatteten Gräbern der 2. Hälfte des 7. Jh.
Abb. 135
Lit.: Fundber. aus Schwaben NF 16, 1962, 288 f.
369 Südlich der Altstadt angeblich weiteres Reihengräberfeld, aus dem ein Sax stammen soll.
Abb. 135
Lit.: Veeck 311 Nr. II.
370 Im Nordwestteil von Urach in einem Neubaugebiet Gräberfunde der Zeit um 600, zu abgegangener Siedlung.
Abb. 135. S. 25
Lit.: Unveröffentlicht.

Urach *siehe Wittlingen*

Urspring, Gde. Lonsee, Alb-Donau-Kreis

371 Auf der Talsohle der Lone östlich des Ortes im Randbereich des römischen Kastellvicus umfangreiche frühmittelalterliche Siedlung des 4. bis 9. Jh.
Tafel 7. S. 14, 29
Lit.: Fundber. aus Schwaben NF 18, 2, 1967, 154 f. – Fundber. aus BadWtbg. 2, 1975, 274. Taf. 284–288. – H. Reim, in: Archäologische Ausgrabungen 1974. Bodendenkmalpflege in den Reg.-Bez. Stuttgart und Tübingen (1974) 52 ff.

Villingen, Stadt Villingen-Schwenningen, Schwarzwald-Baar-Kreis

372 Südöstlich des Stadtkerns ein Reihengräberfeld zerstört. Aus dem vermutlich zur Ursiedlung Villingen gehörenden Friedhof wenige Funde des 7. Jh.
Lit.: Garscha 280.

Villingen-Schwenningen *siehe Schwenningen*
Waldshut-Tiengen *siehe Tiengen-Hochrhein*

Walheim, Lkr. Ludwigsburg

373 Von nicht mehr zu lokalisierender Stelle stammt das Inventar eines Grabes, in dem eine um 500 verstorbene wohlhabende Alamannin bestattet war.
Tafel 59
Lit.: Veeck 188.

Weilstetten, Stadt Balingen, Zollernalbkreis

374 Im Ortsteil Weilheim wurde 1953 der Teil eines Reihengräberfeldes mit solide ausgestatteten Bestattungen der 2. Hälfte des 7. Jh. angeschnitten. Aus Grab 3 eine Gürtelgarnitur mit lateinischer Psalminschrift.
Abb. 98. S. 9, 120
Lit.: S. Schiek, H. Jänichen, Germania 32, 1954, 299 ff. – Fundber. aus Schwaben NF 13, 1952/54, 106 f.

Weingarten, Lkr. Ravensburg

375 Wohl zum Ortsteil Altdorf gehört ein großes Gräberfeld, von dessen etwa 900 Gräbern in den Jahren 1954 bis 1957 über 800 durch das Staatliche Amt für Denkmalpflege Tübingen ausgegraben wurden. Die Funde bezeugen einen Beginn des zugehörigen Dorfes in der 2. Hälfte des 5. Jh. Bis auf eine überdurchschnittlich reich ausgestattete Gräbergruppe der 2. Hälfte des 6. Jh. scheinen alle Bestatteten von durchschnittlichem Wohlstand gewesen zu sein.
Abb. 38. S. 14, 19, 31
Lit.: F. Wein, Fundber. aus Schwaben NF 14, 1957, 142 ff. 15, 1959, 194. – Ders., in: Neue Ausgrabungen in Deutschland (1958) 469 ff. – E. M. Neuffer, in: Ausgrabungen in Deutschland, gefördert von der Deutschen Forschungsgemeinschaft 1950–1975, Teil 2 (1975) 238 ff.

Weissach, Lkr. Böblingen

376 Aus einem Gräberfeld im Nordosten der Stadt stammen Funde, die auf ein überdurchschnittlich reich ausgestattetes Männergrab der Zeit um 700 schließen lassen.
Abb. 45. S. 71
Lit.: F. Stein, Adelsgräber des achten Jahrhunderts in Deutschland (1967) 299.

Weißenburg, Lkr. Weißenburg-Gunzenhausen

377 200 m östlich der östlichen Stadtmauerpartie von Weißenburg ein großes, auf eine noch im 6. Jh. gegründete Siedlung mit zentralörtlichen Funktionen und entsprechend differenzierter Sozialstruktur hinweisendes Gräberfeld, von dessen über 1000 Bestattungen ungefähr 100 bei verschiedenen Anlässen ausgegraben wurden.
Abb. 33. S. 56
Lit.: H. Dannheimer, Die germanischen Funde der Völkerwanderungszeit und des frühen Mittelalters in Mittelfranken (1962) 221 ff. – L. Wamser, Villa nostra. Beiträge zur Weißenburger Stadtgeschichte 3, 1975, 17 ff.

Weizen, Stadt Stühlingen, Lkr. Waldshut

378 Im Ort an der »Kirchhalde« größeres Gräberfeld. Daraus als Hinweis auf eine überdurchschnittlich reiche Bestattung der 2. Hälfte des 6. Jh. eine goldene Scheibenfibel.
Abb. 116
Lit.: Garscha 283.

Welschingen, Stadt Engen, Lkr. Konstanz

379 Östlich des Dorfes der älteste Ortsfriedhof mit zahlreichen, mehrfach überdurchschnittlich reich ausgestatteten Gräbern von der Mitte des 6. bis zum Ende des 7. Jh.
Lit.: Garscha 283 ff.

Werbach *siehe Gamburg*

Westheim, Lkr. Weißenburg-Gunzenhausen

380 Nördlich des Dorfes Ortsgräberfeld. Für Westheim eine Entstehung spätestens in der 1. Hälfte des 6. Jh. und eine Bevölkerung von solidem Wohlstand nachweisbar.
Lit.: H. Dannheimer, Die germanischen Funde der späten Kaiserzeit und des frühen Mittelalters in Mittelfranken (1962) 182 ff.
381 Im westlichen Ortsteil Hofgrablege der Zeit um 700.
Lit.: H. Dannheimer, Die germanischen Funde der späten Kaiserzeit und des frühen Mittelalters in Mittelfranken (1962) 186.

Westhoffen, Dép. Bas-Rhin

382 Eine Gruppe sehr gut ausgestatteter Gräber der Mitte des 7. Jh. scheint angesichts des Fehlens spezifischer alamannischer Trachtbestandteile einer fränkischen Familie zuzuschreiben zu sein.
Lit.: Cahiers d'archéologie et d'histoire d'Alsace 132, 1952, 108.

Wiesloch, Rhein-Neckar-Kreis

383 2,2 km westsüdwestlich der Ortsmitte ein Grab der Zeit um 400.
Lit.: E. Wahle, Badische Fundber. 1, 1925/28, 282 ff.
384 Wenig nördlich von 383 Gräber der Mitte des 5. Jh.
Lit.: A. Dauber, E. Gropengießer, B. Heukemes, M. Schaab, Archäologische Karte der Stadt- und der Landkreise Heidelberg und Mannheim. Badische Fundber., Sonderheft 10 (1967) 54 oben. – H. Kühn, Die germanischen Bügelfibeln der Völkerwanderungszeit 2: Süddeutschland (1974) 444 ff.

Wildberg *siehe Gültlingen*

Windisch, Kanton Aargau

385 Im Ortsteil Oberburg beigabenführende Bestattungen des 7. Jh. als Fortsetzung des spätrömischen, zu Vindonissa gehörenden Gräberfeldes.
Lit.: V. v. Gonzenbach, Gesellschaft pro Vindonissa. Jahresbericht 1949/50, 5 ff. – O. Lüdin, Gesellschaft pro Vindonissa. Jahresbericht 1961/62, 50 ff.
386 Im Ortsteil Brugg alamannisches Gräberfeld des 7. Jh.
Lit.: Chr. Simonett, Anzeiger für Schweizerische Altertumskunde NF 40, 1938, 103 ff.

Wittislingen, Lkr. Dillingen a. d. Donau

387 900 m ostsüdöstlich des Ortszentrums, südlich der Egau frühalamannische Siedlung auf dem Gelände einer römischen Villa rustica.
Abb. 16
Lit.: W. Krämer, Germania 30, 1952, 287 f.
388 Im Zusammenhang mit 387 frühmittelalterliche Siedlung des 7. bis 10. Jh.
Lit.: H.-J. Seitz, 4. Bericht der naturforschenden Gesellschaft Augsburg 1951, 96 ff. – G. P. Fehring, Zeitschrift für Agrargeschichte und Agrarsoziologie 21, 1973, 8 ff.
389 Nördlich bzw. südwestlich von 388 zwei zugehörige Gräberfelder des 7. Jh. mit z. T. reichen Bestattungen; unter den Beigaben ein Goldblattkreuz und fränkische Gürtelgarnituren.
Lit.: J. Werner, Wittislingen (1950) 6 Nr. II. – Bayer. Vorgeschichtsblätter 21, 1956, 336; 23, 1958, 187; 24, 1959, 243 ff.; 25, 1960, 182.
390 600 m östlich des Ortszentrums, nördlich der Egau größeres, spätestens seit der 1. Hälfte des 6. Jh. belegtes Reihengräberfeld. In ihm die Bestattung einer ganz außergewöhnlich reichen, um die Mitte des 7. Jh. verstorbenen Frau christlichen Bekenntnisses aus adeligem, wohl fränkischem Hause.
Tafeln 93, 94. S. 18, 43, 58, 81, 88, 91, 101
Lit.: J. Werner, Das alamannische Fürstengrab von Wittislingen (1950).
391 200 m südöstlich von 390 im Bereich der Sapperallee, nördlich der Egau eine Gräbergruppe; daraus die Bestattung eines der Mitte des 6. Jh. angehörenden Mannes von überdurchschnittlichem Wohlstand.
Lit.: H. Dannheimer, Bayer. Vorgeschichtsblätter 25, 1960, 181 f.
392 Im Bereich der Kirche ein spätestens um die Mitte des 7. Jh. belegtes Gräberfeld. In der Kirche selbst weist ein von dort stammender silberner Sporn auf die Grablege einer überdurchschnittlich reichen Familie der Zeit um 700 hin.
Lit.: J. Werner, Wittislingen (1950) 8 ff.
393 700 m südöstlich des Ortskerns, auf dem südlichen Egauufer Bestattung eines überdurchschnittlich wohlhabenden Mannes aus der 1. Hälfte des 7. Jh.
Lit.: J. Werner, Wittislingen (1950) 6 f. Nr. III.
394 Weitere Gräberfelder aus dem Ortsbereich von Wittislingen weisen auf das Vorhandensein von Hofgrablegen des 7. Jh. hin.

Lit.: Zusammengestellt von R. H. Seitz, Bayer. Vorgeschichtsblätter 25, 1960, 200 f. mit Beilage I.

Wittlingen, Stadt Urach, Lkr. Reutlingen

395 Am Weg von Wittlingen nach Hohenwittlingen als Einzelfund ein im Stil des 1. Drittels des 7. Jh. tauschiertes Eisenkreuzchen.
Abb. 97. S. 120
Lit.: Fundber. aus Schwaben NF 18, 2, 1967, 156.

Wurmlingen, Lkr. Tuttlingen

396 Im Nordteil des Ortes beim Bahnbau 1860 ein Reihengräberfeld angeschnitten, aus dem Funde vom Beginn des 6. Jh. bis zur Mitte des 7. Jh. geborgen wurden. Im 6. Jh. scheinen Grabfunde mit überdurchschnittlich reicher Ausstattung vorhanden gewesen zu sein (Separatfriedhof?).
Abb. 134. Tafeln 52, 55, 59 61
Lit.: Veeck 302 f. Nr. I.
397 Im Südteil des Dorfes wurde bei verschiedenen Anlässen ein zweiter großer Friedhof angeschnitten. 75 im Jahre 1929 geborgene Gräber stammen aus der Zeit zwischen dem Ende des 6. Jh. und dem Ende des 7. Jh. und weisen nur wenig überdurchschnittlich ausgestattete Bestattungen auf. Aus diesem Friedhof ein Goldblattkreuz als Zeichen des christlichen Bekenntnisses der Bewohner.
Abb. 134. Tafel 59
Lit.: W. Veeck, Fundber. aus Schwaben NF 5, 1930, 103 ff. – Veeck 303 ff. Nr. II.

Wyhlen, Gde. Grenzach-Wyhlen, Lkr. Lörrach

398 Im Gewann »Baumgarten« am Ostrand des Ortes Gräber der 1. Hälfte des 6. Jh.
Abb. 122
Lit.: Garscha 287 Nr. I.
399 Im Süden des Dorfes großes Ortsgräberfeld mit bisher 55 (von schätzungsweise mehreren Hundert) Gräbern einfacher Grabausstattung des 7. Jh.
Abb. 122
Lit.: Garscha 287 ff.

Zöbingen, Gde. Unterschneidheim, Ostalbkreis

400 Am Nordrand des Dorfes Gräberfeld mit gut erhaltenen organischen Resten von Grabinventaren und Grabeinbauten. Bisher nur Funde der Mitte des 6. Jh.
Tafel 2. S. 9, 18, 53
Lit.: Veeck 170 f. – O. Paret, Ellwanger Jahrbuch 14, 1947/49, 9 ff. – H. W. Böhme, in: Führer zu vor- und frühgeschichtlichen Denkmälern 22 (1973) 153 f.

Zöschingen, Lkr. Dillingen a. d. Donau

401 Im Ortskern Gräber des 7. Jh.
Lit.: P. Zenetti, Jahrbuch des Historischen Vereins Dillingen 49/50, 1936/38, 190.

Zürich

402 Im Bereich des spätrömischen Kastells Turicum auf dem Lindenhof anscheinend keine sicheren Siedlungsspuren des 6. oder 7. Jh.
Lit.: E. Vogt, Der Lindenhof in Zürich (1948).
403 Im südlichen Vorfeld des Kastells auf dem Lindenhof Gräber der Zeit um 600 und des 7. Jh. Obwohl nicht ausdrücklich bezeugt, ist hier und nördlich davon auch der spätrömische Friedhof zu vermuten. An dieser Stelle später die Zürcher Pfarrkirche St. Peter.
S. 26, 36, 117
Lit.: U. Ruoff, J. Schneider, Zeitschrift für Schweizerische Archäologie und Kunstgeschichte 33, 1976, 2 ff.
404 700 m westlich von 402 der Friedhof einer abgegangenen alamannischen Siedlung in der Sihlebene. Die Siedlung war spätestens um die Mitte des 6. Jh. gegründet worden und von Personen soliden Wohlstandes bewohnt.
Tafel 54
Lit.: J. Heierli, Anzeiger für Schweizerische Altertumskunde NF 2, 1900, 180 ff. – E. Vogt, E. Meyer, H. C. Peyer, Zürich von der Urzeit zum Mittelalter (1971) 168 ff.

Literatur (Auswahl)

Zusammenfassende Darstellungen und Materialvorlagen

Arbogast, B.: Trouvailles mérovingiennes d'Alsace. Diss. Strasbourg (1976)

Dannheimer, H.: Die germanischen Denkmäler der späten Kaiserzeit und des frühen Mittelalters in Mittelfranken (1962)

Dauber, A.: Die Reihengräber der Merowingerzeit. Hist. Atlas von BadWtbg. Karte III, 7 (1976)

Forrer, R.: Varia mérovingiennes et cimetières mérovingiens inédits de Bettwiller, Behlenheim, Gambsheim, Schiltigheim, Friesenheim etc. Cahiers d'archéologie et d'histoire d'Alsace 25, 1934, 221 ff.

Franken, M.: Die Alamannen zwischen Iller und Lech (1944)

Garscha, F.: Die Alamannen in Südbaden. Katalog der Grabfunde (1970)

Henning, R.: Denkmäler der Elsässischen Altertums-Sammlung zu Straßburg i. Els. (1912)

Hübener, W. (Hrsg.): Die Alamannen in der Frühzeit (1974)

Keller-Tarnuzzer, K. und H. Reinerth: Urgeschichte des Thurgaus (1925)

Martin, M.: Die Schweiz im Frühmittelalter (1975)

Mildenberger, G.: Sozial- und Kulturgeschichte der Germanen. Urban-Taschenbuch 149 (1972)

Moosbrugger-Leu, R.: Die Schweiz zur Merowingerzeit (1971)

Stein, F.: Adelsgräber des achten Jahrhunderts in Deutschland (1967)

Steuer, H. in: Reallexikon der Germanischen Altertumskunde, 2. Aufl. s. v. Alemannen

Tatarinoff, E.: Die Kultur der Völkerwanderungszeit im Kanton Solothurn. Jahrbuch für solothurnische Geschichte 7, 1934, 11 ff.

Tschumi, O.: Burgunder, Alamannen und Langobarden in der Schweiz (1945)

Veeck, W.: Die Alamannen in Württemberg (1931)

Werner, J.: Zur Entstehung der Reihengräberzivilisation. Archaeologia Geographica 1, 1950, 23 ff.

–: Beiträge zur Archäologie des Attila-Reiches (1956)

Zur Geschichte der Forschung

Brenner, E.: Der Stand der Forschung über die Kultur der Merowingerzeit. 7. Bericht der Römisch-Germanischen Kommission 1912, 253 ff.

Garscha, F.: Heinrich Schreiber und die oberrheinische Frühgeschichtsforschung im 19. Jahrhundert. Festschrift E. Wahle (1950) 3 ff.

Lindenschmit, L.: Handbuch der deutschen Alterthumskunde I: Die Alterthümer der merowingischen Zeit (1880–1889)

Lindenschmit, W. und L.: Das germanische Todtenlager bei Salzen in der Provinz Rheinhessen (1848)

Paret, O.: Die Anfänge der Urgeschichtsforschung in Württemberg. Württ. Jahreshefte für Landesgeschichte NF. 35, 1929, 1 ff.

Veeck, W.: Die Reihengräberfriedhöfe des frühen Mittelalters und die historische Forschung. 16. Bericht der Römisch-Germanischen Kommission 1925–1926, 35 ff.

Werner, J.: Münzdatierte austrasische Grabfunde (1935)

Chronologische Ordnung der Altertümer

Ament, H.: Zur archäologischen Periodisierung der Merowingerzeit. Germania 55, 1977, 133 ff.
Becker, B.: Eine Eichenchronologie der alamannischen Totenbäume und Grabkammerbretter von Hüfingen, Oberflacht und Zöbingen. Fundberichte aus BadWtbg. 1, 1974, 545 ff.
Böhner, K.: Die Altertümer des Trierer Landes (1958)
–: Zur Zeitstellung der beiden fränkischen Gräber im Kölner Dom. Kölner Jahrbuch für Vor- und Frühgeschichte 9, 1967/68, 124 ff.
Keller, E.: Zur Chronologie der jüngerkaiserzeitlichen Grabfunde aus Südwestdeutschland und Nordbayern. Festschrift J. Werner (1974) 247 ff.
Werner, J.: Die Langobarden in Pannonien (1962)
–: Archäologische Bemerkungen zu den dendrochronologischen Befunden von Oberflacht. Fundberichte aus BadWtbg. 1, 1974, 650 ff.

Zur ethnischen Deutung frühmittelalterlicher Funde

Bierbrauer, V.: Zu den Vorkommen ostgotischer Bügelfibeln in Raetia II. Bayer. Vorgeschichtsblätter 36, 1971, 131 ff.
–: Alamannische Funde der frühen Ostgotenzeit aus Oberitalien. Festschrift J. Werner (1974) 559 ff.
Eggers, H.-J.: Das Problem der ethnischen Deutung in der Frühgeschichte. Festschrift E. Wahle (1950) 49 ff.
Koch, U.: Alamannische Gräber der ersten Hälfte des 6. Jahrhunderts in Südbayern. Bayer. Vorgeschichtsblätter 34, 1969, 162 ff.
Martin, M.: Bemerkungen zu den frühmittelalterlichen Gürtelbeschlägen der Westschweiz. Zeitschrift für Schweizerische Archäologie und Kunstgeschichte 27, 1970, 29 ff.
Werner, J.: Die Langobarden in Pannonien (1962)
–: Zu den donauländischen Beziehungen des alamannischen Gräberfeldes am alten Gotterbarmweg in Basel. Helvetia antiqua. Festschrift E. Vogt (1966) 283 ff.
–: Zur Verbreitung frühgeschichtlicher Metallarbeiten. Antikvariskt arkiv 38 (1970) 65 ff.

Zum romanischen Ethnikum

Böhner, K.: Spätrömische Kastelle und alamannische Ansiedlungen in der Schweiz. Helvetia antiqua. Festschrift E. Vogt (1966) 307 ff.
Martin, M.: Das Fortleben der spätrömisch-romanischen Bevölkerung von Kaiseraugst und Umgebung im Frühmittelalter auf Grund der Orts- und Flurnamen. Provincialia. Festschrift R. Laur-Belart (1968) 133 ff.

Die ersten eineinhalb Jahrhunderte alamannischer Geschichte

Böhme, H. W.: Ein germanischer Gürtelbeschlag der Zeit um 400 aus Oberfranken. Studien zur Sachsenforschung (1977) 13 ff.
Christlein, R.: Die frühe Alamannenzeit. 3. bis frühes 5. Jahrhundert n. Chr. Hist. Atlas von BadWtbg., Karte III, 6 (1974)
Dauber, A.: Neue Funde der Völkerwanderungszeit aus Baden. Badische Fundberichte 21, 1958, 139 ff.
Koch, R.: Spätkaiserzeitliche Fibeln aus Südwestdeutschland. Festschrift J. Werner (1974) 227 ff.
Roeren, R.: Zur Archäologie und Geschichte Südwestdeutschlands im 3.–5. Jahrhundert n. Chr. Jahrbuch des Römisch-Germanischen Zentralmuseums Mainz 7, 1960, 214 ff.
Weidemann, K.: Untersuchungen zur Siedlungsgeschichte des Landes zwischen Limes und Rhein vom Ende der Römerherrschaft bis zum Frühmittelalter. Jahrbuch des Römisch-Germanischen Zentralmuseums Mainz 19, 1972, 99 ff.
Werner, J.: Pfeilspitzen aus Silber und Bronze in germanischen Adelsgräbern der Kaiserzeit. Historisches Jahrbuch 74, 1955, 38 ff.
–: Bemerkungen zur mitteldeutschen Skelettgräbergruppe Hassleben-Leuna. Festschrift für Walter Schlesinger I (1973) 1 ff.

Zur inneren Struktur von Siedlung und Bevölkerung

Ament, H.: Fränkische Adelsgräber von Flonheim (1970) 130 ff.
Christlein, R.: Besitzabstufungen zur Merowingerzeit im Spiegel reicher Grabfunde aus West- und Süddeutschland. Jahrbuch des Römisch-Germanischen Zentralmuseums Mainz 20, 1973, 147 ff.
Huber, N. M.: Anthropologische Untersuchungen an den Skeletten aus dem alamannischen Reihengräberfeld von Weingarten, Kr. Ravensburg (1967)
Janssen, W.: Dorf und Dorfformen des 7. bis 12. Jahrhunderts im Lichte neuer Ausgrabungen in Mittel- und Nordeuropa. Das Dorf der Eisenzeit und des frühen Mittelalters (1977) 285 ff.
Koch, R.: Die spätkaiserzeitliche Gürtelgarnitur von der Ehrenbürg bei Forchheim. Germania 43, 1965, 105 ff.
Schlüter W.: Versuch einer sozialen Differenzierung der jungkaiserzeitlichen Körpergräbergruppe von Hassleben-Leuna anhand einer Analyse der Grabfunde. Neue Ausgrabungen und Forschungen in Niedersachsen 6 (1970) 117 ff.

Steuer, H.: Zur Bewaffnung und Sozialstruktur der Merowingerzeit. Nachrichten aus Niedersachsens Urgeschichte 37, 1968, 18 ff.
Straub, R.: Zur Kontinuität der voralamannischen Bevölkerung. Badische Fundberichte 20, 1956, 127 ff.
Werner, J.: Leier und Harfe im germanischen Frühmittelalter. Festschrift Th. Mayer 1 (1954) 9 ff.
–: Zu den alamannischen Burgen des 4. und 5. Jahrhunderts. Speculum Historiale. Festschrift J. Spörl (1965) 439 ff.
–: Das Messerpaar aus Basel-Kleinhüningen Grab 126. Zu alamannisch-fränkischen Eßbestecken. Provinciclia. Festschrift R. Laur-Belart (1968) 647 ff.
–: Die kaiserzeitliche Siedlung Nauen-Bärhorst und das Problem der frühmittelalterlichen Dörfer. Festschrift Fr. v. Zahn (1968) 347 ff.

Zur Tracht

Clauß, G.: Beobachtungen an merowingerzeitlichen Gräbern bei Hockenheim, Rhein-Neckar-Kreis. Archäologisches Korrespondenzblatt 6, 1976, 55 ff.
Hinz, H.: Am langen Band getragene Bergkristallanhänger der Merowingerzeit. Jahrbuch des Römisch-Germanischen Zentralmuseums Mainz 13, 1966, 212 ff.
Hundt, H.-J.: Die ersten Textilreste aus den Gräbern von Altenerding. 54. Bericht der Römisch-Germanischen Kommission 1973, 290 ff.
Menghin, W.: Aufhängevorrichtungen und Trageweise zweischneidiger Langschwerter aus germanischen Gräbern des 5. bis 7. Jahrhunderts. Anzeiger des Germanischen Nationalmuseums 1973, 7 ff.
Schulze, M.: Einflüsse byzantinischer Prunkgewänder auf die fränkische Frauentracht. Archäologisches Korrespondenzblatt 6, 1976, 149 ff.
Vogt, E.: Interpretation und museale Auswertung alamannischer Grabfunde. Zeitschrift für Schweizer. Archäologie und Kunstgeschichte 20, 1960, 70 ff.
Werner, J.: Nomadische Gürtel bei Persern, Byzantinern und Langobarden. Accademia Nazionale dei Lincei 371, 1974, 109 ff.
Zeller, G.: Zum Wandel der Frauentracht vom 6. zum 7. Jahrhundert in Austrasien. Festschrift J. Werner (1974) 381 ff.

Bewaffnung

Behmer, E.: Das zweischneidige Schwert der germanischen Völkerwanderungszeit (1939)
Böhner, K.: Das Langschwert des Frankenkönigs Childerich. Bonner Jahrbücher 148, 1948, 218 ff.
Dahmlos, U.: Francisca-bipennis-securis. Germania 55, 1977, 141 ff.
Dannheimer, H.: Rekonstruktion der Saxscheide aus Grab 2 von St. Jakob bei Polling. Zur Tragweise des Saxes in der späten Merowingerzeit. Germania 52, 1974, 131 ff.
Hübener, W.: Waffennormen und Bewaffnungstypen der frühen Merowingerzeit. Fundberichte aus BadWtbg. 3, 1977, 510 ff.
Menghin, W.: Schwertortbänder der frühen Merowingerzeit. Festschrift J. Werner (1974) 435 ff.
Raddatz, K.: Die Bewaffnung der Germanen in der jüngeren römischen Kaiserzeit (1967)
Schnurbein, S. von: Zum Ango. Festschrift J. Werner (1974) 411 ff.
Steuer, H. in: Reallexikon der Germanischen Altertumskunde 2. Aufl. s. v. Bewaffnung
Werner, J.: Zur Herkunft der frühmittelalterlichen Spangenhelme. Prähistorische Zeitschrift 34/35, 1949/50, 178 ff.
–: Ein langobardischer Schild von Ischl an der Alz. Bayer. Vorgeschichtsblätter 18/19, 1951/52, 45 ff.
–: Fränkische Schwerter des 5. Jahrhunderts aus Samson und Petersfinger. Germania 34, 1956, 156 ff.
–: Bewaffnung und Waffenbeigabe in der Merowingerzeit. Settimane di Studio del Centro Italiano sull' Alto Medioevo 15, 1967, 95 ff.

Handwerk und Handel

Capelle T. und H. Vierck: Weitere Modeln der Merowinger- und Wikingerzeit. Frühmittelalterliche Studien 9, 1975, 110 ff.
Christlein, R.: Anzeichen von Fibelproduktion in der völkerwanderungszeitlichen Siedlung Runder Berg bei Urach. Archäologisches Korrespondenzblatt 1, 1971, 47 ff.
Koch, R.: Absatzgebiete merowingerzeitlicher Töpfereien des nördlichen Neckargebietes. Jahrbuch des Historischen Vereins Heilbronn 27, 1973, 31 ff.
Ohlhaver, H.: Der germanische Schmied und sein Werkzeug (1939)
Roth, H.: Beobachtungen an merowingerzeitlichen Gußtiegeln. Frühmittelalterliche Studien 11, 1977, 85 ff.
Ulbert, G.: Ein Preßblechmodel aus dem Römischen Museum Augsburg. Jahrbuch des Römisch-Germanischen Zentralmuseums Mainz 13, 1966, 204 ff.
Vierck, H.: Eine südskandinavische Relieffibel. Zum Feinguß im frühen Mittelalter. In: K. J. Narr (Hrsg.), Aus der Sammlung des Seminars für Ur- und Frühgeschichte der Universität Münster (1976) 137 ff.
Werner, J.: Waage und Geld in der Merowingerzeit (1954)
–: Fernhandel und Naturalwirtschaft im östlichen Merowingerreich nach archäologischen und numismatischen Zeugnissen. 42. Bericht der Römisch-Germanischen Kommission 1961, 307 ff.

Typologische und chronologische Untersuchungen zu Sachaltertümern

Arrhenius, B.: Granatschmuck und Gemmen aus nordischen Funden des frühen Mittelalters (1971)
Fingerlin, G.: Imitationsformen byzantinischer Körbchen-Ohrringe nördlich der Alpen. Fundberichte aus BadWtbg. 1, 1974, 597 ff.
Garscha, F.: Fränkische Tauschierarbeiten aus frühen Reihengräbern am Oberrhein. Badische Fundberichte 22, 1962, 133.
Hübener, W.: Absatzgebiete frühgeschichtlicher Töpfereien nördlich der Alpen (1969)
Kuchenbuch, F.: Die Fibel mit umgeschlagenem Fuß. Saalburg-Jahrbuch 13, 1954, 5 ff.
Kühn, H.: Die Germanischen Bügelfibeln der Völkerwanderungszeit II. Süddeutschland (1974)
Menghin, W.: Frühmerowingische Schmuckkästen aus Kaltenengers, Kr. Koblenz. Anzeiger des Germanischen Nationalmuseums 1977, 7 ff.
Moosbrugger-Leu, R.: Die frühmittelalterlichen Gürtelbeschläge der Schweiz (1967)
Paulsen, P. und Schach-Dörges, H.: Alamannisches Holzhandwerk (1972)
Schulze, M.: Die spätkaiserzeitlichen Armbrustfibeln mit festem Nadelhalter (1977)
Thiry, G.: Die Vogelfibeln der Germanischen Völkerwanderungszeit (1939)
Werner, J.: Katalog der Sammlung Diergardt 1: Die Fibeln (1961)

Zur Kunstgeschichte der Alamannen

Böhme, H. W.: Zum Beginn des germanischen Tierstils auf dem Kontinent. Festschrift J. Werner (1974) 295 ff.
Böhner, K.: Fränkischer Tierstil des 6. Jahrhunderts. In: Les relations entre l'empire romain tardif, l'empire franc et ses voisins (1976) 88 ff.
Haseloff, G.: Der germanische Tierstil. Seine Anfänge und der Beitrag der Langobarden. Accademia Nazionale dei Lincei 371, 1974, 361 ff.
–: Goldbrakteaten-Goldblattkreuze. Neue Ausgrabungen und Forschungen in Niedersachsen 5 (1970) 24 ff.
Holmqvist, W.: Kunstprobleme der Merowingerzeit (1939)
Salin, B.: Die altgermanische Thierornamentik, 2. Aufl. (1935)
Schrickel, W.: Die Tier- und Bandornamentik auf Inventarstücken des Gräberfeldes von Bülach, Kt. Zürich. Zeitschrift für Schweizer. Archäologie und Kunstgeschichte 29, 1972, 219 ff.
Vierck, H.: Ein Relieffibelpaar aus Nordendorf in Bayerisch Schwaben. Bayer. Vorgeschichtsblätter 32, 1967, 104 ff.
–: Werke des Eligius. Festschrift J. Werner (1974) 309 ff.
Werner, J.: Zur ornamentgeschichtlichen Einordnung des Reliquiars von Beromünster. Akten zum III. Internationalen Kongreß für Frühmittelalterforschung (1954) 107 ff.
–: Das Aufkommen von Bild und Schrift in Nordeuropa (1966)

Glaube und Aberglaube

Ament, H.: Merowingische Grabhügel. In: W. Schlesinger (Hrsg.), Althessen im Frankenreich (1975) 63 ff.
Christlein, R.: Merowingerzeitliche Grabfunde unter der Pfarrkirche St. Dionysius zu Dettingen und verwandte Denkmale in Süddeutschland. Fundberichte aus BadWtbg. 1, 1974, 573 ff.
Dannheimer, H.: Ein spätmerowingischer Eulogienbehälter aus Walda. Germania 44, 1966, 338 ff.
–: Zur Tragweise der durchbrochenen Bronzezierscheiben der Merowingerzeit. Archäologisches Korrespondenzblatt 6, 1976, 49 ff.
Hübener, W. (Hrsg.): Die Goldblattkreuze des frühen Mittelalters (1975)
Koch, U.: Frühmittelalterliche Brakteatenfibeln – christliche oder heidnische Amulette? Jahresbericht des Historischen Vereins Heilbronn 28, 1976, 19 ff.
Martin, M.: Die Runenfibel aus Bülach Grab 249. Gedanken zur Verbreitung der Runendenkmäler bei den Westgermanen. Festschrift W. Drack (1977) 120 ff.
Milojčić, V.: Zur Frage des Christentums in Bayern zur Merowingerzeit. Jahrbuch des Römisch-Germanischen Zentralmuseums Mainz 13, 1966, 231 ff.
Moosbrugger-Leu, R.: Gräber frühmittelalterlicher Kirchenstifter. Jahrbuch der Schweizer. Gesellschaft für Urgeschichte 45, 1956, 69 ff.
Müller-Wille, M.: Pferdegrab und Pferdeopfer im frühen Mittelalter. Berichten van de Rijksdienst voor het Oudheidkundig Bodemonderzoek 20/21, 1970/71, 119 ff.
Oomen, H. G.: Lateinisch-christliche Inschriften aus alamannischen Gräbern. Zeitschrift für Württembergische Landesgeschichte 30, 1971, 404 ff.
Renner, D.: Die durchbrochenen Zierscheiben der Merowingerzeit (1970).
Voigt, Th.: Große Porzellanschneckenhäuser in vorgeschichtlichen Gräbern. Jahresschrift für Mitteldeutsche Vorgeschichte 36, 1952, 171 ff.
Werner, J.: Herkuleskeule und Donar-Amulett. Jahrbuch des Römisch-Germanischen Zentralmuseums Mainz 11, 1964, 176 ff.

Nachwort

Das vorliegende Buch hat versucht, seine Leser und Betrachter an die Schönheit unserer Bodenfunde heranzuführen, deren historische Verankerung aufzuzeigen und ganz allgemein ins Bewußtsein zu rufen, welch reiches, immer noch nahezu beliebig vermehrbares Erbe uns aus den Anfängen unserer Geschichte zur Verfügung steht. Sollten der Wunsch nach einer vermehrten Ausschöpfung dieser Quelle und das Bedauern über den immer wieder zu beobachtenden Raubbau an diesem kostbaren Gut durch dieses Buch geweckt werden sein, so ist es der Autor schon zufrieden.

Zu danken ist allen, die sich den Bemühungen um die Entstehung dieses Buches nicht verschlossen und ihr dienstliches und privates Interesse bereitwillig zur Verfügung stellten; in erster Linie sind hier zu nennen: J. Aufdermauer (Singen a. H.), R.-H. Behrends (Karlsruhe), H. Dannheimer (München), R. Degen (Zürich), K. Eckerle (Karlsruhe), G. Fingerlin (Freiburg i. Br.), E. Gropengießer und J. Jensen (Mannheim), S. Junghans (Stuttgart), B. Kaschau (Heidelberg), G. Krahe (Augsburg), W. Menghin (Nürnberg), V. Milojčić (†) (Heidelberg), D. Planck (Stuttgart), H. Reim (Tübingen), H. Schach-Dörges (Stuttgart). S. Schiek (Tübingen), H. Schleuning (Stuttgart), L. Weber (Augsburg), R. Wolf (Stuttgart) und H. Zürn (Stuttgart). Die Abbildung bislang unveröffentlichter Funde erlaubten freundlicherweise B. Beck (Gammertingen), J. D. Boosen (Münster/Westfalen), J. Bürgi (Frauenfeld), G. Fingerlin (Freiburg i. Br.), E. Keller (München), P.-H. Martin (Karlsruhe), Chr. Neuffer-Müller (Tübingen), D. Planck (Stuttgart) und R. Wolf (Stuttgart).

Abbildungsvorlagen stellten entgegenkommenderweise zur Verfügung das Bayer. Landesamt für Denkmalpflege (Dienststellen Augsburg, Landshut und München), das Germanische Nationalmuseum Nürnberg, die Kommission für alamannische Altertumskunde der Heidelberger Akademie der Wissenschaften, das Landesdenkmalamt Baden-Württemberg (Dienststellen Freiburg i. Br., Stuttgart und Tübingen), das Musée Archéologique Strasbourg, das Museum für Vor- und Frühgeschichte Frankfurt a. Main, die Prähistorische Staatssammlung München und das Schweizerische Landesmuseum Zürich.

Zu danken hat der Verfasser schließlich allen denen, die sich engagiert um dieses Buch bemühten, in erster Linie den Fotografen I. Nägele, K. Natter und S. Mulzer, I. Koschorreck und seiner Frau als den Betreuerinnen der grafischen Buchteile und R. Bisterfeld und G. Süsskind, welche sich der Durchsicht des Textes, der Anfertigung des Registers und der äußeren Gestalt des Buches annahmen. Die Zusammenarbeit mit ihnen allen machte Freude.

Landshut, den 31. Juli 1978 — Rainer Christlein

Nachweis der Tafelfotos

Bayer. Landesamt für Denkmalpflege, Augsburg: 10
Luftbild Albrecht Brugger, Stuttgart: 6 (2/43083 C), 18 (2/43859), 19 (2/46252), 21 (2/35287)
Dr. Rainer Christlein, Landshut: 4, 5
Landesdenkmalamt Baden-Württemberg, Freiburg i. Br.: 9a, 9b, 11
Landesdenkmalamt Baden-Württemberg, Stuttgart: 12–15
Landesdenkmalamt Baden-Württemberg, Tübingen: 7, 8, 22
Swantje Mulzer, Prähist. Staatssammlung München: 23, 78, 89, 93, 94, 98
Musée Archéologique, Strasbourg: 43
Karl Natter u. Irene Nägele, Stuttgart: 1, 20, 24–42, 44–52, 55, 57–77, 79, 81–88, 90–92, 95–97, 99–110
Schweizerisches Landesmuseum, Zürich: 16, 17, 53, 54, 56, 80

Nachweis der Abbildungen im Text

M. und O. Catrici, Nürnberg: Abb. 51 oben und 82
Sigrid M. Christlein, Landshut: Abb. 2, 35–38, 40–46, 49–52, 54, 56, 59, 74, 78, 84, 85, 87–89, 91, 92, 94, 95 und 97
I. Koschorreck, Landshut: Abb. 6–14, 16–18, 21, 24, 25–28, 34, 39, 58, 65–67, 69, 70, 72, 75, 79–81, 83, 86, 93, 96, 98, sowie die Zeichnungen zu den Fundortnachweisen.

Die Abbildungen 99–135 sind Ausschnitte aus der Topographischen Karte 50 mit Genehmigung des Landesvermessungsamtes Baden-Württemberg Nr. LV 5065/2607.